Mathias Hirsch (Hg.)

Der eigene Körper als Symbol ?

Das Anliegen der Buchreihe Bibliothek der Psychoanalyse besteht darin, ein Forum der Auseinandersetzung zu schaffen, das der Psychoanalyse als Grundlagenwissenschaft, als Human- und Kulturwissenschaft und als klinische Theorie und Praxis neue Impulse verleiht. Die verschiedenen Strömungen innerhalb der Psychoanalyse sollen zu Wort kommen, und der kritische Dialog mit den Nachbarwissenschaften soll intensiviert werden. Bislang haben sich folgende Themenschwerpunkte herauskristallisiert:

Die Wiederentdeckung lange vergriffener Klassiker der Psychoanalyse – wie beispielsweise der Werke von Otto Fenichel, Karl Abraham, W. R. D. Fairbairn und Otto Rank – soll die gemeinsamen Wurzeln der von Zersplitterung bedrohten psychoanalytischen Bewegung stärken. Einen weiteren Baustein psychoanalytischer Identität bildet die Beschäftigung mit dem Werk und der Person Sigmund Freuds und den Diskussionen und Konflikten in der Frühgeschichte der psychoanalytischen Bewegung.

Im Zuge ihrer Etablierung als medizinisch-psychologisches Heilverfahren hat die Psychoanalyse ihre geisteswissenschaftlichen, kulturanalytischen und politischen Ansätze vernachlässigt. Indem der Dialog mit den Nachbarwissenschaften wiederaufgenommen wird, soll das kultur- und gesellschaftskritische Erbe der Psychoanalyse wiederbelebt und weiterentwickelt werden.

Stärker als früher steht die Psychoanalyse in Konkurrenz zu benachbarten Psychotherapieverfahren und der biologischen Psychiatrie. Als das anspruchsvollste unter den psychotherapeutischen Verfahren sollte sich die Psychoanalyse der Überprüfung ihrer Verfahrensweisen und ihrer Therapie-Erfolge durch die empirischen Wissenschaften stellen, aber auch eigene Kriterien und Konzepte zur Erfolgskontrolle entwickeln. In diesem Zusammenhang gehört auch die Wiederaufnahme der Diskussion über den besonderen wissenschaftstheoretischen Status der Psychoanalyse.

Hundert Jahre nach ihrer Schöpfung durch Sigmund Freud sieht sich die Psychoanalyse vor neue Herausforderungen gestellt, die sie nur bewältigen kann, wenn sie sich auf ihr kritisches Potential besinnt.

BIBLIOTHEK DER PSYCHOANALYSE
HERAUSGEGEBEN VON HANS JÜRGEN WIRTH

Mathias Hirsch (Hg.)

Der eigene Körper
als Symbol?

Der Körper in der Psychoanalyse von heute

Psychosozial-Verlag

Die Deutsche Bibliothek – CIP-Einheitsaufnahme
Der eigene Körper als Symbol? :
der Körper in der Psychoanalyse von heute / Mathias Hirsch (Hg.). -
Gießen : Psychosozial-Verl., 2002
(Bibliothek der Psychoanalyse)
ISBN 3-89806-138-8

© 2002 Psychosozial-Verlag
Goethestr. 29, 35390 Gießen
Tel.: 06 41/7 78 19, Fax: 06 41/7 77 42
e-mail: info@psychosozial-verlag.de
www.psychosozial-verlag.de
Umschlagabbildung Paul Delvaux, »Femmes arbres«, 1940, Detail
© Fond. P. Delvaux S. Idesbald, Belgien / VG Bild-Kunst, Bonn 2002
Umschlaggestaltung: Christof Röhl nach Entwürfen des Ateliers
Warminski, Büdingen
Satz: Hubert Walter, Freiburg
ISBN 3-89806-138-8

Inhalt

Einleitung

Das Thema eines ersten »Körper-Buches« war *Der eigene Körper als Objekt* (Hirsch 1989a), und das vorliegende kann man in gewisser Weise als eine Fortsetzung oder Ergänzung verstehen, die notwendig wurde, weil die psychoanalytische Diskussion in den zwölf Jahren seit Erscheinen des ersten Buches eine dramatische Entwicklung genommen hat: 1989 war die – heute noch immer anhaltende – Traumadiskussion gerade am Anfang, ebenso die Säuglingsforschung (die deutsche Übersetzung von Sterns *The interpersonal world of the infant* erschien in diesem Jahr), die modernen neurobiologischen Befunde, die mit den Modellen der Traumaforschung und der Psychoanalyse verglichen werden können, lagen noch nicht vor. Bion war in Deutschland kaum rezipiert, und auch das Buch von Gaddini (*Das Ich ist vor allem ein körperliches*) war gerade in deutscher Übersetzung erschienen.

Den Körper als ein erstes Objekt des Ich zu untersuchen, legitimierte sich leicht daraus, dass Freud (1923b) ihn als erstes äußeres Objekt, als erstes Ergebnis einer Selbst-Differenzierung bezeichnet hatte. Durch seine Doppelrolle als Teil des Selbst bzw. der Selbstrepräsentanz und gleichzeitig als mögliches äußeres Objekt, als das er in pathologischen Zuständen erlebt werden kann, stellte sich bereits die Frage, wieweit er symbolische Qualität annehmen kann: Ist der Daumen, an dem der Säugling lutscht, ein bloßer Ersatz der Mutterbrust und verringert als solcher Spannungen, ist er ein von der kindlichen Phantasie erschaffenes Übergangs-Objekt, das so auf einer mittleren Symbolisierungsstufe die Mutter repräsentiert, oder können der Körper und Teile von ihm komplexere Symbolqualität annehmen, wie es traditionellerweise für die Hysterie (Konversion) angenommen wird (vgl. Hirsch 1989b)?

Wir sind gewohnt, Körpersymptome der Konversion von denen der Psychosomatik zu trennen; ersteren wird ein Symbolgehalt zugestanden, letzteren dagegen nicht, man unterscheidet die symbolische Darstellung von

9

der »asymbolischen somatischen Erledigung«, einer Konkretisierung, wie es Margarete Berger in ihrem Beitrag tut, die darüber hinaus noch ein Wechselspiel, ein Oszillieren dieser Zustände annimmt und diskutiert, ob nicht eine Körperinszenierung für die außenstehenden Betrachter, nicht aber für den Symptomträger selbst einen Symbolgehalt erkennen lässt. So klar zu trennen sind die Phänomene aber nicht, man denke an Asthma oder Ekzem, die beide symbolische Qualitäten entwickeln können, oder an den psychogenen Schmerz, der stets die Verbindung zur traumatischen Situation und der Beziehung zum traumatisierenden Objekt repräsentiert. Der »rätselhafte Sprung« vom Seelischen zum Körperlichen, den Freud (1916/17, S. 265 und 1926d, S. 141) als Frage aufwarf, wird wieder aktuell, wenn man sich mit den Manifestationen oder (Ferenczis Ausdruck) Materialisationen des Psychischen am und durch den Körper beschäftigt. Freud konnte so fragen, weil er von einem relativ reifen Ich ausging, das einem von ihm differenzierten Körper gegenübersteht. Ferenczi sah das Problem des »rätselhaften Sprungs« schon nicht mehr so dringend, da er sich leichter in eine Säuglingswelt einfühlen konnte, in der er so ein »Proto-Selbst« entdeckte, in dem Psyche und Körper eins sind, ungetrennt psychosomatisch in einer Zeit vor jeder Differenzierung von Selbst, Körper und äußeren Objekten. Viele Autoren haben Ferenczis genialen Gedanken »neu« konzipiert, ohne sich auf ihn zu beziehen, wie es in mehrfacher Hinsicht sein Schicksal gewesen ist (vgl. meinen Beitrag über Ferenczi im vorliegenden Band). Körpersymptome entstanden für Ferenczi durch Regression auf eine solche Stufe der »Gebärdenmagie«, Affekt und Körpersymptom fielen in einer symbolischen Gleichung zusammen. Felix Deutsch ging global von einer psycho-somatischen Einheit aus, nichts sei parallel, alles eins, nur der Blickwinkel sei verschieden. Aber man würde es sich wohl zu einfach machen, wollte man die Getrenntheit der Systeme Psyche und Körper durch eine solche gedankliche Forderung nach Einheit negieren. Auch die Vorstellung, dass Seelisches nicht einfach auf den Körper überspringt, sondern dass man eher einen oszillierenden Wechsel, einen Shift, zwischen den verschiedenen Repräsentanzen annehmen muss (Selbst-/ Körper-/Objektrepräsentanz), bedeutet keinen großen Gewinn an Klarheit darüber, was eigentlich dazu führt, dass der Körper denkt, wie Ferenczi (1985, S. 43: »Denken mit dem Körper ist gleich Hysterie.«) und McDougall (1978, S. 336) und auch Bion (zit. bei Meltzer 1984, S. 79) es ausdrücken, dass er nicht lügt, (Strauß 1996, S. 12: »Der Leib lügt nicht.«), also dass er, wenn er schon spricht, was wir seit Freud (1895d, S. 197f.) wissen, auch die Wahrheit sagt. Wie entstehen die endlosen heftigen Schmerzen an den Körperstellen, an dem einst der sexuelle Missbrauch stattfand, wie aber auch die über Jahrzehnte rezidivierenden Blasenentzündungen im selben Zusammenhang?

Vielleicht sind neurophysiologische Konzepte eine Hilfe; nimmt man eine Stufenleiter von einfachsten bis immer höheren Organisationen neuronaler Aktivitäten an (Deneke 1999, S. 125), kann man sich einen Sprung vorstellen von Prozessen, »denen keine seelisch-geistigen Qualitäten eigen sind, zu solchen, denen diese Qualität eigen ist« (ebd.), wie es Christel Böhme-Bloem in ihrem Beitrag ausführt.

Die Entwicklung der Symbolisierungsfähigkeit ist eng an genügend gute Objekte geknüpft; einerseits ist ein Symbol nur denkbar für etwas Abwesendes, dessen Anwesenheit nun mental, symbolisch, wiederhergestellt wird: Das ist Bions Idee des ersten Gedankens des Säuglings: »Keine Brust!« bzw. Lochs: »Keine Milch – daher ein Gedanke« (vgl. den Beitrag von Böhme-Bloem), und schon vorher stellt der sich entwickelnde Begriff vom eigenen Körper vielleicht eine erste Ahnung der Möglichkeit, von etwas getrennt zu sein, dar. Andererseits ist nicht nur das Getrennt-Sein vom Objekt Voraussetzung für die Fähigkeit zur Symbolbildung, sondern die Anwesenheit einer Mutter und ihrer Symbolisierungsfähigkeit, die diese Aufgabe erst einmal für das Kind übernimmt, bevor es das nach Internalisierung dieser Fähigkeit nach und nach selbst übernehmen kann. Hier sind Bions Modelle der Alpha-Funktion und des Containments sehr hilfreich. Die Fähigkeit zur Symbolisierung entwickelt sich also in Beziehungen, und in ungenügenden bzw. traumatisierenden Beziehungen und ihren späteren Entsprechungen scheint in einer partiellen Desymbolisierung auf den Körper zurückgegriffen werden zu können. Der Körper bekommt in seiner Zwischenstellung zwischen Selbst und Objekt innerhalb des Shiftings zwischen deren Repräsentanzen Objektfunktion bzw. die Funktion des Objektsurrogats. Dadurch übernimmt er aber auch die Aufgabe der Symbolisierung, sozusagen einer Rest-Symbolisierung nach partieller Desymbolisierung. Der Körper in seiner Containerfunktion ist diskutiert worden, als »Not-Container« sogar, wenn kein anderer zur Verfügung steht (Gutwinski-Jeggle 1995; vgl. meinen Beitrag über Körperkommunikation). So kann man sich vorstellen, dass der Körper da Symbolisierungsfunktion übernehmen muss, wo die Sprache versiegt, mit einer Körpersprache (der Konversion) sowohl mitteilt als auch verbirgt. Andererseits kann die Desymbolisierung in der Körperpathologie soweit gehen, dass der Körper nur noch Mittel der bloßen Abreaktion (»Erledigung«) von Spannungszuständen und der Abwehr der Bedrohung einer möglichen psychischen Desintegration ist.

An dieser Stelle des Gedankengangs stellt sich die Verbindung zur noch immer aktuellen Diskussion des realen Traumas her. Das Trauma zerstört die Symbolisierungsfähigkeit, es erzeugt nicht nur »Sprachverwirrung« (Ferenczi 1933), sondern auch Sprachlosigkeit. Der Körper scheint nun einzuspringen und das Unsagbare sowohl abzureagieren, als es auch auf seine (weniger reife?) Weise auszudrücken. Auch mit den Gedächtnissystemen scheint es sich so zu verhalten: Was dem expliziten (Sach-) Gedächtnis nicht mehr zur Verfügung steht, ist im impliziten, dem Körpergedächtnis (wie es schon Ferenczi konzipiert hat) eingeschrieben. Und auch der Zusammenhang mit den Objektbeziehungen ist hier relevant: »In Momenten des Traumas verschwindet die Objektwelt ganz oder teilweise. Alles wird objektlose Sensation. Konversion ist wirklich nur Rückfall auf die rein körperliche, subjektive Reaktionsweise« (Ferenczi 1932, Fragmente und Notizen IV, S. 271f.). Ein Vater, der seine Tochter missbraucht, ist kein Vater mehr, er »verschwindet als Objekt«. Und im inzestuösen Akt verschmelzen Subjekt und Objekt, auch die Körper des Täters und des Opfers, die Selbst-Objekt-Grenzen sind aufgehoben oder geschwächt: Symbolisierung aber ist auf die Getrenntheit von Subjekt und Objekt angewiesen.

Weil es nicht so leicht zu entscheiden ist, ob und wann der Körper Symbolisierungsfunktion übernimmt oder gar selbst als Symbol dient oder ob und wann er gerade umgekehrt Mittel der Desymbolisierung (durch »Somatisierung« und »Resomatisierung«) ist, hat der Titel des Buches ein Fragezeichen bekommen. Und die von vielen Gesichtspunkten – historischen, klinischen, theoretischen – ausgehenden Beiträge des vorliegenden Bandes werden wohl mehr die Diskussion anregen und hoffentlich bereichern, als dass sie Antworten geben können, die nicht wiederum neue Fragen aufwerfen.

Düsseldorf, im Oktober 2001   *Mathias Hirsch*

LITERATUR

Deneke, F. W. (1999): Psychische Struktur und Gehirn. Die Gestaltung subjektiver Wirklichkeiten. Stuttgart, New York (Schattauer)

Ferenczi, S. (1932): Fragmente und Notizen IV. In: Bausteine zur Psychoanalyse IV, S. 258–294. Bern (Huber), 2. Aufl. 1964.

– (1933): Sprachverwirrung zwischen den Erwachsenen und dem Kind. In: Bausteine zur Psychoanalyse III, S. 511–525. Bern (Huber), 2. Aufl. 1964.

– (1985): Ohne Sympathie keine Heilung. Das klinische Tagebuch von 1932. Frankfurt a. M. (Fischer), 1988.

Freud, S. (1895d): Studien über Hysterie. GW I.

– (1916-17): Vorlesungen zur Einführung in die Psychoanalyse. GW XI.

– (1923b): Das Ich und das Es. GW XIII.

– (1926d): Hemmung, Symptom und Angst. GW XIV.

Gutwinski-Jeggle, J. (1995): Das Körper-Ich als Kommunikationsmittel. Psychoanalytische Entzifferungsversuche archaischer Wahrnehmungs- und Denkweisen. In: Vom Gebrauch der Psychoanalyse heute und morgen. Frühjahrstagung der DPV, Heidelberg, Mai 1995.

Hirsch, M. (1989a) (Hg.): Der eigene Körper als Objekt. Zur Psychodynamik selbstdestruktiven Körperagierens. Berlin, Heidelberg (Springer), Neuaufl. Gießen (Psychosozial-Verlag), 1998.

– (1989b): Der eigene Körper als Übergangsobjekt. In: Hirsch, M. (Hg.): Der eigene Körper als Objekt. Zur Psychodynamik selbstdestruktiven Körperagierens. Berlin, Heidelberg (Springer), Neuaufl. Gießen (Psychosozial-Verlag), 1998.

McDougall, J. (1978): Plädoyer für eine gewisse Anormalität. Frankfurt a. M. (Suhrkamp), 1985.

Meltzer, D. (1984): Traumleben. München, Wien (Verl. Internat. Psychoanalyse), 1988.

Strauß, B. (1996): Ithaka. Schauspiel nach den Heimkehr-Gesängen der Odyssee. München (dtv), 1998.

Der Körper im Werk Sándor Ferenczis

In den 20er und 30er Jahren des 20. Jahrhunderts ist innerhalb der psycho-analytischen Bewegung vieles gedacht und geschrieben worden, das den von Freud geforderten Primat des Ödipus-Komplexes und der Triebkonflikt-Theorie nicht unbedingt anerkennen konnte. Insbesondere narzisstische und Persönlichkeitsstörungen, sogenannte »frühe Störungen«, wurden weit über die Konzepte des ödipalen Konflikts hinaus als Ergebnis der Störung von Beziehungen gesehen, an denen auch der jeweils Andere beteiligt war (»Zwei- und Mehr-Personen-Psychologie« im Gegensatz zur »Ein-Personen-Psychologie« Freuds: Balint, 1949; Cremerius 1983). Im besonderen Maße trifft das auch auf die zum Teil weitgehenden frühen Versuche zu, körperlichen Erkrankungen und Störungen über ein Hysterie-(Konversions-)Konzept im engeren Freudschen Sinn hinaus gerecht zu werden. Hier liegen vielfältige Wurzeln einer nicht-kleinianischen Objektbeziehungstheorie, die schließlich auch reale traumatisierende Ereignisse miteinbeziehen konnte (vgl. Hirsch 2001). Im Falle Ferenczis ist die Kluft zwischen enger Freundschaft zu und Zusammenarbeit mit Freud und einer späteren Zuschreibung als Dissident, als Abtrünniger, besonders groß. Während Freud nicht gern die Mutter in der Übertragung war (Cremerius 1983), entwickelte Ferenczi nicht nur »mütterliche« therapeutische Techniken, sondern identifizierte sich zunehmend mit dem beziehungsgeschädigten Kind und ersetzte dessen Triebkonflikt weitgehend durch seine enttäuschte, im Extremen traumatisierte Liebe zu den Erwachsenen, auf die es angewiesen ist.

Auch in Bezug auf die Körperpsychologie divergieren die Tendenzen: Freuds Konzept der Hysterie ist das eines Konflikts des genitalen, ödipalen sexuellen Triebes mit den Anforderungen bzw. Verboten der sozialen Umwelt. Ferenczi dagegen versteht diesen Konflikt bestenfalls als Anlass für eine Regression auf früheste Stadien einer ungetrennt körperlich-psychischen Protopsyche, eines Protoselbst; ein geniales Konzept Ferenczis, das weit über Freuds Theorie des primären Narzissmus hinausgeht. Freud versteht Hysterie also als Psychoneurose und scheut sich, sich anderen Körperpathologien zuzuwenden, Ferenczi versteht alle Körperphänomene eher als Ausdruck narzisstischer Regression. Freuds (1914c) Gedanke der Libido-Besetzung eines Organs bei der Hypochondrie macht Ferenczi zum Prinzip der »Krankheits- und Pathoneurosen«: Bestehende Krankheiten werden zum Anheftungspunkt narzisstischer, aber auch genitaler Libido (»Pathohysterie«, Ferenczi 1916b, S. 86). »Organneurosen« (Ferenczi 1926) schließlich konzipiert Ferenczi als »objektive Störungen«, die seelisch bedingt und unscharf gegen die Hysterie einerseits und organische Krankheit andererseits abgegrenzt seien.

Besonders Dahmer (1976, S. 179) weist darauf hin, dass sich für Ferenczi die »menschliche Ontogenese… als Sozialisation [vollzieht]«, psychische Entwicklung also innerhalb von Beziehungen stattfindet, »auf dem Wege der Identifikation mit den Erziehern«. Anfangs ist nur »der Leib… das Medium der Selbst-und Welterfahrung; Lust und Unlust, die das sinnliche Erleben primär strukturieren, sind, wie die Stufen der psychosexuellen Entwicklung, Abenteuer des Leibes« (Dahmer ebd.). Dahmer zitiert nun Ferenczi (1913a, S. 74f.):

»Die kindliche Psyche (und die daraus restierende Tendenz des Unbewussten beim Erwachsenen) kümmert sich am eigenen Leibe zunächst ausschließlich, später hauptsächlich, um die Befriedigung seiner Triebe, um die Lustbefriedigungen, die ihm das Saugen, das Essen, die Berührung der erogenen Körperpartien und die Exkretionsfunktionen verschaffen; was Wunder, wenn auch seine Aufmerksamkeit in erster Linie durch solche Dinge und Vorgänge der Außenwelt gefesselt wird, die aufgrund einer noch so entfernten Ähnlichkeit an die ihm liebsten Erlebnisse erinnern. Es entstehen so jene innigen, fürs ganze Leben bestehen bleibenden Beziehungen zwischen dem menschlichen Körper und der Objektwelt, die wir die symbolischen heißen. Einerseits sieht das Kind in diesem Stadium in der Welt nichts als Abbilder seiner Leiblichkeit, andererseits lernt es, die ganze Mannigfaltigkeit der Außenwelt mit den Mitteln seines Körpers darzustellen.«

Das bedeutet nichts weniger, als dass Ferenczi schon zu einem so frühen Zeitpunkt wie 1913 das Kind primär als in seiner »Objektwelt« eingebettet sieht und nicht in erster Linie als isoliertes Individuum, das Objekte lediglich zur Triebbefriedigung wählt. Der Körper ist sowohl Empfänger von »Dingen

und Vorgängen« in Beziehungen, die allerdings besonders anfangs der Triebbefriedigung dienen, wie er auch als Ort symbolischer Mitteilungen an die
Objekte gesehen wird. Dahmer (1976) zufolge versuchte Ferenczi, im Grenzbereich von Psychologie und Biologie und organischer Medizin »neue
Provinzen zu erobern« (S. 168). Dadurch wurde Ferenczi zusammen mit
Groddeck »zum Begründer der psychoanalytisch inspirierten psychosomatischen Medizin« (ebd.).

Freud hatte seine Schüler gewarnt, die psychoanalytische Forschung über
die Konversion im engeren Sinne hinaus auf den Körper und seine Pathologie
auszudehnen (vgl. Hirsch 1994). Ferenczi hielt sich ebenso wenig wie Felix
Deutsch an dieses Gebot Freuds, sondern wandte die Konversionsvorstellung
auf sämtliche organischen Erkrankungen an und sah die Konversion darüber
hinaus als eine ubiquitär vorkommende physiologische Erscheinung. Er knüpf-
te dabei an Groddecks Vorstellungen an (Ferenczi stand in engem Kontakt mit
Groddeck) und nahm bereits 1919 in der Arbeit über »Hysterische Materialisationsphänomene – Gedanken zur Auffassung der hysterischen Konversion
und Symbolik« (Ferenczi 1919a, S. 145) an, dass jedes Organ und jede Körperstelle vom Konversionsmechanismus verwendet werden könne. Neben der
Konversion gab es für Ferenczi ein anderes Körperthema: das der Gestik und
Haltung des menschlichen Körpers, mit dem sich später auch Felix Deutsch
sehr beschäftigte (vgl. die Kapitel über Felix Deutsch und über Körper-
Kommunikation in diesem Buch). Ferenczi nahm an, dass es eine besondere
Gebärdensprache aufgrund einer »Gebärdenmagie« gibt, deren Wurzeln
neben der Phylogenese in der frühesten Ontogenese lägen.

Im Folgenden sollen nun die Bereiche der Körpererscheinungen, die
Ferenczis Interesse weckten, vertieft behandelt werden.

»GEBÄRDENMAGIE« UND
»HYSTERISCHE MATERIALISATIONS-PHÄNOMENE«

Die Materialisation psychischer Phänomene ins Körperliche bedeutet zwar,
dass Ferenczi Freuds Dichotomie von Körper und Psyche, der in dem
Gedanken des »rätselhaften Sprungs vom Seelischen ins Körperliche«
(Freud 1916/17) enthalten ist, folgt. Andererseits überwindet er diese auch
immer, wenn er Konversion als Regression auf eine frühe Stufe der
Selbstentwicklung versteht, in der »Seele« und Körper völlig ungetrennt
sind im Sinne seines Begriffs der »Protopsyche«. Gegen Ende seines Lebens
schließlich nimmt Ferenczi (1985, S. 43) Vorstellungen der modernen
Traumforschung vorweg, wenn er von einem »Denken mit dem Körper«

spricht, das eintritt bzw. auf das zurückgegriffen werden muss, wenn die psychischen Systeme versagen, d.h., wenn keine Symbolisierung und Versprachlichung aufgrund der traumatischen Reizüberflutung zur Verfügung stehen.

Ferenczi hat sich verschiedentlich über den hysterischen Mechanismus geäußert, wobei er darauf achtet, sich nicht zu weit von Freuds Konzept der Psycho- bzw. Übertragungsneurose zu entfernen, andererseits doch eigene Wege geht, wie erwähnt. In »Zur Ontogenese der Symbole« (Ferenczi 1913b) unterscheidet Ferenczi sorgfältig zwischen Gleichsetzung und Symbolik; ein kleiner Junge setze ohne weiteres den »Donaustrom« mit »viel Speichel!« gleich (S. 104), ein anderer »nannte alles, was sich öffnen lässt, eine Türe« (ebd.). Ebenso würden Penis und Zahn, After und Mund gleichgesetzt, seien aber erst in dem Moment Symbole, als das Bezeichnete aufgrund verschiedener kultureller Einflüsse verdrängt würde und nur noch das Bezeichnende bewusst sei und so dieses für jenes symbolisch stehe. Diese Gedanken hat Segal (1957) aufgegriffen und weitergeführt (vgl. das Kapitel von Böhme-Bloem in diesem Band). In »Entwicklungsstufen des Wirklichkeitssinns« (1913a) fasst Ferenczi die hysterische Konversion als eine »Regression auf das Stadium der Gebärdenmagie« auf (S. 72). Verdrängte Wünsche der Patienten würden im hysterischen Anfall »mit Hilfe von Gebärden als erfüllt« dargestellt. Auch in der Arbeit »Über passagère Symptombildungen während der Analyse« (Ferenczi 1912) versteht er während der Sitzung auftretende körperliche Symptome als »symbolischen Ausdruck einer durch die Analyse angeregten unbewussten Gedanken- und Gemütserregung«. – »Die angsthysterische Gehstörung ist zugleich ein Rückfall auf ein infantiles Stadium des Nicht-Gehen-Könnens oder des Gehen-Lernens« (Ferenczi 1918, S. 116). Janus (1987, S. 362) bemerkt dazu, dass es sich hier um »eine Regression auf Ausdrucks- und Beziehungsgestalten [handelt], die im Erwachsenenverhalten latent verborgen sind und bei der konfliktuösen Unmöglichkeit einer reiferen Beziehungsmöglichkeit wieder besetzt werden«. Ganz im Sinne Freuds gelingt durch die Übersetzung aus der symbolischen in die Begriffssprache oft das Verschwinden des Symptoms und ein Verständnis seiner Hintergründe. Ferenczi sah nicht nur motorische und sensorische Körperaktivitäten, sondern alle, auch vegetative als Kommunikationsmittel an (vgl. v. Polenz 1994, S. 178). V. Polenz zitiert Balint (1966, S. 907), der über Ferenczi schreibt: »Alle Akte eines jeden Teils oder Systems der Person, also... jegliche Verhaltensweise, wurde für ihn zu einem Anreiz, sie zu untersuchen und sie zu verstehen.« Balint (ebd.) zählt solche Erscheinungen auf: »Änderungen des Atemrhythmus, der Stimmhöhe, plötzlicher Urin- oder Stuhldrang, Schwindelgefühl..., Zahnschmerzen, plötzlicher starker Speichelfluss, ein bitterer

Geschmack im Munde, Kältegefühl, Schläfrigkeit usw. usw.« Damit ging Ferenczi weit über die von Freud gedachten Symptomhandlungen hinaus, und das bedeutet für Balint (ebd.), dass er »in Wirklichkeit ... ein neues Kapitel der analytischen Technik einleitete«.

Im Zentrum der sich wandelnden Konversionstheorie Ferenczis steht die Arbeit »Hysterische Materialisationsphänomene – Gedanken zur Auffassung der hysterischen Konversion und Symbolik« (Ferenczi 1919a). Diese Arbeit ist in zweifacher Hinsicht bemerkenswert: Ferenczi versucht, den »rätselhaften Sprung« nicht zu überbrücken, sondern ihn vielmehr dadurch zu überwinden, dass er seine Existenz in Zweifel zieht. Zum anderen erweitert er ohne großes Aufheben die Bereiche der Konversion auch auf das vegetative Nervensystem. Die Konversionshysterie *genitalisiere* »jene Körperstellen, an denen die Symptome sich äußern« (S. 130). Über die »eigenartigen Innervationsverhältnisse« (ebd.) bei hysterischen Symptomen, die sich am motorischen und sensorischen System abspielen, bringt »der unbewusste Wille des Hysterischen... Veränderungen der Blutzirkulation, der Drüsenfunktion und der Gewebsernährung zustande, wie sie der bewusste Wille eines nicht Hysterischen zu leisten nicht vermag« (S. 131). Die glatten Muskeln des Magen-Darm-Trakts, der Bronchien, die Tränen- und Schweißdrüsen, die Schwellkörper der Nase etc. »stehen dem Unbewussten des Hysterischen zur Verfügung«. Ferenczi nennt das »Mehrleistung an Innervation« oder »Überleistungen«, übrigens seien sie zum großen Teil durch die »Erziehungsarbeit beim Kinde« verschwunden, die »in der Abgewöhnung ähnlicher Kunststücke und in der Angewöhnung anderer« bestünde (S. 131).

Das allen diesen Symptomen Gemeinsame sei »offenbar die von *Freud* entdeckte körperliche Darstellung eines unbewussten sexuellen Wunsches«. (S. 136). »Wenn beim Globus hystericus der unbewusste Fellatiowunsch einen Knödel im Schlunde produziert, wenn die... eingebildet schwangere Hysterika aus Mageninhalt und Magenwand ein ›Magenkind‹ gestaltet, wenn der unbewusst Homosexuelle den Darm und seinen Inhalt zu einem Körper von bestimmter Größe und Gestalt formt«, könne man das nicht Halluzination nennen, auch nicht Illusion, vielmehr ein *Materialisationsphänomen*, »da sein Wesen darin besteht, dass sich in ihm ein Wunsch, gleichsam magisch aus der im Körper verfügbaren Materie realisiert und – wenn auch in primitiver Weise – plastisch dargestellt wird« (S. 137).

Diese Materialisation setzt Ferenczi in Analogie zu den Traumhalluzinationen, die im Schlafe (regressiv) auftreten.

»Beim Materialisationsphänomen hingegen scheint es sich um eine noch tiefer zurückgreifende Regression zu handeln; der unbewusste und bewusstseinsunfähige Wunsch begnügt sich hier nicht mit der sensorischen Erregung des psychischen Wahrnehmungsorgans, sondern überspringt auf die unbewusste Motilität. Dies bedeutet eine *topische* Regression bis zu einer Tiefe des psychischen Apparats, in der Erregungszustände nicht mehr mittels – wenn auch nur halluzinatorischer – psychischer Besetzung, sondern einfach durch motorische Abfuhr erledigt werden… Das Psychische müssten wir uns hier auch *formal* bis zum physiologischen Reflexvorgang vereinfacht vorstellen. Wenn man sich also den Reflexvorgang nicht nur als Vorbild, sondern als Vorstufe des Psychischen vorstellt, zu der auch die höchste psychische Komplikation zu regredieren geneigt bleibt, so kommt einem der so rätselhafte Sprung vom Psychischen ins Körperliche im Konversionssymptom und das reflektorisch wunscherfüllende Materialisationsphänomen minder wunderbar vor. Es ist einfach die Regression zur ›Protopsyche‹« (S. 138).

So gesehen gibt es keine Kluft mehr zwischen Körper und Psyche, die *Protopsyche* »ist für Ferenczi aber nicht ein Jenseits, sondern organische Grundlage der Symbolik, weshalb bei ihm das Organsymptom ebenso Ausdrucksmittel des unbewussten Konflikts bleibt wie bei Freud« (Plänkers 1994, S. 136).

Nun greift Ferenczi auf Freuds »freie überfließende Intensitäten« von einem psychischen System auf ein anderes (Psychologie der Traumvorgänge und der Halluzinationsbildung im Traume) zurück (siehe auch die Weiterentwicklung dieses Gedankens durch Felix Deutsch mit seinem »Konversionsstrom«): Im Laufe der Phylogenese seien die Systeme zur Reizbewältigung und -verteilung (der psychische Apparat) vom genitalen Apparat getrennt worden, der die Aufgabe habe, sexuelle Energie zu entladen. Diese Trennung sei bei der Hysterie jedoch aufgehoben, es liege

»… ein Rückfall in jenen Urzustand, in dem diese Scheidung noch nicht vollzogen war, [vor] und bedeutet einen Einbruch genitaler Triebregungen in die Denksphäre… Das Ich empfindet die Art und die Stärke dieser Regung als eine Gefahr und verdrängt sie ins Unbewusste. Nachdem dieser Lösungsversuch misslang, kommt es zum noch weiteren Zurückdrängen jener störenden Energiemengen aufs psychische Sinnesorgan [Halluzination] oder in die unwillkürliche Motilität im weitesten Sinne [Materialisation]… Vielleicht bringt uns diese Auffassung dem Urrätsel der Hysterie, dem ›Sprung vom Psychischen ins Physische‹ doch um eine Spur näher« (S. 141).

Übrigens ist hier eine erste Formulierung einer »zweiphasigen Verdrängung« zu finden, erst ins psychische Unbewusste, dann ins somatische, ein Konzept, das später von Mitscherlich (1967, S. 42ff.) formuliert wurde, allerdings, wie so häufig, ohne Ferenczi zu zitieren. Durch die Vorstellung der Tiefenregression auf eine somato-psychische Grundlage impliziert Ferenczi m.E. bereits, dass mit dieser ein Defizit an jedenfalls reiferer Symbolisierung einhergeht; statt der sprachlichen Symbolik tritt eine körperliche, die sich bereits nahe an einer bloßen motorischen Abfuhr bzw. einem nicht symbolisierten sensorischen Reiz befindet. Deshalb vermutet Ferenczi (1919, S. 143), »... *dass in der Hysterie ein Stück der organischen Grundlage, auf die die Symbolik im Psychischen überhaupt aufgebaut ist, zum Vorschein kommt*«.

Auch die Genitalisierung der Lokalisation der Symptome stellt sich Ferenczi als Regression vor: »Der Entwicklungsweg vom Autoerotismus über den Narzissmus zur Genitalität und damit zur Objektliebe, dieser Weg wird im Traume wie in der Hysterie rückläufig vom Genitale her begangen... Bei der hysterischen Konversion werden die früheren Autoerotismen mit Genitalsexualität besetzt, d.h. erogene Zonen und Partialtriebe genitalisiert« (S. 144). Ferenczi schließt seine Arbeit mit einer Verallgemeinerung des Materialsationsvorgangs, an die später Felix Deutsch nahtlos anknüpfen wird. »Und es gibt kein Organ, keine Körperstelle, die vor solcher Lustverwendung gefeit wäre« (Ferenczi 1919a, S. 145).

Inzwischen hat sich das geniale Konzept der »Protopsyche« überall durchgesetzt, jedoch wird sein Schöpfer Ferenczi nirgends erwähnt (außer in den Arbeiten, die sich direkt mit seinem Werk beschäftigen). Anna Freud (1966, S. 1960) schreibt z.B.: »Bei kleinen Kindern sind die Grenzen zwischen den physischen und dem psychischen Prozessen noch fließend und alle Reaktionen und Äußerungen im wahren Sinn des Wortes ›psychosomatisch‹.« An anderer Stelle heißt es: »... dass in den frühesten Jahren eine Einheit zwischen Körper und Geist besteht, wobei seelische Erregung auf körperlichen Wegen abgeführt wird, hat Licht auf die späteren psychosomatischen Manifestationen sowie auf das sogenannte somatische Entgegenkommen bei hysterischer Krankheit geworfen« (A. Freud 1978, S. 2912). Auch Bion (1961, zit. bei Gutwinski-Jeggle 1997, S. 142) nimmt diesen Gedanken (ohne Ferenczi zu berücksichtigen) wieder auf: »Das protomentale System stelle ich mir so vor, dass darin Somatisches und Psychologisches oder Mentales undifferenziert sind... Da auf dieser Ebene das Somatische und das Mentale undifferenziert sind, leuchtet es ein, dass Störungen aus dieser Quelle sich ebenso gut in somatischen wie in psychischen Formen manifestieren können« (Bion 1961, S. 74).

Gaddini »geht von einem Körper-Psyche-Funktionskontinuum aus« (Böhme-Bloem in ihrem Beitrag in diesem Buch). McDougall erweitert die Vorstellung dieser Fusion von Psyche und Körper noch um das primäre Objekt: Körper, Psyche und Mutter sind ununterschieden (McDougall 1989, S. 32). Kafka (1971; vgl. Hirsch 1989b; 1998) spricht von einem »hypothetisch undifferenzierten Zustand«, von einem ungetrennten Psychosoma. Mahler und McDevitt (1982) lassen die Selbst-Objektdifferenzierung mit einer ersten Selbstgrenzenbildung beginnen, die von einem Konzept eines von dem Anderen, dem Objekt getrennten Körperselbst, gefolgt wird. Ähnlich schildert Winnicott (1960, S. 57) diesen Differenzierungsprozess:

> »Die Grundlage… ist eine Verknüpfung motorischer und sensorischer und funktionaler Erfahrungen mit dem neuen Zustand des Säuglings, eine Person zu sein. Als weitere Entwicklung entsteht etwas, das man als begrenzende Membran bezeichnen könnte,… die zwischen dem einfachen ›Ich‹ und dem ›Nicht-Ich‹ des Säuglings liegt. So kommt der Säugling dazu, ein Innen und ein Außen und ein Körperschema zu haben.«

TRAUMATISCHE DISSOZIATION

Ferenczi (1921, S. 216) hat schon relativ früh ein Konzept der Körper-Dissoziation anhand von selbstdestruktiven Körper-Gewohnheiten wie Kratzsucht oder Selbstverstümmelungstendenzen entwickelt. Er vergleicht solche Behandlung von Körperteilen mit der »Autotomie« mancher niederer Tiere, die einen Körperteil opfern, um den ganzen Körper zu retten – ein Konzept, das später von Kutter aufgegriffen wurde. Kutter (1980) spricht von »amputierten Körper-Teilrepräsentanzen« und formuliert: »Teile der Körperrepräsentanz werden dem Objekt gleichsam als Opfer angeboten, um das Selbst zu retten« (Kutter 1981, S. 55). Kutters Patient sagt: »Ich habe gleichsam meinen Eltern meine Leber zum Fraß dargeboten. Damit habe ich mich selbst gerettet« (ebd.; vgl. auch das Kapitel von Plassmann in diesem Buch). Ferenczi (1921, S. 221) beschreibt einen Zustand von Katalepsie, »bei dem *sogar der eigene Körper als etwas Ich-Fremdes*, als ein Stück der Umwelt empfunden wird, dessen Schicksal seinen Besitzer vollkommen kalt lässt«. Bereits früher, in »Über zwei Typen der Kriegshysterie« (Ferenczi 1916a, S. 62), entwickelt er das Konzept der »traumatischen Fixierung an… eine Körperstelle«, das er zwar nach dem Modell der Freudschen Hysterie erklärt, jedoch in den akribischen Explorationen der Traumatisierten erfährt, dass sie mit dem Körperteil, der das Symptom trägt, in der traumatischen Situation gedanklich beschäftigt waren, während sie von dem traumatischen Ereignis abgelenkt waren, die Aufmerksamkeit also mit dem Körperteil verbanden. Stanton (1993, S. 457) sieht darin den Beginn »einer allgemeinen Theorie für die somatoforme Umwandlung unverarbeiteten unbewussten Materials«. Ferenczi (1916a, S. 62): »Viel näher liegt die Annahme, dass es sich in diesen Fällen um eine *Fixierung der im Moment der Erschütterung (des Erschreckens) gerade vorherrschenden Innervation handelt.*« Stanton (ebd.) spricht von »Inskription des ursprünglich unverarbeiteten Materials in den Körper«.

Diese ersten Andeutungen einer Körper-Selbst-Dissoziation im Trauma werden später weiter ausgebaut. In »Kinderanalysen mit Erwachsenen« beschreibt Ferenczi (1931, S. 501) eine solche Dissoziation:

>»Fühlt sich der Patient in der analytischen Situation verletzt, enttäuscht, im Stich gelassen, so beginnt er manchmal, wie ein verlassenes Kind mit sich selbst zu spielen. Man hat entschieden den Eindruck, dass Verlassensein eine Persönlichkeitsspaltung nach sich zieht. Ein Teil der eigenen Person beginnt Mutter- oder Vaterrolle mit dem restlichen Teile zu spielen und macht dadurch das Verlassensein sozusagen ungeschehen. Merkwürdigerweise werden bei diesem Spiele nicht nur einzelne Körperteile, wie Hand, Finger, Füße, Genitalien, Kopf, Nase, Auge, [zu] Vertreter[n] der ganzen eigenen Person, an der alle Peripetien der eigenen Tragödie zur Darstellung gebracht und dann zu einem versöhnlichen Ende geführt werden, sondern man bekommt Einblicke in die Vorgänge jener von mir sogenannten *narzisstischen Selbstspaltung* in der geistigen Sphäre selbst.«

In derselben Arbeit schildert Ferenczi eine Situation, in der ein Patient

>»aus dem traumatischen Koma mit Unempfindlichkeit und leichenhafter Blässe einer Hand [erwacht], im übrigen ist er… ziemlich gefasst und fast plötzlich leistungsfähig. Es war nicht schwer, die Verschiebung alles Leidens, ja des Sterbens, auf einen einzigen Körperteil… zu ertappen: Die leichenblasse Hand repräsentierte die ganze leidende Person und den Ausklang ihres Kampfes in Empfindungslosigkeit und Ersterben« (S. 506f.).

Die Dissoziation dient der Traumabewältigung, die eigene Person wird gespalten

»in einen schmerzlich fühlenden, brutal destruierten und einen gleichsam alles wissenden, aber fühllosen Teil. Noch deutlicher wird dieser Urvorgang der Verdrängung in Phantasien und Träumen ausgedrückt, in denen der Kopf, d.h. das Denkorgan, vom übrigen Körper abgetrennt, auf eigenen Füßen geht oder mit dem übrigen Körper nur durch einen Faden verbunden ist, alles Dinge, die nicht nur nach historischer, sondern auch nach autosymbolischer Auslegung verlangen« (ebd. S. 501f.).

Besonders im *Klinischen Tagebuch* (Ferenczi 1985) gibt es nun, gegen Ende der Lebenszeit Ferenczis, zahlreiche Hinweise auf den Zusammenhang von Traumatisierung und (Körper-) Dissoziation.

»In Momenten großer Not, denen das psychische System nicht gewachsen ist, oder bei gewaltsamer Zerstörung jener besonderen (nervösen und psychischen) Organe oder Funktionen, erwachen also uralte psychische Kräfte, und sie sind es, die die gestörte Situation zu bewältigen suchen. In Momenten, in denen das psychische System versagt, beginnt der Organismus zu denken« (S. 44).

An anderer Stelle: »Seit dem zweiten Schock haben wir es also mit einem dritten, seelenlosen Teil der Persönlichkeit zu tun, d.h. dem seelenlos gewordenen Körper, dessen Zerstümmelung gar nicht empfunden oder als Vorgänger an einem fremden Wesen, von außen betrachtet [wird]« (S. 48). Im Falle der Therapie einer in der Kindheit sexuell missbrauchten Patientin:

»Inzwischen ist der vom Geist verlassene Körper vollkommen in der Macht des Bösen, verrichtet mechanisch und ohne Bewusstsein die vorgeschriebenen Sexualakte und Prostitutionsgebärden... Sie verrichtet die physiologische Adaptation des Körpers zu den scheinbar unmöglichsten Aufgaben und tut alles, um den physiologischen Tod, in Folge von Schmerz, Erschöpfung etc. zu verhindern« (S. 110).

Eine andere sexuell missbrauchte Patientin

»ertappte sich tagsüber bei einer *Phantasie*, ein riesenhaftes männliches Genitale dringt in sie ein und zertrümmert alles in ihr. Sie sieht ihren Körper so übernatürlich ausgestreckt wie bei einer toten Person; heftigstes Herzklopfen begleitet diese Phantasie. Nach etwa 20 - 25 Erschütterungen, die wie Schmerzwellen sie überwältigen, fühlt sie nichts mehr, sondern betrachtet sich, ihren Körper, wie eine fremde Person von außen« (S. 112).

In einem anderen Fall, in dem Patientin die traumatische Vergewaltigungssituation in der Analyse halluzinatorisch reproduziert: »Nach mehreren Minuten des Kampfes erlahmt plötzlich sozusagen die ganze Person, lautlos und leichenblass liegt sie danieder, ohne den leisesten Affekt, sie behauptet gelegentlich, nicht mehr in, sondern außerhalb des Körpers zu sein, der Körper selber sei tot, getötet« (S. 124).

Ferenczi kommentiert solche Szenen theoretisch:

»Trifft ein Trauma die Seele oder den Körper unvorbereitet, d.h. ohne Gegenbesetzung, dann wirkt es auf Körper und Geist zerstörend, d.h. durch Zerlegung störend. Die Macht, die die einzelnen Fragmente und Elemente zusammenhielte, fehlt. Organfragmente, Organelemente, psychische Fragmente und Elemente werden dissoziiert. Körperlich heißt das wohl, die Anarchie von Organen, Organteilen und Organelementen, deren gegenseitiges Zusammenwirken erst die richtige Gesamtfunktion, d.h. Leben ermöglicht; im Seelischen verursacht die eindringende Gewalt, bei Abwesenheit festhaltender Gegenbesetzung, eine Art Explosion, Zerstörung psychischer Assoziationen zwischen den Systemen und psychischen Inhalten« (S. 116).

An anderer Stelle:

»Theoretisch lässt sich folgendes vermuten: Im Momente der vollen Erschöpfung… wird die Hoffnung auf äußere Hilfe oder auf Milderung des Traumas aufgegeben. Der Tod, der sozusagen schon da ist, wird nicht mehr gefürchtet, selbstverständlich schwinden auch alle moralischen und sonstigen Bedenken angesichts des unabwendbaren Endes; … ein letzter verzweifelter Versuch der Anpassung analog etwa dem Sich-tot-Stellen der Tiere tritt ein. Die Person spaltet sich in ein rein Wissendes, die Vorgänge von außen beobachtendes Seelenwesen und einen vollkommen unempfindlichen Körper« (S. 154).

TRAUMATISCHES ODER »KÖRPERGEDÄCHTNIS«

Ferenczi (1921) bemüht sich, die Körpersymptomatik des Tics von der hysterischen Konversion zu unterscheiden. Bei der Hysterie muss »die libidinöse

Relation zum Objekt (Person) verdrängt werden... Beim Tic dagegen scheint sich hinter dem Symptom überhaupt keine Objektrelation zu verstecken; hier wirkt *die Erinnerung an das organische Trauma selbst pathogen«* (S. 210). Schon Freud nehme eine »*Vielheit* solcher Er.-Systeme« an (ebd.), die nach zeitlichen, inhaltlichen, formalen oder affektiven Gemeinsamkeiten geordnet seien. Heute weiß man (van der Kolk et al. 1998, S. 62): »Es gibt beim Menschen zahlreiche komplexe und weitgehend voneinander unabhängige Gedächtnissyteme, von denen die meisten funktionieren, ohne dass sie uns bewusst werden. Diese verschiedenen Formen der Gedächtnisleistung sind unter Bezeichnungen wie ›semantisches‹, ›episodisches‹ und ›prozedurales‹ Gedächtnis bekannt.«

Ferenczi möchte diesen Systemen ein »Icherinnerungssystem« hinzufügen, »dem die Aufgabe zufiele, die eigenen körperlichen, resp. seelischen Vorgänge fortwährend zu registrieren« (S. 211). Bei der traumatischen Neurose kann ein starkes Trauma eine »überstarke Erinnerugsfixierung an die beim Trauma gerade eingenommene Haltung des eigenen Körpers zur Folge haben, die so stark sein kann, dass sie die dauernde oder paroxysmatische *Reproduktion* jener Haltung provoziert« (ebd.). Dem »Icherinnerungssystem« stellt er das System der Sacherinnerungen gegenüber, beide gehörten z.T. dem Unbewussten an, zum Teil auch dem Vorbewussten oder dem Bewussten. Das System der Icherinnerung nennt er im folgenden Körpererinnerung; es registriert und speichert die psychischen und körperlichen Ereignisse des Selbst. Die Sacherinnerungen beziehen sich auf äußere Umstände und Ereignisse. Nun kann Ferenczi von *Schmerzerinnerungen* (S. 214) sprechen, er nennt das »Ich-Er.-System« nun auch »Organ-Er.-System«, in dem z.B. bei Verletzungen erogener Zonen eine Vermischung von Trauma und Trieb stattfindet und ein »*Triebreizdepot*« (S. 214) angelegt werden kann.

Der Unterschied von Hysterie und Tic (narzisstische oder traumatische Neurose) kann jetzt so formuliert werden:

»Bei der Hysterie... gehört das verdrängte pathogene Material den Sacherinnerungsresten des Unbewussten an, die sich auf die Libidoobjekte (Personen) beziehen. In Folge der steten gegenseitigen assoziativen Verknüpfung der *Sach-* und der *Ich-(Körper-) Erinnerungssysteme* kann das pathogene psychische Material des Hysterischen sich des mit diesem Material assoziierten körperlichen Erinnerungsmaterials als *Ausdrucksmittel* bedienen« (S. 232).

»Bei der Konversionshysterie wird also die psychische Energie verdrängter Objekterinnerungen zur *Verstärkung* und schließlich zur ›Materialisierung‹ der damit assoziierten Ich-(Körper-)Erinnerungen verwendet. Das wäre der Mechanismus des ›Sprunges aus dem Seelischen ins Körperliche‹ bei der hysterischen Symptombildung. Beim Tic dagegen *drängt sich* die traumatische Ich-(Körper-) Erinnerung bei jedem sich darbietenden Anlasse *spontan* vor« (S. 233).

Heute, in Zeiten großer Relevanz der Traumaforschung, für die Ferenczi als herausragender Pionier zu sehen ist (Hirsch 2001), erscheinen seine hellsichtigen Gedanken zu den Modellen der Gedächtnissysteme hochaktuell. Seine Aufteilung in Sach- und Körpergedächtnis erinnert an die heute gesicherte Unterteilung von impliziten und expliziten Gedächtnissystemen (Brenneis 1996); das explizite Gedächtnis entspräche dem Sachgedächtnis, es

»… ist dem Bewusstsein direkt zugänglich, lässt sich willkürlich evozieren…, umfasst… allgemeines, auf Erfahrung basierendes Wissen sowie spezifische persönliche, verbal oder ikonographisch kodierte Erfahrungen… Als autobiographisches Gedächtnis enthält es auch ein kontinuierliches Gefühle der Individualität… Der Zugang zum impliziten Gedächtnis dagegen ist ausschließlich kontextabhängig… Es ist eingebettet in bestimmte… kognitive und Verhaltensfertigkeiten und lässt sich von den automatisierten Handlungen nicht trennen…« (Brenneis 1996, S. 803).

Ähnlich spricht Deneke (1999, S. 101) von einer explizit-deklarativen, für Sachverhalte zuständigen, und von einer emotionalen Gedächtnisform.

Konzepte eines besonderen Traumagedächtnisses entsprechen einem Bereich des impliziten Gedächtnisses. Ein solches Denken geht auf Freud (1914g, S. 129f.) zurück; der Patient, der sich an ein Trauma nicht erinnern kann, agiert es aus:»Er reproduziert es nicht als Erinnerung, sondern als Tat; er wiederholt es, ohne natürlich zu wissen, dass er es wiederholt… Man versteht endlich…, dies ist seine Art des Erinnerns.« Traumatische Erinnerungen werden »höchstwahrscheinlich durch Bedingungen aktiviert, die starke Ähnlichkeit mit der ursprünglichen affektiven und physiologischen traumatischen Erfahrung haben« (Brenneis 1996, S. 805), ausgelöst auch durch besondere Bewusstseinszustände. Dass solche Inskriptionen, die einem Körpergedächtnis, impliziten oder traumatischen Gedächtnis entsprechen, schon sehr früh geschehen können, wissen wir durch die Untersuchungen von Gaensbauer (1995, S. 122), in denen nachgewiesen wurde, dass »die Kapazität, hervorstechende traumatische Erfahrung zu encodieren und bedeutungsvolle innere Repräsentanzen zu erhalten, bereits in der zweiten Hälfte des ersten Lebensjahres erscheint«.

Wichtig werden diese für meine Begriffe genialen, prophetischen Überlegungen Ferenczis für den Fall der Extremtraumatisierung, für die Untersuchung des traumatischen Gedächtnisses. Tatsächlich bringt Ferenczi später seine Unterscheidung der Gedächtnissysteme mit Traumatisierung zusammen:

»Die ›psychischen‹ Ereignisse der Vergangenheit (Kindheit) mögen nur in einer unserem Bw unverständlichen Gebärdensprache (körperlich) ihre Erinnerungsspuren hinterlassen haben, als organisch-physische ›Mnemen‹; ein *Vbw.* gab es damals vielleicht noch gar nicht, sondern nur emotive (Lust-Unlust) Reaktionen im Körper *(subj.* Er.-Spuren) – so dass *nur Bruchstücke* der äußeren (traumatischen) Vorgänge reproduziert werden. [Vielleicht nur die ersten Momente des Traumas, die noch nicht ›verdrängt‹ (ins Körperliche verschoben) werden konnten, infolge des Überraschungsmoments (Fehlen, Verspätung der Gegenbesetzung)]. Wenn so, dann sind Erinnerungen der Kindheit bw nicht zu haben und in körperlichen Symptomen, Illusionen stets schon mit traumhaften Abwehr- und Gegensatz- (wunscherfüllenden)- Entstellungen vermengt. Z.B. als Regressionen (Halluzination der vortraumatischen Momente). Könnte (oder kann) man aber die heutige *Vorbewusstheitsqualität* (die unlustbejahend sein kann) in den Körper versenken?« (Fragmente und Notizen IV, 30.10.1932; Bausteine IV, S. 275).

Ferenczis Vorstellung scheint zu sein, dass der traumatischen Gewalt sofort eine *Gegenbesetzung* entgegengesetzt wird, die zur Bewältigung des Traumas dient, aber auch eine Blockierung der Aufnahme des traumatischen Geschehens in das Sachgedächtnis hervorruft (es kann allenfalls ins Sachgedächtnis geraten, wenn die Gegenbesetzung verspätet oder zu schwach ist). Traumatisches Gedächtnis wäre dann vor allem ein *körperliches.*

Noch differenzierter notiert Ferenczi ein paar Tage früher seine Vorstellungen der Bedingtheit von Trauma und Gedächtnissystemen:

»**Psychischer Infantilismus = Hysterie**
1. *Erwachsener Mensch* hat zweierlei Erinnerungssysteme:
    Subjektive   = Emotionen = körperliche Sensation
    Objektive   = projizierte Sensation (auf Umwelt bezogene
                    Sensationen, ›äußere Ereignisse‹),
2. Säugling hat nur subjektive Sensationen am Anfang und körperliche Reaktionen (Ausdrucksbewegungen).
3. Auch Kinder, in den (3 bis 4?) ersten Lebensjahren, haben nicht viel bw Erinnerungen an *Vorgänge,* sondern nur an *Empfindungen*

(Lust- und Unlust-Schattierungen) und körperliche Reaktionen darauf. Die ›Erinnerung‹ bleibt im Körper stecken und ist nur dort zu erwecken.

4. In Momenten des Traumas verschwindet die Objektwelt ganz oder teilweise: Alles wird objektlose Sensation. Konversion ist wirklich nur Rückfall auf die rein körperliche, subjektive Reaktionsweise...

5. Ungerechtfertigt, von der Analyse die bewusste Erinnerung an etwas zu fordern, was nie bewusst gewesen ist. Nur Wiedererleben ist möglich mit nachträglicher, erstmaliger Objektivation in der Analyse. Wiedererleben des Traumas und Deutung (Verständnis) – im Gegensatz zur rein subjektiven ›Verdrängung‹ – ist also die doppelte Aufgabe der Analyse. Hysterischer Anfall mag nur ein partielles Wiedererleben sein, analytischer Anfall [!, M.H.] muss dieses zur volleren Entwicklung bringen.

6. Vielfache Wiederholung des Wiedererlebens mit allmählich sicher werdender Deutung mag oder muss dem Patienten genügen. Anstatt nach wie vor gewaltsam nach bw Erinnerung zu forschen (unmögliche Aufgabe, in der Patient ermüdet, ohne sich losreißen zu können), muss man beim Patienten die Ablösungstendenzen vom Analytiker/von der Analyse beachten und fördern. Nun kommt die Zeit der ›Aneiferung‹ zu ›Lebensaufgaben‹ – Zukunftsglück, anstatt in der Vergangenheit zu grübeln und zu graben« (Fragmente und Notizen IV, 26.10.1932; Bausteine IV, S. 271f.).

Es findet sich hier also ein Exkurs in die psychoanalytische Technik: Es ist zwecklos, im Fall von schwerer gestörten, d.h. traumatisierten Patienten, an das Sacherinnerungssystem zu appellieren, vielmehr muss das Ich- oder Körper-Erinnerungssystem zu seinem Recht kommen, seine Mitteilungen müssen verstanden werden, insbesondere durch empathische Identifikation mit dem traumatisierten kindlichen Körper, ist zu ergänzen, im »analytischen Anfall«. (Wenn man sich die entsprechenden Schilderung im Klinischen Tagebuch [Ferenczi 1985] ansieht, handelt es sich tatsächlich um Flash-Backs traumatischer Szenen, allerdings in einer tragfähigen, begrenzenden therapeutischen Beziehung, in der diese auch ausgehalten werden können.) Das Körpererinnerungssystem erinnert an die »Inskription des Traumas in den Körper« (Stanton 1993), aber auch an die bahnbrechende Arbeit Engels (1959) über Psychogenic pain and the pain-prone patient, in der Engel von »Erinnerungsspuren« (memory traces) und »body pain images« beim chronisch Schmerzkranken spricht, mit denen der Körper die Spuren realer körperlicher Verletzung in sich trägt.

Schmerz

Bei dem Modell des *Triebreizdepots* hatte sich Ferenczi (1921, S. 214) auf Freud bezogen, der sich in »Die Verdrängung« (Freud 1915d) vorgestellt hatte, dass ein äußerer Reiz, der ein Organ beschädigt oder zerstört, verinnerlicht wird und so eine »neue Quelle beständiger Erregung und Spannungsvermehrung ergibt«, die man als Schmerz empfinde. Diese innere Quelle habe eine Ähnlichkeit mit dem Trieb (»Triebreizdepot«). Man kann aber auch interpersonell denken: Wenn der Reiz innerhalb einer Beziehung als traumatische Einwirkung auf den Körper geschieht, wird der Körper diese Beziehungserfahrung speichern, der Schmerz wird fortan als Reminiszenz an diese Erfahrung und als Ersatz für das (verlorene) Objekt dienen können (Engel 1959, S. 901; Hirsch 1989b).

Ferenczi hat später in seinem *Klinischen Tagebuch* ein so zu verstehendes Fallbeispiel gegeben, in dem die Patientin Selbstbeschädigung, Melodien (im Sinne des Übergangsobjekts), Körpersensationen, besonders Schmerz, als *Objektsurrogate* verwendet:

»Jahrelang konnte sie als Kind nicht einschlafen, ohne vorher den Kopf unzählige Male in hockender Stellung mit ziemlicher Gewalt, immer in der Stirngegend, an die Matratze anzuschlagen... Sie musste ... diese Prozedur aufgeben, scheint aber dafür analoge unmerklichere Ersatzgebilde geschaffen zu haben: Endlose Male wiederholte Melodien... Außer der Kälte fühlte sie nur das Umklammertsein beider Handgelenke... Hyperästhesie des Kopfes. Die leiseste Berührung... empfand sie als ungeheuerlich schmerzlich... Plötzlich allgemeines Glühen der oberen Körperhälfte, von der unteren sagt sie aus: Ich weiß, dass dort ein Schmerz ist, aber ich fühle ihn nicht!... Nach Erklärung der Verdrängung aller Empfindungen nach oben und nach der Voraussage, dass das Bewusstwerden der Zusammenhänge es nun ermögliche [werde], dass die Erregung in die ursprüngliche und reale Lokalisation zurückfließt..., begann sie plötzlich heftige Schmerzen in der Genitalregion zu verspüren... Das Kopfanschlagen, die endlosen Melodien, der Kopfschmerz... verschiebt den Schmerz auf eine harmloserer Stelle [harmloser als das Missbrauchsgeschehen in der Genitalregion, M.H.]. Schmerz ist also relativ schmerzmildernd, wenn die Lokalisation verschoben wird an eine moralisch weniger bedeutsame und sicherlich irreale Körperstelle. Hier wieder eine bedeutsame Quelle des Masochismus: Schmerz zur Linderung anderer, grösserer Schmerzen« (Ferenczi 1985, S. 62ff.).

Hypochondrie

Der Hypochonder ist in Freuds Denken ein einsamer, beziehungsloser Narziss, denn er heftet seine ganze Libido narzisstisch an den krankgewähnten Körperteil. Ferenczi dagegen wusste vom Wesen der Hypochondrie als Objekt-Surrogat, als Ausdruck von Identifikationen. Diese Identifikationen bedeuten Nicht-Trennung von wichtigen Objekten, auf sie wird in erhöhten Trennungsanforderungen und bedrohlichen Schwellensituationen zurückgegriffen (Hirsch 1989c). In einer schönen kleinen Arbeit »Die Psychoanalyse eines Falles von hysterischer Hypochondrie« (Ferenczi 1919b) schildert Ferenczi solche Identifikationsschicksale: Die Patientin hatte zwei Arten der Identifikation zur Verfügung: Sie meinte, ihre behinderte Tochter abgöttisch zu lieben, wehrte aber jeden Hass und alle Todeswünsche gegen das Kind ab, meinte im Gegenteil, sie selbst als Frau (wie die Tochter weiblich) sei nichts wert. Der Mann war gerade zum Kriegsdienst eingezogen worden, sie musste seine Geschäfte miterledigen und war völlig überfordert. Eine zweite Identifikation sollte ihr helfen: Borderline-mäßig entwickelte sie den Wahn, sie sei ihr Mann und habe einen Penis, und die Vorstellung, Geschlechtsverkehr mit sich selbst ausüben zu können! Die hypochondrischen Ängste entsprachen den Todeswünschen gegen das behinderte Kind, die wahnhafte Identifikation mit dem Mann der Abwehr ihrer Minderwertigkeitsgefühle.

Ein anderer Fall wird im *Klinischen Tagebuch* (Ferenczi 1985, S. 205) mitgeteilt:

> »Die Milieueinflüsse ihrer Kindheit waren etwa wie folgt: Sie lebte im Hause eines fast geisteskrank zu nennenden Hypochonders, und ihre Erzieherin brachte ihr sehr frühzeitig bei, dass diesem Onkel jedes Lärmen fürchterlich schade. Ihre Reaktion war nicht etwa Ärger darüber; Erzieherin und Onkel imponierten ihr so sehr, dass sie nicht nur nicht zu widersprechen wagte, sondern auch die Idee, dass sie Unrecht haben könnten, fiel ihr nicht ein. Urplötzlich verwandelte sie sich in eine ängstliche Person, vollkommen die Hypochondrie der Umgebung imitierend...«

Das ist ein Fall von »Terrorismus des Leidens« (Ferenczi 1933), von Terror, den chronische kranke, hypochondrische oder suizidale Eltern auf ihre lebendigen Kinder ausüben, denen nichts übrigbleibt, als sich durch Identifikation zu unterwerfen.

Autoerotismus und »bad habits«

Wie wir gesehen haben, verstand Ferenczi (1921, S. 216) die Beschäftigung mit dem eigenen Körper, sei es spielerischer oder selbstbeschädigender Art, einerseits als Onanieäquivalent, andererseits als Maßnahme, durch die Opferung eines Körperteils das Ganze zu retten. Zum einen also wird der Körper narzisstisch als Objektersatz verwendet, zum anderen aber als Surrogat der Objektliebe. Eine ausführliche Diskussion, inwieweit »bad habits« Onanie-Äquivalente sind bzw. als Verwendung des eigenen Körpers als Objekt-Surrogate zu verstehen sind, habe ich mehrfach geführt (»Der eigene Körper als Übergangsobjekt«, Hirsch 1989a; Hirsch 1989d; Hirsch 1991). So versteht Ferenczi (1921, S. 229) Körperpathologien wie Nägelkauen und »tic-artiges Haarzupfen und -reißen«, insbesondere solche Aktivitäten, die sich am Kopf und in den Gesichtspartien abspielen, als Verschiebung der onanistischen Tätigkeit auf »sonst nicht besonders erogene Körper- und Hautpartien«, jedenfalls als »symbolische Darstellung von Genitalvorgängen« (ebd.).

Im *Klinischen Tagebuch* später findet sich eine Stelle, in der er Körper- und Masturbationsaktivitäten nicht mehr gegenüberstellt und sie sich einander ersetzen lässt, sondern *beide* als Maßnahme versteht, eine Angst machende Leere, in der keine Gedanken möglich sind, auszufüllen:

> »Was als Tätigkeitsfeld übrigbleibt, ist gedankenloses Spielen mit oder Spielenlassen von Körperorganen (sich kratzen, Schnurrbartdrehen, ›malmozni‹ [Daumendrehen], Wippen mit den Füßen), nicht zu guter Letzt irgend welche masturbatorische Genitalbetätigung. Von hier aus ein Weg zum Verständnis des Kotschmierens und der Daueronanie der Idioten und Katatoniker« (Ferenczi 1985, S. 60f.).

Das Kopfschlagen und die Funktion des selbst zugefügten Schmerzes wurden schon angesprochen (s.o.; Ferenczi 1985, S. 62f.). Gegen Ende seines Lebens denkt Ferenczi (1985, S. 278) an die Defizite seiner eigenen Kindheit:

> »*Dies* scheint mir zu fehlen und fehlte mir in meiner Kindheit. Durch Härte und Unverstand wurde ich in die Rolle des ›bösen Jungen‹ gedrängt. Ersatz fand ich in leidenschaftlicher Selbstbefriedigung. Selbstbefriedigung ist immer psychopathisch – Spaltung der Persönlichkeit –, ein Teil befriedigt den anderen (Phantasie-Welt).«

Zusammenfassung

Wenn Ferenczi eher eine »mütterliche« Haltung seinen Patienten gegenüber einnahm, ist es nur folgerichtig, dass er dem Körper immer große Aufmerksamkeit schenkte, wie eine Mutter umso mehr, je kleiner ihr Kind ist. Und als eine solche »psychoanalytische Mutter« konnte Ferenczi intuitiv den »geheimnisvollen Sprung« zwischen Körper und Seele konzeptionell durch Identifikation mit dem Säugling überwinden, so dass er eine »Protopsyche« fand, in der es eine solche Dichotomie nicht gibt. (Felix Deutsch hat dann viel später noch eine objektbeziehungstheoretische Dimension hinzugenommen: Körper, Selbst und Objekt sind noch derart ungetrennt, dass Objektverlust Organverlust, Verlust von Körperteilen bedeutet; vgl. das Kapitel über Felix Deutsch in diesem Band.)

Durch die mütterliche Identifikation stets auf der Seite des traumatisierten Kindes entwickelte Ferenczi Vorstellungen des Traumas, die angefangen von der Kriegsneurose über die Tic-Krankheit – hier gibt es schon Konzepte von Körper-Inskription und Körpergedächtnis – bis hin zu realen traumatischen Einwirkungen in Eltern-Kind-Beziehungen zunehmend Objektbeziehungscharakter annehmen. Schließlich geht es um Einschreibungen von Beziehungserfahrungen in den Körper, auch in bestimmte Gedächtnissysteme, die umso mehr dissoziiert bleiben, je traumatischer die Erfahrungen waren.

Wenn auch Freud mit der ursprünglichen Verführungstheorie, also einer Traumatheorie der Konversion (Hysterie), und später noch einmal mit »Trauer und Melancholie« (Freud 1917e) (Verlust eines Objekts als Trauma, das nicht durch Trauer überwunden werden kann) traumatische Beziehungserfahrungen als Wurzel psychischer Störung hat anklingen lassen, so ist es doch Ferenczi gewesen, der sie an die erste Stelle gerückt hat, auch gegen Widerstände, Anfechtungen und gar Boykott. Wenn man sich klar macht, dass Traumatisierungen sich immer auch gegen den Körper richten – von der Vernachlässigung im Säuglingsalter über Missbrauch und Misshandlung in der späteren Kindheit bis hin zu Extremtraumatisierungen im Erwachsenenalter – und dass Ferenczi mit den Konzepten der Körperdissoziation und des traumatischen (»Körper-«) Gedächtnisses die Befunde moderner Trauma- und Gedächtnisforschung in den Grundzügen vorwegnahm, kann man nur konstatieren, dass die Geschichte seine bahnbrechenden Gedanken bestätigt hat.

LITERATUR

Balint, M. (1949): Wandlungen der therapeutischen Ziele und Techniken in der Psychoanalyse. In: Die Urformen der Liebe und die Technik der Psychoanalyse. Stuttgart (Klett), 1966.

Balint, M. (1966): Die technischen Experimente Sándor Ferenczis. In: Psyche 20, S. 904–925.

Bion, W. (1961): Erfahrungen in Gruppen. Stuttgart (Klett), 1971.

Brenneis, C. B. (1996): Gedächtnissysteme und der psychoanalytische Abruf von Traumaerinnerungen. In: Psyche 52, S. 801–823 (1998).

Cremerius, J. (1983): »Die Sprache der Zärtlichkeit und der Leidenschaft.« Reflexionen zu Sándor Ferenczis Wiesbadener Vortrag von 1932. In: Psyche 37, S. 988–1015.

Dahmer, H. (1976): Sándor Ferenczi – sein Beitrag zur Psychoanalyse. In: Eicke, D. (Hg.): Tiefenpsychologie, Bd. 1: Sigmund Freud – Leben und Werk. Kindlers »Psychologie des 20. Jahrhunderts«. München (Kindler).

Deneke, F. W. (1999): Psychische Struktur und Gehirn. Die Gestaltung subjektiver Wirklichkeiten. Stuttgart (Schattauer).

Engel, G. L. (1959): Psychogenic pain and the pain prone patient. In: Am. J. Med. 26, S. 899–918.

Ferenczi, S. (1912): Über passagère Symptombildungen während der Analyse. In: Bausteine zur Psychoanalyse II, S. 4–25. Bern (Huber), 2. Aufl. 1964.

– (1913a): Entwicklungsstufen des Wirklichkeitssinnes. In: Bausteine zur Psychoanalyse I, S. 62–83. Bern (Huber), 2. Aufl. 1964.

– (1913b): Zur Ontogenese der Symbole. In: Bausteine zur Psychoanalyse I, S. 101–105. Bern (Huber), 2. Aufl. 1964.

– (1916a): Über zwei Typen der Kriegshysterie. In: Bausteine zur Psychoanalyse III, S. 58–79. Bern (Huber), 2. Aufl. 1964.

– (1916b): Über Pathoneurosen. In: Bausteine zur Psychoanalyse III, S. 80–94. Bern (Huber), 2. Aufl. 1964.

– (1918): Die Psychoanalyse der Kriegsneurosen. In: Bausteine zur Psychoanalyse III, S. 95–118. Bern (Huber), 2. Aufl. 1964.

– (1919a): Hysterische Materialisationsphänomene – Gedanken zur Auffassung der hysterischen Konversion und Symbolik. In: Bausteine zur Psychoanalyse III, S. 129–147. Bern (Huber), 2. Aufl. 1964.

– (1919b): Die Psychoanalyse eines Falles von hysterischer Hypochondrie. In: Bausteine zur Psychoanalyse III, S. 159–167. Bern (Huber), 2. Aufl. 1964.

– (1921): Psychoanalytische Betrachtungen über den Tic. In: Bausteine zur Psychoanalyse I, S. 193–236. Bern (Huber), 2. Aufl. 1964.

– (1926): Organneurosen und ihre Behandlung. In: Bausteine zu Psychoanalyse III, S. 294–301.

– (1931): Kinderanalysen mit Erwachsenen. In: Bausteine zur Psychoanalyse III, S. 490–510. Bern (Huber), 2. Aufl. 1964.

– (1932): Fragmente und Notizen IV. In: Bausteine zur Psychoanalyse IV, S. 258–294. Bern (Huber), 2. Aufl. 1964.

- (1933): Sprachverwirrung zwischen den Erwachsenen und dem Kind. In: Bausteine zur Psychoanalyse III, S. 511–525. Bern (Huber), 2. Aufl. 1964.
- (1985): Ohne Sympathie keine Heilung. Das klinische Tagebuch von 1932. Frankfurt a. M. (Fischer), 1988.

Freud, A. (1966): Zusammenarbeit zwischen Kindergarten und kinderpsychiatrischer Beratungsstelle. In: Die Schriften der Anna Freud. Bd. VII. München (Kindler), 1980.
- (1978): Antrittsvorlesung für den Sigmund-Freud-Lehrstuhl der Hebräischen Universität, Jerusalem. In: Die Schriften der Anna Freud. Bd. X. München (Kindler), 1980.

Freud, S. (1914c): Zur Einführung des Narzissmus. GW X.
- (1914g): Erinnern, Wiederholen und Durcharbeiten. GW X.
- (1915d): Die Verdrängung. GW X.
- (1916-17): Vorlesungen zur Einführung in die Psychoanalyse. GW XI.
- (1917e): Trauer und Melancholie. GW X.

Gaensbauer, T. J. (1995): Trauma in the preverbal period. Symptoms, memories, and developmental impact. In: Psychoanal. Study Child 50, S. 122–149.

Gutwinski-Jeggle, J. (1997): Wenn der Körper – nicht – spricht. In: Herold, R., Keim, J., König, H., Walker, C. (Hg.): Ich bin doch krank und nicht verrückt. Moderne Leiden – das verleugnete und unbewusste Subjekt in der Medizin. Tübingen (Attempto-Verlag).

Hirsch, M. (1989a): Der eigene Körper als Übergangsobjekt. In: Hirsch, M. (Hg.) Der eigene Körper als Objekt. Zur Psychodynamik selbstdestruktiven Körperagierens. Berlin, Heidelberg, New York (Springer). Neuaufl. Gießen (Psychosozial-Verlag), 1998.
- (1989b): Psychogener Schmerz. In: Hirsch, M. (Hg.) Der eigene Körper als Objekt. Zur Psychodynamik selbstdestruktiven Körperagierens. Berlin, Heidelberg, New York (Springer). Neuaufl. Gießen (Psychosozial-Verlag), 1998.
- (1989c): Hypochondrie und Dysmorphophobie. In: Hirsch, M. (Hg.) Der eigene Körper als Objekt. Zur Psychodynamik selbstdestruktiven Körperagierens. Berlin, Heidelberg, New York (Springer). Neuaufl. Gießen (Psychosozial-Verlag), 1998.
- (1989d): Der Objektaspekt des Autoerotismus. In: Hirsch, M. (Hg.) Der eigene Körper als Objekt. Zur Psychodynamik selbstdestruktiven Körperagierens. Berlin, Heidelberg, New York (Springer). Neuaufl. Gießen (Psychosozial-Verlag), 1998.
- (1991): Perionychomanie und Perionychophagie oder »habituelles Nagelbettreißen« – zur Psychodynamik eines häufigen Selbstbeschädigungsverhaltens. In: Forum Psychoanal. 7, S. 127–135.
- (1994): Die Entwicklung des Konversionskonzepts bei Felix Deutsch. In: Meyer, A.-E., Lamparter, U.: Pioniere der Psychosomatik. Heidelberg (Asanger).
- (1998): Zur Objektverwendung des eigenen Körpers bei Selbstbeschädigung, Autoerotismus und Ess-Störungen. In: Analyt. Kinder- Jugendlichen Psychother. 29, S. 387–403.
- (2001): Außen und Innen: Traumatische Realität und psychische Struktur – Die

Bedeutung Ferenczis für Objektbeziehungstheorie und Psychotraumatologie. In: Klöpper, M., Lindner R. (Hg.): Destruktivität – Wurzeln und Gesichter. Göttingen (Vandenhoeck & Ruprecht).

Janus, L. (1987): Die vergessene Revision der Konversionstheorien durch Ferenczi, Rank und Deutsch. In: Lamprecht, F. (Hg.): Spezialisierung und Integration in Psychosomatik und Psychotherapie. Berlin, Heidelberg, New York (Springer).

Kafka, E. (1971): On the development of the experience of mental self, bodily self and self-consciousness. In: Psychoanal. Study Child 26, S. 217–240.

Kutter, P. (1980): Emotionalität und Körperlichkeit. In: Praxis Psychother. Psychosom. 25, S. 131–145.

–   (1981): Sein oder Nichtsein, die Basisstörung der Psychosomatose. In: Praxis Psychother. Psychosom. 26, S. 47–60.

Mahler, M. S., McDevitt, J. B. (1982): Thoughts on the emergence of the sense of self, with particular emphasis on the body self. In: J. Am. Psychoanal. Ass. 30, S. 827–848.

McDougall, J. (1989): Theatres of the body. A psychoanalytic approach to psychosomatic illness. London (Free Association Books).

Mitscherlich, A. (1967): Studien zur psychosomatischen Medizin II. Frankfurt a. M. (Suhrkamp).

Plänkers, T. (1994): Heinrich Meng und sein Begriff der Organpsychose – Zur Ich-psychologischen Wende psychosomatischer Theoriebildung in den 20er und 30er Jahren. In: Meyer, A.-E., Lamparter, U. (Hg.) (1994): Pioniere des Psychosomatik. Beiträge zur Entwicklungsgeschichte ganzheitlicher Medizin. Heidelberg (Asanger).

v. Polenz, S. (1994): Und er bewegt sich doch – Ketzerisches zur Körperabstinenz der Psychoanalyse. Frankfurt a. M. (Suhrkamp).

Segal, H. (1957): Notes on symbol formation. Deutsch: Bemerkungen zur Symbolbildung. In: Bott Spillius, E.: Melanie Klein heute. Bd. 1. München, Wien (Verlag Internat. Psychoanal.), S. 202–224.

Stanton, M. (1993): Psychic confusion: remarks on Ferenczi and trauma. In: Brit. J. Psychother. 9, S. 456–462.

van der Kolk, B. A., Burbridge, J. A., Suzuki, J. (1998): Die Psychobiologie traumatischer Erinnerungen. Klinische Folgerungen aus Untersuchungen mit bildgebenden Verfahrungen bei Patienten mit posttraumatischer Belastungsstörung. In: Streeck-Fischer, A. (Hg.): Adoleszenz und Trauma. Göttingen (Vandenhoeck & Ruprecht).

Winnicott, D. W. (1960): Die Theorie von der Beziehung zwischen Mutter und Kind. In: Reifungsprozesse und fördernde Umwelt. München (Kindler), 1974.

Theorie als Metapher – Das Konversionskonzept Felix Deutschs als Objektbeziehungstheorie[1]

EINLEITUNG

Das Konversionskonzept, das Felix Deutsch über die Jahrzehnte entwickelt hat, wird (in seiner Endform) als »außerordentlich modern« (Hartkamp 1991, S. 308) und »zukunftsträchtig« (Janus 1987, S. 370) angesehen. Es sei »erlebnis- und beziehungsbezogen« (Janus 1987, S. 369), Organfunktionen seien schon früh verstanden worden als »Äußerungen der... angelagerten psychischen Erlebnisinhalte« (Deutsch 1933, S. 137), »also der mit ihnen verbundenen Objektrepräsentanzen«, wie Hartkamp (1991, S. 311) ergänzt. Freuds (1916/17, S. 265; 1926d, S. 141) »rätselhaften Sprung« kann Deutsch wie auch Groddeck und Ferenczi nicht nachvollziehen, aber während Ferenczi das Problem mit seinem Konzept der Regression auf die »Protopsyche« löst, in der Körper und Psyche eins sind, geht Deutsch (wie Groddeck) von einer Einheitlichkeit von Körper und Seele aus, ihre Getrenntheit entstünde lediglich aufgrund von verschiedenen Betrachtungsweisen (Hartkamp 1991). Der Eindruck der »Modernität« liegt sicher an Deutschs letzter, objektbeziehungstheoretischer Formulierung der Konversion und daran, dass er Alexander (1950) weder in der Vorstellung der Spezifität psychosomatischer Krankheiten noch in dessen strikter Trennung von Konversions- und Organneurosen folgt. Denn er verwendet einen umfassenden Symbolisierungsbegriff, der die Symbolisierung aller pathologischen und physiologischen Körperzustände von einem sehr frühen Alter an einschließt.

Die sehr spekulativen frühen Gedanken Deutschs über die Konversionsvorgänge in Zellsystemen, zwischen Organen und die Rolle des Nervensystems und der Hormone dabei werden hier als unbewusste, primärprozesshafte

---

[1] Erheblich veränderter und erweiterter Vortrag DKPM-Tagung Hamburg 1991 und Hirsch 1994

Phantasien verstanden, die als Metaphern für sowohl traumatische als auch fördernde Beziehungsschicksale zwischen Subjekt und Objekt, insbesondere zwischen Mutter und Säugling, entschlüsselt werden können. So verstanden, nähert sich Deutsch Ferenczis späten Traumakonzepten, während er in seiner letzten Formulierung von 1959 Konversion nicht mit realen Beziehungserfahrungen verbindet, sondern innere Objekte, also Repräsentanzen, meint, deren erlebter Verlust vom Säugling u.a. mit Hilfe der Konversion bewältigt werden kann.

Freud hat mit dem Konversionskonzept ein komplexes Gebilde hinterlassen, das er selbst immer wieder neu formulierte und dessen Komponenten von den Nachfolgern mit verschiedenen Schwerpunkten ausgewählt und weiter ausgearbeitet, z.T. aber auch eingeschränkt wurden. Es ist schließlich zu einer Zeit entstanden, als Freud an die reale sexuelle Traumatisierung aller Konversionspatienten glaubte, d.h. ein *Beziehungstrauma* stets mitdachte: »Der Hysterische leidet größtenteils an Reminiszenzen... [weil] diese Erinnerungen Träumen entsprechen, welche nicht genügend ›abreagiert‹ worden sind« (Freud 1895d, S. 86, S. 89). Die erste Formulierung des Konversionsmechanismus durch Freud (1894a, S. 63) klingt durchaus objektbeziehungstheoretisch:

»Die Konversion... erfolgt auf jene motorische oder sensorische Intervention hin, die in einem... Zusammenhang mit dem traumatischen Erlebnis steht. Das Ich hat... sich... mit einem Erinnerungssymbol belastet, welches als... motorische Innervation oder als stets wiederkehrende halluzinatorische Sensation nach Art eines Parasiten im Bewusstsein haust...«

Das Symptom repräsentiert also eine Beziehungserfahrung, als »Parasit« ist er ein Fremdes im Selbst, ein traumatisches Introjekt (vgl. Hirsch 1995), und heute kann man sich den »rätselhaften Sprung« auch neurophysiologisch vorstellen: Die (traumatische) Erfahrung beeinflusst Hirnstrukturen (»neuronale Plastizität«) und auch Körperstrukturen: »Last not least bedeutet neuronale Plastizität aber nicht nur, dass das Gehirn – entlang seiner Beziehungserfahrung – sich selbst, sondern dass es auch die ›Peripherie‹ des Körpers zu verändern vermag« (Bauer 2001, S. 266). Nach dem Aufgeben der »Verführungstheorie« allerdings war das »Objekt« kein handelndes mehr, nur noch Objekt der Libido des Individuums, des Kindes, des Patienten, so dass das Subjekt allein die Verantwortung behielt, mit seinem intrapsychischen Konflikt fertig zu werden. Trotzdem gibt es auch dann noch bei Freud (besonders 1905e, vgl. Hirsch 1989, S. 292) häufige Hinweise auf die Funktion des Symptoms als Verbindung mit dem Objekt. Janus (1987) weist darauf hin, dass im Laufe der Zeit eine Reduktion stattfand auf die sexuelle symbolische Darstellung im Symptom, während Freud (1908a) die gebundene Erinnerung an reale traumatische Ereignisse und die regressive Wiederbelebung infantiler Triebbedürfnismodalitäten einschloss. Auch wurde allgemein die Reduktion auf das ödipale sexuelle Moment beklagt (Rangell 1959; Sperling 1973), die allerdings seit Fenichel (1945) mit der Auffassung der Organneurosen als Ergebnis einer *prägenitalen* Konversion rückgängig gemacht werden musste.

Freud legte Wert darauf, die Psychoanalyse auf die Bearbeitung psychischer und kultureller Phänomene zu beschränken; solange der Körper nicht eindeutig als Ausdruck psychischer Vorgänge gesehen werden konnte wie bei der Hysterie, musste Freud seine Schüler »aus erziehlichen Gründen« von einer psychoanalytischen Erforschung organischer Krankheiten abhalten, wie er in einem Brief an Victor von Weizsäcker schrieb (Freud 1947) und wie es auch Felix Deutsch bestätigte (Deutsch u. Semrad 1959). Felix Deutsch folgte Ferenczi und hielt sich nicht an dieses Gebot Freuds, sondern wandte die Konversionsvorstellung auf sämtliche organischen Erkrankungen an und sah die Konversion darüber hinaus nicht nur als Pathologie, vielmehr als eine ubiquitär vorkommende physiologische Erscheinung an. Hier ist eine Linie Groddek (vgl. Deutsch 1922; 1933) – Ferenczi – Deutsch zu sehen; auch Ferenczi beschränkte den Konversionsmechanismus nicht auf den Krankheitsfall, sondern nahm »phantastische [also der Phantasie entsprungene, M.H.] Materialisationsvorgänge auch beim Nichtneurotischen« (Ferenczi 1919, S. 146) an (vgl. den Beitrag über Ferenczi in diesem Buch).

FRÜHE ARBEITEN – DER »KONVERSIONSSTROM«

Felix Deutsch hat eine große Zahl von Arbeiten zur Konversion veröffentlicht, die ersten stammen aus den 20er, weitere aus den 30er und aus den 50er Jahren. In seinem ersten Vortrag »Psychoanalyse und Organkrankheit« (1922) vor der *Wiener Psychoanalytischen Vereinigung* 1921 gibt er gleich zu Anfang eine eindeutig psychosomatische Definition psychisch-physischer Korrelation: Psychische Faktoren beeinflussten das vegetative Nervensystem und damit jedes Organ; so entstandene funktionelle Störungen ließen sich oft in nichts von durch materielle Schädigung hervorgerufenen unterscheiden, eine solche länger dauernde Innervationsstörung könne darüber hinaus auch eine materielle Schädigung eines Organs bewirken (Deutsch 1922, S. 290). Deutsch hebt besonders den triebhaften Erregungszufluss, der das Organ trifft, hervor, sowie die Frage der Organwahl, während er den Konflikt, der

ein ödipal-sexueller entsprechend der klassischen Vorstellung der Psychoanalyse war, in seinen theoretischen Betrachtungen auffällig vernachlässigt,
bestenfalls in den Fallvignetten zu seinem Recht kommen lässt. Das trifft
auch auf alle seine späteren Arbeiten zu diesem Thema zu. Es scheint mir hier
ein Anzeichen vorzuliegen, dass Deutsch sich in Bezug auf körperliche
Krankheiten nicht vorbehaltlos der damals herrschenden Trieb-Abwehr-
Psychoanalyse bedienen wollte, sondern den Triebeinfluss wie eine physiologische Kraft ähnlich einer ständigen Innervation oder später (Deutsch 1933)
auch ähnlich der Wirkung des hormonellen Systems betrachtete. Die
Organwahl kommt Deutsch zufolge zum einen durch einen konstitutionellen
Faktor zustande, der im Dunkeln liege, Deutsch vermutet (1926, S. 25) einmal, die Organwahl sei in den Chromosomen niedergelegt, sie könne jedoch
auch mit der Identifizierung mit der Krankheit einer geliebten Person zusammenhängen. Während der Faktor der Identifikation durch die Jahrzehnte von
Deutsch beibehalten wurde und in seiner letzten Arbeit 1959 einen besonderen theoretischen Stellenwert einnehmen sollte, wurde der konstitutionelle
Faktor nicht weiter verwendet, sondern bis Anfang der 50er Jahre durch
einen die Organwahl determinierenden Organdefekt, meist eine frühere
zufällige Krankheit, ersetzt, die Deutsch in den Fallgeschichten dann auch
regelmäßig finden konnte. Diese prädisponierende Organschwäche entspricht Freuds (1905e, S. 200) »somatischem Entgegenkommen«. Deutsch
betont immer wieder, dass keine Spezifität des Organs vorliege, also ein
bestimmter Konflikt keineswegs auch ein bestimmtes Organ suche, dass aber
ein einmal durch die vorbestehenden Faktoren gewähltes Organ symbolischen Ausdruck für den dahinterliegenden Konflikt übernehmen müsse.

In den ersten beiden Vorträgen (der zweite hat den Titel: »Zur Bildung des
Konversionssymptoms«, 1924) legt Deutsch Wert auf die »Vorbereitung« des
Organs: Schon vor Ausbruch der manifesten Krankheit trifft das Organ ein
Erregungsstrom. Die Symptomatik bricht aus, einmal durch die Summierung
der Erregung über eine bestimmte Schwelle hinaus, zum Andern durch einen
weiteren Faktor, eine akzidentelle Schädigung, eine akute Erkrankung z.B.,
die auf das vorbereitete Organ trifft. Der Gedanke der Vorbereitung führt
Deutsch zu einer geradezu mit Genuss ausgemalten Vorstellung vom
»Konversionsstrom« (1924, S. 385), der sich, wie oben erwähnt, auf Ferenczi (1919) zurückführen lässt. Der Konversionsstrom soll offenbar den
»rätselhaften Sprung« überbrücken, er ist als notwendiges, ubiquitäres
Geschehen konzipiert, um wegen der Anpassungsnotwendigkeit des zivili-
sierten Menschen unverwendbare Libido im Körper unterzubringen, was
solange nicht schade, wie sie, in geringen Quantitäten gleichmäßig verteilt,
auch wieder abgeführt werden könne. Im Gegenteil, ein »organischer

Konversionspuffer« sei ein Sicherheitsventil gegen das Auftauchen des Verdrängten (1926, S. 20). »Verfolgt man aufmerksam den Entstehungsmechanismus des Konversionssymptoms, so sieht man, wie gleitend, allmählich der Übergang vom Psychischen ins Organische erfolgt, wie kleine Quellen von allen Seiten zusammenströmen, bevor der Konversionsstrom hervorbricht« (Deutsch 1924, S. 385). Deutsch begreift Konversion eigentlich nicht als Überspringen von Energie oder Inhalten von einem System auf das andere, er vermittelt vielmehr in seinem ganzen Denken das Bemühen um Einheitlichkeit, um Überwindung des von Freud (1916/17) beschriebenen »geheimnisvollen Sprungs« von der Seele zum Körper. Er wendet sich deshalb gegen jeden psycho-physischen Parallelismus (1924; 1933; 1939), einmal ruft er sozusagen aus: »Denn hier läuft nichts parallel!« (1924, S. 389). Das zeitliche Zusammentreffen gehe aus der Identität der Vorgänge hervor. Übrigens ist die Symbolik, die darstellende Tendenz des Symptoms ganz im Rahmen des psychoanalytischen Denkens der »klassischen« Periode gehalten, auch noch in der Arbeit von 1952, und bewegt sich um abgewehrte sexuelle Wünsche, Weiblichkeits- oder Männlichkeitsphantasien, um den Wunsch, schwanger zu sein oder dem Vater ein Kind zu schenken etc., teilweise aber auch um geburtstraumatische Inhalte (1933). Erst in der letzten Arbeit von 1959 ist auch offen und direkt die Überwindung der alten psychoanalytischen Vorstellungen zugunsten einer Objektbeziehungstheorie ausgedrückt.

Zurück zur »Vorbereitung« des Organs und zum Konversionsstrom, der zu einem weiteren Interessengebiet Deutschs führt, der vom Unbewussten geleiteten Körper- und Gebärdensprache des Menschen. 1924 schreibt er:

»Man muss wohl annehmen, dass auch beim normalen Individuum andauernd Konvertierungen stattfinden, die eigentlich notwendige Reaktionsweisen zur Erhaltung der Gesundheit und des Wohlbefindens darstellen. Denken wir nur an das Erröten, an die Schweißabsonderung bei Erregung, an die nervösen Diarrhöen, an den flüchtigen Kopfschmerz, an die vielfältigen durch die Wiederholung und Übung festgehaltenen, geradezu festgebahnten, das Wesen des Individuums charakterisierenden Ausdrucksformen im Motorischen... Konversionen sind in bestimmten Grenzen notwendige Formen psychischer Ausdrucksweisen, ... man könnte sogar behaupten, dass die Menschen niemals unglücklicher wären, niemals mehr zur Neurose neigen würden, als wenn es keine organischen Krankheiten gäbe« (S. 386).

In Analysen fordert Deutsch (1926) die Patienten auf, über aktuelle Körperempfindungen zu sprechen und ihre Assoziationen dazu mitzuteilen.

Deutsch erweitert also den Konversionsbegriff nicht nur – wie sonst nur Groddek und Ferenczi – auf alle organischen Krankheiten, sondern auch auf alltägliche, nicht pathologische Ausdrucksformen.

Das Bedürfnis nach Integration drückt sich auch in der Suche nach den »Schaltstellen« zwischen psychischer Erregung und organischer Reaktion aus. Deutsch wendet sich in teils rührender Naivität, jedoch sehr spekulativ schon 1924 dem hormonalen System zu. Hormone müssten die mit gestauter Libido belasteten Zellen zur Tätigkeit – zwecks Abfuhr – zwingen. Für den Einfluss der Triebe auf die Zellen bemüht er auch den Kalium-Kalzium-Stoffwechsel (1926) und gesteht den Trieben einen Einfluss auf »chromosomale Wachstumstendenzen« (1926, S. 28) zu. Auch 1933 setzt er große Hoffnung auf die Erforschung der körperlichen Zelleinflüsse, die den psychischen entsprechen, und man geht wohl nicht fehl in der Annahme, dass er damit Freuds Bedürfnis, sich der biologischen Grundlage der Psychoanalyse zu nähern, entgegenkommen wollte. Freud hatte, wie Deutsch (1933, S. 130) berichtet, von den Analytikern doppelte Arbeit verlangt, da »die biologische Medizin der Analyse auf den Fersen sei«.

Die Grundzüge der frühen Konversionstheorie Deutschs lassen sich kurz zusammenfassen: Ausdehnung der Konversion nicht nur auf die prägenitalen Konflikte im Sinne der Organneurose, wie es Ferenczi (1919) und Fenichel (1945), später auch Sperling (1949) und Rangell (1959) taten, sondern darüber hinaus auch wie bei Ferenczi auf alle organischen Krankheiten und alltägliches Körperverhalten. Konversion im Sinne des Konversionsstroms fasst Deutsch eher als ein homöostatisches Fließen zwischen Systemen auf, als dass er ein mehr direkt kausales Konfliktmodell zeichnete. Meines Erachtens ähnelt sein früher Ansatz deshalb, wie bei Ferenczi, eher einem narzisstischen Modell als dem Hysteriemodell der klassischen Psychoanalyse. Dieses kommt dann wie hinzugefügt bei den von Deutsch beschriebenen Fällen in der Darstellung von Konflikt und Symbolik zum Tragen.

DIE METAPHORISCHE BEDEUTUNG DER SPEKULATIVEN GEDANKEN

Deutschs späte Auffassung findet sich in seiner letzten Arbeit von 1959 »Symbolization as a formative stage of the conversion process«, die eine neue Sicht der Konversion auf der Grundlage der Erforschung der ersten Differenzierungen zwischen Säugling und mütterlicher Umgebung entwirft, in der er körperliche Symptome und Objektgeschehen miteinander verbindet. Das vorgreifend hier zu bemerken hat den Grund, dass ich nun aufzeigen möchte, dass meines Erachtens von der ersten Arbeit (1922) an verborgene

Details der ausschmückenden Sprache, spekulative Phantasien und Metaphern, schließlich konkrete Vorarbeiten wie »neurotische« Umgebung des Patienten und seine Familienkonstellation sowie die Einbeziehung der Angst auf Deutschs letzte Arbeit hinweisen. Damit wäre bei Deutsch latent von Anfang an ein interpersonelles Konzept der Konversion enthalten, als wäre der Konversionsstrom zwischen den Organen bzw. dem Psychischen und dem Körper das Bild eines »Beziehungsstroms« sozusagen zwischen Mutter und Säugling, wie Deutsch (1959) dann Konversion und Mutter-Kind-Beziehung später schließlich integrieren konnte.

Bereits 1922 (S. 301) fallen theoretische Formulierungen auf, die eine Einwirkung von Beziehungserfahrungen auf den Körper, seine Organe und auch auf Gedächtnissysteme zu schildern scheinen. Allerdings verwendet Deutsch einen Libido-Begriff, der mit der gegenseitigen Beziehung zwischen Subjekt und Objekt nichts zu tun hat, sondern allein das Problem des Subjekts bleibt. Ganz anders als bei Ferenczi, der stets und auch schon früh die traumatische Einwirkung mitberücksichtigt, müsste man bei Deutsch »Libido« mit »gegenseitige Beziehung« übersetzen, dann näherte er sich nicht nur latent, sondern offen seinen objektbeziehungstheoretischen Vorstellungen der Konversion von 1959. (Aber selbst dort ist das frühe Trauma lediglich ein Verlusttrauma, dessen Bewältigung die Konversion dient, ähnlich wie Freud nach dem Aufgeben der Verführungstheorie nicht mehr die traumatische Einwirkung durch das handelnde Objekt, sondern in »Trauer und Melancholie« nur noch den traumatischen Verlust bearbeitet hatte.) So gesehen scheinen Deutschs Spekulationen über die Wechselwirkungen von Seele und Körper kryptisch das Geschehen zwische Subjekt und Objekt abzubilden: »... je weiter die anatomische Schädigung des Organes durch den konstanten psychischen [d.h. die Libido bedient sich missbräuchlich des Organs, M. H.] Missbrauch fortgeschritten ist, und um so mehr das Organ dem Unbewussten dienstbar geworden ist ...«(1922, S. 301).

In der dritten Arbeit von 1926 ist der Körper ein »Libidostapelplatz«; »die Libido kreist im gesunden Körper ebenso unmerklich wie dessen Stoffwechselprodukte ... Wie wir wissen, schützt sich das Ich, indem es unverwendbare Libido dem Körper anzuhängen versucht, und zwar am Orte des geringsten Widerstandes«. Oder Deutsch schreibt (1926, S. 26), dass »stets in jeder organischen Krankheit an den erkrankten Organen latente, verpönte Partialtriebe verstohlen zur Befriedigung gelangen«. »Unverwendbare Libido« und »verpönte Partialtriebe« wären dann als toxische (Liebes-)Beziehungsanteile zu verstehen. Im Zusammenhang mit den körperlichen Erinnerungsspuren (von Engel 1959 übrigens wieder aufgenommen: »body pain images«), einem von Ferenczi (1921; vgl. das Kapitel über Ferenczi in diesem Buch) übernommenen »Körpergedächtnis« (Deutsch 1926, S. 22), kommt Deutsch zu der Aussage, dass »jede Erinnerung ein mit dem seinerzeitigen Erleben verbundes körperliches Korrelat hat«. Jede Organfunktion gehöre mit der entsprechenden unbewussten Vorstellung zusammen (1926, S. 23). Auch diese Formulierungen lassen mich (allerdings in Kenntnis Deutschs Arbeit von 1959) an Deutschs spätere objekttheoretische Vorstellungen denken, dass frühe Körpererlebnisse positiver wie traumatischer Art sich in einem Körpergedächtnis niederschlagen. Deutsch (1926, S. 24) formuliert weiter: »Der ganze Körper in seiner Funktion ist ein Gebäude von sinnreichen, bedeutungsvollen Niederschlägen psychischer Reminiszenzen.« Sicher erinnert das an Freuds (1895d, S. 86) Bemerkung: »Der Hysteriker leidet größtenteils an Reminiszenzen«, aber hier ist es der Körper selbst; Deutsch konzeptualisiert »das Körperselbstgefühl als Reminiszenz der erlebten Objektbeziehungen bzw. als Niederschlag der aufgegebenen Objektbeziehungen« (Janus 1987, S. 370), das aus den Wahrnehmungen und Erfahrungen aus ihm selbst und seiner Umgebung als erstem Körper-Ich zu existieren beginnt. Und schließlich personifiziert Deutsch (1926, S. 26) so, als sollten wir in den Organen geradezu Mutter und Säugling erkennen: »Wie sehr sich die Organe der einmal genossenen Lust erinnern, können wir erkennen, wie bereitwillig sie sich ... regressiven Tendenzen wieder zur Verfügung stellen.«

In der Arbeit von 1924 finden sich nun Passagen, deren bewusst intendierte naturwissenschaftliche Aussage als reine Spekulation abzutun wäre: Deutsch will sich gedanklich der »Schaltstelle« zwischen psychischen und organischen Prozessen nähern und verwendet als Beispiel für eine solche Begegnung der Bereiche die Zell- und Organdifferenzierung der befruchteten Eizelle. Wirkt die Vereinigung der Zellen als innerer Reiz, schreibt Deutsch die Ursache der Differenzierung der Zellverbände äußeren Reizen zu. Derartige, im übrigen unbekannte Reize macht er auch verantwortlich

> »für die zukünftige, oft unverständliche Reaktionsweise des Organismus... An welcher Zellanlage die Abartung erfolgt, diese wird in abnormaler Weise auf die auftretenden Reize antworten. Infolgedessen wird es in solchen Zellen leicht zu einer vorzeitigen oder übermäßigen Umsetzung von endogenen oder exogenen Reizen kommen« (Deutsch, 1924, S. 388).

Die instinktmäßige erbbedingte Reaktion einer Zelle oder eines Organs, die »zweckmäßige« Funktion ist vor allem die Umsetzung eines Reizes in andere Energien, »vor allem die der Bewegung« (1924, S. 388). Wird die Zelle oder das Organ nun an der adäquaten Reizbeantwortung gehindert, führt der chemische Prozess durch Abbauprodukte zu Schädigung und Tod der Zelle (1924, S. 389).

»Bevor es jedoch dazu kommt, tritt ein Zustand ein, der sich uns objektiv in anderer Weise kund gibt, und zwar als Unruhe, Unlust, Angst. Hier befinden wir uns auf den ersten Spuren der Konversion. Welche Vorgänge in der Zelle diesen psychischen Qualitäten entsprechen und ob es solche gibt, die eine Transformation eines bestimmten biologischen Vorganges wieder nur in bestimmte psychische Qualität bewirken, ist nur bis zu einem gewissen Grade erkennbar« (Deutsch 1924, S. 389).

Deutsch schlägt hier für meine Begriffe einen kühnen Bogen von der Vereinigung zweier Zellen und ihrer Differenzierung zu ihrem Tod durch mangelnde Reizbeantwortung; die inhärente Unlust und der Angstaffekt (der Zelle!) markiert den Beginn der psycho-physischen Gleichzeitigkeit der Konversion. Ich möchte über diese Spekulation hinaus aber einen Gedanken wagen: Kann man diese Vorstellungen Deutschs nicht auch als primärprozesshafte Darstellungen, als unbewusste metaphorische Mitteilungen verstehen? Wenn man versucht, hinter das geschriebene Wort zu blicken, entdeckt man, so meine ich, das von Deutsch früh intuitiv, ohne bewusste Reflexion erfasste und später (1959) ausgearbeitete Modell der Konversion innerhalb einer frühen Mutter-Kind-Beziehung, in der der Körper des Säuglings mit inneren und äußeren Reizen fertig werden muss, in untrennbarer Einheit (Deutsch: »Hier verläuft nichts parallel!« 1924, S. 389) mit der Mutter, auf deren regulativen Schutz es angewiesen, deren gegebenenfalls überstimulierenden, traumatischen Reizen es aber auch ausgesetzt sein kann. Solche Untersuchungen theoretischer Texte auf die dahinter liegenden unbewussten Phantasien des Autors sind wiederholt angestellt worden. Rohde-Dachser (1991, S. 55ff.) hat z.B. einen Text Freuds (über Weiblichkeit) auf seine unbewussten Hintergründe hin untersucht, Grubrich-Simitis (1991) hat »Freuds Moses-Studie als Tagtraum«, als wunscherfüllendes Phantasieren verstanden und Göppel (1990, S. 102) äußert den »Verdacht, dass Melanie Klein in vielem von dem, was sie über die Psyche des Kleinkindes ausführt, in Wirklichkeit sich selbst und ihre Erfahrungen mit dem Komplex Mutterschaft... beschreibt«. Betrachten wir so Deutsch (1924, S. 387): »Sobald eine Vereinigung von zwei Zellen stattgefunden hat, kommt es zu einem energischen Aufeinanderwirken des Kernes und Protoplasmas dieser beiden Zellen.« Hier denke ich bereits an ein metaphorisches Bild für den körperlich-emotionalen Austausch in der Mutter-Kind-Symbiose, auch bei einem Satz wie: »Der unbehinderte Kreislauf des Ein- und Ausströmens, der gegenseitigen Aufnahme und Abgabe der Zellprodukte an die verschiedenen Zellsysteme...« (S. 389). Der Organismus wird sich »durch möglichste Abhaltung von außen kommender Reize zu schützen versuchen« (S. 390), diese Aufgabe fiele bei der Mutter-Kind-Beziehung der Mutter zu. Deutsch spricht vom »Gleichgewicht im Zellhaushalt«, was in Mutter-Kind-Symbiose übersetzt werden könnte; »fehlt diese Ausgleichsmöglichkeit, gelangt die Zelle unter veränderte Lebensbedingungen, und es entsteht das, was als Krankheit bezeichnet wird« (1924, S. 390). Analog zu den Gedanken Ferenczis über das Körpergedächtnis, die Deutsch übernimmt, und den späteren Hypothesen des Niederschlags von Körpererfahrung (Engel 1959; 1968) spricht Deutsch von »Erfahrung der Zelle« (1924, S. 388), und es fallen Sätze wie: »Das Gedächtnis der Zelle [!] vergisst nicht die einmal erlebte Unlust, bis nicht das Gleichgewicht durch kompensierende Ausgleichsvorgänge im gesamten Zellhaushalte hergestellt ist« (1924, S. 390). Deutsch traut der Zelle ein ganzes Spektrum verschieden differenzierter Reaktionen zu: »Einfache Reflexe ..., Instinktbewegungen ... oder ... komplizierte Handlungen« (1924, S. 388). Hier denken wir wieder an Deutschs Personifizierungsneigung in Bezug auf Zelle und Organe und fühlen uns an das Regulationssystem der Beziehung von Mutter und Kind erinnert. Fast bedauernd stellt Deutsch fest: »Diese Bedingungen für ein ungestörtes Zelleben sind jedoch nur selten gewährleistet« (1924, S. 390), und wir bedauern, dass auch der realen Mutter-Kind-Beziehung keineswegs Paradies-Charakter zukommt. Wichtig für seine letzte ausgearbeitete Konversionstheorie von 1959 ist dann folgender Satz aus der Arbeit von 1924: »Die einmal erlebte Unlust transformiert sich jedesmal bei ihrer Erinnerung in abgeänderte Tätigkeit der konversionsfähigen Zellsysteme. Diese Umwandlung erscheint mir als eine der primitivsten Formen einer Transformation von Psychischem in Organisches« (S. 390), d.h. die Erinnerung des Organs, des Körpers oder der Zelle an durch Reize hervorgerufene Unlust führt zu abgeänderter, u.U. pathologischer Reaktion.

Auch in späteren Arbeiten gibt es derartige Anklänge, wenn auch nicht so ins Auge fallend wie 1924. Man denkt an Mutter-Kind-Bindung, wenn er von »Bindungsvermögen durch die Organe« schreibt (1926, S. 28), gemeint ist allerdings das Aufnahmevermögen »unverwendbarer Libido« (ebd.), aber auch das lässt sich als Kapazität des Säuglings übersetzen, mit endogenen oder exogenen Reizen umzugehen. 1939 (S. 252) spricht er dann über »continual fusion between somatic and emotional processes inherent in the physiological and pathological function«; erweitert man diese »Fusion« um die Beziehung zum äußeren Objekt – und hier geht es bereits um Erweiterung, nicht mehr um deutende Übersetzung – ist man bei der frühen Mutter-Körper/Kind-Körper/Mutter-Seele/Kind-Seele-Einheit. 1939 führt Deutsch auch den Gedanken der Regulation ein, der in der beiläufigen Erwähnung eines Gleichgewichts auf Zellebene (1924, S. 390) bereits einmal angeklungen war und hier nun ohne weitere Übersetzungsarbeit verständlich ist: »Selbstregulation von Körperfunktionen durch emotionale Faktoren« (1939, S. 255). Auch hier bedarf es lediglich einer Erweiterung, um zur Regulation innerhalb einer Mutter-Kind-Beziehung zu gelangen.

Die Spekulationsebene bzw. die der unbewussten Metaphorik hat Deutsch bald verlassen; schon 1933 begann er, die Veränderung der Organe, die »eine Rolle in der infantilen Historik spielen« (1933, S. 138), mit realen äußeren Objekten in Verbindung zu bringen. Für das Asthma spricht er nun von der »respiratorischen Introjektion eines verlorenen Liebesobjekts« (S. 141), die Einverleibung müsse aber gleichzeitig mit dem Atemkrampf abgewehrt werden. Der »Anfall wird ausgelöst durch die drohende Annäherung an das verpönte Liebesobjekt« (S. 141), nun sind es also nicht mehr »verpönte Partialtriebe« (s.o.). Diese Ambivalenz wird in den Fallbeispielen dieser Arbeit von 1933 auf die früheste nachgeburtliche Zeit bezogen, auf den Neid, auf das an der Brust saugende Geschwister, auf die Todesangst durch Fruchtwasseraspiration. Deutsch (1933, S. 144) bezieht sich nun auf Freuds (1923b) vorübergehende Beschäftigung mit den Objektbeziehungsaspekten des Schmerzes (vgl. Hirsch 1989) und beschreibt die Bedingtheit von Aggression und Schmerz in der ambivalenten Objektbeziehung: Die Schmerzen verschwanden, als der Patient sich gegen jemanden offen aggressiv wenden konnte:

>»In dem analysierten Falle von Angina pectoris, über den ich vor einigen Jahren berichtete, konnte ich zeigen, wie mit der Beseitigung der Angst vor der Gefahr, die dem eigenen Körper drohte, den der Kranke zum Objekte seiner Aggression nahm, auch der Schmerz sich milderte. Es ist aber häufig der Fall, dass das Objekt, das bedroht wird, dasjenige ist, gegen das sich die stärksten Aggressionen richten und mit dem man sich identifiziert« (1933, S. 144f.).

Auch hier lässt sich die größere Nähe der Vorstellungen Deutschs zur narzisstischen und zur Objekt-Ebene als zur Konfliktebene erkennen.

»NEUROSE DER UMGEBUNG«

Ganz explizit führt Deutsch dann 1939 einen neuen Faktor ein, der zu pathologischen Konversionsvorgängen führe: »Die Neurose der Umgebung« (1939, S. 258), sogar die Rekonstruktion einer »typischen Familienkonstellation« (S. 259). Einerseits ist diese Verständniserweiterung von der intrapsychischen (bzw. 15 Jahre früher bei Deutsch selbst von der zellulären) zur Objektbeziehungs- und familiendynamischen Ebene im Sinne des realen Einflusses der äußeren Objekte ein großer Fortschritt, wenn man bedenkt, dass im selben Jahr Hartmann (1939) dem Ich gerade zu einer begrenzten Autonomie verhelfen konnte und die Umgebung der realen Objekte als »durchschnittlich gegeben« annahm. Allerdings konnte sich Deutsch zu diesem Zeitpunkt nicht entschließen, den in den Fällen von Asthma, Enuresis und Magen-Darmstörung durchweg als »zwanghaft«, Abhängigkeit verstärkend und Aggressionen unterdrückend erkannten Müttern einen eindeutig ätiologischen Einfluss zuzugestehen. Er neigte eher dazu, diese Eigenschaften der Mutter und die entsprechende Familien-konstellation, zu der auch bereits ein »milder«, sich entziehender Vater gehört, als *Reaktion* auf die Körper-Symptomatik des Kindes zu verstehen, fordert aber eine weitere Erforschung der »Neurose der Umgebung« des Patienten. Andererseits aber hatte sich Ferenczi mindestens seit 1927, ganz besonders 1933 zur Pathologie und Pathogenität von Familienbeziehungen geäußert.

In der Arbeit von 1952 über »Einige psychodynamische Überlegungen zu psychosomatischen Hauterkrankungen« geht Deutsch einen Schritt weiter, indem er von den Umweltfaktoren und Umweltfiguren spricht, die den Konflikt stimulieren. Diese Arbeit ist auch insofern ein Schritt in Richtung auf die endgültige Formulierung Deutschs, als er, allerdings ohne weitere Ausarbeitung, einen neuen Begriff der Symbolisierung einführt. Das Symptom symbolisiert nicht mehr nur im Sinne von szenischer Darstellung oder identifikatorischer Nachahmung, sondern bezeichnet einen *Prozess*, der Objektbeziehungscharakter bekommt. Deutsch spricht von »der Symbolisierung und Personifizierung dieser (oder ähnlicher) Figuren des Früherlebens durch die beteiligten Körperteile« (1952, S. 710). Man denkt hier an die Brückenobjekte, die Kestenberg (1971) später beschrieb, Objekte wie z.B. Körperausscheidungen oder Körperteile, die das Kind mit einer Pflegeperson verbinden und diese Person gleichzeitig symbolisieren, wenn sie abwesend ist.

»SYMBOLIZATION AS A FORMATIVE STAGE
OF THE CONVERSION PROCESS«

Ich komme nun zur Arbeit von 1959, in der Deutsch von der vom Säugling einzig erlebten Realität ausgeht, der des eigenen Körpers nämlich, neben welcher für ihn nichts existiert (S. 75), da er alles in ihm und durch ihn wahrnimmt. Fehlen Wahrnehmungen vorübergehend oder für immer, erlebt er einen Verlust von Körperteilen, die er mit Hilfe der Imagination wieder zurückholen will. Körperwahrnehmungen werden nun auf äußere Objekte projiziert, da diese Objekte als vom Körper abgetrennt erlebt werden. Das Verlustgefühl führt zum Versuch, die Objekte mit Hilfe der Symbolisierung zurückzuführen; für diesen Vorgang schlägt Deutsch die Bezeichnung »Retrojektion« vor. Hier ist der Kern seiner Vorstellungen, die mit der Annahme einer sehr frühen Fähigkeit der Symbolisation verbunden sind. Unbeirrt von dem Widerspruch Rangells 1959 (vgl. Thomä 1963) hat Deutsch an der frühen Symbolik festgehalten. Durch den Vorgang der auf die Projektion von Körperempfindungen folgenden Retrojektion erfolgt eine Symbolisierung, eine Personifizierung, wie oben erwähnt, des betreffenden Organs. »Die physiologischen Funktionen der Körperteile, die zu Repräsentanzen dieser symbolischen Objekte geworden sind, werden aus diesem Grund modifiziert durch den Prozess der Symbolisation« (Deutsch 1959, S. 76), d.h. die Restitution der Objektbeziehung durch Symbolisierung erfolgt mit Hilfe der Modifikation, im pathologischen Fall der Störung der Organfunktion. Deutsch siedelt seinen Begriff von Symbolisierung in der Nähe von Libidinisierung und Identifikation an (1959, S. 80). Von Anfang an bestand er darauf, dass jedes Organ der Konversion unterliegen könne; nun heißt es: »Jeder Teil des Körpers besitzt die Möglichkeit des Ausdrucks von Verlust und Trennung« (S. 79). Und weiter: »Das organische Symptom ist das schützende Mittel gegen einen drohenden Verlust des Objekts, das zurückgewonnen wurde durch Retrojektion und das symbolisiert im Körper ruht, wo es die Integrität des Körpers aufrecht erhält« (1959, S. 77). Ich denke, dass Deutschs Konversionskonzept, wie er es schließlich formuliert hat, noch heute einen wichtigen Beitrag zur Psychosomatik darstellt, denn er schlägt eine theoretisch schlüssige Verbindung von Körperwahrnehmung, Körperfunktion bzw. -pathologie und Objekterfahrung vor. Janus (1987, S. 369) meint, dieses Konversionskonzept sei »erlebnis- und beziehungsbezogen«. Das bedeutet m.E. den entscheidenden Unterschied zur Resomatisierungstheorie von Schur (1955).

Deutsch konnte kein traumatisches mütterliches Objekt erkennen, er sah als Trauma einen nicht näher differenzierten Verlust des Objekts, während heute realer Mangel an mütterlicher Versorgung, also Entbehrungstraumata, und spätere Realtraumata in ätiologische Vorstellungen einbezogen werden (vgl. Hirsch 1989). Unvermittelt knüpft jedoch Deutsch (1959, S. 96), ganz zum Schluss dieser seiner letzten Arbeit an Freuds Todestrieb-Hypothese an, die er mit dem Ambivalenzkonflikt zusammenbringt; der darin enthaltene Wunsch der Destruktion sei vom Objekt, das man tot wünsche, gegen das eigene Selbst gerichtet (S. 96). Deutsch schließt mit einer unvorbereiteten Verbindung der Konversion mit der Sehnsucht nach symbiotischer Verschmelzung, und sei sie auch mit dem Tod verbunden: »Die Wiedervereinigung mit den symbolisierten Objekten, auch wenn der Preis dafür die Destruktion oder der Tod des eigenen Körpers ist, kann manchmal das Gefühl großer Gleichmut ... hervorrufen, weil das symbolisierte Objekt voller Rache zerstört werden konnte« (Deutsch 1959, S. 96f.).

SCHLUSSBEMERKUNG

Meines Erachtens ist das Konversionsmodell Felix Deutschs eher ein narzisstisches Modell auf der Grundlage der Schicksale der frühen Mutter-Kind-Beziehung als ein solches des neurotischen Konflikts, wie es Freud entworfen hatte. Dabei bedient er sich anfangs, besonders in seiner Arbeit von 1924, einer unbewusst metaphorischen, primärprozesshaften Sprache, die leicht zu übersetzen ist, wenn man einmal darauf aufmerksam geworden ist. Die metaphorische Sprache könnte man wie einen manifesten Traumgedanken verstehen, ähnlich wie in dem Traum vom Ring der Schlangen, der Kékulé zur Formulierung des Modells des Benzolrings verholfen haben soll. Dem Benzolring, übrigens auch zuerst ein gedanklich-sprachliches Konstrukt, würde die später ausformulierte Konversionstheorie Deutschs entsprechen, die sich viel mehr in Übereinstimmung mit der »Realität« allgemein anerkannter Objektbeziehungsvorstellungen befindet. Deutsch hat unbeirrt an der Forderung einer frühen Symbolisierung festgehalten, er zieht dazu übereinstimmende Vorstellungen (Segal 1957; Rodrigué 1956; Rycroft 1956) heran und wurde in dieser Frage sehr kritisiert (vgl. Rangell 1959; auch Thomä 1963). Neuere Überlegungen von McDougall (1989, S. 54), die eine »archaische Hysterie« (entsprechend einer vorsprachlichen archaischen Symbolisierung) für die Psychosomatik fordert, kommen Deutschs Annahme jedoch wieder entgegen. Und man sollte sich bewusst bleiben, dass schließlich alle theoretischen Vorstellungen gedankliche Konstrukte, Modelle bleiben und nicht etwa die »Realität« wiedergeben.

LITERATUR

Alexander, F. (1959): Psychosomatische Medizin. Berlin (de Gruyter), 1951.

Bauer, J. (2001): »Integrating psychiatry, psychoanalysis, neuroscience«. In: Psychother. Psychosom. med. Psychol. 51, S. 265–266.

Deutsch, F. (1922): Psychoanalyse und Organkrankheiten. In: Int. Z. Psychoanal. 8, S. 290–306.

– (1924): Zur Bildung des Konversionssymptoms. In: Int. Z. Psychoanal. 10, S. 380–392.

– (1926): Der gesunde und der kranke Körper in psychoanalytischer Betrachtung. In: Int. Z. Psychoanal. 12, S. 493–503; In: Grunert, J. (Hg.) (1977): Körperbild und Selbst- und Selbstverständnis. München (Kindler).

– (1933): Biologie und Psychologie der Krankheitsgenese. In: Int. Z. Psychoanal. 19, S. 130–146.

– (1939): The choice of organ and organ neuroses. In: Int. J. Psychoanal. 20, S. 252–262.

– (1952): Einige Psychodynamische Überlegungen zu psychosomatischen Hauterkrankungen. In: Psyche 7, S. 700–710 (1953/54).

– (1959): Symbolization as a formative stage of the conversion process. In: Deutsch, F., ed.: On the mysterious leap from the mind to the body. New York (Int. Univers. Press).

Deutsch, F., Semrad, E.V. (1959): Survey of Freud's writings on the conversion symptom. In: Deutsch, F., ed. On the mysterious leap from the mind to the body. New York (Int. Univers. Press).

Engel, G. L. (1959): Psychogenic pain and the pain prone patient. In: Am. J. Med. 26, S. 899–918.

– (1968): A reconsideration of the role of conversion in somatic disease. In: Compr. Psychiat. 9, S. 316–326.

Fenichel, O. (1945): Psychoanalytische Neurosenlehre. Bd. I-III. Gießen (Psychosozial-Verlag), 1996.

Ferenczi, S. (1919): Hysterische Materialisationsphänomene – Gedanken zur Auffassung der hysterischen Konversion und Symbolik. In: Bausteine zur Psychoanalyse, Bd. III,: Bern (Huber), 2. Aufl., 1964.

– (1921): Psychoanalytische Betrachtungen über den Tic. In: Bausteine zur Psychoanalyse I., Bern (Huber), 2. Aufl.1964.

– (1927): Die Anpassung der Familie an das Kind. In: Bausteine zur Psychoanalyse III, Huber, Bern, Stuttgart, Wien, 2. Aufl. 1964, S. 347–366.

– (1933): Sprachverwirrung zwischen den Erwachsenen und dem Kind. In: Bausteine zur Psychoanalyse III, Huber, Bern, Stuttgart, Wien, 2. Aufl. 1964, S. 511–525.

Freud, S. (1894a): Die Abwehr-Neuropsychosen. GW I.

– (1895d): Studien über Hysterie. GW I.

– (1905e): Bruchstück einer Hysterie-Analyse. GW V.

– (1908a): Hysterische Phantasien und ihre Beziehung zur Bisexualität. GW VII.

– (1916/17): Vorlesungen zur Einführung in die Psychoanalyse. GW XI.

– (1923b): Das Ich und das Es. GW XIII.

- (1926d): Hemmung, Symptom und Angst. GW XIV.
- (1947): Brief an V. v. Weizsäcker vom 16.10.1932. In: v. Weizsäcker, V.: Körpergeschehen und Neurose. Stuttgart (Klett).

Göppel, R. (1990): Die »paranoid-schizoide Position« und die »depressive Position« im Erleben der Mutter. Ein Versuch über Melanie Kleins persönlich-biographische Wahrheit. In: Jahrbuch psychoanal. Päd. 2, S. 101–119.

Grubrich-Simitis, I. (1991): Freuds Moses-Studie als Tagtraum. Ein biographischer Essay. Weinheim (Verl. Internat. Psychoanalyse).

Hartkamp, N. (1991): Geschichte als Programm. Der Beitrag Felix Deutschs zur psychoanalytischen Psychosomatik. In: Praxis Psychother. Psychosom. 36, S. 308–315.

Hartmann, H. (1939): Ich-Psychologie und Anpassungsproblem. Psyche 14, S. 81–164 (1960/61)

Hirsch, M. (1989): Psychogener Schmerz. In: Hirsch, M. (Hg.): Der eigene Körper als Objekt. Zur Psychodynamik selbstdestruktiven Körperagierens. Berlin, Heidelberg (Springer), Neuaufl. Gießen (Psychosozial-Verlag), 1998.

- (1994): Die Entwicklung des Konversionskonzepts bei Felix Deutsch. In: Meyer, A.-E., Lamparter, U.: Pioniere der Psychosomatik. Heidelberg (Asanger).

- (1995): Fremdkörper im Selbst – Introjektion von Verlust und traumatischer Gewalt. In: Jahrbuch Psychoanal. 35, S. 123–151.

Janus, L. (1987): Die vergessene Revision der Konversionstheorien durch Ferenczi, Rank und Deutsch. In: Lamprecht, F. (Hg.): Spezialisierung und Integration in Psychosomatik und Psychotherapie. Berlin, Heidelberg (Springer).

Kestenberg, J. (1971): From object imagery to self and object representations. In: McDevitt, J. B., Settlage, C. F. (eds.): Separation – Individuation: Essays in honour of Margaret S. Mahler. New York (Int. Univ. Press).

McDougall, J. (1989): Theatres of the body. A psychoanalytic approach to psychosomatic illnes. Free Associations, London.

Rangell, L. (1959): The natur of conversion. In: J. Amer. Psychoanal. Ass. 7, S. 632–662.

Rodrigué, E. (1956): Notes on symbol formation. In: Int. J. Psycho-Anal. 37, S. 147–158.

Rohde-Dachser, C. (1991): Expedition in den dunklen Kontinent. Berlin, Heidelberg (Springer).

Rycroft, C. (1956): Symbolism and its relation to the primary and secondary process. In: Int. J. Psycho-Anal. 37, S. 137–146.

Schur, M. (1955): Comments on the metapsychology of somatization. In: Psychoanal. Study Child 10, S. 119–164. Deutsch in: Overbeck, G., Overbeck, A. (Hg.): Seelischer Konflikt – körperliches Leiden Reinbek (Rowohlt), 1978.

Segal, H. (1957): Notes on symbol formation. In: Int. J. Psycho-Anal. 38, S. 391–397.

Sperling, M. (1949): The role of the mother in psychosomatic disorders in children. In: Psychosom. Med. 11, S. 377–385.

Sperling, M. (1973): Conversion hysteria and conversion symptoms – a revision of classification and concepts. In: J. Am. Psychoanal. Ass. 21, S. 745–771.

Thomä, H. (1963) Bemerkungen zu neueren Arbeiten über die Theorie der Konversion. In: Psyche 16, S. 801–813.

Gerhard H. Paar

Selbstverletzung als Selbsterhaltung[1]

Einleitung

Selbstschädigendes Verhalten ist ein Bestandteil menschlichen Lebens und tritt in verschiedenen kulturellen und religiösen Situationen auf. Menninger (1938) unterscheidet: 1) Selbstbeschädigung in alltäglichen Situationen, 2) Initiationsriten, 3) religiöse Selbstbeschädigung, 4) neurotische Selbstbeschädigung, 5) Selbstverstümmelungen bei psychotischen Patienten und 6) Selbstbeschädigungen bei organischen Erkrankungen.

Galten Patienten mit schweren neurotischen Selbstbeschädigungen früher als unbehandelbar, so hat die intensive diagnostische, klinische und psychotherapeutische Auseinandersetzung der letzten Jahre zu einem besseren Verständnis und zu neuen Behandlungsansätzen geführt (Eckhardt 1987; Favazza 1987; Walsh u. Rosen 1988; Hirsch 1989; Sachsse 1994a; Plassmann 1994a).

Selbstverletzendes Verhalten ist zunächst schwer zu verstehen, da es sich gegen das anthropologische Grundbedürfnis nach Schmerzvermeidung und Befriedigungssuche richtet.

»Ein intensiver und dauerhafter Schmerz bringt, wie jeder bei sich erleben kann, den psychischen Apparat in Unordnung, gefährdet die Integration der Psyche in den Körper ... Der Schmerz stellt den Beweis der Entdifferenzierung dar ... Wenn es nicht gelingt, den Schmerz durch Heilung zu beenden und/oder ihn zu erotisieren, droht er die Struktur des Haut-Ich zu zerstören, d.h. sowohl den Abstand zwischen seiner äußeren und inneren Seite, als auch den Unterschied zwischen seiner Reizschrankenfunktion und seiner Funktion als Einschreibungsort signifikanter Spuren aufzuheben« (Anzieu 1985, S. 258–259).

[1] Überarbeitete Version von Vorträgen bei der *Psychoanalytischen Arbeitsgemeinschaft Köln-Düsseldorf*, der *Psychoanalytischen Arbeitsgemeinschaft Ulm* und dem *Rheinland-Institut Köln*.

Bei den Selbstverletzern ist das Haut-Ich fragmentiert und der Körper zum Einschreibungsort kontaminierender und traumatisierender Objektbeziehungen geworden. Der Körper wird zum Selbstobjekt. Die Selbstbeschädigung geschieht in psychodynamisch bedeutsamen Situationen. Vorkehrungen über den richtigen Zeitablauf wie Art der Selbstverletzung erfordern intellektuelle Aktivität. Dabei darf man dem Patienten aber nicht die Intentionalität eines freien Willensentscheides unterstellen, denn der Akt geschieht unter impulsivem Zwang (Scharfetter 1984).

Frau L. sagt:

»Es kann einige Tage dauern von dem Wissen, dass es geschehen muss, bis zum eigentlichen Ereignis. Ich weiß vorher, wo ich schneide. An den Armen schneide ich außen, an den Beinen innen. Ich knie mich auf den Fußboden. Ich muss geduscht und das Bad muss sauber sein. Das Blut sollte nicht auf den Boden laufen. Mit der rechten Hand kann ich am besten schneiden. Die Schnitte müssen tief genug werden. Manchmal gehört Musik dazu, zur Zeit eigentlich immer. Meistens ist es Musik von Frauen, also mit einer weiblichen Gesangsstimme. In eine Stelle muss immer mehrmals geschnitten werden bei einer Aktion. Nie schneide ich absichtlich eine Stelle wieder auf, die einmal geöffnet war. Am besten sind Wunden, die so klaffend werden, dass ich mit der Fingerkuppe hineinfassen kann. Es ist wichtig, dass warmes Blut kommt, möglichst viel. Ich glaube, wenn man nur unter der Haut befindliche Gefäße durchtrennt, ist das Blut kalt, das ist nicht so gut. Ich schiebe das Blut mit den Fingern den Arm hinunter, hole mir mehr, wenn ich mehr brauche. Das ist die liebevollste Situation an dem ganzen Akt. Ich empfinde große Ruhe, Gelöstheit und Nähe zu mir selbst. Dieser Moment sollte festgehalten werden. Es sind Momente großer Privatheit und Wahrhaftigkeit. So wie ich mich sonst oft als leer und unwirklich, als unecht und artifiziell bezeichne, finde ich mich dann lebendig« (Liedermann 1998).

Wenn wir uns von der Faszination und dem Entsetzten befreien, die diese Schilderung einer Patientin in uns auslöst, können wir sie als Indiz für Idealisierungen und Abwehrprozesse sehen. Die Angst vor der Selbstfragmentierung ist ein Hinweis auf die als bedrohlich erlebte Selbst/Fremdaggressivität. Die Patientin schreibt so nach einem langen Therapieprozess.

Klinisch sprechen wir von der offenen und heimlichen Selbstverletzung. Bei der offenen Selbstverletzung fügt sich der Patient an seiner Hautoberfläche Verletzungen in Form von Schnittwunden, Abschürfungen, Verbrühungen,

Verätzungen, Verbrennungen etc. zu. Bevorzugte Körperzonen sind Unterarme, Oberschenkel, Brust- und Bauchbereich sowie das Gesicht. Die Schwere der psychopathologischen Störung scheint mit Anzahl, Tiefe und Sichtbarkeit der Selbstbeschädigung zu korrespondieren (Anzieu 1985; Sachsse 1994b). Je früher die erste Selbstverletzung stattfand, desto gestörter das Körperbild. In projektiven Testverfahren lässt sich ein gestörtes Körperbild bei durchlässigen Selbst- und Körpergrenzen nachweisen (Tameling u. Sachsse 1996).

Als heimliche Selbstbeschädigung (artifizielle Störung) bezeichnen wir das aktive Erzeugen von körperlichen Störungen auf allen medizinischen Fachgebieten (Ford 1983; Bock u. Overkamp 1986; Eckhardt 1989). Heimliche Selbstbeschädigung entwickelt sich als Krankheit in der Beziehung zum Arzt, weil sie erst in der therapeutischen Beziehung als solche definiert wird. Das impulshafte Selbstverletzen droht Ärzten und Psychotherapeuten einen Handlungszwang an und kann zu tragischen Übertragungs-/Gegenübertragungsverschränkungen führen. Charcot hat in seinen Untersuchungen zur Hysterie davor gewarnt, dass Patienten mit einer »Mania operativa« einem Chirurgen mit einer »Mania operativa activa« in die Hände fallen (Chertok 1972).

FALLGESCHICHTE I

Frau A. wird mir über eine Kollegin der HNO-Klinik als Artefaktpatientin angekündigt. Die 35jährige Frau leidet unter einer Otitis externa artefacta. Seit vielen Jahren verletzt sie sich an beiden Ohren durch Kratzen, Schneiden und durch Einführen von Nägeln in den äußeren Gehörgang. Das hübsche, braungebrannte Gesicht der Patientin kontrastiert zu den auffällig mit Zinkpaste gecremten Ohren. Frau A. klagt zunächst über eine AIDS-Phobie, die Ohrsymptomatik spielt keine Rolle. Frau A. wuchs in einer Großfamilie auf und hat sieben Geschwister. Die Patientin reagierte allergisch auf Muttermilch und lag wegen einer Gedeihstörung in den ersten Lebensmonaten in der Kinderklinik. Die Mutter bemerkte die Schwangerschaften immer zu spät. Die Patientin hat in ihrer Kindheit eine wenig Halt gebende und der Affektentwicklung förderliche primäre Mütterlichkeit erlebt. Zwischen den Eltern gab es ständig Streitigkeiten. Sie ließen sich scheiden, als die Patientin acht Jahre alt war. Die Patientin berichtet von einer sexualtabuisierten Erziehung durch die Mutter. Die häufigen Schwangerschaften und Geburten, die zu Hause stattfanden, setzten die Patientin vermutlich einerseits verwirrenden Erfahrungen im Sinne einer unzeitgemäßen frühen Erotisierung aus und erforderten andererseits eine frühe Selbständigkeit und Fürsorge für die Geschwister. Nach dem Weggang des Vaters musste die häufig überforderte Mutter getröstet werden. In Kindheit und Jugend entwickelte Frau A. verschiedene Ängste und Phobien. Die Patientin machte eine Ausbildung zur Bürokauffrau. Mit 19 Jahren wurde sie ungeplant schwanger und »musste« heiraten. Ihr Mann, von Beruf Polizist, betrieb asiatischen Kampfsport. Während der Schwangerschaft traten erstmalig entzündete Ohren auf. Nach einer zweiten Schwangerschaft, die sie nicht austrug, geriet die schon vorher durch Gewalttätigkeit und wechselnde Beziehungen des Ehemanns geprägte Ehe zunehmend in eine Krise. Das Ehepaar suchte einen Homöopathen auf, der eine »Therapie« anbot. Er behandelte die Patientin alleine und forderte sie auf, sich nackt auf die Untersuchungsliege zu legen. Er versetzte sie in Narkose und missbrauchte sie sexuell. Aus Schamgefühl schwieg die Patientin. Wegen der Ohrsymptomatik ist sie jahrelang bei verschiedenen Ärzten in Behandlung gewesen. Bislang war kein Verdacht auf Selbstbeschädigung aufgekommen (Paar 1994).

RAHMENBEDINGUNGEN DER BEHANDLUNG

Meine Behandlungsperspektive ist zunächst die eines Psychoanalytikers, der in der Klinik arbeitet. Selbstverletzungspatienten werden uns chronifiziert nach jahrelangen medizinischen Behandlungen bei verheimlichten, d.h. ich-dystonen Selbstverletzungen vorgestellt. Nach einem Vorgespräch werden sie in unserer Klinik in einem Gruppensetting für ich-strukturell gestörte Patienten gruppentherapeutisch und kreativtherapeutisch behandelt, wobei Pflegepersonal und Stationsarzt miteingebunden sind. Die Besonderheit der Psychotherapie von Artefaktpatienten in unserem Setting liegt darin, dass sie gleichzeitig durch mich hochfrequent einzeltherapeutisch behandelt werden. In einem mehrjährigen Behandlungsansatz nehmen wir die Patienten wiederholt auf, bieten ihnen im Intervall Ambulanztermine an, weil diese Patienten sich im Allgemeinen nicht ambulant vermitteln lassen (Paar 1996).

MODELLVORSTELLUNGEN

Die Untersuchungen von Spitz (1965), Mahler (1971) und Bowlby (1969) haben uns besser verstehen lassen, inwieweit Bindungsstörungen und traumatische Trennungen das sich entwickelnde Ich-Selbst-System beeinflussen. Ärgerausdruck zwischen Familienmitgliedern kann der Aufrechterhaltung von Bindungen dienen. Gewalt in der Familie stellt eine entstellte Version eines potentiell funktionalen Verhaltens dar. Schmerz, Müdigkeit, Furcht verstärken beim Kind die Versuche nach Bindung und Schutz bei den Eltern. Bei Kindern und Erwachsenen rufen schwere Stress-Situationen Angst vor Kontroll- und Bindungsverlust hervor und verstärken das Bindungsbedürfnis (Bowlby 1984). Die Annahmen der Bindungstheorie sagen voraus, dass sich das bindende Kleinkind auch dann an das Elternobjekt anschließt, wenn dieses als Stressor wirkt (Köhler 1992). Damit entwickeln sich desorganisierte/chaotische Bindungsmuster (sog. Kategorie D, Köhler 1992). Der Ethologe Eibl-Eibesfeld schreibt dazu:

»Von Müttern misshandelte Kinder zeigen keineswegs immer Vermeidungsreaktionen, vielmehr erweisen sie sich in der Regel stärker an ihre Mutter gebunden. Bei Schmerz sucht man am besten bei der Mutter Schutz. Dass diese selbst Ursache der Schmerzen sein kann , ist bei Tieren unwahrscheinlich« (1984, S. 315).

Heute haben wir sichere Hinweise, dass dem selbstbeschädigenden Verhalten eines Adoleszenten oder Erwachsenen regelhaft in Kindheit und Jugend kumulative Traumata (Khan 1974) vorausgehen. In der Biographie von sich offen und heimlich selbstbeschädigenden Patienten lassen sich entsprechende typische Realtraumata herausarbeiten (Paar 1987; Plassmann 1994b; Sachsse 1994a):

– prä- und perinatale Komplikationen;
– schwer gestörte Säuglings- und Kleinkindphase mit einer psychisch kranken Mutter, von der Deprivation und Misshandlung ausgehen;
– kindliche Konfrontation mit Krankheit oder Verlust;
– frühe Parentifizierung und pathologischer Kommunikationsstil in der Ursprungsfamilie;
– aggressive Misshandlung und/oder Inzest, Vergewaltigung in Latenz und Adoleszenz;

Psychodynamische Themen, die behandlungsrelevant werden, sind dabei:

– unzureichende Entwicklung selbstreflexiver Strukturen und damit Etablierung von Destruktivität in der Konstruktion des Ich-Selbst-Systems;
– Konfliktmeisterung und (Selbst-/Objekt-)Kontrolle durch selbstverletzendes Verhalten;
– masochistischer Leidensdruck für verbotene Wünsche und Affekte;
– Agieren von Abhängigkeitswünschen im medizinischen Setting;

– Traumareinszenierung und Meisterung früher körperlicher und psychischer Gewalt mit einem Arzt/Psychotherapeut, der unwissend/symbolisch die Rolle eines missbrauchenden Elternteils übernimmt;
– Selbstverletzung als symbolische Auseinandersetzung mit einem (Objekt-) Verlust, d.h. Herstellen der Täter-Opfer-Beziehung:
der Körper symbolisiert das misshandelte Kind (Plassmann 1989) oder stellt die Anwesenheit des Täter-Objektes her (Hirsch 1989);
– Verhinderung einer Ich-Selbst-Fragmentierung durch externe supportive Strukturen.

CHARAKTERISTIKA (KUMULATIVER) TYP-II-TRAUMATA (TERR 1985)

Das erste Trauma löst Erstaunen aus, spätere Retraumatisierungen führen zur Antizipation und zu charakteristischen Abwehrmechanismen und Coping-Strategien: Verleugnung, Verdrängung, Dissoziation, Derealisation, Depersonalisation, Identifikation mit dem Aggressor und Autoaggression. Das charakteristische psychische Ausgelöschtsein ist allerdings abhängig vom Entwicklungsstadium der Wahrnehmung des Todes. Säuglinge entwickeln Hospitalismus. Kinder vermeiden, über sich zu sprechen, oder »vergessen« das Trauma, verdrängen ganze Abschnitte ihrer Kindheit. Relativ spezifisch sind ferner Schmerzunempfindlichkeit, Mangel an Empathie, Alexithymie sowie Vermeidung von Intimität. Gelegentlich wird unmittelbar nach dem Trauma eine kurze »beiläufige« Bemerkung gemacht, ehe eine Latenzphase eintritt. Nach dem Konzept der zweiphasigen Verdrängung von Lorenzer und Thomä (1965) folgt der Vorgeschichte dramatischer Ereignisse eine stumme pathologische Erlebnisreaktion mit spärlichen Symptomen und Verhaltensbesonderheiten. Die Auslösesituation steht häufig im thematischen Zusammenhang mit dem Erlebnisthema des frühen traumatischen Geschehens.

Kinder entwickeln spontan aus Antizipation heraus die Fähigkeit zur Selbst-Hypnose und Entwicklung von Überlebensstrategien für kommende Traumata. Die Dissoziation wird meistens nicht von der Umgebung wahrgenommen. Bei weiteren Traumatisierungen sowie ungünstigen psychosozialen Bedingungen entwickeln sich Persönlichkeitsstörungen mit der Gefahr der Reviktimisierung.

Trauma und Dissoziation korrelieren hoch (Spiegel et al. 1988). Dissoziation stellt immer eine Antwort auf traumatische Lebensereignisse dar. In der Dissoziation fallen explizites und implizites (Trauma-)Gedächtnis auseinander; damit tritt eine Trennung in der Selbstreferenz von Selbst, Zeit und Raum auf.

Es ergeben sich theoretisch erhebliche Probleme in der Unterscheidung von psychischer Realität und externer Realität sowie zwischen unbewussten Phantasien und unterdrückten Erinnerungen. Wir referieren im Folgenden dazu Überlegungen von Person und Klar (1994). Vertraut ist uns das Konzept, dass Phantasien bewusst, vorbewusst und unbewusst nach dem klassischen analytischen Modell verstanden werden können. Die Verarbeitung von Traumata scheint aber davon different abzulaufen. Verdrängung verläuft im psychischen Apparat in einer Art horizontaler Spaltung, Dissoziation hingegen eher in einer Form von vertikaler Spaltung. Phantasie und Trauma werden verschieden abgespeichert. Traumatische Erinnerungen werden nicht nur vom bewussten Gedächtnis, sondern auch vom vorbewussten und unbewussten abgetrennt. Der Prozess der Dissoziation ist ähnlich dem Spaltungsprozess, beide produzieren vertikale Splits im Gedächtnis. Der Spaltungsprozess gegenüber einem Objekt schützt die gute Objektrepräsentanz gegenüber den aggressiven Impulsen einer frustrierten Selbstrepräsentanz. Dissoziation hingegen schützt eine Person vor den überwältigenden Erinnerungen traumatischer Erlebnisse und den regressiven Phantasien, die solche Erinnerungen fördern. Dissoziiertes Material wird in der Verarbeitung des psychischen Apparates anders behandelt im Vergleich zu der Bearbeitung anderer Erinnerungen. Diese Gedächtnisanteile scheinen gegenüber Revisionen durch aktuelle Lebenserfahrungen unbeeinflussbar, beeinflussen aber andere Erinnerungsspeicher kontinuierlich. Manche traumatischen Erinnerungen sind unterdrückt oder dissoziiert, andere erscheinen bewusst, fragmentär abrufbar, aber vom Affekt isoliert und aus dem Kontext gelöst. Sie stehen dem Patienten somit nicht zur Verfügung, um Zusammenhänge zu aktuellen Lebensereignissen herzustellen. Phantasien werden primär in symbolischen linguistischen Formen abgespeichert. Traumatische Erinnerungen, wenn sie spontan erinnert oder im Verlauf von Behandlungen wiederbelebt werden, erscheinen eher im traumaspezifischen Sinneskanal, gehäuft im optischen. Sie enthalten schreckliche Bilder, psychosomatische Begleiterscheinungen, Kampf-/Fluchtreaktionen, organisiert auf einem sensorischen, motorischen oder ikonischen Level (Brett 1993). Die Schwierigkeit, traumatische Erinnerungen wiederzubeleben, liegt teilweise in der Art begründet, in der die Erfahrungen abgespeichert wurden. Dies geschieht nicht in symbolischer, linguistischer Weise wie bei den meisten anderen Erinnerungen. Traumatische Erfahrungen werden eher als »Ding«-Repräsentanz abgespeichert denn als »Wort«-Repräsentanz; damit fallen Handlungsgedächtnis und Affektgedächtnis auseinander. Dieses Problem ist analog zur Entdeckung präverbaler Erinnerungen. Diese werden auch eher sensomotorisch und ikonisch abgespeichert als in Worterinnerungen. Diese von Person und Klar entwickelten

Überlegungen sind vergleichbar mit den Hinweisen kognitiver Psychologen, die kindliches Gedächtnis als eidetisch und Erwachsenengedächtnis als eher linear unterscheiden. Traumatische Erinnerungen sind allerdings nicht vollständig eidetisch, sie werden eher fragmentär wiedergegeben, zeichnen sich aber durch lebendige Bilder aus.

Indem durch den Abwehrprozess der Dissoziation traumatische Erfahrungen sequestiert werden, schützen sie das Ich-Selbst-System (Hopper 1991). Andererseits stellt dies insofern einen misslungenen Verarbeitungsprozess dar, als diese Erinnerungen nur unzureichend dem reflexiven Selbst verfügbar sind.

In den folgenden psychodynamischen Modellvorstellungen referieren wir entwicklungspsychologische Befunde, um zu psychodynamischen Hypothesen sich selbst verletzender Patienten zu gelangen.

1. Demnach verletzen sich Patienten dann selbst, wenn sie sich von einer Angst vor Selbstauflösung dazu getrieben fühlen. Selbstverletzung definiert sich als Aggression, die das Ich-Selbst-System gegen das Körperselbst richtet. Das Selbst schädigt sich selbst, besser ein Teil des Selbst den anderen, nämlich das Körper-Ich. Die verschiedenen Referenzsysteme im Selbst (Bowlby 1969) führen dazu, dass verschiedene Identitäten und damit Rollen eingenommen werden. Diese entstehen nicht zufällig, sondern gehen auf verschiedene Fixierungen zurück und stellen dissoziative Abwehrformen der kumulativen Traumata dar.

Ein Säugling, der in einer durchschnittlich guten Umgebung aufwächst, versucht schon in den ersten Lebensmonaten, sein sich entwickelndes Selbst gegen eigene aggressive Triebregungen zu schützen. Über die Körperorgane Mund und Hand werden Selbst und Nicht-Selbst zunehmend differenziert (Hoffer 1981). Libidinös wird dabei der eigene Körper entdeckt und zu einem Körper-Selbst integriert. Es ist die Schmerzgrenze, die den Säugling vor den auf sich selbst gerichteten aggressiven Affekten schützt. Lichtenberg (1991) meint, dass die wachsende Leib- und Genitalbewusstheit den Bereich der Selbstabbildungen erweitert, indem sie diejenige Erlebnisweise intensiviert, in der ein Teil des Selbst den Status eines »Objekts« gewinnt, während ein anderer Teil des Selbst in einer Situation mäßig großer emotionaler Spannung den Status des »Handelnden« beibehält. Die Integration dieser beiden Aspekte des Selbst (erregt reagierend und streichelnd) zu einer Einheit trägt zum Erleben des ganzheitlichen Selbst als »Haut-Ich«, als »Container« bei. Hirsch (1998, S. 389) hebt für die Selbstgrenzenbildung die Bedeutung von »genügend gute[n] Grenzerfahrungen ..., die von einer ›genügend guten‹ (Winnicott) mütterlichen Umgebung abhängig [sind]«, hervor. Taktile Reize und Tiefensensibilität beim Säugling werden durch den Kontakt mit dem mütterlichen Körper gefördert.

»Derartige Aktivitäten werden allfällige Spannungszustände viszeraler, entero- und propriozeptiver Art bewältigen helfen, denen die Maßnahmen des Säuglings allein nicht gewachsen sind« (Hirsch ebd.).

Die zunächst erforderliche reale körperliche Anwesenheit der Mutter wird

»zunehmend durch die Phantasietätigkeit des Kindes ersetzt ..., und zwar zunehmend symbolisiert: protosymbolisch (wie z.b. das Daumenlutschen), übergangsobjektartig und schließlich als reifes sprachlich-gedankliches Symbol, dem Erinnerungsbild der Mutter. Die zunehmende Symboltätigkeit geht einher mit einer Desomatisierung der Affekte (Schur 1955)« (Hirsch, ebd., bezieht sich auf Deri 1978).

In der Abwesenheit des frühen mütterlichen Objektes helfen Körpersensationen vorübergehend illusionär, die abwesende Mutter zu phantasieren. Die Beziehungsqualitäten zu den früheren Objekten werden als Beziehungsepisoden abgespeichert, beispielsweise im ganzen Pflegevorgang (Tulving 1972). Diese Episoden (RIGS, sog. generalisierte Interaktionsrepräsentationen, Stern 1985) fließen zu einem Prototyp einer durchschnittlichen Erfahrung mit dem mütterlichen Objekt zusammen.

2. Der Körper, bzw. das beschädigte Körperselbst, enthält Objekterfahrungen und übernimmt Objektfunktionen. In der Selbstverletzung wird die Dynamik der Traumatisierung durch ein schädigendes Objekt reinszeniert und als Drama am eigenen Körper dargestellt. Insoweit hat auch der Begriff der Autoaggressionskrankheit seinen Sinn: Ein Teil des Körpers wird dem anderen fremd. Gleichzeitig wird ein Doppeltes sichtbar: Neben der Selbsterfahrung mit dem eigenen Körper nämlich die Objekterfahrung am eigenen Körper mit der frühen Mutter oder späteren väterlichen/männlichen Schädigern. Auf diese Erinnerungsspur greift das Selbst später wieder zurück, wenn im psychosomatischen Symptom eines Körperteils eine Körperfunktion das abwesende Objekt repräsentiert. Die widersprüchlichen Affekte, die in diesen frühen Erfahrungen auf den kindlichen Körper eingewirkt haben, erleben wir in der Gegenübertragung bei sich selbst verletzenden Patienten (Willenberg 1994).

Die Mütter von Selbstverletzungs-Patienten sind ihren Kindern gegenüber ambivalent bis feindlich eingestellt. Am Modell des erweiterten Münchhausen-Syndroms (Meadow 1977) können wir nachvollziehen, dass sie ihre Kinder als einen Teil ihres Körperselbst benutzen und schädigen. Mit ihnen fusioniert, reagieren sie am Körper des Kindes diejenigen Affekte ab, die sie selbst nicht bewältigen können. Die Mutterrepräsentanz lebt gewissermaßen in einem symbolisch besetzten Körperteil fort.

Das Modell der Triangulierung beinhaltet die Fähigkeit zur Beziehung mit mehreren Personen. Neben die kontaminierte Mutterrepräsentanz tritt die schlagende, verletzende, vergewaltigende Vaterrepräsentanz. Der Körper gehört anderen, anfangs der Mutter als symbiotischem Selbstobjekt und später dem Vater als sexuell-symbiotischem Selbstobjekt (Hirsch 1987).

Frau L. beschreibt die traumatische Auslösesituation, bevor sie mit der Selbstverletzung begann, folgendermaßen. Sie lebte in einer Gastfamilie:

» Mit dem Pflegevater D. gab es viel Sex, den ich nie wollte. Es gab auch seltsame Spiele damit. Kirschen sind in Amerika ein Jungfräulichkeitssymbol. D. wusste, dass ich das wusste, und er wusste, dass ich Jungfrau war, als ich zu ihm kam. Ich kriegte morgens immer Kirschen über die Cornflakes oder Kirschmarmelade aufs Brot oder Kirschen direkt von ihm in den Mund gesteckt. Telefonieren war verboten, auf deutsch sowieso. Meistens, wenn ich mit jemandem sprach, saß er dabei und fasste mich an. Er hasste die Menschen, die mich liebten. Er hasste die Gegenstände, die mir etwas bedeuteten. Einige verbarg ich später vor ihm. Einige nahm er mir weg. Viele Sachen ersetzte er durch Dinge, die vorher ihm gehört hatten. Immer ist etwas von ihm davon haften geblieben « (Liedermann 1998).

Die Zerstörung der primären Sicherheit in Bezug auf beide Elternobjekte führt zu Kontrollstrukturen, die die Abhängigkeit von Objekten und von der eigenen Unsicherheit kompensieren sollen. Der Patient zieht sich in einen affektiven Zustand zurück, in dem er die Erfahrung von Angst und Ausgeliefertsein vermeiden kann. Rückzug meint den Aufbau von Sicherheitszonen, die in eine konkretistische Körperwelt führen und dessen frühes Affektsystem wiederbeleben.

3. Entsteht unter dem Druck der Realität eine narzisstische Dysharmonie, stellt sich ein Drangzustand mit quälenden Scham- und Schuldaffekten ein. Dem Patienten steht im Dissoziationsprozess mit der Selbstverletzung eine Abwehrorganisation zur Verfügung. Analog zu Morgenthalers Verständnis von der selbstschützenden Funktion der Perversion können wir den Akt der Selbstbeschädigung als Plombe verstehen (1984).

Selbstbeschädigung dient nicht nur der Spannungslinderung, sondern ist mit euphorischen Gefühlen bis hin zu sexueller Erregung verbunden (Asch 1971). Die frühe passiv-masochistische Erfahrung des Ausgeliefertseins an einen sadistischen Elternteil wird überwunden durch die aktive Ausgestaltung der Situation. In einer regressiven Anpassungsleistung werden kränkende Zurückweisungen und das Aufkommen feindseliger Destruktivität in Bezug

auf das Objekt am eigenen Körper abgeführt (Parens 1993). Im Sinne alter-
nierender Identifizierungen kann auf positive Objekterfahrung ebenfalls mit
Selbstverletzung reagiert werden. Pathologische Destruktivität nimmt dann
den Platz emotionaler Verbundenheit und Sorge um den anderen ein (Fonagy
et al. 1993): Im Sinne einer negativen therapeutischen Reaktion bedroht das
»gute Objekt« die Verbindung zum »schlechten«; deshalb erfolgt eine Rückkehr zur Symptomatik, die das »schlechte Objekt« repräsentiert.

Neben der Reinszenierung der frühen Objekterfahrungen sehen wir im
Selbstbeschädigungsakt somit auch eine eigene kreative und selbstfürsorgli-
che Leistung des Patienten. Mit der Selbstbeschädigung eines Körperteils wird
die Desintegration verhindert und das ganze Selbst gerettet: Selbstverletzung
als Selbsterhaltung (Paar 1987).

Fallgeschichte II

Vignette aus der Behandlung der Patientin mit Otitis externa artefacta

Mit dem Abschnitt aus der Anfangsphase wollen wir behandlungstechnische Probleme bei selbstverletzenden Patienten aufzeigen und diskutieren.

Die Patientin ist bei mir in vierjähriger hochfrequenter Psychotherapie
gewesen, dabei zweimal in stationärer Psychotherapie. Die Behandlung
wurde mehrfach unterbrochen durch suizidale Krisen, Magersuchtsepisoden,
internistische Behandlungen sowie durch Entgiftung mit sich anschließender
Suchttherapie. Nun befindet sie sich in niederfrequenter Psychotherapie in der
Abschlussphase der Behandlung. Frau A. hat über die Abendschule das Abitur
nachgemacht, studiert Sozialarbeit und ist frei von Artefaktsymptomen. Sie
ist geschieden und lebt allein. Der Behandlungsverlauf erstreckt sich mittlerweile über insgesamt neun Jahre.

Beim erstmaligen Hören der Schilderung des Symptoms hatte ich an
Gargantuas Geburt (Rabelais) gedacht, der durch das Ohr geboren wird.
Sofort waren mir Phantasien zu einem sexuellen Trauma gekommen. Später
las ich Jones Abhandlung über Geburtsmythen. So wird in mittelalterlichen
Darstellungen Jesus durch das Ohr Mariens geboren.

Zum Beginn der Behandlung kommt die Patientin mit beidseits massiv
entzündeten Ohren. Wegen ihrer entzündeten Ohren legt sie nachts ein
Läppchen auf das Kopfkissen und hat das Gefühl, dass Flüssigkeit heraus-
läuft. Ich assoziiere Tränen. Sie hat das Gefühl, als ob an den geschwollen

63

Ohren die Haut abplatzen würde. Wie ein Reptil möchte sie die Haut abstreifen, um sich neu gehäutet fühlen zu können.

Sind die Ohren massivst entzündet, ist ihr Angstpegel niedrig. Ist ihr Ohr abgeheilt, fühlt sie sich erneut von Ängsten überwältigt. Dieser Kippmechanismus lässt sich im ersten Behandlungsjahr durchgehend beobachten. Als wir diese reziproke Beziehung einmal durchsprechen, hat sie bemerkenswerte Einfälle. Sie erinnert sich plötzlich, dass sie als Siebenjährige, zur Zeit der Kubakrise, von einer massiven Kriegsangst überfallen wurde und verzweifelt überlegte, wie sie ihre Familie retten könnte. Vater und Mutter seien überzeugte Nazis gewesen. Der Vater baute Modelle von Kriegsflugzeugen, die überall in der Wohnung von der Decke herabhingen. Gewissermaßen herrschte in der Familie Kriegszustand. Die Mutter verließ immer das Haus, wenn es Streit gab, und überließ der Patientin die Verantwortung für die jüngeren Geschwister. Einmal drohte der Vater, die Mutter mit der Axt zu erschlagen, diese flüchtete zu Nachbarn. Die Patientin ging in die Wohnung zurück mit der Vorstellung, sie werde sich dem Vater zur Verfügung stellen, um die Geschwister zu retten. Der Vater kam tatsächlich blutverschmiert durch die Tür. Die hinzugerufene Polizei fand heraus, dass er sich mit Ketchup eingestrichen hatte. – Später kann ich erleben, dass die Patientin mich auch Täuschungsmanövern aussetzt.

Den oben beschriebenen Kippmechanismus der Symptome erlebe ich im therapeutischen Prozess als Ambivalenz: Auf Phasen von Annäherung und Vertrauen folgen Phasen von Abwendung, Misstrauen und Entwertung der Beziehung.

Die Patientin entdeckt, dass ihr Mann sie betrügt. Sie rächt sich, indem sie mit seinem guten Freund schläft. Aus dem Zustand massiver Schuldgefühle heraus nimmt sie 300 mg Diazepam und muss auf die internistische Intensivstation. Ich frage mich im Nachhinein, ob dieses »Acting out« auch einer frühzeitigen erotisierten Übertragung entsprach. Dafür sprach die Äußerung der Patientin, sie möchte jegliche Gefühle mir gegenüber gar nicht erst aufkommen lassen.

Dies kann am Thema AIDS durchgearbeitet werden. Erst später kann Frau A. mir sagen, dass sie von Anfang an überzeugt war, dass ich als Arzt nicht HIV-positiv bin. Damit kann sie sich zunächst sicher fühlen. Dann aber hat sie Angst, ihre eigenen ungesteuerten sexuellen Triebe, die durch meine Person ausgelöst werden, zu erkennen. Die sich entwickelnde Ambivalenz wird zunächst agiert. So kommt die Patientin über lange Zeit dösig-schläfrig zu mir. In diesem Zustand, verstärkt durch heimliche Benzodiazepineinnahme, hofft sie und befürchtet gleichzeitig, mich verführen zu können.

Erstmalig berichtet sie über die Auslösesituation der Selbstverletzung am Ohr. Während ihrer ersten Schwangerschaft überfuhr ihr Mann einmal ein

Kaninchen. Sie musste dann miterleben, wie er lustvoll-sadistisch das Tier umbrachte. Um die Todesschreie des Tieres nicht hören zu müssen, hielt sie sich die Ohren zu und kratzte sich die Ohrmuscheln blutig. Als das Kind geboren wurde, entwickelte die Patientin Ängste vor ihrem Partner. Sie befürchtet, er könne das Kind, ihr Selbstobjekt, umbringen.

Die Patientin entschließt sich, das Abitur auf einem Kolleg nachzumachen. Nach einem Klassenausflug kommt sie präsuizidal zu mir: Ein Klassenkamerad hat sich in sie verliebt. Positive Gefühle sind für sie toxisch. In einem Symptomwandel entwickelt die Patientin eine restriktive Magersucht. Anlässlich einer Gastroskopie taucht eine Erinnerung aus der Behandlung durch den Homöopathen auf. Nach einer »Liegung« dort musste sie Schleim, vermutlich Sperma, erbrechen. Hinter dieser Deckerinnerung vermute ich eine frühe sexuelle Traumatisierung. – Mittels schwerer Somatisierungen, Magersuchtsphasen, Verlegung in eine HNO-Abteilung wegen schwerer Infektionen am Ohr etc. agiert die Patientin die zunächst »unverdauliche« Mischung libidinöser/aggressiver Beziehungsthemen aus dem Hier und Jetzt wie dem Dort und Damals aus. Sie werden lange im Feld der Nebenübertragungen agiert, ehe sie in der therapeutischen Beziehung zu mir bearbeitbar sind.

Frau A. stellt fest, dass sie, solange ihre Otitis andauert, schlechter hört und dass die Untersuchungen am Ohr sie stark schmerzen. Erstmalig fragt sie sich, warum sie sich die Ohren blutig kratzen muss. Sie vergleicht die empfindlich gewordene Haut der Ohrmuscheln mit ihrer empfindlichen Seele. Wir können herausarbeiten, dass sie immer wieder, bevor sie sich nachts das Ohr aufkratzt, bestimmte Träume träumt, »in denen ich in die Hölle hinabsteige«. (»In die Hölle hinabsteigen« bedeutet, sich kollusiv an den Ort des traumatischen Missbrauchs zu begeben.) Deshalb fühlt sie sich anschließend schmutzig und von einem tiefen Schuldgefühl überwältigt.

Sie träumt, dass ihr Sohn und sie an einem Karzinom erkranken. Als sie dies berichtet, kratzt sie sich erstmalig vor meinen Augen an ihren Ohren. Nach einer stationären Behandlung wegen einer psychosenahen Krise wird sie in ihre neue Wohnung entlassen. Dort verbarrikadiert sie sich und bricht alle Kontakte ab. Sie möchte die Angst alleine aushalten und überwinden. Dazu träumt sie: Sie ist aus Stein, kalt und schwer. Vergeblich möchte sie sich aufrichten und fortbewegen. Erst als sie sich Schmerzen zufügt, gelingt es ihr mühsam. Im Traum erlebt sie sich als zwei Personen. In der einen ist sie bis auf noch nicht versteinerte Teile des Gehirns tot. In der anderen ist sie lebendig, wütend und fügt der toten Person Schmerzen zu. Es gelingt ihr, diese andere Tote selbst hochzuziehen, auf die Beine zu stellen, damit wird sie wieder zu einer ganzen Person. Nach diesem Traum fühlt sie sich morgens wohl und hat ihre Ängste überwunden. Die kontraphobische Angstbewältigung ist auch eine Abgrenzung gegen mich.

In der weiterfolgenden Behandlungsphase kommt sie auf den wiederkehrenden Traum zu sprechen. Sie geht als Mädchen in einem Sterntalerkleid. Eine riesige Gestalt kommt auf sie zu, sie schreit, keiner hört sie, sie wacht schweißgebadet auf. Nach diesem Traum hat sie regelhaft morgens blutige Flecken im Kopfkissen. Über mehrere Sitzungen rekonstruieren wir, dass etwas Schreckliches ausgeblendet werden muss. In einer weiteren Sitzung kratzt sie sich gedankenverloren an ihrem linken Ohr. Sie möchte mir nicht zuhören, als ich meine Vermutung nach einem lange zurückliegenden Trauma anspreche. Am gleichen Abend erkrankt sie massiv an einem Herpes des II. Trigeminusasts. Nachts träumt sie, dass sie eine Schlange verschlucken muss. Ich erlebe es als eine eingrenzende Krise, wenn sie nicht mehr suizidal, sondern somatisch reagiert, und als einen direkten Hinweis auf ein sexuelles Trauma.

In einem Traum vor meinem nächsten Urlaub fordert ein älterer Mann die Patientin auf, sich einen Nagel in das Ohr zu bohren, dann müsste sie mir nicht mehr zuhören. Zu ihrer Bestürzung findet sie am nächsten Morgen einen Nagel in ihrem Bett, den sie sich nachts aus ihrem Werkzeugkasten in einem Zustand von Dissoziation geholt haben muss. Offensichtlich ist es erträglicher, sich selbst Schmerzen zuzufügen, als das Unerträgliche zu hören und über mich Ärger zu empfinden, dass ich demnächst in Urlaub fahre. Sie muss sich auch für ihren Wunsch bestrafen, mit mir zu verreisen. Einige Wochen später zeigt sie mir einen 10 cm langen Nagel. Als sie einmal im Fernsehen eine Vergewaltigungsszene anschaut, muss sie sich den Nagel ins Ohr stecken.

Nun kann sie mir erstmalig davon berichten, dass sie als Fünfjährige für einige Monate in einem Flüchtlingslager lebte. Die Eltern hätten sie öfter zum Lagerleiter gegeben, wenn sie ausgingen. Einmal sei er nackt zu ihr ins Bett gekommen, dann hätte sie plötzlich im Unterleib einen unerträglichen Schmerz verspürt. Sie musste notfallmäßig operiert werden. Später habe die Mutter erwähnt, sie sei Schuld daran, dass es ihr, der Mutter, damals schlecht gegangen sei. Vermutlich hat der Mann ihr damals eine Vaginalverletzung zugefügt, denn sie hat eine suprapubische Narbe, über deren Ursache ihr die Mutter die Auskunft verweigert.

Wiederum verändert sich die Ohrsymptomatik, die Patientin bemerkt, dass sie ihr unangenehme Informationen am Telefon plötzlich nicht mehr hört, d.h. über für mich unangenehme Informationen nicht sprechen möchte. Sie träumt, sie hat ein schmutziges Kleid an und zieht es aus. Ich halte über dem Arm ein blütenweißes Kleid, das ich ihr geben möchte. Tags darauf zeichnet sie sich über einem Abgrund hängend, sie versucht, auf einen hohen Berg zu klettern. Ich stehe oben und reiche ihr die Hand entgegen. Sie möchte, dass ihre schwarz-weiße Seele so weiß wird wie das weiße Kleid, ich soll das Schmutzige in ihrem Leben durch Reinheit ersetzen.

66

Erst bei dieser Gelegenheit kann sie mir mitteilen, dass sie Benzodiazepin-abhängig ist. Als ich nach fortwährender Selbstverletzung sie und mich frage, wie wir beide miteinander das weiter aushalten könnten, bringt sie mir in die nächste Stunde eine Plastiktüte mit geleerten Tranquilizerschachteln. Nach Entgiftung und mehrmonatiger Suchttherapie kann sie über ihre Wut sprechen, die ich mit meinem Bestehen auf den Rahmenbedingungen – bei gleichzeitigem Entlastungsgefühl – in ihr ausgelöst hatte.

Erst nachdem wir diese kritischen Behandlungsphasen gemeinsam durchgestanden und durchgearbeitet haben und die Patientin die alternierenden Identifizierungen in der therapeutischen Beziehung agiert hat, wird eine reguläre analytische Behandlung möglich.

Behandlungstechnische Überlegungen

In der langjährigen Behandlung sich selbst verletzender Patienten ergeben sich störungsimmanent erhebliche behandlungstechnische Probleme in der Gestaltung der therapeutischen Beziehung. Krisen und Komplikationen erzwingen Unterbrechungen und klare Grenzsetzungen. Immer wieder verkehren sich die Täter-Opfer-Beziehungen. In drohenden Übertragungs-/Gegenübertragungs-kollusionen erlebt sich der Therapeut im Wechsel als Opfer und Täter.

Diese Verschränkungen führen bei der Patientin zum »acting out«: Suizidversuche, Somatisierungen, Manipulationsversuche des Therapeuten dienen der Distanzregulation. Der Schlüssel zum Verständnis dieses »acting out« liegt darin, dass dieses eine präsymbolische Reinszenierung der frühen Beziehungen mit den Eltern repräsentiert. Nach Stern (1985) ereignet sich »acting out« eher in der motorischen Sphäre von Handlung, Erinnerung hingegen in der psychischen Sphäre. Damit unterliegt »acting out« nicht dem gleichen Transformationsprozess wie anderes psychisches Material. Die Erkenntnis, dass das frühe Objekt unberechenbar oder feindselig war, ist bei unzureichend etabliertem reflexivem Selbst besonders in der anfänglichen Behandlungsphase für die Patientin nicht zugänglich.

Ich möchte abschließend einen bestimmten Aspekt der Behandlungsschwierigkeiten diskutieren. Wir haben verstanden, dass bei Artefakt-Patienten das Körper-Selbst im (erwachsenen) reflexiven Selbst nur fragmentiert repräsentiert ist und gleichzeitig in den Symptomen traumatische Objektrepräsentanzen abgerufen werden.

Immer wieder scheint die Patientin im therapeutischen Prozess unzugänglich. Versuche, sie aus diesem Kokon (Modell 1990) herauszuführen, lösen jene Affekte aus, die sie zu vermeiden trachtet. Die affektive Kommunikation wird gefürchtet, weil sie mit dem Risiko verbunden erlebt wird, dass der eigene hilflose (traumatische) Zustand ausgenützt werden könnte. Im therapeutischen Kontakt wird unvermeidlich ein Auftauen intensiver negativer Affekte in Gang gesetzt, die wiederum einen leidenschaftlichen Interaktionszwang nach sich ziehen (Moser u. von Zeppelin 1996). Wie Thomä (1995) in anderem Zusammenhang entwickelt, ist die Angst um sich selbst und vor sich selbst stets auch die Angst um den »bedeutungsvollen Anderen« (G. H. Mead) und vor ihm.

Die negative Übertragung wird von sexuell gewalttätigen und mörderischen Bildern geprägt, denen man sich schwer entziehen kann. In der Gegenübertragung fluktuieren ständig Erlebnisweisen des »Sich-Gewalttätig-Fühlens« mit denen des sich den Gewalttaten und Gewaltvorstellungen der Patientin »Unterworfen- und Ausgesetzt-Fühlens«. Hierbei handelt sich um einen intersubjektiven, quälend-zirkulären Prozess.

In diesem zirkulären mörderisch-libidinösen Geschehen muss sich der Analytiker Gedanken zum Verhältnis von Beziehung und Deutung machen, worauf Treurniet (1995) verweist. Ein »Entkommen« ist nur möglich, wenn man sich die Hintergrund-Vordergrund-Dialektik bewusst macht. Dies bezieht sich auf Bowlby's Feststellung, dass Exploration nur auf der Basis eines sicheren »attachment« möglich ist. Zuallererst und immer wieder geht es um Aufbau und Bewahren des therapeutischen Raumes und um Entwicklung einer sicheren Beziehung. (Trauma-Psychotherapeuten sprechen von Stabilisierung). Interventionen dienen nicht so sehr der Bearbeitung konflikthaften Materials, sondern der Entwicklung einer primären Beziehung und damit eines mentalen Prozesses: Nicht-Intrusivität, »holding«, Verstehen ohne Worte, das Festhalten an intuitivem und symbiotischem »Wissen«, die Förderung von gefühlshaftem Denken (Treurniet 1995). Die Beachtung der Hintergrundstörung dient der Entwicklung einer Containing-Übertragung (Modell 1990). So gibt es in der Anfangsphase täglich sehr viele Kontakte mit dem Pflegepersonal, in denen es darum geht, gemeinsam die Spannungen um Selbstverletzungsbedürfnisse einer schweigenden Patientin auszuhalten und durch Nicht-Intrusivität die Umweltmutter (Winnicott) zu entgiften. Das Management des Haltens geschieht schrittweise. Der Patientin wird anfangs das Behandlungsziel des Pflegepersonals beschrieben, dass sie sich vor einer Selbstverletzungsattacke an das Pflegepersonal wenden solle; sei ihr das nicht möglich, solle sie uns zunächst später ihre Selbstverletzung mitteilen oder unmittelbar danach. Damit soll der (private) Dissoziationsprozess schrittweise in eine Beziehung überführt und damit auflösbar werden.

Treurniet zitiert Sander (1989), der eine Beschreibung für die Bedeutung von Hintergrund- und Vordergrunderfahrungen für Kinder gibt. Mutter und Kind schaffen durch den Aufbau eines grundlegenden regulatorischen Gleichgewichts von niederfrequenten Rhythmen wie Schlaf und zirkadianem

Rhythmus einen Hintergrund gemeinsamer Zeiterwartungen. Vordergrundereignisse, wie hochfrequente Ausbrüche von Saugen oder das Aufnehmen und Abbrechen von Blickkontakt, bekommen in einer gemeinsamen Zeitorganisation Bedeutung. Gemeinsame Zeiterwartungen schaffen den Hintergrund, vor dem aus erkannt werden kann, wer im Vordergrund was initiiert. Damit wird ein intersubjektiver Prozess in Gang gesetzt.

Subjektiv ist das Trauma geschehen, aber nicht erlebt worden. Traumatische Erinnerungen werden von ihrem pathogenen Einfluss befreit, wenn sie in der schützenden und haltenden Umgebung primärer Beziehungen erlebt werden können. Diese Erfahrungen werden in Anwesenheit mit dem nichtintrusiven Hintergrund-Objekt gemacht. So fördert der Analytiker auf dem Hintergrund der Verfügbarkeit des Behandlungsteams einen intersubjektiven Prozess, der das reflexive Selbst des Patienten entwickeln hilft.

Das Trauma kann erst Vergangenheit und Erinnerung werden, wenn es im Hier und Jetzt durch die hilfreiche Beziehung unter die Kontrolle des Ich-Selbst-Systems kommen kann. Affekte, die noch nicht erlebt wurden, werden in der gemeinsamen Gegenwart zum ersten Mal kohärent in einer verträglichen Weise erfahren.

Die Sicherung der eigenen hilfreichen therapeutischen Beziehungsfähigkeit vor den aggressiven und verführerischen Affekten der Patientin, die Überwindung des eigenen Befremdens, des eigenen Ekels, der eigenen Hilflosigkeit gelingt nur über die zunächst selbstreflexive Beachtung von Übertragung und Gegenübertragung, die dann schrittweise interpretiert wird. Auf das Behandlungsteam kommen im Sinne des Containing große affektive Belastungen zu, die der sorgfältigen Supervision bedürfen.

Im Verlauf der psychotherapeutischen Behandlung werden die autodestruktiven Symptome psychologisiert und in ihrer interpersonellen Bedeutung bearbeitet. Die Symptome der Patientin bleiben zunächst weiter bestehen (soweit das verantwortbar ist), um ihre Plombenfunktion wird therapeutisch eine psychische Struktur aufgebaut. Rekonstruktive Interpretationen, die auf dem bisherigen Verständnis des Therapieprozesses aufbauen, führen zu einer schrittweisen Selbststabilisierung, die gleichermaßen die narzisstische Übertragung fördert. Das kreative Potential, das sich im Selbstverletzungs-Symptom zeigt, kann über Symbolisierungen die wiederholt reinszenierten traumatischen Konflikte auflösen. Damit wird die Fähigkeit der Patientin zum Denken (»thinking about thinking«, Fonagy 1991) innerhalb und außerhalb des therapeutischen Raums gefördert.

LITERATUR

Anzieu, D. (1985): Das Haut-Ich. Frankfurt (Suhrkamp), 1991.

Asch, S. S. (1971): Wrist scratching as a symptom of anhedonia: A predepressive state. In: Psychoanal. Quart. 40, S. 603–617.

Bock, K. D., Overkamp, F. (1986): Vorgetäuschte Krankheit: Beobachtungen bei 44 Fällen aus einer Medizinischen Klinik und Vorschlag einer Subklassifikation. In: Klin.Wschr. 64, S. 149–164.

Bowlby, J.(1969): Bindung. München (Kindler), 1975.

Bowlby, J. (1984): Violence in the family as a disorder of the attachment and caregiving systems. In: Am. J. Psychoanal. 44, S. 9–27.

Brett, E. A. (1993): Psychoanalytic contributions to a theory of traumatic stress. In: Wilson, J. P., Raphael, B. (eds.): International handbook of traumatic stress syndromes. New York (Plenum).

Chertok, L. (1972): Mania operativa: Surgical addiction. In: Int. J. Psychiat. Med. 3, S. 105–118.

Deri, S. (1978): Transitional phenomena: Vicissitudes of symbolization and creativity. In: Grolnick, S. A. et al. (eds.): Between reality and phantasy. Northvale, London (Aronson).

Eckhardt, A. (1987): Das Münchhausen-Syndrom. München (Urban & Schwarzenberg).

Eibl-Eibesfeldt, I. (1984): Die Biologie des menschlichen Verhaltens. München (Piper).

Favazza, A. R. (1987): Bodies under siege: Self-mutilation in culture and psychiatry. Baltimore (John Hopkins Univ. Press).

Fonagy, P. (1991): Thinking about thinking: some clinical and theoretical considerations in the treatment of a borderline patient. In: Int. J. Psycho-Anal. 72, S. 639–658.

Fonagy, P., Moran, G. S., Target, M. (1993): Aggression and the psychological self. In: Int. J. Psycho-Anal. 74, S. 471–486.

Ford, C. V. (1983): The somatizing disorders. Amsterdam (Elsevier).

Hirsch, M. (1987): Realer Inzest, Psychodynamik des sexuellen Missbrauchs in der Familie. Heidelberg (Springer) Neuaufl. Gießen (Psychosozial-Verlag), 1999.

– (1989): Der eigene Körper als Objekt. In: Hirsch, M. (Hg.): Der eigene Körper als Objekt Berlin: Springer 1989; Neuaufl. Gießen (Psychosozial-Verlag), 1998.

– (1998): Zur Objektverwendung des eigenen Körpers bei Selbstbeschädigung, Autoerotismus und Ess-Störungen. In: Analyt. Kinder- Jugendlichen Psychother. 29, S. 387–403.

Hoffer, W. (1981): Early development and education of the child. London: Hogarth Press.

Hopper, E. (1991): Encapsulation as a defence against the fear of annihilation. In: Int. J. Psycho-Anal. 72, S. 607–625.

Horowitz, M. J. (1993): Stress-response syndromes: a review of postraumatic stress and adjustment disorders. In: Wilson, J. J., Raphael, B. (eds.): International handbook of traumatic stress syndromes. New York (Plenum), S. 49–60.

Khan, M. (1974): The Privacy of the Self. Papers on Psychoanalytic Theory and Technique. New York (International Univ. Press).

Köhler, L. (1992): Formen und Folgen früher Bindungserfahrungen. In: Forum Psychoanal. 8, S. 263–280.

Lichtenberg, J. D. (1991): Psychoanalyse und Säuglingsforschung. Berlin, Heidelberg (Springer).

Liedermann, M. (1998): Die Dunkelheit, die niemand kennt. Bergisch-Gladbach (Bastei-Lübbe).

Lorenzer, A., Thomä, H. (1965) Über die zweiphasige Symptomentwicklung bei traumatischen Neurosen. In: Psyche 18, S. 674–684.

Mahler, M. S. (1971): Die Bedeutung des Loslösungs- und Individuationsprozesses für die Beurteilung von Borderline-Phänomenen. In: Mahler, M. S.: Studien über die drei ersten Lebensjahre. Stuttgart (Klett-Cotta), 1985.

Meadow, R. (1977): Munchausen syndrome by proxy. The hinterland of child abuse. In: Lancet II, S. 343–345.

Menninger, K. (1938): Selbstzerstörung. Frankfurt (Fischer), 1974.

Modell, A. H. (1990): Other times, other realities. Cambridge (Harvard Univ.Press).

Morgenthaler, F. (1984): Homosexualität, Heterosexualität, Perversion. Frankfurt (Qumran).

Moser, U., v. Zeppelin, I. (1996): Die Entwicklung des Affektsystems. In: Psyche 50, S. 32–85.

Paar, G. H. (1987): Selbstzerstörung als Selbsterhaltung. In: Materialien Psychoanal. analyt. orien. Psychother. 13, S. 1–54.

– (1994): Excerpt from the treatment of a patient with otitis externa artefacta. In: Psychother. Psychosom. 62, S. 135–140.

– (1996): Offene und heimliche Selbstbeschädigung: Diagnostik, Klinik und Therapie. In: Wenglein, E., Hellwig, A., Schoof, M.(Hg): Selbstvernichtung. Göttingen (Vandenhoeck & Ruprecht), S. 137–159.

Parens, A. (1993): Neuformulierungen der psychoanalytischen Aggressionstheorie und Folgerungen für die klinische Situation. In: Forum Psychoanal. 9, S. 95–106.

Person, E. S., Klar, H. (1994): Establishing trauma: The difficulty distinguishing between memories and phantasies. In: J.Am. Psychoanal.Ass. 42, S. 1055–1081. Deutsch in:Psychother. Psychosom. med. Psychol. 47, S. 97–107, 1997.

Plassmann, R. (ed.) (1994a): Factitious disease. In: Psychother. Psychosom 62, S. 1–140.

Plassmann, R. (1994b): The biography of the factitious-disorder patient. In: Psychother. Psychosom. 62, S. 123–128.

Sachsse, U. (1994a): Selbstverletzendes Verhalten. Göttingen (Vandenhoeck & Ruprecht).

Sachsse, U. (1994b): Overt self-injury. In: Psychother. Psychosom. 62, S. 82–90.

Sander, L. A. (1989): Investigation of the infant and its caregiving environment as a biological system. In: Greenspan, S. I., Pollock G. H. (eds.): The course of life. Vol. I : Infancy. Madison (International Univ. Press), S. 359–392.

Scharfetter, C. (1984): Automanipulation von Krankheit. In: Schweiz. Med. Wschr. 114, S. 1142–1149.

Schur, M. (1955): Zur Metapsychologie der Somatisierung. In: Brede, K. (Hg.): Einführung in die psychosomatische Medizin. Frankfurt (Fischer), 1974.

Spiegel, D., Hunt, T., Dondershine, H. E. (1988): Dissociation and hypnozability in posttraumatic stress disorder. In: Amer. J. Psychiat. 145, S. 301–305.

Spitz, R. A. (1980): Vom Säugling zum Kleinkind. Naturgeschichte der Mutter-Kind-Beziehungen im ersten Lebensjahr. Stuttgart (Klett).

Stern, D. N. (1985): The interpersonal world of the infant. New York (Basic Books). Deutsch: Die Lebenserfahrung des Säuglings. Stuttgart (Klett-Cotta), 1989.

Tameling, A., Sachsse, U.: Symptomkomplex, Traumaprävalenz und Körperbild von psychisch Kranken mit selbstverletzendem Verhalten (SVV). In: PPmP 46 (1996) S. 61–68.

Terr, L. C. (1985): Psychic trauma in children and adolescents. In: Psychiatr. Clin. North Am. 8, S. 815–835.

Thomä, H. (1995): Über die psychoanalytische Theorie und Therapie neurotischer Ängste. In: Psyche 49, S. 1043–1067.

Treurniet, N. (1995): Was ist Psychoanalyse heute? In: Psyche 49, S. 111–140.

Tulving, E.: Episodic and semantic memory. In: Tulving, E. and Donaldson, W. (eds.) (1972): Organization of memory. New York (Academic Press).

Walsh, B. W., Rosen, P. M. (1988): Self-Mutilation. New York (Guilford Press).

Willenberg, H. (1994): Countertransference in factitious disorder. In: Psychother. Psychosom. 62, S. 129–134.

Reinhard Plassmann

Die Praxis der Prozessdeutung – Über die Arbeit mit Deutungen erster und zweiter Ordnung

Die vorliegende Arbeit stellt den Unterschied zwischen Inhaltsdeutungen als Deutungen erster Ordnung und Prozessdeutungen als Deutungen zweiter Ordnung dar. Zu diesen Kernbegriffen gehören auch die Termini der semiotischen Regression und der semiotischen Progression und der Begriff der Organwelt. Diese kleine Begriffsfamilie dient der Beschreibung klinischer Phänomene und ihrer behandlungs- und deutungstechnischen Konsequenzen, die im Umgang mit Borderline- und psychosomatischen Patienten auftreten.

Bei diesen Erkrankungen spielen traumatische Erfahrungen und in diesem Zusammenhang traumatische Beeinträchtigungen der Repräsentanzenbildung, insbesondere der Symbolisierungsfähigkeiten, eine wesentliche Rolle. Bei deren Erforschung können wir verschiedene Wege gehen. Im vorliegenden Beitrag geht es um die Reflexion der psychoanalytischen Situation. Hochinteressante Ergebnisse stammen mittlerweile auch aus der Psychotraumatologie und der Neurobiologie. Diese Ergebnisse sind neueren Datums und sind wie so oft der klinisch-psychoanalytischen Beschreibung nachgefolgt bzw. von dieser angeregt worden. Es entsteht nunmehr die faszinierende Chance, psychoanalytische und neurobiologische Modelle zu vergleichen. Die Analogie der Modelle ist oft geradezu frappierend. Röckerath (2000) hat dies kürzlich in seiner Arbeit über das neurobiologische Modell Damasios überzeugend dargelegt. Ich werde in einem kleinen Exkurs auf die psycho-traumatologischen und neurobiologischen Grundlagen der klinischen Phänomene, die wir in der analytischen Situation beobachten, kurz eingehen.

1. DENKINHALTE UND DENKPROZESSE

In der Arbeit mit Patienten mit schweren Körperselbststörungen und auto-destruktivem Verhalten zeigen sich archaische Phantasiesysteme, sogenannte *Organwelten,* in deren Bereich das Denken charakteristische Störungen aufweist. Die Patienten stellen ein altes Trauma sprachlos als Handlungsablauf am eigenen Körper dar. Eine denkende Ich-Bearbeitung dieses Erinnerungsfragmentes findet nicht statt. Die Manipulationen des eigenen Körpers sind Symptomhandlungen, deren Auftreten wiederum traumatischen Charakter hat. Sie brechen in die Gegenwart des Patienten (und auch in die Therapie) ohne funktionierende Ich-Kontrolle ein. Sie können auch nicht mitgeteilt, d.h. in einen »Containing«-Prozess eingebracht werden, in dem sie sich verändern, entwickeln, mildern könnten.

Während neurotische Patienten die infantile Phantasiewelt nicht aufgeben *wollen* und sie deshalb über Symptombildung, Inszenierung oder Agieren *aktiv* in die Gegenwart holen, *erleiden* Borderline-Patienten diese Überwältigung durch die eigene Biographie. Ihnen mangelt die Fähigkeit zur denkenden Distanzierung von den infantilen Erlebniswelten. *Erinnern und Wiederholen* sind bei ihnen nicht therapeutischer Erfolg, sondern die Krankheit, an der die Patienten leiden. Die eigene Biographie ist nicht wie in einem Zwiebelschalenmodell dreidimensional geschichtet oder wenigstens auf einer Zeitachse aufgereiht, sondern wie punktförmig eindimensional verdichtet und *gleichzeitig* präsent. Alles erscheint allgegenwärtig, weil dem Denken die Dimension des Zeitlichen fehlt.

Insbesondere körperbezogene Realtraumatisierungen (Misshandlungen, Inzest) scheinen diese dritte, »genitale« Dimension des Denkens zu schädigen. In meiner Arbeit mit Selbstbeschädigungspatienten wurde mir klar, dass deren heimliche Selbstmisshandlung jeweils mit einem traumatischen und katastrophalen Sprachverlust zusammenhing. Die Patienten versuchen dem Therapeuten eine negative Übertragung aufzuzwingen, indem sie sich selbst heimlich körperlich krank machen und den Therapeuten zu medizinischen Manipulationen am Körper verführen wollen. Der Therapeut soll in den Körper und damit in das Selbst des Patienten destruktiv eindringen, die Grenzen körperfusionär verwischen. In Bezug auf die Denkprozesse ist damit ein Distanz-, Sprach- und Symbolverlust verbunden, ebenso ein Verlust des Zeit-, Ich- und Lebendigkeitsgefühls. Der ganze Ablauf einschließlich Sprachverlust ist Teil der infantilen Szene: Die traumatische körperliche Erfahrung unterlag in den Familien einem Sprach-, d. h. Symbolisierungs- und Verarbeitungsverbot. Die Ausschaltung dieser seelischen Wachstumsprozesse bewirkt, dass die infantilen Phantasiekomplexe nie die Eigenschaft des

Vergangenen und Erinnerbaren annehmen können. Im Rahmen der negativen Übertragung soll der Therapeut in seinem eigenen Denken diese formale Regression des Denkens mitvollziehen, wobei die Beziehung häufig auf das Niveau projektiver Identifikation regrediert.

Therapie definiert sich demzufolge als Hilfe zur Regeneration bestimmter Denkprozesse, vor allem der Symbolisierungsfähigkeit, durch einen bestimmten Typus von Deutungen, der *Prozessdeutung* oder *Deutung zweiter Ordnung genannt* werden kann, weil er sich vorrangig mit den Denkprozessen und erst danach mit deren Inhalten beschäftigt; es handelt sich um Deutungen auf einem anderen Abstraktionsniveau.

Der vorliegende Text befasst sich mit der Anwendung dieser speziellen Deutungstechnik auf die Arbeit mit psychosomatisch kranken Patienten. Hintergrund ist die Erfahrung, dass der für die Borderline-Therapie typische Symbolisierungs- und Sprachverlust auch in der Behandlung von psychosomatisch Kranken auftritt. Man kommt in der klinischen Praxis mit psychosomatischen Patienten regelmäßig in Situationen, in denen sich der Zustand einer pathologischen Nähe zu den Erlebnisinhalten aufbaut und überträgt. Dies weist darauf hin, dass auch bei psychosomatischen Erkrankungen traumatische Erfahrungen eine größere Rolle spielen als bislang angenommen. Hier ist eine Deutungstechnik hilfreich, welche diesen Zustand nicht durch vertiefende Arbeit an den Inhalten verstärkt, sondern zunächst das psychische Instrumentarium restauriert, welches zum Umgang mit diesen Inhalten erforderlich ist. Hierzu ein Beispiel:

Ein Patient berichtet eindringlich von seinem Leiden an einer ausgedehnten Neurodermitis und von seinen gelegentlichen Asthmaanfällen, und er spricht von seiner grotesken Unfähigkeit, beim sexuellen Verkehr mit seiner Frau Störungen durch die halbwüchsigen Kinder zu verhindern. Die Sukzession der Themen von der Neurodermitis über das Asthma zur Unfähigkeit, sich gegen ein Eindringen zu wehren, scheint diese drei Bereiche mit einer Verknüpfung zu versehen: Asthma und Neurodermitis *wegen* der Unfähigkeit, sich zu distanzieren. In mir als Hörer wächst das Unbehagen allein schon bei der Vorstellung, mich in die angebotene Thematik zu vertiefen oder diese auch nur zu berühren. Irgendeine Deutung, die diese Wirkung nicht hätte, will mir nicht einfallen, gegen Stundenende bemerke ich schließlich eine gewisse Resignation, ich ziehe mich gedanklich aus der Stunde zurück und finde mich damit ab, nicht mehr geschafft zu haben, als mich über die Zeit zu retten. Diese Resignation scheint mir wesentlich. Sie enthält eine innere Loslösung, und gleichzeitig baut sich eine andere Zeitperspektive auf. Die Stunde, die eben noch Gegenwart war, wird als Vergangenes betrachtet. Im selben Moment fällt mir eine Deutung ein, die mir verwendbar scheint. Ich sage dem

Patienten, dass diese sich dem Ende nähernde Stunde eine war, die mich in der Rolle des Zuhörers sah und die inhaltlich hauptsächlich Körperthemen enthielt, Haut, Atmung, Sexualität. Ich rege an zu überlegen, wie solche Stunden mit Körperthemen ablaufen im Vergleich zu Stunden mit anderen Themen. Mit dem Finden und Aussprechen der Deutung ist ein ausgeprägtes subjektives Befreiungsgefühl verbunden. Gleichzeitig kommt mir der Gedanke, ob der Patient mir diese Stunde auch als Übertragungssymbol präsentiert hat, welches zeigt, dass er sich in den Stunden gelähmt, nach den Stunden befreit fühlt.

Die Deutung enthält vier wesentliche Elemente:
– Sie bringt *Zeitlichkeit* ins Spiel, indem das eben noch Geschehene ex post betrachtet wird.
– Die Betrachtung der Stunde als Ganzes stellt darüber hinaus einen inneren Abstand her, die *Perspektive* verschiebt sich von innerhalb der Stunde nach außerhalb der Stunde.
– Zum dritten wird die *Sinnkategorie* eingeführt mit der Überlegung, ob »Körperstunden« typischerweise diesen eigentümlich bedrängenden, das Denken lähmenden Charakter haben müssen.
– Ein viertes Element ist im Deutungstext mehr implizit enthalten: Die Stunde wird als etwas Gestaltetes gesehen, ein Geschehen, in welchem sich die innere Welt des Patienten ausformt und mitteilt.

Zeitlichkeit, Perspektivität, Symbolisierung durch Sprache und Sinngebung lassen sich zusammenfassen als Ergebnis eines Vorgangs der Biosemiose (v. Uexküll u. Wesiack 1991). Der krisenhafte oder chronische Verlust dieser Fähigkeiten kann demgemäß als »semiotische Regression« (Plassmann 1993) bezeichnet werden und ist Gegenstand der Deutungsarbeit mit Prozessdeutungen.

1.1. Zur Psychobiologie traumatischer Erfahrungen

Nach Fischer und Riedesser (1999) ist eine traumatische Situation charakterisiert durch das Missverhältnis zwischen existentieller Bedrohung und der erlebten Unfähigkeit, etwas zu ihrer Abwendung zu unternehmen. Dies ist mit höchster affektiver Erregung verbunden. Gerade diese überflutende, nicht als Handlungsenergie nutzbare affektive Erregung hat nun weitreichende Auswirkungen auf die psychische Organisation, also auf die Gedächtnisfunktionen, die integrativen Ich-Funktionen und die Repräsentanzenbildung. Für die Integration einer Erfahrung ist deren Kontextualisierung und emotionale Kategorisierung notwendig. Die Erfahrungen werden emotional bewertet und kontextualisiert, d.h. in das biographische

Narrativ des Menschen eingefügt. Wenn jedoch die affektive Erregung zu stark ist, misslingt dies, und zwar nicht nur im Moment der traumatischen Situation, sondern auch in der Folgezeit, im traumatischen Prozess. Metcalfe und Jacobs (1996) haben deshalb zwischen einem heißen und einem kühlen Gedächtnissystem unterschieden. Während das kühle alltägliche Gedächtnis der Hippocampusregion des limbischen System zugeordnet wird und die Kategorien von Raum, Zeit und Kausalität herstellt, übt die Mandelkernregion (Corpora amygdala) eine affektgeleitete Verstärkerfunktion aus. Starke Affekte führen dazu, dass insbesondere der sensorische, also sprachlose Anteil der Erfahrung im sogenannten impliziten Gedächtnis gespeichert wird.

Solche Zustände hoher affektiver Erregung in einer als vital bedrohlich und nicht kontrollierbar erlebten Situation führen zur Aktivierung der hypothalamischen Steuerungszentren des autonomen Nervensystems und zur Ausschüttung von Stresshormonen. Dabei werden die Hippocampusregion und der cinguläre Cortex im extremen Erregungszustand eher gehemmt, so dass sie ihre Integrationsfunktion durch Kontextualisierung und Kategorisierung nicht erfüllen können. Zusammenhanglose Sinnesfragmente aus Gerüchen, visuellen, akustischen und kinästhetischen Eindrücken treten an die Stelle geordneter Wahrnehmungsbilder. Sie bilden nach Fischer und Riedesser ein Traumaschema, welches, über lange Zeit hinweg erhalten, im Gedächtnis wie eingefroren bleibt. Diese desintegrierten Repräsentanzen der traumatischen Erfahrung können durch die scheinbare Wiederkehr der traumatischen Situation, z.B. im analytischen Prozess, aktiviert werden. Es zeigt sich dann jeweils, dass sie ihre qualitativ andere Beschaffenheit behalten haben. Sie waren und sind nicht kontextualisiert, also zeitlos, bleiben desintegriert aus dem autobiographischen Narrativ ausgeschlossen, sie können nicht kontrolliert erinnert, durchgearbeitet und wieder abgelegt werden im Sinne einer therapeutischen Ich-Spaltung und therapeutischen Regression, sondern bleiben gleichsam Löcher im Ich, in denen maligne Regression droht. Eben die Integration solcher Erfahrungen wird dann zur therapeutischen Aufgabe, bei der uns auch eine spezielle Deutungstechnik helfen kann.

Ein weiterer Mechanismus, der die Integration, also Kategorisierung und Kontextualisierung traumatischer Erfahrungen erschwert, scheint die beeinträchtigte Zusammenarbeit der rechten und linken Hirnhälfte zu sein. Über den Balken (Corpus callosum) werden Informationen der linken und rechten Hirnhemisphäre zusammengefasst und damit die Charakteristika des symbolischen, problemlösungsorientierten, analytischen (linkshemisphärischen) Denkens mit den ganzheitlichen Merkmalen von nonverbaler Kommunikation und Wahrnehmung der rechten Hemisphäre zusammengeführt.

In traumatischen Situationen scheint eine ausgeprägte hemisphärische Lateralisation einzutreten im Sinne einer erhöhten rechtsseitigen und verringerten linkshemisphärischen Aktivität. Untersuchungen mittels Positronen-Emissions-Tomographie (PET) haben gezeigt, dass bei Wiedererleben der traumatischen Situation vorallem der linke inferiore Frontalbereich, in dem sich das expressive Sprachzentrum (Broca-Zentrum) befindet, deaktiviert war. Mit anderen Worten: In der traumatischen Situation, auch deren Wiedererleben, ist die Fähigkeit zur sprachlichen Symbolisierung beeinträchtigt. Möglicherweise setzt an dieser Stelle die EMDR-Technik an, indem sie die Rechts-Links-Integration unterstützt.

2. PROZESSBEZOGENE DEUTUNGSTECHNIK

2.1. Repräsentantenmodell und Prozessmodell

Unsere bislang gebräuchliche psychoanalytische Krankheits- und Behandlungslehre ist überwiegend inhaltsorientiert und wurde deshalb als *Repräsentantenmodell* bezeichnet (Fonagy et al. 1991). Ihm liegt die Annahme zugrunde, krankmachend sei die Existenz unbewusster Vorstellungen, die überlebten Entwicklungsstadien entstammten und wegen ihrer Konflikthaftigkeit nicht weiterentwickelt, nicht integriert und nicht bewusstseinsfähig geworden seien. Das aus dieser Annahme resultierende Behandlungsziel ist deshalb die Veränderung, Auflösung und Beseitigung solcher Inhalte durch Bewusstmachung. Mittel der Therapie innerhalb des Repräsentantenmodells ist die auf die Inhalte gerichtete Deutung, die man deshalb, wie ich vorschlage, *Inhaltsdeutung* oder *Deutung erster Ordnung* nennen sollte.

In der therapeutischen Praxis hat sich gezeigt, dass insbesondere Patienten mit Ich-strukturellen Störungen von einer deutenden Arbeit an den pathologischen unbewussten *Inhalten* kaum profitieren. Die Inhaltsdeutung geht entweder von Voraussetzungen aus, über welche die Patienten nicht verfügen, und bleibt deshalb im günstigsten Falle wirkungslos, oder sie stellt im ungünstigeren Falle eine Retraumatisierung dar. Die Deutung ist dann ähnlich überwältigend wie die ursprüngliche traumatische Erfahrung und führt deshalb zu den gleichen Reaktionen, ohne aber die Verarbeitungskapazität zu erhöhen.

2.2 Die Praxis der Prozessdeutung

Das Arbeiten mit Prozessdeutungen ist dann sinnvoll, wenn Komplexe aus traumatisch intensiver Körpererfahrung und paralysiertem Symbolisierungsvermögen vorliegen, die in der Psychosomatik als *pathologische Organwelten* bezeichnet werden können (Plassmann 1993). Diese Erinnerungs- und Erfahrungswelten machen gerade dadurch krank, dass sie vom Sekundärprozess isoliert sind. Hintergrund hierfür ist wahrscheinlich eine traumatische Erlebnisintensität der ursprünglichen infantilen Erfahrung verbunden mit Symbolisierungs-, d.h. Denk- und Sprechtabus in den Familien.

In der Therapie wiederholen sich deshalb nicht nur die Inhalte dieser Erfahrungs- bzw. Organwelten, sondern auch der Sprachverlust: Es kommt zur semiotischen Regression. Die Arbeit mit Prozessdeutungen besteht nun im Wesentlichen aus einem Hinwirken auf eine semiotische Progression mit einem Fördern sekundärprozesshafter, dreidimensionaler Denkweisen.

Dies geschieht durch:

– Aufbau einer Zeitordnung
– Perspektivwechsel
– Erweiterung der Symbolsprachen
– Sinngebung.

Es handelt sich hier naturgemäß um abstrakte Eigenschaften der Deutungssprache, so dass die Begriffe der näheren Ausführung bedürfen.

2.2.1. Aufbau einer Zeitordnung

Die krankmachenden Erlebnisbereiche haben keinen sicheren Platz in der inneren Zeitordnung des Patienten, insbesondere fehlt ihnen die Eigenschaft des Vergangenen. Jede Wiederholung macht die ursprüngliche Erfahrung scheinbar wieder zur Gegenwart. Spaltungs- und Verleugnungsaktivitäten können deshalb auch als primitiver Ersatz für das fehlende Zeitgefühl angesehen werden. Die Patienten spalten eine Erfahrung ab oder verleugnen ihre Existenz, weil die Fähigkeit zum kontrollierten Hervorholen aus der Vergangenheit, zum Erinnern und wieder Ablegen nicht zur Verfügung steht.

Dies bildet sich in vielfältiger Weise in der Therapiestunde ab und kann gedeutet werden. Gerät ein Patient in einem Abschnitt der Stunde beispielsweise in starke Gefühlserregung, so verändert sich dabei regelmäßig auch die Sprache, die Syntax zerfällt, aus indirekter wird direkte Rede, Gedanken an Früheres werden im Präsens und in unvollendeten Satzstücken versprachlicht.

Inhaltsdeutungen würden hier den Affekt, die Ereignisse und deren denkbare Bedeutungen thematisieren. Prozessdeutungen könnten sich darauf konzentrieren, den *Umgang mit dem Thema* im zeitlichen Ablauf der Stunde zu beschreiben mit einem Wechsel von Annäherung, Distanzverlust, emotionaler Überwältigung und schließlich, wenn es gut ging, innerer Befreiung. Dieses Thema, welches also gerade »durch die Stunde gegangen« ist, könnte auch, so lange es in seiner Natur noch nicht identifiziert ist, einen provisorischen Arbeitsnamen bekommen, eine Art Kürzel, an welchem es erkennbar wird und mit dem es dann auch leichter in eine Zeitordnung eingefügt werden kann. Ein Patient sprach beispielsweise eine Zeitlang von seinem »Montagsthema«.

Die Einbettung der Themen in eine Zeitordnung lässt sich auch dadurch systematisch fördern, dass vom *Jetzt* auf das *Früher* geblickt wird, etwa in der Suche nach Stunden, die dieses Thema ebenfalls enthalten haben könnten oder die im Ablauf ähnlich waren. Der Blick in die Zukunft kann aus Überlegungen bestehen, welchen Platz dieses Thema wohl in künftigen Stunden beanspruchen werde und wie es wohl mit den Fähigkeiten des Patienten und der Therapie bestellt sei, dieses Thema aufzunehmen, in der Stunde zu erleben und auch wieder abzuschließen, d.h. den Prozess des Erinnerns zu kontrollieren.

Das langsame Wachstum einer verlässlichen inneren Zeitordnung zeigt sich häufig in einem anderen Umgang mit geläufigen Erinnerungssymbolen. Fotos werden dann betrachtet, bei der Gelegenheit geordnet und an bestimmte Orte abgelegt, z.B. Schubladen, die dann ihrerseits zum Symbol für kontrolliert zugängliche Geschichte werden. Wiederum können Prozessdeutungen diesen Aufbau eines Zeit- und Geschichtsgefühls benennen und herausarbeiten, welche Erlebniswelten noch die Potenz haben, die Zeitordnung zu durchbrechen. Belesene Patienten verwenden für die destruktiven Episoden ihrer Geschichte manchmal auch Ausdrücke wie »Borderline-Welt«, andere wählen weniger fachliche, eigene Namen. Ein Asthmapatient (siehe Kasuistik) profitierte von der Vorstellung einer »Lungenwelt«, die er erst mit diesem Ausdruck benennen, dann relativieren, dann verlassen konnte.

Der Aufbau eines Zeitgefühls ist dabei keineswegs Ersatz für ein gründliches Durcharbeiten in der Übertragung, sondern vielmehr die Voraussetzung hierfür.

Kasuistisches Beispiel:

Eine 44-jährige Patientin, Frau B., hat vor drei Jahren ihre Tochter durch einen tödlichen Verkehrsunfall verloren. Sie leidet seit dieser Zeit an schwersten Panikattacken und ist sich intuitiv sicher, dass die Ereignisse der

24 Stunden nach dem Unfall bis zum Tode ihrer Tochter mit Notoperation und schließlich Abschalten des Beatmungsgerätes unverarbeitet sind, sie sucht in der Therapie die Möglichkeit, innerlich, wie sie sagt, noch einmal dort hin zu gehen.

Sie beginnt zunächst relativ gefasst über die entscheidende Szene auf der Intensivstation zu sprechen, in der die Ärzte ihre Tochter für klinisch tot erklärt hatten, obwohl sie selbst auf dem Monitor noch Herzschlag sah und fühlte, dass in ihrer Tochter noch Leben war. Dann verändert sich beim Sprechen ihr Zustand, sie weint exzessiv, die Stimme wird hoch und getrieben wie die eines Kindes, sie spricht gehetzt, ein Satz jagt den anderen, sie kann bei nichts verharren. Sie *erlebt* nicht nur etwas Gewesenes, sie *ist* im Gewesenen, das Vergangene wird Gegenwart, zugleich geht der Kontakt mit mir verloren, ich bin in einer anderen Welt. In einer kleinen Atempause schildere ich ihr meine Beobachtungen über die Veränderungen, die mit ihr und meinem Kontakt zu ihr eben in der Stunde vor sich gegangen sind. Sie scheint förmlich aufzuwachen, setzt sich anders hin, die Stimmlage normalisiert sich, sie scheint wieder in der Gegenwart, nimmt Blickkontakt zu mir auf und sagt, sie sei wirklich erleichtert, dass ich sie zurückgeholt hätte.

In einer der folgenden Stunden geschieht Folgendes: Es gehe ihr extrem schlecht, die Therapie helfe nicht. Ich sei wie alle Ärzte, gleichgültig, desinteressiert, ich wolle ihr wahrscheinlich gar nicht helfen, sondern sie vernichten, ebenso wie die Ärzte, die ihre Tochter im Grunde umgebracht hätten. Der Zustand sei unerträglich, sie habe mit ihrem Leben abgeschlossen und schon einen Weg gefunden, wie sie sich ohne zu leiden umbringen könne. Meine Bemerkungen über die Möglichkeit einer psychiatrischen Mitbehandlung durch Verordnung eines Medikamentes oder auch einer kurzfristigen stationären Krisenintervention bewirken nur, dass sie mich anschreit, ich wolle sie loswerden, zum Schweigen bringen, abwimmeln, eben vernichten. Das alles sei unerträglich, es gäbe keinen Ausweg, als sich das Leben zu nehmen. Ich war und bin mir sicher, dass ich all das nicht wollte, und beschloss deshalb, meine Gegenwart gegen die Überflutung durch die Vergangenheit zu verteidigen. Ich sage ihr, dass ich mir eigentlich nichts anderes wünsche, als die Therapie mit ihr weiterzuführen und sie in der nächsten Stunde hier wieder zu sehen.

Daraufhin schien sie wieder wie aufzuwachen, setzte sich zurück und stellte zum ersten Mal in dieser Stunde eine Frage, und zwar wie eine solche Medikamentenhilfe aussehen könne. Wir verständigten uns auf 100 mg Sulpirid täglich. In den folgenden Stunden war es gut möglich, auf diese auch für mich traumatische Situation zurückzuschauen. Es sei wohl nötig gewesen, meinte sie, ihren unendlich tiefen Hass auf Ärzte wenigstens einmal in aller Wucht in die Stunde zu bringen.

In einer dieser Stunden frage ich sie, welches der damaligen Erlebnisse vielleicht ebenfalls noch darauf wartet, in die Gegenwart der Stunde zu kommen. Sie zögert kaum und spricht über eine Szene auf der Intensivstation am Bett ihrer sterbenden Tochter. Sie ist beim Sprechen extrem erregt, sie weint kathartisch, ich empfinde aber weiterhin Kontakt zu ihr. Ein Teil von ihr, so scheint mir, ist im Hier und Jetzt. Auf meine Frage, wie es mit dem inneren Abstand zu diesen Erinnerungen aussieht, sagt sie : » Alles ist wie jetzt, ich sehe alles vor mir, wie Gegenwart. Ich könnte jede Minute einzeln nacherzählen.« Gleichzeitig beruhigt sie sich, der Atem wird tiefer, sie fängt offenbar an nachzudenken, öffnet die Augen, die sie vorher geschlossen gehalten hatte. Der Rest der Stunde besteht überwiegend aus Inhaltsdeutungen darüber, was sie in dieser traumatischen Situation empfunden und welche Bedeutung sie dem gegeben hatte.

2.2.2. Perspektivwechsel

Zu Beginn der therapeutischen Arbeit denken Patienten meist im Indikativ. Die Dinge werden »benannt wie sie sind«, es gibt nur eine Perspektive, und diese scheint identisch mit den Dingen. Bezeichnetes und Zeichen, Bild und Urbild fallen zusammen. (v. Uexküll u. Wesiack, 1991, haben festgestellt, dass auch die scheinbar theoriefreie Medizin diese Denkweise mit ihren Patienten gemeinsam hat.) Die Dinge scheinen gleichsam zweidimensional zu sein. Sie sehen von überall her gleich aus, und sie von allen Seiten zu betrachten, kommt im Denken nicht vor; Betrachtung findet ohne Bewegung statt.

Sprechen wird demgemäß vom Patienten zunächst als Informationstransport definiert. Der gesprochene Satz ist ein Zeichen, welches der Patient dem Therapeuten hinüber reicht, einem Foto vergleichbar, welches sich weder beim Hinüberreichen, noch bei der Betrachtung durch eine andere Person verändert. Es kommt keine neue Perspektive hinzu.

Die Erwartung des Patienten richtet sich deshalb auf Änderung der Dinge selbst und ihrer Eigenschaften, nicht jedoch ihrer Betrachtungsweise. Die Dinge, die Objekte, sollen gewandelt werden, während der psychische Innenraum, das Bild der Dinge, wie festgefroren und konstant bleiben soll. Dabei wird auch der Abstand als konstant gedacht, denn erst das Herumgehen, das Betrachten von verschiedenen Seiten schafft die Freiheit zur Annäherung oder Entfernung.

Prozessdeutungen können alle diese Phänomene entweder *direkt* ansprechen oder *indirekt* durch Sprachgestalten, die implizit den Perspektivwechsel enthalten. Direkt thematisierbar wäre beispielsweise der Unterschied, der darin besteht, einem Thema entweder *in der Stunde* und *in der Beziehung zum*

Therapeuten zu begegnen oder aber in der »Dann-und-Dort«-Perspektive als Erlebnis mit einem anderen Menschen, an einem anderen Ort oder in einer anderen Zeit. Dies sind jeweils verschiedene Perspektiven, auch wenn das Thema dasselbe bleibt. Damit lassen sich Überlegungen verbinden, welche Perspektive und welcher Begegnungsabstand für eine Bearbeitung geeignet sei. Dabei wird nicht nur das Vorhandensein verschiedener Sichtweisen erfahren, sondern auch ihre Gestaltbarkeit und vor allem ihre Nutzbarkeit.

Die Patienten entscheiden sich zu Beginn der Therapie meist für eine *Dann-und-Dort*-Perspektive und handeln ihre Übertragung durch Erzählung von Ereignissen ab, die zwar das Übertragungsthema enthalten, den direkten Blick auf den Analytiker aber noch vermeiden. Dies ist keineswegs mit Widerstand zu verwechseln. Gemäß dem Prinzip der Prozessdeutung werden Wechsel von der *Dann-und-Dort-* zur *Hier-und-Jetzt*-Perspektive benannt, verglichen und deren Nutzung als Werkzeug verstanden, welches vorhanden sein muss, bevor die Themen damit durchgearbeitet werden können.

Direkte Deutungen von Perspektivität können sich auch darauf beziehen, wie sich der Umgang mit einem Thema ändert, je nachdem, ob es sich in einem Ein-, Zwei- oder Drei-Personenraum entfaltet. Sobald ein Patient neugierig wird, wie sein Thema im Analytiker weiterlebt, indem es von ihm weitergedacht und dabei verändert wird, entsteht für den Patienten eine neue Perspektive. Er sieht *sein* mitgebrachtes Thema nun *im* Analytiker. Die Eigenarten des Arbeitens in der Zwei-Personenwelt können benannt werden, ebenso die Nutzung von Drei-Personenwelten, die dem Patienten durch Einbeziehung Dritter Perspektiven ermöglichen, welche auch der Analytiker nicht hat. Das gleiche gilt natürlich auch für den Therapeuten in Supervision, der sein Thema mit dem Supervisor teilt und dabei neue Sichtweisen entwickelt. Auch die Tatsache, in Supervision zu sein, kann für entsprechende Prozessdeutungen verwendet werden, die auf die Vorteile oder Notwendigkeiten von Perspektiverweiterung und Perspektivwechsel hinweisen.

2.2.3. Die Ich-Deutung und die Sie-Deutung

Aus der analytischen Grundregel der Abstinenz wird in der klassischen Behandlungstechnik abgeleitet, dass vom Patienten die Rede ist, nicht vom Analytiker. Daraus resultiert ein Deutungstyp, den ich als *Sie-Deutung* bezeichnen möchte. Die Sätze dieses Deutungstyps beschreiben die Subjektivität des Patienten aus der Beobachterposition des Analytikers und haben in der Regel die Struktur: »Sie fühlen, glauben, wollen, dass etc. ...« Dieser Deutungstyp hat zahlreiche Grenzen und kann für traumatisierte Patienten retraumatisierende Wirkung haben. Der Analytiker scheint dem

Patienten das Heraustreten aus der Ein-Personen-Perspektive zu verweigern. Ich habe wiederholt Analysen supervidiert, die wegen der monomanen Verwendung dieses Sie-Deutungstyps in eine unauflösbare Stagnation geraten waren, insbesondere bei Kandidaten, die das »Ich« wegen der Angst vor der Verletzung der Abstinenzregel nicht wagen.

Eine Lösung kann in der Verwendung eines Deutungstyps liegen, den ich Ich-Deutung nenne. Dieser Deutungstyp beschreibt die Tätigkeit des analytischen Ichs des Therapeuten, also Wahrnehmen, Reflektieren, Verstehen und evtl. auch die Störungen dieses Prozesses, also Verwirrung. Die Gestalt solcher Deutungssätze ist dann zum Beispiel: »Ich habe über die letzte Stunde nachgedacht, und mir scheint wichtig, dass ich, obwohl Ihre Erinnerungen sehr überwältigend waren, trotzdem Kontakt zu Ihnen hatte. Wie fügt sich das zu Ihren Wahrnehmungen?«

Indirekte Arbeit mit Perspektivität kann durch bewusste Nutzung bestimmter Sprachgestalten geschehen, die den Perspektivwechsel enthalten. Indirekte Deutungstätigkeit durch Nutzung von Sprachimplikationen habe ich in einer früheren Arbeit (Plassmann 1986) näher beschrieben und möchte hier nur auf das »Sprechen im Konjunktiv« hinweisen. Der Konjunktiv enthält die Dinge als Möglichkeit und als Gedanke. Sein Wesen ist das Entwerfen, Phantasieren und Konstruieren von Gedanken, wie etwas sein könnte. So findet der Perspektivwechsel ständig in der Sprache statt, auch in der Deutungssprache. Der Therapeut sagt beispielsweise: »Man könnte überlegen, was das wohl für ein Unterschied wäre, wenn Sie eine statt zwei Wochenstunden hätten.«

Die Betonung liegt hier auf dem Prozess des Vorstellens, Phantasierens, auf dem Entwurf von Sichtweisen, während dem Ergebnis dieses Tuns, also dem Inhaltsaspekt, nicht weiter vorgegriffen wird.

2.2.4. Erweiterungen der Symbolsprache

Ein Thema kann auf sehr verschiedene Weise in die Stunde kommen, auf jeden Fall aber, indem es eine Symbolgestalt annimmt als Symptom, Traum, Szene, Bild, Wort, etc. Inhaltsdeutungen greifen dann eher den Sinn des jeweiligen Symbols auf, während Prozessdeutungen den Gestaltungsvorgang, die »Handlung des Symbolisierens« benennen. Wieder geht es zunächst um die psychischen Werkzeuge, hier das Symbolisieren, erst später um deren Gegenstand und Ergebnis.

Es kann für einen Patienten sehr beunruhigend und auch entmutigend sein, wenn ein Fortschritt in der Symbolsprache den Therapeuten sofort zu lebhaften Inhaltsdeutungen veranlasst, etwa dann, wenn ein Traum anstelle eines körperlichen Symptoms auftritt. Der Patient tastet sich in eine noch unvertraute Symbolisierungswelt vor, vergleichbar einem Kind, das erstmals Fahrrad fährt. Hier hat die Unterstützung dieses Wagnisses Vorrang vor dem Abfordern komplizierter Leistungen. Eine Prozessdeutung würde also das psychische Wagnis benennen, das darin liegt, die bislang eher stumme Gestalt des Körpersymptoms durch einen Traum als wesentlich lebendigeres Ausdrucksmittel zu ersetzen. Die Träume werden dann manchmal eher stumm und isoliert bleiben und in der Stunde keine weiteren Einfälle auslösen, oder sie können gleichsam einen Hof von Sprache bekommen aus Assoziationen des Patienten und Deutungen des Therapeuten. In einer Prozessdeutung ließe sich dann das Spektrum der Symbolisierungsweisen vom Körpersymptom über den Traum bis zum Wort benennen, bevor sich die Arbeit den Inhalten zuwendet.

Auch das Herstellen von Übertragung kann als psychischer Gestaltungs-, d.h. Symbolisierungsvorgang aufgefasst werden. Ein Symptom isoliert zu haben ist etwas anderes, als es in die Stunde zu bringen, dort zu thematisieren oder das Symptom sogar in der Stunde zu erleben, es in Berührung mit der Therapie zu bringen und evtl. sogar von den Veränderungen des Symptoms im Zusammenhang mit der Therapiestunde zu sprechen. In der Nutzung dieser Möglichkeiten wird die Stunde selbst zum Medium, zum Material, in welchem sich der Patient ausgestaltet. Inhaltsdeutungen würden nun eher die Art des Übertragenen herausarbeiten, also die unbewussten, in der Übertragung ausgedrückten Phantasien, während Prozessdeutungen eher die Tatsache registrieren, dass »die Stunde« oder »die Therapie« unter den Einfluss des Patienten kommen kann, vielleicht mit Benennung der Unterschiede von anstrengenden im Vergleich zu heiteren Stunden oder transparenten im Vergleich zu rätselhaften Stunden.

Wahrscheinlich wird mein Bedürfnis allgemein geteilt, Stunden zu schließen und sie nicht einfach abzubrechen. Wenn eine Stunde sich nicht natürlich rundet und abschließt, thematisiere ich gerne in den letzten Minuten den Charakter der eben stattgefundenen Stunde, verständige mich mit dem Patienten über die Wahrnehmungen und setze evtl. den Charakter der Stunde mit dem Stand der Arbeit am Thema in Verbindung, z.B. dass es eine am Ende offene Stunde war, die auf eine noch in Entwicklung begriffene Gestalt hinweist.

Die hier verwendete Terminologie der »Stunde« und der »Therapie« verzichtet auf die übliche personale Sicht von Übertragung zugunsten einer prozessbezogenen. Dies erleichtert dem Patienten zu Beginn die Benutzung von Übertragung als Symbolisierungssprache und damit den Übergang von primitiveren zu komplexeren Symbolsprachen, was sich wiederum im Sinne der Prozessdeutung benennen lässt.

2.2.5. Sinngebung

Sinngebung lässt sich vielleicht am ehesten als die Einbettung einer Erfahrung oder einer Tatsache in die eigene Lebensgeschichte definieren. Oft beginnt die Arbeit mit dem psychosomatisch kranken Patienten deshalb damit, eben die scheinbare Sinnlosigkeit der aufgetretenen Lebens- und Gesundheitskrise und des jeweiligen Symptoms zu thematisieren. Das Festhalten am Zustand der Sinnlosigkeit, das Verweigern von Sinngebung ist in der Regel mit dem Wunsch verbunden, der jeweiligen Erfahrung oder Tatsache die Existenzberechtigung abzusprechen. Alles schiene in Ordnung, wenn nur Symptom, Krankheit, Ereignis etc. nicht vorhanden wären. Erst der Vorgang der Sinngebung macht solche ausgegrenzten Erlebnisbereiche zu dem, was sie sind, nämlich zu einem Teil des eigenen Selbst und seiner Geschichte. Dies kann am finalen oder kommunikativen Aspekt der Krankheit beginnen, also beispielsweise an der Signalfunktion psychosomatischer Symptome. Prozessdeutungen können zudem herausarbeiten, wie ein bislang sinnloses, ausgegrenztes Ereignis mit der Zeit Anschluss findet an die Handlungsstränge der eigenen Geschichte. Selbst eine Krebserkrankung, ob man sie als psychosomatisches Geschehen auffasst oder nicht, kann so einen für den Patienten akzeptablen Sinn bekommen, etwa den bisherigen Lebensstil zu bilanzieren, sich zu reorganisieren und die evtl. verkürzte Lebenszeit sinnvoll zu nutzen.

3. FALLBEISPIEL[1]

Die bis hierhin vorgetragenen Überlegungen möchte ich nun versuchsweise auf die Behandlung eines psychosomatisch kranken Patienten anwenden.

Es handelt sich um einen ca. 50-jährigen Kollegen, einen Psychologen, der eine eigene Praxis betreibt. Ich kannte seinen Namen von einer Arbeitsgruppe, in der ich vor längerer Zeit mit ihm gewesen war, und dachte, als er mich anrief, zunächst an ein fachliches Anliegen. Es ging ihm aber um einen Therapieplatz. Ich spürte etwas Drängendes und Angstvolles in seinem Anliegen, das keinen Zeitaufschub zu vertragen schien, und erfuhr, dass er an schwerem Bronchialasthma leide. Bei der ersten Sitzung hielt eine leichte Befangenheit wegen der kollegialen Bekanntheit nur kurz an. Er sah tatsächlich schlecht aus – grau und blass. Er habe in den letzten Monaten eine Anzahl so schwerer Asthmaanfälle

---

[1] Dieser Fall stand auch im Mittelpunkt einer früheren Arbeit: »Körperpsychologie und Deutungstechnik« (Plassmann 1996)

gehabt, dass er wiederholt in stationäre und auch intensiv-medizinische Behandlung musste. Sowohl die Anfälle als auch die Auskunft, er werde jetzt lebenslang Medikamente nehmen müssen, waren für ihn mit einer auch beim Bericht spürbaren Panik, die ich als Todesangst empfand, verbunden.

Er sagte gegen Ende dieses Erstgespräches zu mir gewandt und mit einem spürbaren Spannungsanstieg, er fürchte, mich mit seinem Problem gleichsam zu infizieren, ob ich das für möglich hielte. Ich war beeindruckt von der Ernsthaftigkeit dieser Befürchtung und sagte ihm, ich sei interessiert, sein Problem näher kennenzulernen, teile jedoch seine Sorge eigentlich nicht. Ich ergänzte, dass er vielleicht aus solchen Befürchtungen heraus auch selbst mit seinem Asthma noch kaum Beziehung aufgenommen habe. Er hatte sich nämlich seit Jahren nicht fachärztlich untersuchen lassen, er wusste wenig über Lungenfunktion, über Residualkapazität, Atemvolumen, er hatte sich kaum mit den heute zur Verfügung stehenden Medikamenten, deren Indikationen und Wirkmöglichkeiten befasst. Er war verblüfft über den Gedanken, mit seinem Asthma auf eine zunächst interessiert-kognitive Weise in Kontakt zu treten und sich mit ärztlicher Hilfe ein klares Bild von seinem Asthma zu verschaffen. Ich habe ihm geraten, sich zu dem Zweck einen Pulmologen seines Vertrauens zu suchen und sich auch zu belesen.

Er sagte, es falle ihm wirklich schwer, sich für sein Asthma zu interessieren und sich selbst als Asthmatiker zu sehen. Seine Mutter habe ihm oftmals prophezeit, er sei lungenschwach und werde entweder Tuberkulose oder Asthma bekommen. Ich habe noch angemerkt, er sei vielleicht erst dabei, diese Welt der Atemorgane als seine eigene und nicht als die der Mutter anzuschauen.

In meinen Deutungen, die ich dem Patienten gegeben habe, ist die Vorstellung einer fusionär-destruktiven Organwelt enthalten. Er fürchtet, dass sie mich zerstören könnte, und glaubt seine Fähigkeit zum Atmen noch im Besitz der Mutter. Meine Äußerungen bestehen aus einem (analytisch reflektierten) Ratschlag und einer Deutung. Sie enthalten den Prozess des Umgangs mit dem Thema: kontrolliert – professionell – selbstverständlich – neugierig – unkontrolliert – verschlingend – panisch. Darauf erreichte mich ein paar Tage später folgender Brief:

»Ich möchte Ihnen von meinem Gesundheitszustand berichten. Nach dem Gespräch am Dienstag verspürte ich Erleichterung. Am Mittwoch war ich bei meiner Hausärztin und habe eine Überweisung für einen Pulmologen, Herrn Prof. A. für übermorgen. Meine Atembeschwerden halten wechselnd an. Es ist durchgehend die Unmöglichkeit durchzuatmen (trotz Theophyllin 2x1 und abends Sultanol-Spray), während die flache Atmung für die Versorgung ausreicht und ich mich sozusagen in Räumen beschwerdelos bewegen kann. Schon Telefonieren verlangt Atemtechnik, Verhüllung. Was mir auffiel: Einmal, wohl am Freitag, ›überraschte‹ ich mich symptomlos, atmete durch – und hatte ›freiflottierende‹, deutlich nach Aktion drängende Angst. Ich wollte nach München, um dort mit K. zu reden, obwohl gerade abgemacht war, *nicht* zu reden. Ich musste mich mit Hilfe von H. sozusagen festbinden lassen, um nicht zu fahren. Folge, als die ›freie Angst‹ nachließ: Tachykardie. Als diese nachließ, wieder Atemeinschränkung, also Symptom.«

Er scheint einiges vom Denkstil der Deutung selbst zu verwenden. Sein Brief enthält die Beschreibung des Umgangs mit seinem Problem, die Wandlung des somatischen Symptoms zu Gefühl und Sprache, den Wunsch nach Zwei- und Drei-Personalität, die Entdeckung des Schriftlichen. Auch das Denken in einer Zeitfolge ist enthalten. Ich habe diese Dinge nicht gedeutet, sondern lediglich gedacht.

In die nächste Stunde bringt er drei Träume: Der Erste: Er träumt einen Text, freut sich sehr und hat den starken Wunsch, seine Freundin anzurufen, zu sprechen. Der Zweite: Er träumt, die Katze seiner Tochter sei überfahren worden, er wacht auf und hat noch im Wachzustand den Impuls, zu Hause anzurufen, ob die Katze lebt. Noch in der Stunde hat er das Bedürfnis hierzu. Der Dritte: Seine geschiedene Frau will mehr Geld, er soll zahlen.

Ich habe die Arbeit an den Inhalten der Träume zurückgestellt und ihn auf den Umstand hingewiesen, dass ihn das Traumbild der überfahrenen Katze noch im Wachzustand gefangen nimmt wie in einer Trance. Er war sehr verblüfft, schien förmlich aufzuwachen und wunderte sich lange und ausgiebig darüber, dass er tatsächlich mit einem Teil seiner Selbst noch im Traum gewesen war. Meine Überlegung war, er sei vielleicht mit einem Thema in Berührung, welches die Eigenschaft habe, das Denken zu paralysieren und innere Distanzierung zu verhindern. Es schloss sich ein längeres Erzählen an über Sprechen, Schreien, Bewegen. Er sei ein lebhaftes Kind gewesen, bis er mit drei und angeblich mit fünf Jahren erneut Keuchhusten gehabt habe, danach sei er zurückhaltend und leise geworden. Wenn er laut werde, dann ohne Halten. Ein paar Mal habe er seine frühere Frau regelrecht über- und niedergeschrien. Er kündigte mir an, er müsse mir da eine bestimmte Geschichte erzählen, aber vielleicht ein anderes Mal.

Ich habe mir in diesen Szenen gemerkt, dass die Stimmbildung anscheinend Teil seines Lungenproblems sei. Die angekündigte Geschichte kam in einer der nächsten Stunden: Ein Hausarzt, den er in NSDAP-Uniform erinnert, habe der Mutter geraten, ihn ständig warm zu baden, um insbesondere die

Lungenspitzen warm zu halten, sonst werde er Tuberkulose bekommen. Die Mutter hat daraus rabiate Methoden abgeleitet, indem sie ihn häufig in der Wanne niederdrückte trotz seinem Schreien und seiner Gegenwehr, weil ihm war, als wenn er ersäuft würde. In der gleichen Stunde hat er erneut seine anfängliche Angst erwähnt, mich mit seiner Krankheit zu infizieren.

Ich sagte ihm, man könne sich wohl verschiedene Weisen vorstellen, wie mit einem solchen Bericht in der Therapie umgegangen werde. Der Bericht könnte wie ein Stück Vergangenheit werden, das Gewalt über ihn bekommt und ihn hinunterzieht, oder das Erzählen der Erinnerung könnte mir als Therapeut Gelegenheit geben, ihn und seine Themen zu begleiten, die er mal hervorholt und dann auch wieder ablegt in seinem eigenen Rhythmus. Meine Vorstellung war, er denke sich, dass zwei Menschen nicht zwei verschiedene Atem-, Sprech- und Denkrhythmen haben könnten, sondern stets der Eine dem Anderen seinen Rhythmus gewaltsam aufzwingt. Deshalb war es mir wichtig, die therapeutische Situation als eine zu definieren, in der er seinen Rhythmus hat und ich als sein Begleiter meinen eigenen.

In einer der nächsten Stunden sagte er, er beobachte zwei Dinge an sich, er sei merklich wacher, er komme sich vor wie aufgetaucht, er nehme keine Asthmamittel mehr und habe wieder angefangen, sich zu bewegen. Er mache leichte Waldläufe im klaren Gefühl, dass sie ihm gut tun, trotz der Bedenken seines Pulmologen. Ich sagte ihm, es könnte interessant sein, den Unterschied zu bemerken in der Befindlichkeit, je nachdem, ob er sich gerade eher in der Lungenwelt oder wie beim Dauerlauf eher in der Muskelwelt befinde. Mit Befindlichkeit waren damit vor allem die psychischen Freiheitsgrade gemeint: eigenes Steuern von Bewegung und Abstand, die Wahrnehmung von Unterschieden zwischen den Organwelten, die spannungsarme Gelöstheit der Einfälle ebenso wie der Muskeln, die Freude an Zeitlichkeit und Rhythmus. An diesen wie an anderen Stellen hat der Patient mit der Wiederentdeckung der »Muskelwelt« der Therapie den Weg gewiesen. Ich hatte häufig nur die Auswege zu bemerken und zu unterstützen, da der Patient sich seiner eigenen Fähigkeiten zur Krankheitsbewältigung unsicher war.

Im gegebenen Zusammenhang erscheinen folgende Aspekte des Fallausschnitts wichtig: Die *Lungenwelt* des Patienten enthält persistierende körperfusionäre Phantasien als Inhalt, ein traumatisch entstandenes Ohmachts- und Überwältigungsgefühl als Affekt und eine umschriebene Störung der Denk- und Symbolisierungsfähigkeit mit einer ständigen Regressionsgefährdung in Handlungs- und Organsprache. Die Deutungsarbeit bezieht sich zunächst nur auf den Prozessaspekt. Die beobachtbaren und die zusätzlich möglichen Varianten des *Umgangs mit dem Thema* werden benannt, und zwar, wo immer möglich, unter Nutzung der Ereignisse in der Stunde und in der Übertragung.

Die hier vorgestellte Kurzanalyse (ca. 50 Std. in eineinhalb Jahren) war insofern erfolgreich, als drei Jahre nach Behandlungsende weiterhin Symptom- und Medikamentenfreiheit bestand.

4. ZUSAMMENFASSUNG UND SCHLUSS

Die Technik der Prozessdeutung wurde in der Arbeit mit Borderline-Patienten entwickelt und lässt sich auf die Behandlung psychosomatisch Kranker anwenden. Die zugrunde liegende Metapsychologie besteht im Wesentlichen aus einer Unterscheidung zwischen *Denkinhalten* und *Denkprozessen.* Krankmachende *pathologische Organwelten* enthalten zwar archaische Inhalte, z.b. körperfusionäre Phantasien und archaische Affekte, sie sind aber in der Hauptsache *Zerstörungszonen des Denkens.*

Die Körperphantasien, Beziehungsphantasien und Affekte, die zur pathologischen Organwelt gehören, werden in der Analyse wiederholt. Patient und Therapeut tauchen gleichsam in die pathologische Organwelt ein und sind mehr oder weniger lange bedroht, auch den geistigen Abstand zu ihr zu verlieren. Dies ist der von mir für wesentlich gehaltene Prozessaspekt: Es kommt zu semiotischen Regressionen.

Den qualitativen Unterschied zwischen normalen und pathologischen Denkwelten zu erfassen und zu beschreiben, ist schwierig, und eben hierin liegt die Herausforderung, sowohl die wissenschaftliche wie die therapeutische. Die Psychoanalyse hat zwar für psychische Inhalte ein differenziertes Repertoire metapsychologischer und klinischer Begriffe entwickelt, mit denen sich, entwicklungspsychologisch geordnet, Affekte, Phantasien und Beziehungsmuster beschreiben und deuten lassen. Deshalb wird von den subjektiven Erlebniswelten der Patienten üblicherweise hauptsächlich der Inhaltsaspekt erfasst und gedeutet. In der Therapie bringt die Arbeit mit Inhaltsdeutungen bei psychosomatisch Kranken aber oft nicht den erhofften Fortschritt. Psychoanalytische Deutungen enthalten aber immer auch implizit besondere Qualitäten des Denkens und Symbolisierens, die dem Patienten im kranken Bereich fehlen. Die Denkweise des Analytikers, das »Wie« seines Denkens, als eher unspezifischer Wirkfaktor wenig beachtet, bringt dann den eigentlichen Fortschritt. Die Deutungstechnik der Prozessdeutung systematisiert dies und gibt der Restaurierung der Denkprozesse dann Priorität, wenn die Denkwerkzeuge erst entwickelt werden müssen, um mit ihnen die Inhalte zu bearbeiten. Regelmäßig scheint das im Zusammenhang mit traumatischen psychischen und körperlichen Erfahrungen der Fall zu sein.

Weitere Entwicklungen sind deshalb in Bezug auf die *Theorie* psychosomatischer Erkrankungen zu erwarten. Möglicherweise kommt traumatischen Ereignissen in der Genese psychosomatischer Erkrankungen ebenso wie in der Genese der Borderline-Syndrome eine größere Bedeutung zu als bisher angenommen, und zwar speziell wegen der fatalen Auswirkungen solcher Ereignisse auf den Denk- und Symbolisierungsprozess. Die oben beschriebenen Probleme der Patienten mit Zeitlichkeit, Perspektivität, Sinngebung und Symbolisierung zeigen möglicherweise an, wie sich die Wahrnehmung unter dem Einfluss überstarker Attacken aus dem Körper (oder auf den Körper) verzerrt hat: Das Ich wird überflutet, gleichsam in die Ecke gedrängt, auf ein Objekt oder ein Gefühl eingeengt, ohne Möglichkeit zum Spiel mit dem beteiligten Objekt und mit dem eigenen Körper. Die klinisch bei psychosomatisch Kranken beobachtbaren Zerstörungszonen des Denkens weisen darauf hin, dass überstarke körperlich repräsentierte Erfahrungen nie durchgespielt, d.h. betrachtet, gedacht, gesprochen, verstanden und vergangen sind. Erst die Therapie holt dies nach.

Literatur:

Fischer, G., Riedesser, P. (1999): Lehrbuch der Psychotraumatologie. München (Ernst Reinhardt).

Fongagy, P., Moran, G., Edgcumbe, R., Kennedy, H. (1991): The roles of mental representation and mental process in therapeutic action. Paper for the 13th international scientific colloquium at the Anna Freud Center, November 1991.

Metcalfe, J., Jacobs, W. J. (1996): A »hot-system/cool-system« view of memory under stress. In: PTSD research Quarterly 7, S. 1–6.

Plassmann, R. (1986): Prozessphantasien. Zur Technik der systemischen Einzeltherapie. In: Familiendynamik 11, S 90-108.

– (1993): Organwelten: Grundriss einer analytischen Körperpsychologie. In: Psyche 47, S. 261-282.

– (1996): Körperpsychologie und Deutungstechnik. Die Arbeit mit Deutungen zweiter Ordnung (Prozessdeutungen). In: Forum Psychoanal. 12, S. 19–30.

Röckerath, Klaus (2000): Talking cure: Neurobiologische Aspekte des psychoanalytischen Dialoges. Arbeit zum Erwerb der ordentlichen Mitgliedschaft der DPV.

Uexküll, T. v., Wesiack, W. (1991): Theorie der Humanmedizin. München (Urban & Schwarzenberg).

Christel Böhme-Bloem

»Der Mensch ist, was er isst« – Ess-Störung als Ausdruck gestörter Identität und mangelnder Symbolbildung

EINLEITUNG

Das Wortspiel des Philosophen Ludwig Feuerbach, wie es der Titel nennt, läutete vor 150 Jahren den philosophischen Materialismus ein und versuchte, provokant vereinfachend die Frage zu beantworten, ob der absolute Geist des Hegelschen Idealismus oder die Empfindungen des Leibes die Subjektivität des Menschen besser erfasst. Ob Feuerbach allerdings ahnen konnte, dass eine Zeit käme, in der für viele Menschen das Essen tatsächlich zum Dreh- und Angelpunkt ihrer vergeblichen Versuche der Selbstfindung würde, sei dahingestellt. Das »narzisstische Zeitalter« der letzten 30 Jahre scheint den Feuerbachschen Satz tatsächlich aufzunehmen und im Versuch der scheiternden Identitätsfindung mit den Ess-Störungen ad absurdum zu führen. Dass der Umgang mit dem Essen dazu taugt, psychosoziale Spannungen, intrapsychische und interpersonelle Konflikte abzubilden, leuchtet unmittelbar ein, wenn wir uns einmal mehr wachrufen, dass mit dem Essen die meisten Rituale verbunden sind, dass die meisten Sitten und Gebräuche Essregeln beinhalten, dass es kaum zählbare Redewendungen gibt, die Essen und emotionales Erleben verknüpfen, etwa, dass die Liebe durch den Magen geht; ein Bisserl und ein Busserl zeigen, wie man jemanden zum Fressen gern hat. Im Themenpark der Expo 2000, der Weltausstellung in Hannover, war für jedermann klar: »Essen ist Kommunikation«. Als Wahrzeichen diente das Ei von Antonio Miralda – der Ursprung allen Lebens, perfektes Nahrungsmittel und unübertroffene Verpackung in einer Gestalt.

Die erste menschliche Nahrung, die Milch, ist frühestes Kommunikationsmedium; sie hat eine besondere Stellung in der Entwicklungsgeschichte des Individuums. Von der Aufrechterhaltung der Homöostase in der Frühzeit bis zur Entwicklung des ersten Gedankens ist sie zugleich eine Verbindung zwischen Mutter und Kind. Der erste Gedanke ist: »Keine

Milch« (Loch 1970). Dabei geht es um die Vorstellung, dass der erste menschliche Gedanke eine Entbehrung überbrückt, die in genügend abgestuften Schritten ganz allmählich angebahnt worden sein muss, damit die Strukturierung des Säuglings sicher genug gelingt und das Affektsystem ungestört vom sensomotorischen auf ein seelisch erlebtes Niveau gelangen kann (Stern 1985). Ein erster Schritt in diesem Geschehen ist die Entdeckung des Augen-Blicks – jener besondere Blick der Säuglinge, der von Müttern als wissender Blick interpretiert wird und der das blinde reflektorische Suchen ablöst, wenn beim älteren Säugling während des Saugaktes die Brustwarze entgleitet. Damit kann beim erregten Sauggeschäft ein kleiner Aufschub ertragen werden, ein Element der Zeit wird in die Zeitlosigkeit des Daseins integriert (Spitz 1965); dies hat R. Spitz im Bild festgehalten. Das Dasein, das zunächst die Zeitstruktur besitzt: *vor – während – und nach* der Triebbefriedigung (Money-Kyrle 1968), wird nun weiter zeitlich unterteilt durch den vom Kind entdeckten Augenblick des prüfenden Schauens.

Das Essen und der Umgang mit dem Essen sind aufs engste verwoben in die Entwicklung des Seelenlebens. Wenn Erikson (1950) dem Säugling am Ende der oralen Zeit als Identitätskennzeichen unterlegt: »Ich bin, was ich bekomme«, so bezieht sich dies nicht allein auf die Nahrung. Oralität ist mehr als Ernährung; der Begriff bringt vielmehr verdichtet zum Ausdruck, was als eine »Lebenstatsache« von Money-Kyrle (1971) angenommen wird, nämlich die Notwendigkeit der Anerkennung der Brust als eines höchsten Gutes, die grundlegende conditio humana der anfänglichen Abhängigkeit. Schließlich ist der Mensch eine »physiologische Frühgeburt« (Portmann 1969) und bedarf bis zur »psychischen Geburt« (Mahler et al. 1975) der Pflege im sozialen Uterus. Dass diese Anerkennung der ersten Lebenstatsache nicht ganz einfach ist, liegt, wie Money-Kyrle anfügt, daran, dass die dauerhafte Befriedigung durch die Brust nicht möglich ist, dass die Zeitlichkeit, die Trennung und letztlich der Tod dagegenstehen und letztere ebenso als Lebenstatsachen anerkannt werden müssen. Dennoch ist klar: *Die erste Psychisierung des Menschen geschieht entlang des Essens, bzw. entlang der nährenden Kommunikation.* Das Essverhalten eignet sich auf verschiedenen Entwicklungsebenen als Modell zum Studium des Symbolisierungsgeschehens, wobei, wie später zu zeigen sein wird, die Ess-Störungsbilder im individuellen Prozess der Krankheitsentwicklung sehr unterschiedliche Rollen im Symbolisierungsniveau einnehmen.

Das Niveau der Symbolisierung zeigt Grad und Ausmaß der Fähigkeit zur Verwendung von Zeichen, die in der Lage sind, Trennung oder Abwesenheit zu überbrücken. Hanna Segal (1991, S. 60) schreibt: »Ein Symbol ist wie ein Niederschlag der Trauer um das Objekt.« Anders ausgedrückt:

Die Trennung vom Objekt löst Trauer aus, diese Trauer setzt den Menschen in Bewegung und lässt ihn Zeichen schaffen, die beim Trennungsprozess helfen. Segal schreibt auch: »Nur was angemessen betrauert werden kann, kann auch angemessen symbolisiert werden« (Segal 1981, S.121). Symbolisierung ist hierbei nicht zu verwechseln mit bildhaftem Denken oder der Fähigkeit zur Abstraktion, sondern das Zeichen oder die Zeichenansammlung müssen der äußeren oder der inneren Kommunikation dienen, um Symbolwirksamkeit zu haben. Das Symbol ist das »Gelenkstück zwischen individueller und sozialer Struktur« (Schmid Noerr 2000). In der antiken Begriffsgeschichte ist das ursprüngliche Symbol die Hälfte eine Rings, einer Münze oder eines Täfelchens, das dem einen Gastfreund die Zugehörigkeit zum anderen demonstrierte, wenn diese Teile »zusammengeworfen« (symballein) wurden. Diese Vorstellung enthält auch die Gegenbewegung, das Diaballein, das Auseinanderwerfen. Für den Fall, dass es unklar bleibt, ob eine Vorstellung oder ein Gedanke eine symbolische Erfahrung ermöglicht, ergibt sich aus dieser Ergänzung eine praktische Möglichkeit zusätzlicher Überprüfung: Geht es um ein Auseinanderwerfen, um Zerstörung (Diabolos!), so unterstützt der Gedanke oder die Handlung nicht eine Trennungsmöglichkeit, sondern führt zu einer Erhöhung der Spannung. Es ergibt keinen »Sinnzuwachs« (Meltzer 1984), mit dem sich gut trennen lässt, weil sich »leben lässt«, sondern eine Lebensbremse. Dies könnte im klinischen Kontext ein Kriterium sein für die Symboltauglichkeit eines Phänomens (vgl. Kämpfer 2000).

Die semiotische Progression[1]

Wenn es um die Anfänge des Symbolisierungsprozesses gehen soll, müssen die Vorläufer dieses Prozesses miterfasst werden. Es gilt also, sich eine Vorstellung von der semiotischen Progression zu machen, von dem Fortschreiten im Zeichengebrauch. Dieses Konzept kann dann mit den Störungsbildern verbunden werden, indem wir nach dem semiotischen Niveau einzelner klinischer Phänomene fragen. Bei der Untersuchung des Problems, wie weit der eigene Körper als Übergangsobjekt verstanden werden kann, unterscheidet Hirsch (1989) mit Deri (1978) drei Symbolisierungsstufen: Protosymbol, Übergangsphänomen und reifes Symbol. Betont sei dabei, dass es immer um

---

[1] Diese Überlegungen sind auch Teil einer Arbeit über den Symbolisierungsprozess: Böhme-Bloem (2000): Das Ergriffene im Begriff. Vortrag zum Erwerb der o.M. in der DPV, Nov.2000.

den Prozess der Symbolisierung geht, dass das Phänomen für eine Interaktion steht, die eine Trennung vom Objekt ermöglicht. Für Plassmann (1993) ist die semiotische Regression wesentlich für den Prozess, der über das Ausmaß einer Krankheit entscheidet. Die semiotische Progression entscheidet darüber, wie im therapeutischen Prozess oder allgemein im Entwicklungsprozess die seelischen Funktionen erworben werden, wie sich Beseeltheit bilden kann. Als Sinnstruktur repräsentiert »Seele« die »Beziehung des Seins zum anderen sprechenden Menschen« (Kristeva 1994, S. 10).

Plassmann (1993; siehe auch den Beitrag des Autors in diesem Band) verwendet die Begriffe semiotische Regression und Progression in seiner Arbeit zur Körperpsychologie, in der er die Entstehung psychischer Prozesse in Gesundheit und Krankheit grundsätzlich hinterfragt. Die Entstehung von symbolischen inneren Repräsentanzen hat eine grundlegende Bedeutung, wobei Plassmann als Kliniker sein Hauptaugenmerk auf die Entwicklungsmöglichkeiten bei Patienten mit Symbolisierungsdefiziten richtet. »Das semiotische Niveau«, das »Ausmaß der Symbolisierung« und der »Prozess der Realitätsbildung durch Biosemiose« (a. a. O. S. 262) sind die zentralen Bezugspunkte seiner Überlegungen. »In diesem Ansatz ist der Kern einer prozessbezogenen Krankheits- und Behandlungstheorie enthalten, in der das semiotische Niveau zum Hauptparameter für die Definition von Gesundheit, Krankheit und Behandlungserfolg wird.« Er zitiert v. Uexküll und Wesiack (1991, S. 278): »Gesundheit ist der soziale, körperliche und psychische Zustand, in dem sich das semiotische Niveau erhöhen, d.h. das Individuum leben kann.« Hier könnte Cassirer (1922) Pate gestanden haben mit seiner Formulierung vom Menschen als Symbole schaffendem Lebewesen. Unter Bezug auf Popper (1977) und v. Uexküll et al. (1986) beschreibt Plassmann »Emergenzsprünge« als qualitative Veränderungen im Denken, die entscheidend sind für Gesundheit oder Krankheit. Innerhalb der Semiotik kennzeichnet die Veränderung und das Fortschreiten im Gebrauch von Zeichen die Entwicklungsbiologie und die Entwicklungspsychologie gleichermaßen.

Für meinen Gedankengang beschreibt die semiotische Progression die Genese des psychischen Geschehens, sagt also etwas Grundsätzliches aus zum Leib-Seele-Problem. Dabei geht es im Kern um die Frage von Kontinuität oder Sprung von präsymbolischen und symbolischen Prozessen. Die Frage nach dem Emergenzsprung bzw. die nach dem »geheimnisvollen Sprung« (Freud 1916/17 u. Deutsch 1959) wird vielfach unterschiedlich aufgegriffen. Eine erste semiotische Konzeption ist das Situationskreis-Konzept (v. Uexküll et al. 1986), in dessen späterer Wiederaufnahme es heißt:

»Der Sprung von der Seele zum Körper (und umgekehrt) wird solange geheimnisvoll und das Leib-Seele-Problem solange unlösbar
bleiben, solange die Begriffe Körper und Seele nicht neu definiert
sind« (v. Uexküll u. Wesiack 1991, S. 473).

Als Neudefinition schlagen die Autoren das Konzept der »Bedeutungskoppelung« vor (S. 484), »die den Umschlag von der relativ geschlossenen
in die offene Systemform ermöglicht und zwei verschiedene Integrations-
ebenen verbindet«.

Aus psychoanalytischer Position wurde die Frage nach dem Körper-Seele-
Zusammenhang immer wieder neu gestellt, wobei Kontinuität oder Sprung
jedoch unterschiedlich betont werden. So lesen wir im Anfangskapitel von
Eugenio Gaddinis (1998, S. 21) Buch *Das Ich ist vor allem ein körperliches*:

»Die Psychoanalyse sieht in der psychischen Tätigkeit die am höchsten differenzierte Körperfunktion. Sie ist so differenziert, dass sie
eigene Untersuchungsmethoden zur Erforschung ihrer Phänomene
braucht, so wie sie sind, unabhängig von den ihnen zugrunde liegenden biologischen Voraussetzungen. Trotzdem betrachtet die Psychoanalyse den Körper und die Psyche als ein *Funktionskontinuum*,
dessen Schlüsselelement ein Differenzierungsprozess der psychischen
Funktion ist, der vom Körper zur Psyche schreitet, aber den die
Psychoanalyse untersucht, indem sie von der Psyche zum Körper
zurückgeht.« (Hervorh. C. B.-B.)

Die neueste mir bekannte Diskussion des »geheimnisvollen Sprungs«
führt Friedrich Wilhelm Deneke (1999) in seinem Buch *Psychische Struktur
und Gehirn*. Er geht im Sinne der Emergenztheorie von einer hierarchischen
Stufenleiter von einfachster zu immer höherer Organisation neuronaler
Aktivität aus. Er schreibt: »Steigen wir die gedachte Stufenleiter ... weiter
hoch, erreichen wir irgendwann eine Ebene, auf der der geheimnisvolle
Sprung vom Körperlichen ins Seelische erfolgt zu sein scheint. Auf dieser
Ebene können wir uns plötzlich unserer selbst, unseres Körpers, unserer per-
sönlichen Geschichte, unserer Empfindungen und Gefühle und des gesam-
ten Gegenwartsgeschehens bewusst werden.« Dabei dreht es sich um einen
Sprung von hirnphysiologischen Prozessen, »denen keine seelisch-geistigen
Qualitäten eigen sind, zu solchen, denen diese Qualität eigen ist« (S. 125).
Neuronale Aktivität ist (ohne Sprung) beides, Körperliches und Psychisches
sind identisch (Identitätstheorie). Dies mag als Schlaglicht die neurobiologische Seite des Problems kennzeichnen.

Für meine Überlegungen bedeutet das, dass es zwar eine Veränderung in der Selbstreflexivität und insofern einen Symbolisierungs»sprung« geben mag, dass diesem aber kein neurobiologischer Sprung innewohnt, sondern dass es sich – wie zu untersuchen sein wird – um *einen wesentlichen Entwicklungsschritt in der Interaktion zwischen Subjekt und Objekt handelt, einer Sonderform der Bedeutungskoppelung zwischen Mutter und Kind.* Die Entwicklung des menschlichen Denkens und Fühlens beginnt mit dem Augenblick der Zeugung. Sie ist ein Kontinuum. Die Entstehung innerer Repräsentanzen von Selbst und Objekt ist fließend. Die Betrachtung von »Stufen« oder »Sprüngen« ist m.E. eine erkenntnispraktische Notwendigkeit zur Markierung von Begriffen, die der weiteren Klärung bedürfen. Die Symbolbildung und ihre unmittelbaren Vorläufer sind deutlicher als die früheren Entwicklungsschritte an die Interaktion zweier Menschen in ihrer Unterschiedlichkeit geknüpft. Die semiotische Triade (Silver 1981) entsteht zwischen Subjekt und Objekt: Das Zeichen wird zwischen Interpretant (Subjekt) und getrenntem Objekt etabliert. Nach Peirce (1932, 1934) ist ein Zeichenvorgang (ein Semiosisprozess) auf irreduzible Weise triadisch: Irgend etwas ist ein Zeichen für irgend etwas für irgend jemand (Morris 1975).

Für Susan Langer, Kulturphilosophin in der Cassirerschen Tradition, ist die Sprache bzw. die freie Verwendung von Sprachsymbolen als Ausdrucksmittel die bedeutendste und zugleich die geheimnisvollste Leistung des menschlichen Geistes. Die Autorin (Langer 1942, S. 109) betont die evolutive Frühzeit der Geburtsstunde der Symbolisierung: »Zwischen dem deutlichsten Liebes-, Zornes- oder Warnruf eines Tieres und dem belanglosesten Menschenwort liegt ein ganzer Schöpfungstag, oder modern ausgedrückt, ein ganzer Evolutionsabschnitt.« Melanie Klein (1930, S. 243) beschreibt bereits sehr früh die Bedeutung des Entwicklungsprozesses der Symbole. Für sie ist »die Symbolik die Grundlage aller Sublimierungen und Begabungen« sowie die Grundlage für die Phantasietätigkeit und die Herstellung der Beziehung zur Umwelt und zur Realität. Klein schafft so eine Verbindung vom frühen Symbolbegriff Freuds zur semiotischen Progression. Freud geht in den Studien zur Hysterie und in der Traumdeutung vom Symbol als Sinnbild aus (Freud u. Breuer 1895 u. Freud 1900a). Kleins Gedanken wurden besonders von Hanna Segal aufgegriffen, indem sie die Symbolisierungsfähigkeit in der Entwicklung von der paranoid-schizoiden zur depressiven Position beschreibt. Segal setzt bei der Bewältigung des Objektverlustes ein, in dessen Folge es darum geht, über den Trauerprozess das Objekt im Inneren zu verankern. Wir lesen bei ihr, wie schon weiter oben zitiert: »Nur was angemessen betrauert werden kann, kann auch angemessen symbolisiert werden.« Die Verankerung des verlorenen Objektes im Innern geschieht bei Segal in der paranoid-schizoiden Position zunächst sehr konkret. Wie der Steinzeitmensch das Tier in seine Höhle hereinholt und in Gestalt der Zeichnung wirklich anwesend wähnt (vgl. Orban 1976), so werden in der frühen Entwicklungsphase der paranoid-schizoiden Position Zeichen und Partialobjekt nicht unterschieden. In Regressionszuständen kommt es nach Segal zur erneuten Einnahme der paranoid-schizoiden Position und durch die projektive Identifizierung zur symbolischen Gleichsetzung: das Objekt wird mit dem Ersatz verwechselt. Das berühmte Beispiel von dem jungen Schizophrenen, der sich weigert, Geige zu spielen, weil dies bedeuten würde, öffentlich zu masturbieren (Segal 1957), macht den etwas verzwickten Gedankengang klar: Der Patient hat einen Teil seines Selbst in das Instrument projiziert und sich mit dem Instrument identifiziert. Er hat die Differenz zwischen Objekt und Zeichen (Bezeichnetem und Bezeichnendem) verkleinert bzw. aufgehoben. Vor der akuten Erkrankung war seine Symbolisierungsfähigkeit so weit entwickelt, dass er das Spielen und das Streichen des Instruments nicht mit dem Streicheln seines Genitales verwechseln musste. Ähnliches werden wir bei den Ess-Störungssymptomen sehen (Anna A. und Hans H.). Der Rückzug aus der depressiven Position in die paranoid-schizoide Position mit der symbolischen Gleichsetzung ist zugleich der Rückzug aus der Interaktion mit dem anderen Menschen und aus der dazugehörigen Suche nach Beziehungsverständnis in die Bedeutungssuche im eigenen Selbst.

Indem Segal die Container/Contained-Vorstellung über die Entwicklung des Denkens von Bion in ihr Konzept integriert, macht sie deutlich, dass Bions Theorie des Denkens ihrer Theorie der Symbolisierung sehr nah steht (1957 und in ihrer Nachschrift von 1979). Bion (1959; 1962) beschreibt die Entwicklung des Denkens mit dem Ziel der dialogfähigen symbolisierten Form des Gedankens vom Zeitpunkt der Geburt an. In seinem grundlegenden Modell steht am Anfang eine angeborene Erwartung, auch Präkonzeption genannt, z.B. in Gestalt des suchenden geöffneten Säuglingsmundes. Diese Präkonzeption muss durch die Mutterbrust in der sogenannten Realisierung oder im Realerlebnis ergänzt werden zu einer so genannten Konzeption. Bei großer Fähigkeit des Säuglings, Versagungen zu ertragen, kann bei abwesender Brust das Erleben »abwesende Brust« in einen Gedanken transformiert und zum Denken benutzt werden. Daraus entwickelt sich Schritt für Schritt die Vorstellung, dass das mit der Versagung verbundene schlechte Gefühl sich einstellt, weil ein gutes Objekt existiert, das zwar abwesend ist, aber zurückkommen kann (»gute abwesende Brust«). Bei ungenügender Frustrationstoleranz entsteht die Vorstellung von einer »bösen anwesenden Brust«. Sie wird als böses Objekt empfunden, von dem der Säugling sich durch omnipotente Projektion befreien muss. Dann ist sowohl die Entwicklung von Symbolen als auch die Entfaltung und Differenzierung des Denkens beeinträchtigt (vgl. der fünfjährige Junge im Fallbeispiel).

Mit dem Container/Contained Modell ergibt sich für Bion eine weitere Entwicklungsmöglichkeit. Das Kind entwickelt »ein Verhalten, das sinnvoll darauf abzielt, in der Mutter diejenigen Gefühle hervorzurufen, die es loszuwerden wünscht« (Bion 1959, S. 230). Die realistische Form der projektiven Identifizierung ist nicht nur eine omnipotente Phantasie des Kindes, sondern veranlasst die Mutter zu einem Verhalten, diese bösen Gefühle (Beta-Elemente, rohe Sinnesdaten) in sich aufzunehmen bzw. sie auch zu fühlen und in eine erträgliche Form zu transformieren, die der Säugling reintrojizieren kann (Alpha-Prozess). Bei guter Entwicklung introjiziert der Säugling nicht nur die vorverdauten Alpha-Elemente, sondern allmählich auch die Fähigkeit des Enthaltens, die Container-Funktion, und die des Transformierens. Die reintrojizierten Alpha-Elemente bilden die Grundlage der Traumgedanken, Mythen, Konzepte und Theorien, die Bion (1962) im »Raster«, in seiner eigenwilligen Entwicklungsreihe semiotischer Progression, aufreiht. Wolfang Loch (1970) fasst dies, wie schon einleitend erwähnt, zusammen mit den Worten: »Keine Milch – daher ein Gedanke.«

In der klinischen Psychotherapie wird die semiotische Progression unterschiedlich zu fassen gesucht. So ist das entwicklungspsychologisch orientierte Klassifikationsschema von Blanck und Blanck (1974) bei einigen Klinikern gebräuchlich. In neuerer Zeit ist die Klassifikation nach OPD 1 stärker im Gebrauch (Cierpka et al. 1995). Auch hier gehen die Autoren entwicklungspsychologisch vor; allerdings wird die mit der Klassifikation verbundene sehr lineare Entwicklungsvorstellung den Gegebenheiten der Symbolisierung und der Desymbolisierung nur bedingt gerecht. Ein Zusammendenken unterschiedlicher Entwicklungsmodelle bezogen auf den Symbolisierungsprozess und des jeweiligen semiotischen Niveaus ist m.E. das umfassendste Konzept, um die Vorstellung von verschiedenen Strukturniveaus der Persönlichkeit mit Leben zu füllen.

Eugenio Gaddini

Gaddini hat sich besonders mit der Differenzierung der psychischen Funktionen aus den Körperfunktionen beschäftigt. Er geht von einem Körper-Psyche-Funktionskontinuum aus, das intrauterin einen Schwerpunkt hat in körperlichen Erfahrungen, einem physiologischen Gedächtnis, das die Wahrnehmung einer räumlichen Abgrenzung (Uteruswand verstärkt durch den Amnionsack) als ein Basiswissen bei der Geburt beinhaltet. Der seelische Gebrauch des Gedächtnisses wird mit dem Akt der Geburt gewaltig angeregt, das psychische Funktionieren ist zur frühen Lebenszeit dem physischen völlig nachgeordnet. Bis zum Ende des zweiten Lebensmonats ändert sich dieser Tatbestand. Die Wahrnehmung ist nach der Geburt »physisch imitativ«, sie besteht in einer dem Umgebungsreiz entsprechenden Veränderung des Körpers (»Imitieren, um wahrzunehmen«, Gaddini 1980). Zur seelischen Funktion des Gedächtnisses schreibt Gaddini (S. 30):

»Für lange Zeit, nämlich solange das Kind nicht imstande ist, ein von sich verschiedenes und getrenntes Objekt zu erkennen, dem es sich in der Außenwelt anvertrauen kann, strebt die kindliche Psyche danach, selbständig die ›Bedürfnisse‹ des Organismus zu befriedigen. Mit Bedürfnis meine ich hier die psychische Erfahrung von etwas, das physisch verlorengegangen ist.«

Aus Imitieren, um Wahrzunehmen, wird Imitieren, um zu sein.

In besonderen Fällen von vorzeitigem Abstillen kommt es zur Rumination, zum Wiederkäu-Syndrom, mit dem sich Gaddini besonders beschäftigt hat. Um die katastrophale Ablösung nicht zu erleben (vorzeitiges abruptes Abstillen kann zu anhaltendem lebensbedrohlichen Erbrechen führen), entwickeln die Säuglinge ein besonderes Abwehrverhalten. Bei diesem, dem frühesten psychophysischen Syndrom, führen die Säuglinge die Nahrung aus dem Magen wieder in den Rachen- und Mundraum zurück und verschlucken sie entweder gänzlich oder zum Teil erneut, was zu einer Mangelernährung und zu einer Entwicklungsverlangsamung führt. Letztere ist aber eindeutig Folge des Geschehens und nicht Ursache, wie von pädiatrischer Seite angenommen wurde. Gaddini und de Benedetti-Gaddini (1959) beschreiben, dass in dem Augenblick, in dem die Nahrung im Mund und Rachen erscheint, also das Wiederkäuen gelingt, ein kurz dauernder ekstatischer Gesichtsausdruck wahrnehmbar ist. Der Akt des »Vollwerdens« scheint zu einer sichtbaren Befriedigung zu führen. Der Säugling drückt sehr konkret und weit präsymbolisch (auch weit vor dem Protosymbol i. S. von Deri gelegen) aus, was er fortsetzen will. Die konkrete Ernährungserfahrung wird reproduziert, der unerträgliche Mangel aus eigener Kraft zu beseitigen versucht. Das Wiederkäusyndrom tritt nicht vor dem Ende des zweiten Lebensmonats auf. Meine Frage ist, ob mit diesem Syndrom eine gewisse Ablösung vom mütterlichen Objekt ermöglicht wird und somit ein Prä- oder Protosymbol anzunehmen wäre. Dies muss m.E. klar verneint werden: Im Zuge frühester narzisstischer Omnipotenz versucht das Kind, sich selbst zu nähren. Dabei wird die Spannung zur Mutter, die sich ja verfrüht entfernt hat, erhöht und nicht verringert, ist also Ausdruck einer »diabolischen« Lebensbremse. Wir könnten auch sagen, dass das Kind unversehens unter den Einfluss des Todestriebes gerät.

Bezogen auf das seelische Gedächtnis diskutiert Gaddini, ob physiologisches Geschehen gespeichert ist und abgerufen werden kann. Er überlegt, ob dies auch bedeutet, dass das seelische Erlernen sich direkt an die primäre Realität, die der eigene Körper mit seinem Funktionieren und seinen physiologischen Verhaltensweisen darstellt, anlehnt. Er hält jedoch dieses Modell nicht für empfehlenswert, weil es leicht zu dem Irrtum verleiten könne, die Psyche als alleiniges Subjekt und den Körper nur als Objekt zu betrachten. Er betont:

»Ontogenetisch ist es vielleicht richtiger zu sagen, der Körper und die Psyche *seien* der Organismus, dessen physiologisches Erlernen in einem bestimmten Moment, durch die Differenzierung der psychischen Funktion, dazu gelangt, seiner selbst bewusst zu werden und auf diese Weise schrittweise zu einem psychischen ›Selbst‹ organisiert zu werden und sich ein psychisches Bild des körperlichen Selbst zu machen« (Gaddini 1980, S. 31).

Hier trifft sich das 1980 von Gaddini Geschriebene mit dem auf neurobiologischen Daten basierenden Ansichten Denekes, der, wie oben beschrieben, neurobiologische Kenntnisse mit der Psychoanalyse zusammenbringt. Diejenige psychische Qualität, die zum physiologischen Gedächtnis hinzutreten muss, ist für Gaddini der »Sinn«. Die physiologische Funktionsweise hat diesen Sinn nicht. Der Sinn ist primär magisch, von der primitiven Psyche nicht durch reine Anlehnung erlernt, sondern von ihr selbst erzeugt. Diese Vorstellung entspricht dem »Selbstschöpfungsprozess« von Winnicott (1953), der in der frühen Lebenszeit als »Illusion« von der Mutter geschützt werden muss.

Interessant ist Gaddinis Beschäftigung mit dem Begriff der Assimilation. Er bezieht sich hier zwar nicht auf Piaget, scheint ihm aber gedanklich nahe zu stehen. Er geht allerdings mit dem Begriff der »Ausdehnung-Assimilation« (S. 34) sehr in die Nähe von Ogden (1989), der mit seinem autistisch berührenden Modus seine Vorstellung von frühesten Formen des Erlebens zeigt. Gaddini erwähnt Bion, den er jedoch nicht näher kennt, als »originell« und »unerwartet« und erhofft von ihm weitere Ideen zur Frage der Körper-Seele-Differenzierung zu erhalten, die Bion ja tatsächlich auch liefert durch seine Theorie des Denkens und durch seine

Transformationstheorie. Bion dürfte derjenige Psychoanalytiker sein, der mit seiner Transformationstheorie der Emotionen die Körper-Seele-Differenzierung, wie sie durch das mütterliche Objekt vermittelt wird, am fassbarsten darstellt, zugleich scheint das »primär magische« Finden des Sinnes bei Bion weniger magisch. Die Fähigkeit zur Symbolbildung entsteht im Verlauf der seelischen Entwicklung zwischen Mutter und Kind. Dabei handelt es sich um einen kontinuierlichen Prozess, an dessen Anfang das körperliche Ich des Säuglings steht, mit somatischen Phänomenen, die in bestimmte Interaktionsformen eingehen und konkret gespeichert werden bei der Entwicklung erster Gedächtnisspuren. Allmählich bewegen sich beide Beziehungspartner weg von der spiegelnden Interaktion. Die Mutter spürt intuitiv, wann sie ihrem Kind diskrete Veränderungen anbieten kann, um es deutlicher in die spielerische Interaktion zu ziehen.

Am Beispiel der Affektabstimmung (vgl. Böhme-Bloem 1999) lässt sich verdeutlichen, wie ein vorsprachliches Präsymbol entsteht, das dazu taugt, eine Differenz zu überbrücken bzw. Sinn zu stiften. Körperlich-gestische Interaktion wird umgeformt in eine Interaktionsform anderer Modalität, meist akustisch-lautmotorischer. Schmid Noerr hat dies entlang der Symboltheorie Lorenzers (1970) besonders deutlich zusammengefasst:

»Entscheidend ist dabei [bei der Entwicklung von der bestimmten zur symbolischen Interaktionsform], dass mit der ersten Verknüpfung von sensomotorischen Komplexen mit Lautkomplexen im Prinzip eine neuartige Qualität von Repräsentation entstanden ist. Aus den einfachen ›bestimmten Interaktionsformen‹ werden ›symbolische Interaktionsformen‹. Diese erlauben insbesondere einen Umgang mit Wirklichkeit, unabhängig von ihrer situativen Präsenz. Das Kind spielt nun nicht mehr nur unmittelbar mit materiellen Dingen, an denen es seine Fertigkeiten erprobt, sondern mit bedeutsamen Dingen, mit deren Hilfe es eine nicht vorhandene Wirklichkeit imaginiert und Aspekte der Wirklichkeit auf alle erdenkliche Weise miteinander kombiniert. Die ›materiellen‹ Dinge sind auch ›mater‹ in präsymbolischer Art und Weise, sie werden durch die Interaktion gewandelt. Resultate dieser Entwicklung des Symbolvermögens sind zuletzt die Fähigkeit des Denkens als innerem ›Probehandeln‹, die Erfassung komplexer Abläufe, die Wahrnehmung der Identität anderer und die Reflexion der eigenen Identität« (Schmid Noerr 2000, S. 468).

Formen von Ess-Störung auf verschiedenem Symbolisierungs- und Persönlichkeitsniveau

Wie oben erwähnt, könnte die Untersuchung verschiedener Strukturniveaus bezüglich ihrer Verwendung von Ess-Störungssymptomen auf unterschiedlichen semiotischen Ebenen allgemein zum Symbolverständnis beitragen. Mein Vorhaben ist es, Ess-Störungsbilder auf wenig integriertem Strukturniveau, auf mäßig integriertem und auf gut integriertem Strukturniveau zu untersuchen und dabei das semiotische Niveau bezogen auf das Essverhalten zu beleuchten, um die Frage zu beantworten, inwiefern Ess-Störungssymptome geeignet sind, zur Symbolisierung hin oder von ihr weg zu führen. Wie kann man die verschiedenen Denkansätze zum Strukturniveau mit dem semiotischen Niveau verbinden? Noch einmal sei an Hanna Segal erinnert: »Ein Symbol ist wie ein Niederschlag der Trauer um das Objekt« (Segal 1991, S. 60). Das Symbol bewirkt am nachhaltigsten, dass sich das Individuum vom primären Objekt trennen kann. Das Symbol ermöglicht Trennung. Dabei können Symbolisierungsversuche scheitern, auf halbem Wege steckenbleiben oder gut gelingen, und alles kann mit Essen bzw. dem Umgang mit der Nahrung zu tun haben.

Frühe Ess-Störung als Ausdruck tiefer Ambivalenz

In einer Supervisionsgruppe hörte ich von einem fünfjährigen Jungen, der im Alter von drei Jahren von den alkoholabhängigen Eltern zur Adoption freigegeben worden war und bis dahin ein sehr wechselvolles, meist nur minimal versorgtes Leben mit sehr enttäuschenden Beziehungen geführt hatte. Dieser Junge war kleinwüchsig, hatte insgesamt einen deutlichen Entwicklungsrückstand und zeigte eine extreme motorische Unruhe. Er aß bei jeder Mahlzeit gierig alles, was er erreichen konnte, und erbrach meist unmittelbar wieder auf den Teller, ein Essverhalten, das seine Ambivalenz oder besser seine Ambitendenz sehr deutlich ausdrückte. Der Junge war immer hungrig, aber er war nur sehr bedingt in der Lage, sein Essen bei sich zu behalten und zu verdauen. Eine tiefe Skepsis schien ihn zu hindern, das Essen für zuträglich zu halten. Er drückte seine Sehnsucht in Gestalt ungestümer Gier aus und musste kurz darauf das Essen als kontaminiert mit dem Gift der Enttäuschung wieder von sich geben. Das Wichtigste bei der Ernährung, das Halten, Bewahren und Verdauen, fehlte bei diesem ambitendenten Kind. Die Zwiespältigkeit wurde sehr konkret ausagiert. Auch in anderen Lebensbereichen fiel die hohe Ambivalenz des Jungen auf. Deutlich wird die intensive Auseinandersetzung mit der Möglichkeit oder der Notwendigkeit der Trennung vom mütterlichen Objekt, ohne jedoch aus dem ambivalenten Oszillieren herauszukommen, jedenfalls nicht ohne therapeutische Hilfe. Somit kommt das Erbrechen am ehesten einem proto-symbolischen, immer wieder scheiternden Versuch zur semiotischen Progression gleich.

Ess-Störung bei Borderline-Persönlichkeitsorganisation

Handelt es sich bei dem Jungen um einen Zustand prä- oder protosymboli-schen Agierens, ein Suchen nach Affektabstimmung, die es im Säuglingsalter für ihn nicht gab, so geht es im nächsten Fall um Spaltung, Identitätsdiffusion und auf der Ebene der Symbolbildung um symbolische Gleichsetzung, wie Segal (1957) sie beschrieben hat.

Anna A., eine 28-jährige Philologiestudentin, berichtete von einer »Lehrbuch«-Versorgung durch ihre Mutter, die, in einem pädagogischen Beruf ausgebildet, bestrebt war, alles richtig zu machen. Anna wuchs als ältestes von vier Kindern auf, es gab ausführliche Ernährungs- und Entwicklungsprotokolle, die Nahrungsmenge und Zusammensetzung begleiteten die Patientin bis in die Gegenwart des Behandlungszimmers. Die Gewichtstabellen – akribisch durch das erste Lebensjahr geführt – zeigten die Unsicherheit der jungen Mutter bezogen auf den Körper ihres ersten Kindes. Bei Anna war die Selbstdefinition durch das Essen (»Der Mensch ist, was er isst«) besonders deutlich. So schien sie ganz Kleinkind mit hohem Stimmchen, wenn sie, mit Fotos und Lätzchen demonstrierend, von der klei-nen Anna sprach, konnte aber ebenso rasch in die Rolle der 10-jährigen Spitzenturnerin wechseln, die mit großem Appetit Nutellabrötchen aß, dafür von ihrem Turn-Trainer kritisiert wurde, und sich gekränkt vom Turnen und vom Essen zurückzog und eine Magersucht entwickelte. Diese massive Kränkung wurde zur Deckerinnerung für den Tod des Vaters, als sie neun Jahre alt war, das schwerstwiegende Trennungstrauma, das von der Patientin anfänglich wenig erwähnt wurde, wie es auch von der Mutter tot-geschwiegen worden war.

Die Patientin hatte in ihrer Schilderung der Säuglings- und Kleinkindzeit eine ausgeprägte adhaesive Identifizierung (Meltzer 1975) mit der Mutter deutlich gemacht. Dabei wechselte sie, durch Identitätsdiffusion, in der Darstellung, war zeitweise mit sich als Säugling, Kleinkind und Schulkind identisch, teilweise befand sie sich ganz in der Mutter. In dieser Art der Identifizierung gibt es kaum eine Forderung von Trennung. Im Erleben überwog der autistisch berührende Modus, wie Ogden (1989) ihn geschildert hat. Diese Modalität war jäh zerrissen worden durch das Trennungstrauma. Nun war eine Reaktion von der Patientin auf die »Zerstückelung des Seins« (Winnicott 1953) gefordert. In der modernen Affekttheorie (Moser u. v. Zeppelin 1996) werden solche Krisen als »Zusammenbruch« (Destruktion) beschrieben. Das Zeitgefüge war fortan nicht mehr einheitlich. Ein Zeiterleben, das in der totalen Versorgung, die Anna erlebt hatte, nicht strukturiert ist in vor, während und nach der Versorgung, sondern nur Dauerversorgung kennt, hat keine Struktur und ist dadurch besonders vulnerabel.

Als die Patientin in die Therapie kam, lebte sie von Augenblick zu Augenblick; die Zeit, die nicht gefüllt war durch Essen, war leer oder bestimmt durch eine panische Angst vor Leere, die sie füllte, indem sie versuchte, ihren Zustand teils in Gestalt von Bildern, teils von lyrischen Schilderungen darzustellen. Beides, Bilder und Gedichte, waren Zeugnisse ihrer Zerrissenheit. Schwarze und weiße Flächen grenzten übergangslos aneinander, in immer neuer Folge, Zerstörungen, Zerstückelungen, dabei gab es durchaus Hilfeappelle, jedoch von sich aus keinen verbindenden Ansatz, sondern Bilder, die ihren inneren Zustand direkt sichtbar machten oder beschrieben. Die Ruhelosigkeit der Patientin fand auch Ausdruck in einer ständigen Bewegungsunruhe. Sie machte beständig isometrische Muskelübungen und war meist mit den Händen in Kontakt mit ihrem Körper, insbesondere schien sie den Bauch mehr oder weniger kaschiert ständig abzutasten, »um die Illusion von der dauernden Einsatzbereitschaft des Körpers aufrecht zu erhalten« (Ettl 1988, S. 49) und auch um die Unsicherheit über die Körpergrenzen real zu kontrollieren, die ihr die Körperbildstörung bereitete, als Teil ihrer Identitätsunsicherheit.

Nach der anorektischen Phase durchlebte die Patientin eine Ess-Sucht, wurde mit 18 Jahren 100 kg schwer, bis sie dann das Erbrechen entdeckte und etwa normgewichtig wurde, allerdings so intensiv aß und erbrach, dass sie durch die ständig den Mund berührende Magensäure nur noch wenige Zähne hatte, als sie sich bei uns vorstellte.

Spaltung, Identitätsdiffusion, symbolische Gleichsetzung

Wie ist der Zeichengebrauch innerhalb der intersubjektiven Entwicklung der Patientin vorstellbar? Die Versorgung durch die Mutter ist, wie aus den von der Patientin mitgebrachten Dokumenten ersichtlich, stark haltend – eine direkte Fortsetzung von Gebärmutter und Amnionsack, könnte man meinen. Die Patientin konnte sich nur anlehnen, musste fast ankleben (adhaesive Identifizierung), so wenig Spielraum ließ die Mutter ihr in ihrem Bestreben, alles richtig zu machen. Die Entwicklung eigenständigen Denkens braucht die Differenz in der Interaktion, fortgesetztes Spiegeln hemmt die Entwicklung. Die Affektabstimmung als der Schritt in der Interaktion, der bei genügend Ähnlichkeit im Affekterleben so viel Andersartigkeit einführt, dass Transformation verinnerlicht werden kann, war bei der Patientin behindert. Die Patientin kam nicht in die Lage, ein Übergangsobjekt zu erfinden. Trotz Fotos und Lätzchen brauchte sie primär kein intermediäres Objekt mit Brückenfunktion zur Mutter (Hirsch 1989, S. 13), da diese nicht weggerückt war. Möglicherweise klammerte sich die Mutter an das Kind, weil sie ratlos zusehen musste, wie der Ehemann immer unerreichbarer wurde und in eine Psychose hinein verschwand. Durch die nachfolgenden Kinder (alle zwei Jahre) war die Mutter einerseits ständig überfordert, andererseits schien sie in Sachen Kinderpflege hochprofessionell, insbesondere der ältesten Tochter gegenüber, die ein Vorzeige-Kleinkind und Vorzeige-Schulkind wurde und als Turnerin der Stolz der Mutter, verbunden mit deren Phantasie der vollständigen Körperbeherrschung. Unter diesem Blickwinkel blieb die Patientin bis ins Schulalter ungetrennt das narzisstisch hochbesetzte Objekt der Mutter ohne Vorbereitung auf eine Trennung, die dann umso plötzlicher hereinbrach.

Die Kritik des Turntrainers, sie esse zu viel und werde den Körper nicht mehr beherrschen können, traf sie unerwartet und heftig. Bestand bisher die Sicherheit in der Einheit mit dem total beherrschten mütterlichen Körper, so drohte die Katastrophe des Kontrollverlustes. Dem beugte die Patientin vor durch sehr schnelles Abmagern durch Hungern, damit für sich die Illusion absoluter Kontrolle aufrichtend, der Mutter gegenüber eine für beide neue Kontaktschranke, die aber ebenfalls nicht zur Trennung diente, sondern zur Spaltung: Der selbstversorgte Anteil stand dem unterversorgten gegenüber. In der Adipositas bestand die Spaltung weiter. Sie lautete: »Ich bin dem Hunger entsprechend versorgt« versus: »Ich bin außer Kontrolle«. In der Bulimie wurde die Ambivalenz am stärksten ausgelebt: Die Patientin verschlang den Wochenbedarf eines Erwachsenen auf einmal und musste alles wieder herausbringen, um nicht an dem Aufgenommenen, wie sie meinte, zu ersticken. Sie hatte tatsächlich Atemnot und Erstickungsgefühl, wenn sie einen Fressanfall gehabt hatte, die »Objektmutter« (Winnicott) schien ihr die Luft abzudrücken. Phantasien, die Mutter erdrosseln zu wollen/müssen, gab es ebenso wie die »Spaltungsbilder« mit schwarzen und weißen Flächen, also Trennungsphantasien mit destruktiven Inhalten. Diese zerstörerischen Phantasien und Gedanken sind per se nicht symbolisch zu verstehen, wenn man dem Wortsinn nachlauscht, eher diabolisch. Es wird etwas auseinandergeworfen in der Interaktion, die Trennung ist nur in Gestalt der Zerstörung möglich, verlangt also nach angstreduzierender neuer Spaltung.

An der Grenze zur Symbolbildung

In der nächsten Fallvignette geht es um einen bulimarektischen jungen Mann, Hans H., 23 Jahre alt bei Erkrankungsbeginn, aus sehr ehrgeizigem akademischem Elternhaus, der zum Studium aufgebrochen war mit der Vorstellung, ein Spitzenstudent zu werden, um endlich die Aufmerksamkeit und Zuneigung der Mutter zu bekommen, einer strengen, insbesondere seine frühe Neigung zur Rundlichkeit mit kontrollierendem Spott verfolgenden Frau. Aus der Biographie ist hervorzuheben, dass der Patient und seine ein Jahr jüngere Schwester sicher sein konnten, das jeweils »liebere« Kind zu sein, wenn er oder sie den mütterlichen Vorstellungen genau entsprachen. Dies gelang Hans bezogen aufs Essen und die erwünschte Sportlichkeit weniger, leichter gelang es ihm bezogen auf die Schulleistungen. Die frühe Kindheit bis zum Latenzalter wurde von ihm als Insel der Geborgenheit idealisiert erinnert, die Welt war in Ordnung, die Mutter versorgte die Kinder, es gab eine sehr mütterliche Zugehfrau, die ihm mit Keksen über enttäuschende Zurücksetzungen der grazilen und beweglicheren Schwester gegenüber hinweghalf. Der Vater war beruflich zwar stark engagiert, an Wochenenden und in den Ferien aber ein spielfreudiger Vater, mit dem er die Welt, insbesondere die Natur, entdecken konnte.

Der Umzug der Familie, der Wiedereintritt der Mutter in einen sehr zeitaufwendigen Beruf und die Einschulung beider Kinder, die von Hans etwas verzögert, die seiner Schwester etwas verfrüht, wendete die Gesamtatmosphäre. Nur noch als guter Schüler gefragt, fand sich Hans nächtelang am dunklen Fenster seines Zimmers, sehnsüchtig die Lichter der Großstadt beobachtend und nach einer verlorenen Zugehörigkeit Ausschau haltend. Er konnte schlecht schlafen, wurde rundlicher, einzige Symptome seiner präpubertären Depression. Die gesamte Schulzeit lag »unter einem Grauschleier«. Gute Kontakte blieben zu den Großeltern väterlicherseits, insbesondere zum Großvater. Mit erstaunlich viel Hoffnung (Erbe des Großvaters) brach er ins Studium auf, obwohl ihn die Schwelle ängstigte und angespannt sein ließ. Er setzte auf sein gutes Lernvermögen und auf sein Dank hoher Intelligenz großes Kombinationstalent und hoffte »alles« lernen zu können. Vor dem Physikum ließ sich das Prinzip, alles aufzunehmen, nicht mehr durchhalten. Er lernte nächtelang und verlor den Blick fürs Wesentliche. Dann starb der

Großvater, ohne dass Hans ihn mit einer guten Physikumsnote hätte beglücken können, und Hans brach innerlich zusammen. Er entwickelte Kontrollzwänge, um die äußere Ordnung und Struktur zu bewahren, aß nur noch streng nach Plan, Kalorien zählend, Obst und Gemüse, ordnete sein Zimmer peinlich genau und begann ein festgelegtes Trainingsprogramm zu absolvieren, er magerte schließlich bis zur Kachexie (40 kg bei 185 cm) ab. Während der aufs gut bestandene Physikum folgenden stationären Psychotherapie entdeckte er das Erbrechen als Kontrollmaßnahme. Vorher hatte er eine reine Anorexie vom asketischen Typ. Nun entwickelte er Ess-Brechanfälle mit weiterhin äußerster Körperkontrolle. Obwohl er sich keineswegs schön fand, war er dem anorektischen Körperbild völlig unterworfen, musste lange noch in der nachfolgenden ambulanten Psychotherapie seinen Bauch und seine Beine prüfend abtasten, um sicher zu sein, dass sie sich nicht verselbständigten. Die Frage nach dem Symbolisierungsgrad der Symptome steht an: Hans wehrte eine über zehn Jahre latent bestehende Depression ab, zunächst mit der oralen Phantasie: »Ich nehme alles Wissen in mich auf und sichere mir so die Liebe der Mutter«. Damit war er noch im Stadium der möglichen Trennung vom mütterlichen Objekt. Nach dem Tod des Großvaters regredierte er in die Notwendigkeit der symbolischen Gleichsetzung: Er musste die mütterliche Strenge direkt spüren, verhängte Ordnung, Diät und Körperkontrolle mit ständig spürbarer Rigidität über sich. Das mütterliche Partialobjekt musste also real präsent sein, aus Angst vor der Trauer und dem sehnsüchtigen Rückzug. Zwei Jahre später konnte er nach dem Durcharbeiten der tiefen Depression mit lächelnder Selbstironie kommentieren: »Ich bin meiner Kontrollmutter beim Joggen mal wieder begegnet«, wenn er inmitten der krisenhaften ersten Liebesbeziehung eine Enttäuschung in Körpertraining wenden musste. Nun war die Körperkontrolle, auch das gelegentlich noch auftauchende Kalorienzählen für ihn sichtbar eine Rückschwankung in die Konkretheit des Ungetrennten, zugleich aber ein ihm Trennung ermöglichendes Symptom auf symbolischem Niveau.

»WIE GUT, DASS ICH BULIMIE BEKAM!«
ESSKONTROLLE ALS TRIEBKONTROLLE

Therese T., eine 24-jährige Studentin (Betriebswirtschaft) war seit vier Jahren bulimisch, nachdem sie im Jahr nach dem Abitur während eines Praktikums reichlich Alkohol getrunken hatte, von dem sie sich aber klaglos lossagen konnte. Sie selbst interpretierte diese Zeit als »Protestphase«

vor allem gegen die überbesorgte Mutter. Therese war in sehr geordneten Verhältnissen zusammen mit einem etwas älteren Bruder aufgewachsen, hatte eine »unbeschwerte Kindheit« mit viel freiem Spiel, mehreren »Dauerfreundinnen«, Reiten bis zur mittleren Adoleszenz und »verständnisvollen Eltern«, wenn auch die Mutter besonders ihr als Tochter mit Mahnungen um mehr Ordnung und weniger »Leichtsinn« ab der Pubertät in den Ohren lag. Sie erlebte sich als »Vatertochter«, der Bruder hatte einen besseren Kontakt zur Mutter. Kurz vor der Einschulung erlitt sie wegen eines Blinddarmdurchbruchs eine komplizierte Bauchoperation, war eine Zeitlang »Sorgenkind«, was sie in der Rekonvaleszenzzeit sehr genoss. Aus der akuten Krankheitszeit hatte sie die Hilflosigkeit vor der Operation lebhaft in Erinnerung. Sie reagierte auf das Trauma des Krankenhausaufenthalts dadurch, dass sie alle mitgebrachten Stofftiere ausweidete. Von der erschreckten und besorgten Mutter mit neuen Stofftieren versorgt, zerfledderte sie auch diese, indem sie das Innere herausnahm und verstreute. Rückblickend verstand sie dies selbst, wie auch damals ihre Familie, als »gesunde Abreaktion«. Sie hatte die Kontrolle über das Innere ihrer Objekte ganz konkret gebraucht, auch das durch die Operation passiv Erlittene ins Aktive gewendet, zeigte damit eine gute Symbolisierungsfähigkeit.

Die Essanfälle mit regelmäßigem Erbrechen etablierten sich mit Studienbeginn, parallel zu einem »Kaufrausch«. Beides, Essanfälle und suchtartiger Kauf von Kleidung ließ die Patientin in Schulden geraten. Ihre Symptome hatten etwas von gewaltsamer Inbesitznahme, von Rauben, ja Raublust. Eine in der analytischen Therapie häufig auftauchende Phantasie, sie richte durch ihr Verhalten ihren Vater finanziell zugrunde, war zunächst schwer zugänglich. Erst über ihre im zweiten Jahr mögliche Betrachtung ihrer Beziehung zu Männern wurde ihre »Raublust« verständlich. Sie stellte fest: »Männer sind grundsätzlich mit sich selbst beschäftigt. Sie wollen ihre eigenen Vorstellungen durchsetzen, sehen die Partnerin kaum.« Verbunden mit dem Erlebnis des Ausgeliefert-Seins vor der Bauchoperation bekam dieser Aspekt des männlichen Narzissmus eine Ergänzung durch etwas Gewaltsames, wobei die Patientin nie einen gewaltsamen sexuellen Übergriff erlitten hatte. Allerdings gefiel es ihr seit ihrer Pubertät, »Vergewaltigung« zu spielen, ja ihr fielen ältere Phantasien ein, in denen sie sich von Indianern an einen Marterpfahl gebunden sah und mit Angstlust reagierte. Bei den Vergewaltigungsspielen musste der Freund den »wilden Mann« mimen; sie blieb dabei ambivalent im Affekt, immer auf dem Sprung, das Spiel abzubrechen. Obwohl sie sich in die Rolle des unterworfenen Opfers bringen ließ, musste sie sicher sein, dass sie die Inszenierung in der Hand behielt. Als diese Phantasien in der Therapie aktuell werden konnten, war die

Bulimie »kein Thema mehr«. Die Patientin hatte die Verschiebung ihrer narzisstischen Kränkung in den Bereich des Essens hinein gebraucht. Sie selbst konnte nun das Überessen als »Angriff« auf die schwierigen, eine Frau »nur als Attraktion« erlebenden Männer ihrer Vorstellung sehen, bzw. als eine Möglichkeit, ihre Einsamkeits- und Enttäuschungsgefühle zum Ausdruck zu bringen. Hier war das Bulimie-Symptom desexualisiertes Symbol für den Impuls, die Mutter leerzuessen – »auszuweiden« – , sich am Vater für die narzisstische Kränkung zu rächen bzw die phallische Überlegenheit der Männer durch Kastration zu bekämpfen, dies dann ohne Ess-Störung ins Gegenteil verkehrend.

DISKUSSION

In diesem letzten Fallbeispiel ist die Bulimie ein beinahe notwendiger symbolischer Entwicklungsschritt für Therese T., um ihre adoleszente Trennung von den überaus verständnisvollen Eltern voranzubringen. So ist auch ihre Selbsterkenntnis im therapeutischen Prozess (vgl. Untertitel) zu verstehen. Sie findet ihre Bulimiezeit rückblickend belastend und hinderlich (immerhin »verlor« sie ein Semester und eine ganze Menge Geld), die gewonnene Ich-Freiheit durch die Therapie ist jedoch für die Patientin ein großer Gewinn, auf den sie nicht verzichten möchte. In erstaunlicher Klarheit spürt die Patientin die semiotische Progression, die ihr durch ihr Symptom zugewachsen ist.

Die verschiedenartigen Ess-Störungssymptome in den Fallvignetten können in ansteigender Reihe als Phänomene semiotischer Progression gesehen werden. Die Rumination ist dabei der früheste Versuch eines Individuums, mit einem Objektverlust fertigzuwerden. Deutlich wird, wie durch das Symptom die Spannung zwischen dem Säugling und der Mutter steigt, dass es nicht zu einem Zuwachs an Lebensmöglichkeit kommt, sondern zu einer Lebensbremse in diesem Versuch frühester Omnipotenz.

Bei dem tief ambivalenten Jungen, der auf den Teller erbricht, lässt sich ein erstes, äußerst unsicheres Tasten nach »Sinnzuwachs« (Meltzer) erkennen, so dass sein Handeln an der protosymbolischen Schwelle zur Verselbständigung und Trennung unter fortbestehender Bezogenheit gesehen werden kann, jedoch noch weit weg von der Fähigkeit zu symbolisieren, auf der Suche nach Affektabstimmung, an der Schwelle zum intersubjektiven Selbst nach Stern.

Auch Anna A. verharrt mit ihrer gesamten Ess-Störungssymptomatik in konkretistischer Ungetrenntheit. Sie erreicht aufgrund der sehr ausgeprägten adhaesiven Identifizierung mit der Mutter die depressive Position nicht, sie kann nicht symbolisieren. Ihre bildnerischen und dichterischen Versuche bleiben auf der Ebene der symbolischen Gleichsetzung, drücken ihr Dilemma konkret aus. Solche Versuche des Ausdrucks werden oft als »symbolische Darstellungen« verkannt. Hier sei nochmals daran erinnert, dass ein Symbol zum Trennen taugen muss.

Bei Hans H. bedeutet die asketische Kontrolle des Essens zu Beginn der Erkrankung die Hereinnahme des mütterlichen Teilobjektes im Zuge der Regression auf die paranoid-schizoide Position. Er ist nicht mehr zu trennungsfördernden Gedanken in der Lage, muss den Schutz der Realpräsenz suchen, um mit Schuldgefühlen (Tod des Großvaters), Verlustangst und Fragmentierungsbedrohtheit zurechtzukommen. Viel später kann er der »Kontrollmutter« beim Joggen mit gelassenem Lächeln und in sicherer Getrenntheit begegnen, nachdem er eine erste Liebesbeziehung eingehen konnte, aber er »begegnet« ihr auch prompt, als es in der Liebesbeziehung kriselt. Die Entwicklung der bulimischen Symptomatik im Therapieverlauf lässt ein semiotisch progressives Element erkennen: Er bringt im Essanfall seine Ambivalenz dem mütterlichen Teilobjekt gegenüber zum Ausdruck, entdeckt seine Esslust und seine Gierimpulse und spürt im Erbrechen Wut auf die Unzugänglichkeit der Mutter und den Rückzug des Vaters. In dieser Phase seiner Erkrankung sind sowohl im Umgang mit dem Essen als auch im Umgang mit dem Körper Charakteristika des Übergangsobjektes (vgl. Hirsch 1989) erkennbar: Der Patient braucht die alleinige Kontrolle über Essen und Körper, liebkost und misshandelt beides und gewinnt dabei im Behandlungsverlauf deutlich an Spielraum, was im therapeutischen Prozess als semiotische Progression unmittelbar spürbar wird.

LITERATUR

Bion, W. R. (1959): Eine Theorie des Denkens. In: Bott Spillius, E. (Hg.) (1988): Melanie Klein heute, Bd.1. München, Wien (Verl. Internat. Psychoanal.), 1990, S. 225–235.
– (1962): Lernen durch Erfahrung. Frankfurt a. M. (Suhrkamp), 1990.
– (1967): Angriffe auf Verbindungen. In: Bott Spillius, E. (Hg.) (1988): Melanie Klein heute. Bd 1. München, Wien (Verl. Internat. Psychoanal.), 1990, S. 110–129.
Blanck, G., Blanck, R. (1974): Angewandte Ich-Psychologie. Bd.1. Stuttgart (Klett-Cotta), 1978.
Böhme-Bloem, C. (1999): Gleiches und Trennendes bei der Affektabstimmung als Vorbereitung auf die Symbolbildung. In: A. Schlösser, K. Höhfeld (Hg.): Trennungen. Bibliothek der Psychoanalyse. Gießen (Psychosozial-Verl.).

– (2000): Das Ergriffene im Begriff. Vortrag zum Erwerb der o. M. in der DPV, November 2000.

Cassirer, E. (1922/38): Wesen und Wirkung des Symbolbegriffs. Darmstadt (Wiss. Buchges.), 8. Aufl., 1994.

Cierpka, M., Buchheim, P., Freyberger, H. J., Hoffmann, S. O. et al. (1995): Die erste Version einer Operationalisierten Psychodynamischen Diagnostik (OPD-1). In: Psychotherapeut 40, S. 69–78.

Deneke, F. W. (1999): Psychische Struktur und Gehirn. Die Gestaltung subjektiver Wirklichkeiten. Stuttgart, New York (Schattauer).

Deri, S. (1978): Transitional phenomena: vicissitudes of symbolization and creativity. In: Grolnick, S. A. et al. (eds.): Between reality and fantasy. Northvale, London (Aronson).

Deutsch, F., ed. (1959): On the mysterious leap from the mind to the body. New York (Internat. Univ. Press).

Erikson, E. H. (1950): Kindheit und Gesellschaft. Stuttgart (Klett-Cotta),1982.

Ettl, T. (1988): Bulimia Nervosa – die heimliche unheimliche Aggression. In: Z. Psychoanal. Theor. Praxis 3, S. 48–76.

Freud, S., Breuer, J. (1895): Studien über Hysterie. GW (Nachtragsband).

Freud, S. (1900a): Die Traumdeutung. GW II/ III.

– (1916/17): Vorlesungen zur Einführung in die Psychoanalyse. GW XI.

Gaddini, E. (1980): Bemerkungen zum Psyche-Soma-Problem. In: Gaddini, E. (1998): a. a. O.

– (1998): »Das Ich ist vor allem ein körperliches.« Beiträge zur Psychoanalyse der ersten Strukturen. Jappe, G., Strehlow, B. (Hg.), Tübingen (Ed. Diskord)

Gaddini, E., de Benedetti Gaddini, R. (1959): Die frühkindliche Ruminaton. In: Gaddini, E. (1998): a. a. O.

Hirsch, M. (1989): Der eigene Körper als Übergangsobjekt. In: Hirsch, M. (Hg.): Der eigene Körper als Objekt. Gießen (Psychosozial Verlag), 1998.

Kämpfer, H. (2000): Symbolische Erfahrung in der Therapie. Vortrag vor der AKJP-Tagung, Berlin.

Klein, M. (1930): Die Bedeutung der Symbolbildung für die Ichentwicklung. In: Psyche 14, S. 242–255 (1960/61).

Kristeva, J. (1994): Die neuen Leiden der Seele. Hamburg (Junius).

Langer, S. (1942): Philosophie auf neuem Wege. Das Symbol im Denken, im Ritus und in der Kunst. Frankfurt a. M. (Fischer), 1965.

Loch, W. (1970): Zur Entstehung aggressiv-destruktiver Reaktionsbereitschaft. In: Psyche 24, S. 221–259.

Lorenzer, A. (1970): Kritik des psychoanalytischen Symbolbegriffs. Frankfurt a.M. (Suhrkamp).

Mahler, M. S., Pine, S., Bergman, A.(1975): Die psychische Geburt des Menschen. Frankfurt a. M. (Fischer).

Meltzer, D. (1975): Adhesive identification. In: Contemp. Psychoanal. 11, S. 289–310.

– (1984): Traumleben. München,Wien (Verl. Internat. Psychoanalyse), 1988.

Money-Kyrle, R. (1968): Cognitive development. In: Ders. (1978): Collected Papers of Roger Money-Kyrle. Perthshire (Clunie Press).

– (1971): The aim of psychoanalysis. In: Int. J. Psycho-Anal. 52, S. 103–106.

Morris, C. (1975): Sprechen und menschliches Handeln. In: Gadamer, H.-G., Vogler, P. (Hg.) Neue Anthropologie Bd.7. Philosophische Anthropologie. Stuttgart (Thieme), S. 235–251.

Moser, U., v. Zeppelin, I. (1996): Die Entwicklung des Affektsystems. In: Psyche 50, S. 32–84.

Ogden, T. H. (1989): Frühe Formen des Erlebens. Wien, New York (Springer), 1995.

Orban, P. (1976): Über den Prozess der Symbolbildung. In: Die Psychologie des 20. Jahrhunderts, Bd.2. München, Zürich (Kindler), S. 527–563.

Peirce Ch. S. (1932, 1934): Collected Papers, Bd. II u. V. Cambridge, MA (Harvard Univers. Press).

Plassmann, R. (1993): Organwelten: Grundriss einer analytischen Körperpsychologie. In: Psyche 47, S. 261–282.

Popper, K. R. (1977): Kritik des Materialismus. In: Popper, K. R., Eccles ,J. C. (Hg.): Das Ich und sein Gehirn. München (Piper).

Portmann, A. (1969): Biologische Fragmente einer Lehre vom Leben. Basel, Stuttgart (Schwabe).

Schmid Noerr, G. (2000): Symbolik des latenten Sinns. Zur psychoanalytischen Symboltheorie nach Lorenzer. In: Psyche 54, S. 454–482.

Segal, H. (1957): Bemerkungen zur Symbolbildung. In: Bott Spillius, E. (Hg.) (1988): Melanie Klein heute. Bd. 1. München, Wien (Verlag Internat. Psychoanal.), 1990, S. 202–224.

– (1981): Die Funktion des Traums. In: Segal, H.: Wahnvorstellungen und künstlerische Kreativität. Stuttgart (Klett-Cotta), 1992.

– (1991): Traum, Phantasie und Kunst. Stuttgart (Klett-Cotta), 1996.

Silver, A. (1981): A psychosomatic model: an interdisciplinary search for a common structural basis for psychoanalysis. In: J. S. Grotstein (Hg.): Do I dare disturb the universe? London (Karnac), 1988.

Spitz, R. (1965): Vom Säugling zum Kleinkind. Stuttgart (Klett-Cotta), 1967.

Stern, D. (1985): Die Lebenserfahrung des Säuglings. Stuttgart (Klett-Cotta), 1992.

Uexküll, T. v. et al. (Hg.) (1986): Psychosomatische Medizin. München (Urban & Schwarzenberg), 3. Aufl.

Uexküll, Th. v., W. Wesiack (1991): Theorie der Humanmedizin. München (Urban & Schwarzenberg).

Winnicott, D. W. (1953): Übergangsobjekte und Übergangsphänomene. In: Psyche 23, S. 666–682 (1969).

Volker Trempler

Arbeiten mit Bion: Körpersymptome und die Umkehrung der Alpha-Funktion

EINLEITUNG

Psychotherapie beinhaltet für analytisch und tiefenpsychologisch orientierte Therapeuten immer ein »Zur-Sprache-Bringen«. Nun haben wir es bei vielen Formen von psychischen und psychosomatischen Erkrankungen nicht nur – wie in der klassischen Psychoanalyse – mit dem Zur-Sprache-Bringen des Verbotenen, Verpönten zu tun, sondern auch mit dem des bislang überhaupt noch nicht Symbolisierten und damit psychisch auch nicht Erfahrbaren und Erlebbaren. Ausgehend von Plassmanns (1993, 1996) Arbeiten über die semiotische Progression und der von Uexküllschen Dreiteilung in vegetatives, animalisches und humanes Funktionieren haben wir durch die Parallelisierung verschiedener Entwicklungsmodelle – u.a. Stern (1985), v. Uexküll (1986; 1991), Bion (1962; 1963), Freud (1923b), M. Klein (1935; 1958), Meltzer (1975), Krause (1988; Krause et al. 1992) – einen Bereich bestimmt, innerhalb dessen semiotische Progression oder aber Regression im Sinne eines Wechsels von Zeichensystemen stattfindet (Böhme-Bloem u. Trempler 1995; Böhme-Bloem 1999; Trempler 1998). Es geht um den Bereich, innerhalb dessen »Psychisierung« oder »Mentalisierung« – gemeint ist der Übergang von rein somatischem in psychisches Geschehen – stattfindet. Wir prägten den Begriff der »Symbolisierungsachse«, um die herum sich die verschieden Ebenen zunächst somatopsychischen Erlebens und »reiferer« psychischer Repräsentationen gruppieren lassen, und untersuchten Phänomene der Seelenlosigkeit innerhalb verschiedener Kontexte: Psychosomatik, Verwahrlosung, Psychosen, Borderline-Syndrom, Neurosen – psychische Erkrankungen, die sich auch differenzieren lassen hinsichtlich der den jeweiligen Störungsbereich dominierenden Zeichensysteme, also der »Sprachen«: Organsprache der Psychosomatosen (Plassmann 1993; 1996), Handlungssprache des delinquenten Agierens, Sprache der fragmentierten oder zerstörten Symbole bei den Psychosen,

Sprache der Affekte im gruppenpsychologischen Kontext, schließlich die »reife« Benutzung von Symbolen bei neurotischen Störungen. Innerhalb dieses Übergangsbereiches wird Mentales zunächst als Somatisches »erfahren«, nicht »erlebt«, und somatisches Geschehen bekommt erst nach und nach psychische Qualitäten. Ausgehend von einigen kleinianischen Konzepten und dann von Überlegungen Wilfred Bions sollen diese Ebenen anhand einiger Fallsequenzen veranschaulicht werden. Hieraus werden sich einige weitere Annäherungen an die Frage ergeben, wie Körperliches und Seelisches über den Prozess der Symbolisierung miteinander verknüpft wird.

THEORETISCHE ÜBERLEGUNGEN

Ausgangspunkt der Entwicklungspsychologie Melanie Kleins (1958) ist die Aufgabe des Säuglings, die sein noch unterentwickeltes Ich oftmals überschwemmenden Angstgefühle zu bewältigen. Zentral ist für kleinianische Analytiker die Untersuchung unbewusster Phantasien (Isaacs 1948), die nicht nur die aktuelle intrapsychische Dynamik eines Menschen determinieren, sondern sämtliche psychischen Funktionen, Abwehrmechanismen, psychische Instanzen, schließlich auch die Wahrnehmung der realen Wirklichkeit, womit in Behandlungen auch das Wechselspiel der Übertragung und Gegenübertragung bestimmt wird. Diese unbewussten Phantasien lassen sich nur im Kontext einer intensiven Übertragungsanalyse entschlüsseln und in ihrer pathogenen Wirkung auflösen. Sie sind darüber hinaus überaus konkret, »konkretistisch« (Segal 1957), entziehen sich einfacher symbolischer Übersetzung/Dekonstruktion und sind häufig äußerst körpernah. Wir finden nun bei kleinianischen bzw. kleinianisch inspirierten Analytikern höchst eindrucksvolle klinische Demonstrationen dafür, wie sich diese unbewussten Phantasien im konkreten Körpererleben, in körperlichen Manipulationen (Laufer u. Laufer 1984; Williams 1997) manifestieren oder – umgekehrt – wie sich hypochondrische und/oder psychosomatische Symptombildungen auf unbewusste Phantasiebildungen zurückführen lassen, die dann wiederum ganz unmittelbar mit körperlichem Geschehen »verdrahtet« zu sein scheinen. Schon 1935 wies Melanie Klein darauf hin, dass hypochondrische Ängste mit der Unfähigkeit des Patienten zusammenhängen, auf normale Weise projektive Mechanismen zu verwenden. Sie betonte immer wieder den engen Zusammenhang zwischen unmittelbaren körperlichen Empfindungen und unbewussten Phantasien, was ja auch Sinn macht, wenn wir heute davon ausgehen, dass die frühesten Erfahrungen des Kleinkindes mit Objekten ausschließlich sensorisch und affektbestimmt sind. Diese Erfahrungen sind die Grundlage eines primitiven Repräsentationsprozesses oder -systems, der oder das später mit körpernahen unbewussten Phantasien verknüpft wird.

Money-Kyrle (1963) hat in einer bemerkenswerten Arbeit demonstriert, dass die Migräneattacken seiner Analysepatientin mit deren unbewussten sadistischen Phantasien koinzidierten. Ihre Migränezustände begannen mit partieller Blindheit, auf die eine Empfindung gleißenden Lichtes folgte. Money-Kyrles Assoziation der Blendung des Paulus während seiner Verfolgung der Christen mündete in einer dezidierten Analyse der Abwehrfunktion der Symptome. Dabei wird der erlebte körperliche Vorgang – Blindheit = Blendung = Migräne – unmittelbar und konkret gleichgesetzt mit dem Nichtsehen-Können einer mörderischen Phantasie, die sich auf den die Patientin an Wochenenden verlassenden Analytiker bezog. In Money-Kyrles Arbeit bleibt offen, ob diese Phantasie konstruiert bzw. rekonstruiert wurde oder aus der Wiederkehr einer verdrängten Erinnerung resultierte und dann quasi aus dem Übertragungsgeschehen »abgerufen« wurde. In diesem zweiten Falle würde die Migräne die Blendung/Blindheit »bedeuten«, im ersten Falle, den ich für plausibler halte, würde sich der unbewusste Zusammenhang in der Übertragung im Sinne einer Neuschöpfung erstmalig konstituiert haben. Die Fähigkeit der Patientin, diesen Zusammenhang zu träumen, impliziert einen semiotischen »Sprung« – von nun an tritt der mentale Vorgang an die Stelle des rein somatischen.

Rosenfeld (1968; 1990) diagnostizierte bei der Untersuchung hypochondrischer Symptombildungen bei seinen Patienten eine Konfusion zwischen libidinösen und destruktiven Teilen des Selbst, die zu entsprechenden Ängsten vor Fragmentierung, Beschädigung und Vernichtung führen. Abgespaltene und zunächst auf äußere Objekte projizierte Verschmelzungsängste werden in spezifische Körperorgane reintrojiziert – wahrscheinlich, weil das Objekt diese Projektionen nicht aufnehmen und transformieren kann. Durch die Transformation von psychischem in körperlichen Schmerz wird die Gefahr psychotischer Fragmentierung abgewehrt. Rosenfeld geht davon aus, dass die Spaltung zwischen mentalem und körperlichem Geschehen bei psychosomatischen Erkrankungen vollständiger sei als bei hypochondrischen, zumal psychosomatisch Kranke relativ angstfrei seien.

Mason (1981) wendet kleinianische Konzepte auf das Verständnis von Asthmaerkrankungen an. Er beschreibt die Formierung eines invasiven »erstickenden« (»suffocating«) Über-Ich bei einer von ihm untersuchten und behandelten Klientel, dessen verschlingende, einengende, klaustrophobisch-erstickende Qualität vor allem durch projektiv-identifikatorische Mechanismen und Mechanismen omnipotenter Kontrolle der Objekte (alles sehen, alles wissen ...) zustande käme. Jedes Organ oder jeder Teil des Körpers kann zeitweise das erstickende einengende Objekt repräsentieren oder enthalten. Exkremente oder Sekrete – Stuhl, Urin, Blut, die Atemluft, Zigarettenrauch, Speichel etc. könnten mit Teilen des Selbst gleichgesetzt werden, die diesem mächtigen Objekt zu entkommen versuchen – eine Beobachtung, die Ferenczi (1925) übrigens schon hinsichtlich nächtlichen Urindranges beschrieben hat.

Joseph (1981) beschreibt bei einigen ihrer Patienten einen Schmerzzustand, den sie im Sinne eines Borderline-Phänomens auf der Grenzlinie zwischen mentalem und somatischem Geschehen ansiedelt:

»It is interesting to see how frequently it is felt to be almost physical, the patient locating it often in the lower part of the chest, and yet he or she knows clearly that he is not describing a physical condition; it is not hypochondrical or psychosomatic, it is known to be mental« (S. 88f).

Diese wenigen Beispiele mögen ausreichen, um zu zeigen, dass der Körper bei den Kleinianischen Autoren als ein Behälter konzipiert wird, der über Mechanismen projektiver und introjektiver Identifizierung mit abgespaltenen, überwiegend destruktiven Selbstanteilen oder mit destruktiven Objekten bzw. Partialobjekten auf äußerst konkretistische Weise »angefüllt« wird. Paula Heimann (1955) schlägt für diesen Zusammenhang übrigens den sehr treffenden Begriff der »intrasomatischen projektiven Identifizierung« vor.

Die Arbeiten Bions sind erst innerhalb der letzten 10–15 Jahre im deutschen Sprachraum rezipiert worden, obwohl seine Hauptwerke bereits Anfang der 60er Jahre veröffentlicht worden waren. Vor einer Annäherung an die Frage, inwieweit Bions Vorstellungen über die Funktionsweise der menschlichen Psyche auf den Grenzbereich somatopsychischen Geschehens angewendet werden können, hier eine Zusammenfassung seiner wesentlichen Grundkonzepte: Bion geht zunächst von Freuds (1911b) Überlegungen über den Primär- und Sekundärvorgang aus. Der Primärvorgang bestimmt bei Freud das so genannte dynamisch Unbewusste, das die Repräsentation von Sachvorstellungen beinhaltet, die im Unbewussten ungebunden, zwar dem Lustprinzip entsprechend, aber den Gesetzen der Logik, des Raumes und der Zeit widersprechend, frei umher flottieren. Der dem Realitätsprinzip gehorchende Sekundärvorgang ermöglicht über die Mechanismen der Verschiebung und Verdichtung eine Bindung im Sinne einer symbolisierenden Abstraktion in Wortvorstellungen und bestimmt damit die Exaktheit des Wahrnehmens, Fühlens und Denkens. Bei Freud ist damit der verdrängte, abgewehrte Wunsch sozusagen der »Vater des Gedankens«. Atwood und Stolorow (1980) sprachen bezüglich der Verdrängung von einem negativ organisierenden Prinzip (»negative organizing principle« S. 214), bei dem bestimmte Selbst- und Objektkonfigurationen vom Bewusstsein ferngehalten werden. Freud spricht von einer Zensur, d.h. einer aus interpersonalen, letztlich einschränkenden, eingrenzenden und versagenden Erfahrungen mit primären Beziehungspersonen resultierenden Instanz, die er später – im ödipalen Kontext – das Über-Ich nennt, die verhindert, dass das System Bw bzw. das Ich von verdrängten Inhalten bedroht wird. In Ergänzung dazu beschäftigt Bion sich mit einer wohl basal mütterlichen Funktion, die es dem Säugling ermöglicht, die ihn umgebende äußere Wirklichkeit zu erkennen und seine innere Welt gerade auch im Sinne einer Wachheit und Kontinuität des Selbsterlebens zu entwickeln und im Kontakt mit ihr zu bleiben und seine Welterwartungen zu benennen. Bei Bion würde man also – im wahrsten Sinne – von der »Mutter des Gedankens« sprechen, einer Mutter, die ihrem Kind hilft, seine Welterwartungen zu benennen. So kommt das Denken nicht nur über die Hemmung eines Triebimpulses (Freud 1911b) zustande, sondern über die primär mütterliche Transformation eines bedeutungsvollen psychosomatischen Zustandes, nämlich eines Affektes, der über diese Transformation einen Sinn erhält. Dabei geht Bion von angeborenen Präkonzepten des Säuglings über die ihn erwartende durchschnittliche äußere Welt aus, Präkonzeptionen, die einer Realisierung durch konkrete Erfahrungen in und mit der Welt bedürfen. Die Säuglingsforscher (Stern 1985) haben die Bausteine solcher Erfahrungen – u.a. die Modulierung von Affekten und die Affektabstimmung – genau beschrieben. Diese Realisierung ist an eine grundlegende psychische Funktion gebunden, die für den Säugling zuallererst die Mutter bereitstellt. Durch ihre Fähigkeit zur »rêverie«, d.h. zu einem träumerisch-intuitiven, einfühlenden Denken und Handeln, beantwortet sie diese Erwartungen ihres Kindes an die Welt adäquat oder auch inadäquat. Irgendwie »weiß« sie oder ahnt sie – oder eben nicht, wenn die rêverie versagt – was ihr Baby zu einem gegebenen Zeitpunkt gerade braucht. Bion hat diese Funktion mit Absicht sehr abstrakt als *Alpha-Funktion* bezeichnet, um Raum zu lassen für das einmalige, einzigartige Unbekannte, das sich in der Begegnung zweier Menschen entfalten kann, vielleicht aber auch vorausahnend, dass empirische Forschung immer genaueren Aufschluss über die frühen Mutter-Kind-Interaktionen wird liefern können. Die sich entwickelnde kindliche Psyche wird nun zunächst von rohen Sinnesdaten der äußeren Welt und von »rein« körperlichen

Sensationen – sog. *Beta-Elementen* in Bions Terminologie – quasi überschwemmt, wobei allerdings der angeborene Reizschutz basaler Ich- oder Selbstkerne verhindert, dass der Säugling von diesen Daten über die äußere Welt überfrachtet wird. Er muss jedoch lernen, mit Verlassenheitsängsten, Ängsten vor Vernichtung und Desintegration, Zuständen von hilflos-destruktiver Verzweiflungswut, kurz mit allen Formen von Frustration fertig zu werden, die sein noch schwach entwickeltes Ich/Selbst nur allzu leicht überwältigen. Dabei stellt die Mutter ihre Fähigkeit zur Verfügung, die Denkerin der Gedanken des Kindes zu sein. Basale Affektäußerungen werden von Seiten der Mutter im Kontext der normalen Entwicklung im Sinne eines sinnlich-intuitiven Denkens und einer Transformation in »richtige« Handlungen oder präverbale oder verbale Äußerungen übersetzt. Die Mutter kennt die Zustände ihres Säuglings, ohne von diesen überwältigt zu sein oder sich in ihnen zu verfangen (Garland 2000). Diese mütterliche Funktion wird vom Kind im Laufe der frühen Entwicklung verinnerlicht. Über die Fähigkeit der Mutter zu einem solchen Containing entwickelt sich auf Seiten des Kindes über introjektive Prozesse ein psychischer Raum. Dieser Raum – Container genannt – ermöglicht nicht nur das Tolerieren von Frustration und das Verdauen von emotionalen Erfahrungen, sondern ist Voraussetzung für die Bindung und assoziative Kopplung von Erfahrungen mit Zeichen und Symbolen und damit für das Erinnern an etwas und Nachdenken über etwas, das vorher vielleicht unerträglich war und die Psyche im Sinne traumatischen Erlebens überwältigt hätte.

Bion (1962) spricht von einer selektiv durchlässigen (semipermeablen) »Kontaktschranke«, die es im Verbund mit der traumähnlichen Alpha-Funktion erst ermöglicht, die Psyche von einem Übermaß an sensorischen Reizen zu entlasten, zwischen Schlaf- und Wachzustand, zwischen Bewusstem und Unbewusstem und – so verstehe ich Bion – damit zwischen Sinnvollem und Sinnlosem, Wichtigem und Unwichtigem zu unterscheiden und Erfahrungen als emotional bedeutsam im Unbewussten zu speichern. Die Alpha-Funktion dient also dazu, sensorische Daten über die Welt und affektive Zustände, im Sinne eines gesunden Reizschutzes zu filtern, d.h. im Sinne eines Schutzes vor traumatisierendem Überwältigtwerden, und damit *Alpha-Elemente*, die *Bausteine des Symbols* zu erzeugen, diese fühlbar, träumbar und denkbar zu machen und damit auch speicherfähig und kommunizierbar.

Bion selbst hat keine eigenen dezidierten psychosomatischen Modellvorstellungen entwickelt. Der Ausgangspunkt seiner vielen und weitreichenden Fragestellungen war die Unterscheidung zwischen psychischer Realität und psychotischer Realität. Dennoch gibt es Hinweise in seinem Werk, die für das Verständnis von psychodynamisch relevanten körperlichen

Symptomen wichtig und nützlich sein können:
– Bion (1970) unterscheidet zwischen der Möglichkeit eines Patienten, Schmerz zu haben oder zu erfahren, und seiner Fähigkeit, Schmerz zu erleiden.

»People exist who are so intolerant of pain or frustration (or in whom pain or frustration is so intolerable) that they feel the pain but will not suffer it and cannot be said to discover it... the patient who will not suffer pain fails to ›suffer pleasure‹«(S. 9).

Erst die zweite Variante setzt die Entwicklung einer mentalen Organisation voraus, die Konstituierung eines Subjektes, das mit sich selbst auf einer psychischen Ebene kommunizieren kann, sich des Schmerzes bewusst (aware) sein kann. In Analysen oder Psychotherapien von Borderline-Zuständen können wir häufig einen Wechsel zwischen verschiedenen mentalen Zuständen beobachten, wobei der seelische Schmerz, auf den Bion sich bezieht, mal als mentales Geschehen, mal als globaler affektiver oder somatischer Zustand zu beschreiben wäre.
– Bion (1978) benutzt in einem seiner späten Werke in spielerisch-kreativer Abwandlung mehrmals den Ausdruck »somato-psychotisch«. Der Begriff psychosomatisch impliziert, dass psychisches Geschehen durch Körpererleben oder Körpersymptome ersetzt wird. Somatopsychisch hieße, Körperliches determiniere Psychisches. Der Begriff »somato-psychotisch« verweist auf einen Prozess, bei dem nach Meltzer (1986) Beta-Elemente über den »protomentalen Apparat« evakuiert werden, der den primitiven Teilen der Persönlichkeit entspricht, die mit dem Körper auf eine Weise »denken«, die weit mehr den komplexen neurophysiologischen, humoralen und hämatologischen als psychologischen Prozessen entspräche. Die Ausstoßung von Beta-Elementen »will bombard the body to the point that some part of it will go mad« (Bion 1963, S.218). Meltzer interpretiert Bions Konzept des fötalen protomentalen Apparates über die Analogie mit Bions (1961) Grundannahmen-Gruppen. Sowohl bei der »Basic-assumption group« als auch beim protomentalen Apparat handele es sich um geschlossene Systeme, die nicht in der Lage seien, aus Erfahrung zu lernen und Symbole zu bilden:

»Thought in its creative aspect ... finds no place in the mentality of the BA member who needs only the equipment characteristic of the computer to design the actions for which the Basic Assumption has programmed him«(S. 38).

Lernen erfolge in diesem Kontext von Seelenlosigkeit ausschließlich über

Strafe, Belohnung und blinden Gehorsam. Diese Überlegungen sind mit Lorenzers (1970) Konzept der Desymbolisierung verwandt. Bei Unvereinbarkeit von Triebwunsch und normativer Anforderung kommt es im pathologischen Falle zu einer Desymbolisierung der symbolischen Interaktionsformen, die in die Teilbereiche »Klischee« und »Zeichen« zerfallen. (Zur Kritik von Lorenzers Desymbolisierungskonzept s. Schmid Noerr, 2000, S. 475: »Ob Symptome eher als Resymbolisierung fungieren oder, gerade umgekehrt, als Desymbolisierung, die die Verdrängung perpetuiert, hängt vom verstehenden oder nicht verstehenden Umgang mit ihnen ab, von ihrer Intensität und von ihrer sozialen Konformität.«)

– Die kleinianische Theorie der Spaltung hat mit dem Begriff der »kleinteiligen« Spaltung oder Fragmentierung eine neue Dimension erhalten. Bei Bion kehrt diese Konzeption in kreativer Abwandlung in Form der Beta-, Alpha-Elemente und schließlich der »bizarren Objekte« (Bion 1962, S. 163) wieder. Im Verlaufe des Symbolisierungsprozesses gibt es einen Fortschritt in Richtung »Entkörperlichung« bzw. »Mentalisierung«. Im Falle psychischer oder psychosomatischer Erkrankung haben wir es mit psychischen Konflikt-/Defizitsituationen zu tun, die entweder zur »Verkörperung« im Sinne einer symbolischen Darstellung wie etwa bei der Hysterie führen können oder aber zu einem schwerwiegenden Entgleisen des Symbolisierungsprozesses. Nach Bion werden dann aus symbolisierbaren psychischen Objekten solche bizarren Objekte, die er als »Beta-Elemente mit Spuren von Ich und Über-Ich« definiert. Bizarre Objekte können sich klinisch als nur scheinbar sinnvolle Halluzinationen oder als Wahnbildungen, auch als körperlich konkret erfahrbare Symptome manifestieren, z.B. in Form hypochondrischer Symptome.

– Bions bekanntes Containermodell bietet m.E. weitere Möglichkeiten, die Relationen zwischen Körper und Subjekt zu untersuchen. Der »Container« dient zum Empfang, zum Deponieren und zum Verdauen projizierter Inhalte. Bions Container/Contained-Modell war eine wesentliche Voraussetzung dafür, das von Klein zunächst ausschließlich intrapsychisch konzipierte Konzept der projektiven Identifizierung in den interpersonellen Bereich zu extendieren. Gianna Williams (1997) entwickelt in diesem Zusammenhang Bions Modell weiter und spricht von einer Umkehrung der Container/Contained-Beziehung. Hier wird die kindliche Psyche mit den Projektionen einer (in ihren Fallbeispielen von eigenen Traumata präokkupierten) Mutter überfrachtet, überschwemmt und überfordert, die selbst nicht mehr in der Lage ist, die affektiven Zustände ihres Kindes empathisch, resonant und tröstend zu modulieren. Ihre Patientinnen entwickelten schwerste Essstörungen. Das Versagen des mütterlichen Containers zwang die psychisch überforderten Patientinnen, stellvertretend nunmehr ihren eigenen Körper als Container zu nutzen, der zeitweise mit Gutem, zeitweise mit Schlechtem angefüllt wird (siehe auch Trempler und Böhme-Bloem 2001). Auch Bions (1970) Einteilung der möglichen Beziehungen zwischen Container und Contained, zwischen Behälter und Inhalt, in parasitäre, symbiotische und kommensale (S. 95) können auf die Relation zwischen mentalen Inhalten und körperlichem Geschehen angewandt werden, dann nämlich, wenn der Körper als Behälter für einen ursprünglich seelischen Inhalt – einen seelischen Schmerzzustand – benutzt werden muss. Eine parasitäre Relation könnte ein Patient vielleicht mit einer Formulierung zum Ausdruck bringen wie: »Dieser Schmerz raubt mir die Lebensfreude.« Eine kommensale Relation käme in dem schützenden Aspekt mancher Körpersymptome zum Ausdruck, etwa ein Kopfschmerz, der dem Patienten Überforderung signalisiert.

– Die Alphafunktion als – denken wir an die frühe Mutter-Kind-Interaktion – zunächst interpsychischer »Prozessor« der Symbolbildung ermöglicht die Transformation körperlich/affektiven Geschehens in mentales Geschehen und Erleben. Auf dem Niveau der Beta-Elemente geht es um das Unvermögen mancher Patienten, in schwerst regredierten Zuständen sensorische Daten in Alpha-Elemente und damit in Traumgedanken, Träume, träumerisches Nachdenken (Meltzer 1984), also in symbolisches Geschehen umzuwandeln. Klinisch manifestiert sich dieser Befund als die enorme Empfänglichkeit von Borderline- oder präpsychotischen Patienten für unmittelbare sensorische Daten, von denen sie sich häufig geradezu überflutet fühlen. Hier ist der Symbolisierungsprozess aufgrund der Wirkung extrem bösartiger innerer beschädigter und beschädigender Objekte derart beeinträchtigt, dass die basalen »Prozessoren« der Symbolbildung, nämlich Verschiebung und Verdichtung, nicht mehr wirksam werden. Wir werden von solchen Patienten mit im Grunde sinnlosem Material überschwemmt, auch wenn die Inhalte oftmals den Anschein von Sinn erwecken, etwa wenn ein Patient uns Träume über Träume berichtet, die wir beim besten Bemühen aber einfach nicht mehr deuten können. Wir fühlen uns dann überfrachtet, es stellt sich ein Gefühl ein, nicht oder nicht mehr auf der gleichen Wellenlänge zu empfangen oder zu senden, Interventionen verpuffen. Es geht dabei um einen äußerst primitiven Prozess, der ausschließlich darauf hinausläuft, fragmentiertes psychisches Material auszustoßen, sich von »Reizzuwächsen« (Freud 1911b) zu befreien. Hier ist die Kontaktschranke zwischen den Systemen Ubw und Vbw – nach Bion Voraussetzung für seelische Gesundheit – beschädigt.

Bei psychosomatischen Erkrankungen nun scheinen sich die »Reizzuwächse« oder Beta-Elemente ganz unmittelbar in die Innervation der beteiligten Organsysteme zu entladen (Meltzer 1988). Bekanntlich ist es klinisch ziemlich wirkungslos, psychosomatische Symptome direkt auf der Ebene einer symbolischen Repräsentation, wie bei Konversionshysterien, zu deuten. Beta-Elemente können eben nicht verdrängt werden, denn das setzte ja bereits eine symbolische Verarbeitung im Sinne einer sekundären Verdrängung voraus. Es geht also um Erfahrungen, die die Persönlichkeit in irgendwie traumatisierender Weise beeinträchtigen. Es ist so, als würde die betreffende Persönlichkeit von Sprengstücken einer fragmentierten bzw. fragmentierenden affektiven Situation überwältigt. Steht nun keine Beziehungsmöglichkeit zur Verfügung, die ein Containing dieser überwältigenden Erfahrung ermöglichen könnte, um diese Erfahrung halten, ordnen, einordnen oder durcharbeiten zu können, dann bleiben nur drei Wege offen: Ausstoßung im Sinne eines psychotischen Zustands (Halluzinationen), sinnloses, seelenloses Ausagieren eines Zustandes oder Entladung, d.h. expulsive projektive Identifizierung in den eigenen Körper hinein. Vormals nicht aushaltbarer, nicht repräsentierbarer, überwältigender seelischer Schmerz findet so seinen Widerhall im hypochondrischen oder psychosomatischen Leiden: Einfach, weil etwas irgendwo hin muss, einen Ort braucht.

– Ein weiterer zentraler Ausgangspunkt Bions ist der der emotionalen Erfahrung, die jedem Symbolisierungsprozess zugrunde liegt. Auch hier war Bion in seiner Konzeptualisierung psychischer Basalvorgänge den empirischen Forschern voraus. Während der Affekt nach Krause (1988) als »rein« körperliches, durch angeborene Programme und Bereitschaftsdispositionen bestimmtes Geschehen verstanden werden muss, handelt es sich bei der Emotion um das mentale Erleben eines körperlich erfahrenen Zustandes bzw. einer Zustandsänderung. Konsequenterweise benutzt Krause die überaus sinnvolle Unterscheidung zwischen einer »occuring« und einer »experienced« emotion, d.h. zwischen einem automatisch eintretenden und ablaufenden Affekt und dessen innerer Repräsentanz als Gefühl.

– Bions Analogie zwischen der körperlichen Verdauung und der Alpha-Funktion als eines Apparates zur »Verdauung« emotionaler Erfahrungen impliziert, dass die Psyche bei Erkrankungen des Verdauungstrakts in ihrer Funktion, sich von »Reizzuwächsen« zu entlasten, nicht genügend entwickelt ist. Auf der Ebene eines Konkretismus könnte es hier um eine fehlende oder nicht genügend entwickelte Mentalisierung des Ausscheidungsbereiches gehen. Das gilt ganz besonders für Ess-Störungen wie Anorexie, Bulimie und Adipositas, aber auch für die Colitis ulcerosa oder den Morbus Crohn. Asthma, Tinnitus, Migräne würden auf den Prozess einer Fragmentierung von emotionaler Erfahrung verweisen. Qualitäten von emotionalen Erfahrungen, die keinen Container finden, der ihnen über die Alpha-Funktion Sinn und Bedeutung gäbe, werden als

Fragmente des Erlebten in körperliches Geschehen rückverwandelt, wo sie – nicht vollständig ihres Ausdrucksinhaltes beraubt – destruktive Wirkungen entfalten.

– Bions (1963) Anwendung eines »Rasters« – sein Klassifikationsmodell der verschiedenen Vorformen und elaborierteren Formen des Denkens (s.a. Bion 1977) – auf das »Fühlen« (S. 131f.) führt ihn zu einer Erweiterung der »Verdauungsanalogie« für das Denken/Fühlen um das Atmungssystem, das Gehörsystem und das visuelle System. Bion führt diese Überlegungen leider nicht weiter aus, weist aber auf mögliche Störungen der Beziehungen zwischen Inhalt und Behälter hin, wie sie sich etwa in klinischen Manifestationen von Asthma aufzeigen ließen.

– Für die therapeutische Arbeit, insbesondere den Umgang mit im Verlaufe der Behandlung auftretenden Körpersymptomen, erscheint mir Bions (1962) Konzept der »Umkehrung der Alpha-Funktion« bisher zu wenig Beachtung erfahren zu haben. Der »Apparat« Alpha-Funktion und sein Pendant – das Containment – kann in bestimmten Zuständen nicht nur beim Patienten, sondern, was viel wichtiger erscheint, genauso beim Therapeuten außer Kraft gesetzt werden bzw. auch umgekehrt wirken, so dass der Prozess des Containments gerade in Situationen traumatischen Überwältigtwerdens zusammenbricht. Auch hier wird die Kontaktschranke zwischen Unbewusstem und Bewusstem beschädigt, so dass nunmehr keine Gedanken oder Symbole mehr erzeugt werden, sondern psychische Objekte, die sich mit Resten von Ich und Über-Ich zu »bizarren Objekten« (s.o.) verbinden, Objekte, die äußerst destruktive Wirkungen auf die Fähigkeit, zu denken und generell Verbindungen herzustellen, entfalten, so dass das Denken konkretistisch wird oder gar fragmentiert. Bion (1962, S. 78f.) beschreibt diesen Prozess ganz anschaulich mit dem körpernahen Bild einer »Kannibalisierung« von Alpha-Elementen, also von »Menschenfresserei« von Protosymbolen bzw. Symbolen. Auch hier können wir die Möglichkeit der Umleitung (s. Meltzer 1988) dieser »bizarren Objekte« in den Körper in Erwägung ziehen, wo sie sich zunächst als hypochondrische, bei Chronifizierung als psychosomatische Erkrankungen manifestieren würden, Erkrankungen, die also nur »scheinbar Sinn« machen würden.

Wir gewinnen mit diesem letzteren Ansatz ein neues Verständnis von Regression, die in der klassischen Psychoanalyse bekanntlich als Abwehr von inter- oder intrasystemischen Konfliktsituationen durch Zurückweichen auf frühere Stadien der Trieb-, Über-Ich-, Ich-, Selbstentwicklung oder der Entwicklung der Objektbeziehungen konzipiert wurde. Wir betrachten hier Regression nämlich unter dem Gesichtspunkt möglicher Störungen des Symbolisierungsprozesses. Uns interessieren dabei zunächst nicht so sehr die

Inhalte, die ein Patient uns in einer Therapiesitzung anbietet, sondern sein psychischer Zustand in Bezug auf dieses basale Alphabet, das zwischen der Repräsentation psychischer Inhalte auf dem Niveau unmittelbarer Erfahrungen, den mit diesen gekoppelten Affektzuständen und dem der symbolisierenden sprachlichen Darstellung liegt.

FALLBEISPIELE

Die vorangegangenen Überlegungen sollen nun anhand von drei Fallvignetten mit Leben gefüllt werden. Im ersten Beispiel geht es um ein Körpersymptom, das die Patientin auf der protomentalen Ebene des psychischen Lebens interpretiert. Das zweite Beispiel stellt eine Behandlung dar, bei der der Übergang zur Entwicklung der Fähigkeit einer Patientin, die unter verschiedenartigen Körpersymptomen litt, zum Gebrauch psychoanalytischer Symbole demonstriert werden soll. Im dritten Beispiel geht es mehr um die Feinanalyse von Sequenzen aus einer psychoanalytischen Behandlung mit einer besonderen Betonung von Aspekten der Gegenübertragung.

Erstes Fallbeispiel: Konformität gibt Sicherheit. Die Ebene der Gleichschaltung

Frau A. – Ende 20 – veränderte zweimal das therapeutische Setting extrem, weil sie jeweils aus beruflichen Gründen in eine andere Stadt gehen musste. Die Situation ließ sie ein massives Trauma der Trennung von ihrem Vater wiederbeleben. Während der ersten Trennungssituation – sie war etwa zwei Monate nicht in der Therapie – geriet sie unter den Einfluss einer Mitbewohnerin, die einer streng religiösen Sekte angehörte. Sie wurde in dieser Zeit vollkommen von den religiösen Vorstellungen dieser Sekte absorbiert, fühlte sich von satanischen Vorstellungen und Träumen verfolgt, die auf ihre Versuche hinwiesen, ihre psychische Situation über Spaltungsabwehren zu stabilisieren.

Die zweite Trennungssituation, ein halbes Jahr später, dauerte etwa vier Wochen. Frau A. kam danach wieder in die Stunde und erzählte zunächst einen Traum: Sie will mit dem Bus zu mir fahren, findet aber nicht die richtige Linie. Sie zweifelt, ob der Weg der richtige sei. Mit dabei ist Lisa, ein kleines Mädchen, in einem dünnen Sterntaler-Kleid, das friert, obwohl der Körper ganz warm ist. Die Patientin fühlt sich sehr verantwortlich für das Kind, aber auch ein wenig hilflos, als sie dann schließlich doch bei mir ankommt. Soll Lisa draußen sitzen bleiben oder vielleicht in die Obhut meiner Frau genommen werden? – Nun erzählte sie, wie es ihr mit der Trennung gegangen sei. Die Kollegen an ihrem neuen Arbeitsplatz seien alle sehr freundlich, hätten aber kalte Augen. Sie könne kaum noch schlafen, es gingen ihr tausend Stimmen durch den Kopf. Sie hat außerdem seit ein paar Wochen kurze Absencen, so dass ihr Vorgesetzter sie ganz besorgt gefragt hätte, ob sie vielleicht schwanger sei, auch die anderen Kollegen seien sehr besorgt. Sie wäre bei zwei Ärzten gewesen, einer hätte die Verdachtsdiagnose einer Dysfunktion der Schilddrüse gestellt, aber ihr sei klar, das stimme nicht. Sie ahne, es ginge um ihr Inneres, aber auf das mit der Schilddrüse könne sie sich mit allen einigen, das würde leichter akzeptiert. Wenn sie aus dieser kurzen Ohnmacht wieder aufwacht, hätte sie einen sehr verspannten Nacken: »Ich weiß, mir sitzt etwas im Nacken, die Angst im Nacken. Ich fühle mich wieder wie damals, wie unter der Glasglocke. Und innen, als wenn eine Sehne längs durch meinen Körper gerissen wäre.« Ich antwortete ihr, dass sie einen Bänderriß durch ihre Seele erlebe und ich zweifle, ob das Band zwischen uns beiden halten würde, und dass sie sich innerlich fühle wie Sterntaler-Lisa, frierend, allein, von den Eltern und von mir verlassen, und dass sie zweifle, ob die Analyse der richtige Weg sei. Da fiel ihr ein, gleich nach der Trennung von ihrem Vater hätte ihre Mutter sie für ein Kindergartenfest wie Sterntaler ausstaffiert, natürlich wie immer mit goldenen Sternen und goldener Krone – die Omnipotenz bricht zusammen. Nach einer langen Darlegung ihrer Enttäuschung über den Freund, der ihre Verzweiflung und Not nicht genügend wahrnehmen könne, erzählte sie, nach einem kurzen Hinweis von mir auf ihre sexuellen Probleme, dass sie wie immer die Sexualität nur in der Phantasie sehr genießen könne, aber real fühle sie nichts. Aber da käme öfter eine Phantasie, ganz weit weg, wie versunken, ein Penis, der irgendwo eindringt. Und gleichzeitig Ekelgefühle, z.B. beim Aufschlagen eines Eis. Sie schilderte dann das klassische Globusgefühl am Hals, das wir bei den Konversionsneurosen kennen.

In beiden Sequenzen wird deutlich, wie sie in diesen Trennungssituationen ihre Fähigkeit zum träumerischen Nachdenken verloren hat zugunsten einer Tendenz, sich auf der Ebene der Konformität oder Gleichschaltung mit einer realen Bezugsgruppe zu orientieren. In der ersten Trennungssituation wird diese Gruppe durch die religiöse Sekte repräsentiert, in der zweiten Situation durch das organmedizinische Modell, das der Arzt ihr mit seiner Diagnose einer Schilddrüsendysfunktion anbietet. Die Orientierung an solchen äußeren Zeichensystemen vermittelt eine Sicherheit, die sich bei genauerer Analyse allerdings als Pseudosicherheit erweist, da das Individuum immer Gefahr läuft, in einem letztlich seelenlosen Zustand ungeprüft Wertesysteme und Ideale zu übernehmen, die – wie hier im Falle der Orientierung an Sekten – sehr zerstörerisch sein kann oder, wie in der zweiten Situation, der Übernahme des rein somatisch-medizinischen Modells, die Patientin sehr von sich entfremden könnte.

An der zweiten Sequenz war mir zunächst aufgefallen, dass sie zum Traum, den sie mir gleich zu Beginn der Sitzung berichtet, nicht assoziiert, zumal sie sonst einen ausgezeichneten und sehr kreativen Kontakt zu inneren Prozessen hat. Auch hier hatte sie in der Trennungssituation offenbar meine Repräsentanz als denkendes Objekt verloren. Erst in dem emotionalen Austausch über ihren verlassenen Sterntaler-Teil gewinnt sie in der Sitzung wieder Kontakt zu ihrer inneren Welt, was sich darin zeigt, dass ihr plötzlich die Phantasien über den Penis, der irgendwo eindringt, wieder zugänglich werden, so dass nun Deutungen der hysterischen dissoziativen Abwehr, wie sie in der Symptomatik sichtbar werden, möglich sind. Ihr war also der Traumtext selbst nicht so wichtig, sondern die Vermittlung ihres momentanen emotionalen Zustandes. Ihr Hinweis auf die tausend Stimmen und die Schlaflosigkeit zeigt, dass die Kontaktschranke zwischen Ubw und Bw nicht mehr adäquat funktioniert und die Funktion des Traums als »Hüter des Schlafes« (Freud 1900a) partiell oder passager beschädigt war. Die Erinnerungen an die Kindergartensituation enthält auch den Hinweis auf die Wiederholung der früheren traumatischen Situation. Die Mutter hatte sich in einer Nacht-und-Nebel-Aktion von ihrem Mann getrennt und in den Folgejahren verhindert, dass die Patientin je wieder Kontakt zu ihrem geliebten Vater hat aufnehmen können. Sie hatte nie die Möglichkeit gehabt, über den Verlust des Vaters zu trauern, sondern wurde von der Mutter, die übrigens den Sohn, den Bruder der Patientin, beim Vater gelassen hatte, narzisstisch überfrachtet und missbraucht, was sich etwa in der Erinnerung an die goldene Krone beim Kindergartenfest widerspiegelt. Auch hier wurde die Patientin sozusagen in eine Konformität, nämlich mit der Bezugsgruppe der Mutter, deren Mutter und vier Schwestern, also in eine reine Frauenwelt hinein gezwungen, ohne Rücksicht auf ihre innere Befindlichkeit.

Die Abwehr der Patientin im Zustand des Getrenntseins von mir lässt sich auch als Ersetzung psychischer Realität durch äußere Realität interpretieren, wobei hier unter äußerer Realität das ihr jeweils zur Verfügung stehende Interpretationssystem für ihren seelischen Schmerz verstanden werden soll: also einmal das religiöse System, dann das rein somatische Interpretationssystem. Bion (1970) hat – wie oben bereits erwähnt – betont, dass es bei psychischen Erkrankungen vielen Patienten offenbar leichter fällt, körperlichen Schmerz zu bewältigen, als psychisches Leiden. Wenn wir überlegen, wie viel Zeit in Therapiesitzungen mit der Beschreibung äußerer

Realitäten zugebracht wird, die wir niemals alle in den Kontext einer Deutung intrapsychischer Situationen hineinbekommen, dann drängt sich die Überlegung auf, dass es den Menschen offenbar leichter fällt, sich auf der Ebene der Repräsentanz der äußeren Welt zu bewegen, als auf der Ebene der Repräsentation psychischer Erfahrungen oder Zustände.

Zweites Fallbeispiel: Vom affektiven Sperrfeuer zum Symbol

Frau R. war bereits für ein halbes Jahr in einer psychosomatischen Klinik behandelt worden, bevor sie in die Sprechstunde kam. Bezüglich der Symptomatik handelt sich um eine Bulimie, vielfältige psychosomatische Beschwerden und einen sehr störenden Tinnitus, in Form eines äußerst penetranten Ohrgeräuschs. Dieser »Begleiter«, wie wir ihn nannten, war seit einem Hörsturz, den sie im Kontext einer schwierigen beruflichen Entscheidungssituation bekam, stets präsent und raubte ihr die Lebensfreude. Zur Vorgeschichte ist anzumerken, dass die damals 27-jährige Patientin erst kurz nach Beginn der Behandlung bei mir das Elternhaus verlassen hatte. Es wurde deutlich, dass sie als Einzelkind offenbar die nicht sehr glückliche Ehe der Eltern hatte kitten sollen – um den Preis der Behinderung der Autonomie-Entwicklung.

Es dauerte sehr lange, bis Frau R. stabile positive Übertragungs- und Beziehungsmuster etablierte, sich das Arbeitsbündnis festigte und sie mich als verlässliches Objekt nutzen konnte, mit dessen Hilfe sie beginnen konnte, intrapsychische Konflikte in der Übertragung symbolisch zu (re-)inszenieren. Zunächst ging es darum, die vielen sie belastenden Probleme realer Lebensbewältigung mit psychischen Qualitäten zu verbinden, das hieß lange Zeit auch, auf ganz basalem Niveau Affekte zu identifizieren und zu klären.

Frau R. traute weder mir als einem »fremden Mann« noch der psychotherapeutischen/analytischen Behandlungstechnik, sie traute überhaupt inneren Prozessen wenig. So hatte sie noch viele Monate neben ihren Stunden bei mir regelmäßige Behandlungstermine bei ihrem Hausarzt, einer Krankengymnastin, mehreren Orthopäden, einem Neurologen, alles, »um endlich diese fürchterlichen Ohrgeräusche wegzubekommen«. Einerseits sagte ihr »der Kopf«, dass sie ja wohl an mir nicht vorbeikäme, andererseits spürte ich ihre hochgradige Ambivalenz, fühlte meine Arbeit und meine Bemühungen um sie von ihr oftmals heftig entwertet, wenn sie – affektiv dabei durchaus kontrolliert – z.B. hämische Bemerkungen psychotherapiefeindlicher Ärzte zitierte. Mal ärgerte ich mich, mal geriet ich unter Druck, insbesondere, wenn sie sich mir, wie so oft, als ein »Häufchen Elend« präsentierte. Je wohler und sicherer sie sich mit der Zeit bei mir fühlte und je mehr sie sichtbar von der Behandlung profitierte, desto mehr empfand ich es geradezu als Verrat, wenn sie Details aus Sitzungen ihrer bislang alles kontrollierenden Mutter anvertraute, die dann mit derben Bemerkungen mühsam gewonnene Erkenntnis beiseite wischte. In dieser Zeit telefonierte die Patientin mindestens einmal pro Tag mit der Mutter, meist sogar drei- bis viermal. Häufig kam es nach den Telefonaten zu bulimischen Brechanfällen, die sie übrigens nicht mit dem Kontakt mit der Mutter asso- ziieren konnte. So offenbarte sich mir in der Übertragung nach und nach eine eklatante Ich-Schwäche, eine überwiegend funktionale (narzisstische) Gestaltung von Objektbeziehungen, eine in Konfliktbereichen gravierende Störung der Symbolisierungsfähigkeit bei gleichzeitigem Festhalten an einem beschädigten infantilen Körper-Selbst, über das einerseits Bindung zum Primärobjekt hergestellt bzw. aufrechterhalten wurde, das andererseits als Ort neurotischer Konfliktlösung überbeansprucht wurde.

Die mangelhaft entwickelte Fähigkeit zum Gebrauch von Symbolen spie- gelte sich im Ausbleiben von Träumen und der Unfähigkeit zum freien Assoziieren. Stattdessen berichtete sie mir immer genau, was – auf der Ebene der äußeren Realität oder der ihres unmittelbaren Körpererlebens – zwischen den einzelnen Sitzungen geschehen war. Insofern blieb sie im Sinne eines zweidimensionalen Geschehens zunächst ohne eigene Reflexion an der Oberfläche, während ich mich um die Tiefe bemühte.

Mir ging es zunächst darum, Frau R. darin zu unterstützen, die sie über- schwemmenden diffusen Affektzustände von frei flottierender Angst, Panik, depressiver Angst, Versagensangst, Scham etc. genau zu identifizieren, zu benennen und zu klären, um ihr so zu einer besseren Fähigkeit, ihre Affekte zu modulieren, zu binden und zu tolerieren zu verhelfen. Erst auf dieser Grundlage erwies es sich als sinnvoll, sie bei ihren Wünschen, sich sowohl real als auch innerlich von den Eltern zu trennen, um größere Autonomie zu entwickeln, zu unterstützen. In dieser Zeit war die Betonung des sicheren Behandlungsrahmens, Containing und Affektabstimmung – also mein Bemühen, mich möglichst auf die gleiche emotionale Wellenlänge einzustel- len – weitaus wichtiger als konfliktzentrierte Deutungen auf symbolischem Niveau.

Nun begann Frau R. Aspekte ihrer Beziehung zum idealen Objekt auf mich zu übertragen. Immer wieder betonte sie, wie ruhig sie nach den jeweils vorangegangenen Sitzungen gewesen sei, und nach und nach verbes- serte sich ihre Angst- und Frustrationstoleranz signifikant. In welchem Maße sie mich als beruhigendes und tröstendes Objekt zu besetzen gewillt war, in welchem Maße ich Denk- und Bewusstseinsfunktionen stellvertre- tend für ihr sehr schwaches Ich übernommen hatte, zeigte sich dann im

Verlaufe der ersten längeren Analyseunterbrechung aufgrund meines Urlaubs. Sie ließ sich wegen eines akuten körperlichen Zusammenbruchs, begleitet von dröhnenden Ohrgeräuschen, heftigen Rückenschmerzen und Migräneattacken, für eine Woche in eine Klinik einweisen. Da keine organischen Ursachen gefunden wurden, begann sie, wiederum unterstützt von der Mutter, eine erneute Odyssee von einem Facharzt zum nächsten. Dann kam sie wieder, überfrachtet mit vielen z.T. sinnvollen, aber z.T. auch einander widersprechenden Behandlungsvorschlägen. Ich hatte das Gefühl, wieder ganz von vorn beginnen zu müssen, aber nach und nach verstand sie die Übertragungsbezogenheit ihres appellativen Agierens und wie sie im Sinne eines Rollentauschs – sie in der Position ihrer Mutter, ich in ihrer Position – mich quasi bestrafen dafür wollte, dass ich sie im Stich gelassen hatte. Mir wurde in dieser Zeit klar, in welchem Ausmaße Vorstellungen vom Selbst und vom Objekt verschwammen und dass sie sich unbewusst als Teil ihrer Mutter phantasierte. In dieser Zeit entwickelte sie eine große Besorgnis, die sich darauf bezog, dass ihre Mutter krank werden könne, gar sterben müsse, wenn sie sich von ihr trennen würde. Die sorgfältige Durcharbeitung dieser Zusammenhänge im Übertragungskontext führte bald dazu, dass sie wieder festeren Boden unter die Füße bekam. Sie verstand, wie sehr sie sich von den Eltern hatte dazu missbrauchen lassen, eine ziemlich unglückliche Ehe zu kitten. Das Angebot des Vaters, doch in eine komfortable Einliegerwohnung im Elternhaus zu ziehen, konnte sie ganz klar ablehnen. Sie trennte sich von ihrem Freund, einem jüngeren, ihr »ungefährlichen« Mann. Sie »gestand« mir, dass sie noch Jungfrau sei, sich aber doch »heimlich« nach einer erfüllten sexuellen Beziehung sehne, wohl das einzige Geheimnis, das sie ihrer Mutter, quasi ihrem externalisierten Über-Ich, nicht verraten musste.

Frau R. träumte: W., ihr Ex-Freund, schreibt ihr, er wolle nichts mehr von ihr wissen. Sie ist dann auf seinem Bauernhof mit vielen Tieren und Kindern. Dann im Garten ihres Elternhauses. Dort sieht sie, wie ein junges Mädchen reitet, springt und mit dem Pferd in einem Stacheldrahtzaun landet. – Der Traum verdeutlicht, wie sehr sie einer infantilen, heilen Welt verhaftet war. Ihre Einfälle bezogen sich auf die »Einflüsterungen« ihrer Mutter: Diese sagte irgendetwas daher (kurz vorher über den Ex-Freund), und sie hatte eine schlaflose Nacht. Daran zeigte sich, in welchem Ausmaße Frau R. an einer infantilen Allmacht der Gedanken festgehalten hat, korreliert mit einem Konzept von allmächtigen Elternfiguren. Wir verstanden, warum sie immer wieder auf das Thema ihres verstorbenen Pferdes zurückkam, dem Vater immer wieder vorwerfen musste, er hätte es falsch gefüttert – obwohl sie selbst es doch damals schon besser gewusst hätte: Als ob sie dem Vater immer wieder vorwerfen müsste, dass die Eltern einerseits doch nicht so grandios und allmächtig sind, wie sie es sich im Grunde wünschte, und zum anderen, dass sie selbst auf der psychischem Ebene »falsch gefüttert« worden war. – Die Analogie zu ihren Essanfällen liegt auf der Hand.

Nach dieser ca. zwei Jahre dauernden »Vorarbeit« kann Frau R. sich in stärkerem Maße auf dem Niveau intrapsychischer Konflikte mit mir auseinandersetzen. Sie bringt nun viel öfter Träume mit in die Stunden, das Material wird symbolhaltiger. Intensiv beginnt sie, sich mit ihrer Weiblichkeit zu beschäftigen. Warum müssen Frauen leiden, bluten, Männer nicht? Bislang war sie davon ausgegangen, mal »irgendwann« einen Bauern zu heiraten, dessen Eigentum sie dann wohl irgendwie sein müsse, immerhin sei das eine sichere Perspektive. Aber in dieser Zeit bekam sie einen neuen Arbeitsplatz in der neurobiologischen Grundlagenforschung, wurde sogar mit einem eigenen kleinen Forschungsprojekt betraut, dessen Ergebnisse sie auf einer Fachtagung vorstellte. Sie bekam Aufwind den Eltern gegenüber, ließ sich vor allem vom Vater nicht mehr alles bieten, wenn sie auch noch große Angst vor seinen entwertend-aggressiven Äußerungen hatte. Einen geplanten Urlaub in Andalusien mit einer Freundin sagte sie dann aber doch aus Mutlosigkeit kurzfristig ab. Sie träumte in dieser Zeit, dass ihre Mutter gestorben sei; im zweiten Traumteil ging es um einen wild gewordenen Stier, der geschlachtet wurde. Sie assoziierte dazu spanischen Stierkampf, erinnerte ihre Ängste vor Bullen aus ihrer Kindheit, dachte an die Bemerkungen ihres Vaters, sie solle sich nicht so anstellen, und bekam so immer mehr Zugang zu ihrer Enttäuschung über fehlende narzisstische Bestätigung durch ihren Vater. Insofern entfaltete sich der ödipal/hysterische Konfliktbereich immer stärker. Wir begannen zu verstehen, wie sie Männer immer wieder verführen musste, wenn sie – sehr attraktiv zurechtgemacht – jedes Wochenende zum Tanzen ging, um ihnen dann, wenn es ernst wurde, die kalte Schulter zu zeigen und sie im Regen stehen zu lassen. So schlug sie mehrere Fliegen mit einer Klappe: Sie gefährdete nicht die funktionale, symbiotische Beziehungskonstellation mit der Mutter, hielt eine narzisstische »Prinzessin-auf-der-Erbse-Position« – keiner war ihr gut genug – aufrecht, schützte sich so vor der ödipalen Auseinandersetzung mit der Mutter (deren Tod sie genauso fürchtete, wie sie sich unbewusst danach sehnte), rächte sich am Vater für fehlende zärtliche und narzisstische Bestätigung und schützte sich schließlich vor Überwältigtwerden in einem sadistisch ausphantasierten Geschlechtsakt (mit einem – spanischen – Stier-Mann).

In meinen Gegenübertragungsreaktionen änderte sich in dieser Zeit einiges. Ich hatte das Gefühl, mehr Zugang zu den progressiven Möglichkeiten der Patientin zu bekommen, die Stunden waren von mehr Involvement, Dynamik und Elan gekennzeichnet. In einer Stunde reagierte sie auf eine meiner – vielleicht etwas zu heftigen – Deutungen, die sich auf ihre trieb-haft-ödipalen Wünsche bezog, ganz unmittelbar mit einem Tinnitus-Geräusch. Ihre Reaktion – »das war gerade so, als würde mein Trommelfell platzen« – wies auf den konversionsneurotischen Kern des Tinnitus hin: Es ging um die Angst vor der Defloration, die hier im Sinne einer Verschiebung von unten nach oben – Hymen = Tympanon – symbolisch dargestellt wird, wobei sie auf mich die Imago eines in sie überwältigend eindringenden Mannes übertragen hatte. Ihre weiteren Assoziationen bezogen sich auf Aussprüche der Mutter aus ihrer Adoleszenz, die den antagonistischen ver-bietenden Über-Ich-Part reflektieren: »Du hast einen Mann im Ohr!« – »Bei dir piept's wohl!« bis hin zu: »Wenn du dich mit einem Mann einläßt, bin ich nicht mehr deine Mutter.«

Es dauerte also sehr lange, bis es mit dieser Patientin möglich war, auf der Ebene symbolischen Austausches in der Übertragung zu arbeiten. Die Tinnitus-Symptomatik war lange Zeit auch nicht im entferntesten so wie zuletzt symbolisch zu deuten, sondern reflektierte für mich ihre gravierende Unfähigkeit, eigene Gedanken für sich zu denken, ein gesundes Selbst-bewusstsein und ein Bewusstsein ihrer Selbst zu entwickeln, schmerzliche und frustrierende Affektzustände im Sinne des Containings auszuhalten und in psychisch fühlbare Emotionen zu transformieren, und wies somit auf eine beschädigte Alpha-Funktion. Gerade ihre Reaktion auf die Ferientrennung illustriert den Prozess der Desymbolisierung. Sie verlor mich als »denkendes« Objekt, das stellvertretend für ihr schwaches Ich/Selbst regulierende, modu-lierende und transformierende Prozesse übernommen bzw. bei ihr »ange-schoben« hatte. Damit regrediert sie in der Trennungssituation auf ein frühe-res semiotisches Niveau, das einer unmittelbaren Verwendung von »Körper-Logik«. Damit verlor sie auch zunächst wieder ihr bisheriges mühsam erwor-benes Wissen um die psychische Bedingtheit ihres regredierten Zustandes und suchte nach Lösungen über ihr nahegelegte somatisch-medizinische Modelle, was einer Verleugnung ihrer psychischen Realität entsprach.

Drittes Fallbeispiel: Der Beta-Schirm verhindert wirkliche Berührung

Zum Schluss einige Sequenzen aus der Behandlung einer Patientin, die, neben ihren vielen aktuellen psychosomatischen Beschwerden, früher an einer schweren Asthmaerkrankung gelitten hat. Eine Sitzung beginnt wie immer mit einem sehr trockenen, harten Hustenanfall. Sie wirkt äußerst angespannt, unzugänglich, verschlossen und in sich gefangen. Sie erzählt dann, wie sie realisiert hat, dass ihre Großmutter, die sie in ihren Kindheitsjahren überwiegend betreut hatte, sie emotional nicht verstand. Sie hatte damals mit einem kleinen Mädchen Streit über ihre nagelneuen Buntstifte, die sie partout nicht hergeben wollte. Die Großmutter sagte zu einer anderen anwesenden älteren Dame, dass ihre Enkelin sonst nicht so sei, das läge daran, dass sie krank sei, und entschuldigte sich quasi für das Verhalten der damals vierjährigen Patientin. Sie erinnert, dass sie seit diesem Ereignis den Geruch muffiger Handtücher nicht ertragen könne, den sie seither mit alten, schwarz gekleideten Frauen assoziiert. Ich spüre, wie sich im Verlauf der Stunde trotz ihrer Einfälle atmosphärisch etwas Hartes, Kaltes, Unzugängliches auch zwischen uns etabliert hat, so als wäre ich gar nicht für sie da. Am liebsten würde sie jetzt rauchen, dann würde sie wenigstens etwas davon loswerden. Sie spricht über Steine und Felsen, dann über ihre Höhenangst und erzählt, wie sie kürzlich beim Schwimmen, das sie sonst so sehr genießen könne, gegen den Rand des Schwimmbades gestoßen sei und sich dabei sehr wehgetan hätte. Ich sage ihr, dass ich spüre, wie sehr sie es sich wünsche, sich bei mir fallen lassen zu können, dass sie aber befürchte, dann auf etwas Hartes, Kantiges, Begrenztes bei mir zu stoßen. Und so denke sie, dass sie nur etwas von diesem Zustand des Nichtverstandenwerdens bei mir loswerden könne, für den der muffige Handtuchgeruch stünde, wenn sie uns beide in den Rauch ihrer Zigarette einhüllen würde. Hier wird deutlich, welche Rolle die unmittelbaren sensorischen Daten für den Prozess der Introjektion spielen: An Stelle des möglichen Verständnisses ihrer Großmutter für ihren Wunsch, sich selbst zu behaupten – das hätte eine psychische Qualität –, introjiziert sie Geruchspartikel von alten muffigen Frauen. Die Bedeutung, die ich dem Zigarettenrauchen gebe, spielt ebenso auf die Ersetzung einer Beziehungsqualität durch respiratorische Introjektion (vgl. Fenichel 1931). Indem ich es aber benenne, ebne ich dem Erleben des Beziehungsaspektes bzw. dem Bewusstwerden des Wunsches nach seiner Realisierung den Weg. Die Diagnose ihrer psychischen Situation setzt – über die Gegenübertragung – die Realisierung des affektiven Zustandes der Patientin voraus, den ich bei mir fühlen können muss, um eine Deutung zu geben, die in diesem Falle eine entspannende Wirkung hatte; erst jetzt kann sie weinen und sich mir nahe fühlen. Es waren schier dämonische innere Kräfte, die die Patientin immer wieder in eine häufig als klaustrophobischen Zustand sich manifestierende Sackgasse trieb, die sich – von außen betrachtet – als unzugängliche narzisstische Konfiguration beschreiben ließ. Diese überwertige narzisstische Abwehr lief immer wieder auf eine Vermeidung von wirklicher Objektbeziehung hinaus. Statt die trö-stenden, modulierenden und damit hilfreichen Möglichkeiten realer

Beziehungen für sich zu nutzen, mußte Frau K. immer wieder gegen ihre Tendenz ankämpfen, sich mit Hilfe eines »narkoleptischen« Sich-weg-Schlafens und des Gebrauchs von Suchtmitteln zu betäuben bzw. entsprechend ihrer oralen Defizite *sich selbst zu trösten.*

Aus einer inneren Perspektive ergab sich das Bild einer pathologischen Organisation, die sich überwiegend analsadistischer und sadomasochistischer Modi bediente. Deren Ziel schien einzig und allein darin zu bestehen, bestimmte innere Objekte zu konservieren und diesen in einer Art inneren »Krypta« (Küchenhoff 1991) zu huldigen. Über die Qualität dieser Objekte gibt ein Traum Aufschluss, in dem es zunächst um eine sehr lebendige Szene (Hochzeitsfest) in ihrem Heimatdorf ging. Statt an diesem Fest teilzunehmen, betritt die Patientin einen Raum, in dem eine alte Frau in einem Bett liegt. Diese Frau wird von ihrer Pflegerin nun immer wieder gewendet, um ein Durchliegen zu verhindern. Bei genauerem Hinsehen wird ihr im Traum deutlich, dass es sich bei dieser Frau nur um eine ausgestopfte große Puppe handelt. Der Traum weist auch auf die Beziehung der Patientin zu einer »toten Mutter« hin, wie André Green (1983) sie beschrieben hat: Eine Mutter, die die affektiven Signale ihres Kindes aufgrund eigener unbewältigter Konflikte nicht wahrnehmen und adäquat beantworten kann. Dafür gibt es in der Biographie der Patientin viele Beispiele, die es verständlich machen, wie sehr sie sich an unlebendige Objekte klammern musste, die mehr an Harlow`s Drahtmutter denken ließen als an vitale emotionale Verbindungen. Toten Müttern korrespondieren tote Babys. Wenn es für die Patientin aktuell mehr und mehr darum geht, ins Leben zu kommen, dann geht es für sie auch um das Überleben und darum, der suggestiven Attraktion dieser gefährlichen todbringenden Objekte – Narkolepsie, sich weg machen, Erleben töten – zu widerstehen und zu entkommen. Frau K. assoziiert die »Dementoren« in den Harry Potter-Romanen: Objekte, die gute Gedanken fressen, mit dem Effekt, daß Harry Potter, wenn er gute Gedanken denkt, in Ohnmacht fällt. Im Roman ist die Mutter des Jungen früh gestorben. Auch hier also wieder das Thema der abwesenden, toten Mutter. Der Patientin begegnet eine erschreckende innere Leere.

Sie erinnert Mutters Spiegelkommode im Schlafzimmer, ihre Versuche, sich dort zu sehen, zu finden, sieht aber nur den Spiegel als eine glatte Oberfläche, die (wie Narziss und Echo) nur ihr eigenes äußeres Bild reflektiert: Es gibt keine Resonanz.

Der harte Husten zu Beginn beinahe jeder Stunde repräsentiert eine Art »Beta-Schirm« (Bion 1963) gegen mögliches emotionales Verstehen:

»Statt dass Sinneseindrücke in Alpha-Elemente verwandelt werden, um sie in Traumgedanken und in unbewusstem Wachdenken zu verwenden, wird die Kontaktschranke nicht entwickelt, sondern zerstört. Dies geschieht durch die Umkehr der Alpha-Funktion, so dass die Kontaktschranke und die Traumgedanken und das unbewusste Wachdenken, die das Gefüge der Kontaktschranke darstellen, in Alpha-Elemente umgewandelt werden, die von allen Merkmalen entkleidet sind, die sie von Beta-Elementen unterscheiden, und die dann projiziert werden und so den Beta-Schirm bilden« (Bion 1963, S. 71).

Obwohl diesseits dieses Beta-Schirmes analytisch hart gearbeitet wird – es handelt sich um die zweite hochfrequente Analyse dieser Patientin – fühle ich mich oft draußen, ohne wirklichen emotionalen Zugang. Ich deute ihr diese Situation, als eine uralte verfestigte Situation: die Eltern arbeiteten so hart, waren derart mit sich beschäftigt, dass sie keine Möglichkeit hatte, diese emotional zu belasten, und dass ich das Gefühl hätte, sie würde mir demonstrieren, wie es sich anfühlt, keinen wirklichen Beitrag leisten zu können, nicht nehmen, aber auch nichts bekommen zu können. Manchmal kommt sie mir vor wie die »Bewacherin des elterlichen Schlafzimmers«, ich bekomme dann wenig Zugang zu lebendigen inneren Objekten, fühle mich ausgeschlossen, obwohl, wie gesagt, wir beide hart arbeiten.

Eines Morgens bekomme ich genau in dem Moment, in dem ich ihr die Tür zum Behandlungsraum öffne, einen Hustenanfall, über den wir beide schmunzeln können, den ich aber noch nicht in eine Deutung der Übertragungssituation transformieren kann. Ich finde keinen Aufhänger für meinen emotionalen Zustand, nichts, woran ich diesen festmachen könnte. Vielleicht geht es um meine Identifizierung mit dem mich ausschließenden Aggressor, oder identifiziere ich mich mit dem in mich projizierten bedrohten erstickenden Teil? Ich bleibe in meinen theoretischen Überlegungen stecken, fühle mich in einer Sackgasse, während die Patientin über Beschwerden klagt, die sie an das »restless legs syndrome« erinnern würden. Ich fühle mich in der Gegenübertragung isoliert, überflüssig gemacht oder/und tendiere dazu, quasi stellvertretend für das Ich der Patientin ärgerlich auf ihre inneren Objekte zu reagieren. Eine dritte Position wird schon mehr und mehr dadurch gekennzeichnet, dass die Patientin mir ihren psychischen Schmerz ganz unmittelbar zu vermitteln versucht. Während manche meiner Deutungen früher tendenziell eher unmittelbar in ihr Über-Ich wanderten, also zu einer Aggressivierung ihrer inneren Objekte beitrugen und damit zu weitergehender Selbst-Denunziation, kann sie mich mit der Zeit stärker belasten: Sie kann ihren Ärger, Frustrationen loswerden, teilen, kann sich entspannen und die Sitzungen viel besser wirklich für sich nutzen, statt einem bestimmten Ideal von perfektionistischem »Alles-Verstehen-Können-Müssen« hinterher zu jagen. Obwohl die asthmatische Symptomatik außerhalb der therapeutischen Situation abgeklungen scheint, drängt sich mir immer wieder der merkwürdige Gedanke auf: »Sie hat noch Asthma.«

Ich möchte nun eine weitere Sequenz schildern, die zu einem wirklichen »Durchbruch« der Behandlung geführt hat. In der folgenden Sitzung erzählt sie mir einen Traum: Sie steuert ein kleines Schiff in eine Schleuse, um dort für die Nacht festmachen zu können. Aber die drei Liegeplätze sind belegt. Sie entscheidet sich deshalb dafür, weiter auf das offene Meer hinauszufahren. Es herrscht Sturm, das Meer ist überaus bewegt, so dass sie sich Rat bei einem Kapitän holen möchte, der aber nur abwinkt. Auch ein zweiter sehr erfahrener Seemann schüttelt nur bedenklich den Kopf, so dass sie umkehrt und dann doch noch in der Schleuse festmacht. Sie assoziiert zunächst Geschwisterprobleme – die drei belegten Plätze, fragt sich nach ihrem sicheren Platz in der Familie ; meinen vorsichtigen Hinweis auf eine mögliche versteckte Kritik an mir – die Seeleute, die nur abwinken – übergeht sie zunächst. Dann klagt sie über ihre extreme Müdigkeit heute morgen, sie hätte kaum noch weiter fahren können, so sehr hätte es sie »hinabgezogen«, aber sie wollte auf jeden Fall zu mir kommen. Sie beschäftigt sich mit einer Freundin, der sie davon erzählt hatte, dass sie nun bald heiraten wolle, diese hätte nur zwei Sätze dazu gesagt, dann sofort das Thema gewechselt, worauf sie innerlich weggegangen sei. Ich registriere, wie sehr sie mir hiermit noch einmal ihren Wunsch nach einer resonanten Beziehung mit mir zum Ausdruck bringt, wie groß ihre Angst vor meinen möglichen Empathiemängeln ist, vor denen sie sich durch Wegschlafen, Wegsein zu schützen versucht. Aber ich kann immer noch nicht bei ihr »landen«. Sie spricht nun eine ganze Zeit weiter. Meine Konzentration lässt nach, und ich schlafe für einen ganz kurzen Moment ein, wache dann voller Schreck und allergrößtem Entsetzen auf. Dann denke ich an eine der vorangegangenen Sitzungen, in der sie mir von einem Verkehrsunfall berichtet hatte, den sie beobachtete. Sie hatte von ihrer entsetzlichen Todesangst gesprochen, hundert Meter weiter, hätte der Unfall genauso gut ihr passieren können. Ich denke auch mit Schmerzen an einen guten Freund von mir, einen erfahrenen Seemann, der bei einem geradezu banalen Segelunfall ertrunken war. Schließlich fällt mir die Palinurus-Sage aus der *Aeneas* von Vergil ein, die Bion (1977) zitiert, um die Gefahren der analytischen Situation zu versinnbildlichen: Palinurus, der erfahrene Seemann des Aeneas, sitzt nachts am Steuer des Schiffes. Die See ist ruhig, und scheinbar ist alles in Ordnung. Aber der Gott Somnus übermannt Palinurus mit einem kurzen Schlaf. Plötzlich taucht Neptun aus dem Meer auf und zieht Palinurus in die Fluten hinab. Nun erst gelingt es mir, die Patientin mit meiner Deutung ihres Wunsches zu erreichen, sich mit mir gemeinsam auf den Ozean dieser sie tödlich bedrohenden inneren Kräfte zu begeben. Irgendwie schien sie auch zu spüren, dass ich diesen Zustand des namenlosen Schreckens – zumindest in einer Annäherung – fühlen konnte, erahnen konnte, wie ihr es ging. Von dieser Sitzung an war der Husten zu Beginn der früheren Sitzungen verschwunden. Aus den bald darauf folgenden Sommerferien kehrt sie zurück und berichtet mir, dass es ihr in ihrem ganzen bisherigen Leben noch nie so gut gegangen sei. »Und das Wichtigste: Ich fühle mich in meinem Körper wohl, ich fühle mich körperlich gesund, wie noch nie. Wissen Sie noch, welche Qualen ich in unseren ersten Jahren durchleben musste?«

DISKUSSION

Silver (1987) verknüpft einige der grundlegenden Konzepte Bions mit der Pierceschen (1932, 1934) Theorie der Semiotik. Er spricht von einem Übergangsbereich, innerhalb dessen es in der semiotischen Triade (Interpretant – Objekt – Zeichen) keinen wesentlichen Unterschied zwischen Objekt und Zeichen gibt, womit er die Beschreibung des konkretistischen Denkens durch Segal (1957; 1975) präzisiert, bei dem bekanntlich eine Gleichsetzung zwischen Symbol und Symbolisiertem stattfindet. Auch eine nicht aufgelöste projektive Identifizierung beinhaltet genau diese Struktur: Der projizierte Inhalt – in meinem Fallbeispiel der Hustenanfall, den ich zu Beginn der Sitzung bekomme – bildet sich im Analytiker ab. In diesem Fall sind Objekt (der Affektzustand des Ausgeschlossenseins und Nichtverstandenwerdens bei überwältigender Angst vor tödlicher Bedrohung in Form eines Fallens in einen Zustand »namenlosen Schreckens« und Interpretant gleichgesetzt. Ogden (1989) hat Bions Begriff durch den des »formlosen Schreckens« ersetzt. Ich halte den Bionschen Begriff für unseren Zusammenhang angemessener. Das Adjektiv »namenlos« verweist auf die fehlende Symbolisierungsmöglichkeit dieses schlimmstmöglichen aller psychischen Zustände.

Es findet – über das gemeinsame Schmunzeln – nur eine minimale Symbolisierung dieser emotionalen Situation statt, und damit tritt kein wesentlicher semiotischer Fortschritt ein. Mein Husten bliebe ihrem Husten gleichgesetzt, ich bliebe nicht mehr als der Spiegel auf der Kommode ihrer Mutter, der nur ihr eigenes Bild zurückwerfen würde. Kann sie mich aber nicht als Container für den sie dominierenden Affektzustand nutzen, entsteht nicht genügend psychischer Raum, dann manifestieren sich die unsymbolisiert ausgestoßenen Beta-Elemente als körperlicher Zustand im Sinne der

»restless legs«, was sie später mit ihrer kindlichen »Zappeligkeit« verknüpfen kann, mit der sie ihre Mutter »genervt« hätte. Erst die Synthese der Elemente, die die Gesamtsituation zwischen uns definieren, ermöglicht diesen notwendigen Fortschritt: Mein immer wiederkehrender Gedanke über ihr Asthma, die Todesangst, festgemacht zunächst an der Angst vor einem Autounfall, der Traum von der gefährlichen See und der Suche nach einem erfahrenen Steuermann, mein eigenes »narkoleptisches« Einschlafen und alptraumartiges Aufwachen mit der Erinnerung an den ertrunkenen Freund, an die Schilderung ihrer Todesangst und die Interpretation der Palinurus-Sage durch Bion. Eine Erfahrung, auch wenn sie sich nur als primitives »Zeichen« im Sinne einer physischen Handlung innerhalb eines geschlossenen autonomen oder kinästhetischen Systems (Alexithymie) manifestiert, benötigt für ihre Aktualisierung als eine Beziehungserfahrung ein Containing oder eine Verkörperung (Silver a. a. O.). Nur dann kann sich diese Erfahrung als wirkliche symbolische Erfahrung entfalten.

Es gibt offenbar eine allgemeine Tendenz der menschlichen Psyche zur Entropie, zur »Symmetrisierung« (Matte Blanco 1975), d.h. zur Aufhebung aller möglichen, im Denken erfassbaren Unterscheidungen. Green (1998, S. 47) spricht in seiner Interpretation der Relationen zwischen Freuds und Bions Werken von der »Arbeit des Negativen«. Auch Sandler (1997, S. 47) beschreibt eine universale Tendenz des menschlichen Geistes zur Transformation seelischen Geschehens in eine Richtung, die der Alpha-Funktion entgegenläuft:

»The human mind has difficulty containing immaterial abstractions within psychic boundaries. There appears to be a universal tendency to replace psychic reality with material reality, which coexists with and opposes the development of thinking.«

Diese materielle Realität ist zu allererst somatische Realität. Die Umkehrung der Alpha-Funktion dient in letzter Konsequenz der Vermeidung der Realisierung psychischen Schmerzes, während der Prozess der Symbolisierung immer auch die Anerkennung des Verlustes, des Getrenntseins vom Objekt (Segal 1957) und die damit verbundene Durcharbeitung seelischen Schmerzes im Kontext einer haltenden Objektbeziehung beinhalten muss. Erst darüber kommt es zu einer intrapsychischen Bindung zwischen Wort- und Sachvorstellungen (Freud 1911b; 1915e) als Voraussetzung psychischer Strukturbildung. Unter diesem Gesichtspunkt bestimmt die Art und Weise bzw. die Fähigkeit des Individuums, Zeichen und Symbole zu benutzen über den Grad seelischer

Gesundheit oder Krankheit. Bion (1992) beschreibt den Prozess der Bindung primärprozesshaften Geschehens durch Symbolisierung auf seine einzigartige Weise: »The name is used to prevent the scattering of phenomena« (S. 87). Das Wort verhindert das Zerfallen der Phänomene. Rothhaupt (1997) macht auf eine Übereinstimmung von Bions Vorstellungen über vorsymbolische Denkformen mit Freuds Vorstellungen über Aktualneurosen: Sowohl Übertragungs- als auch Aktualneurosen gingen aus der Libido hervor.

> »Aber die Symptome der Aktualneurosen, ein Kopfdruck, eine Schmerzempfindung, ein Reizzustand in einem Organ, die Schwächung oder Hemmung einer Funktion, haben keinen ›Sinn‹, keine psychische Bedeutung« (Freud 1916-1917, S. 402).

Hier müsste der Sinn in der therapeutischen Arbeit also nicht »erschlossen« werden, sondern sich im Kontext einer neuen emotionalen Beziehungserfahrung erst konstituieren.

THERAPEUTISCHE KONSEQUENZEN

Technisch ergeben sich also zwei generalisierend voneinander zu unterscheidende Aspekte, unter denen wir unsere therapeutischen Interventionen betrachten müssen: Bewegt sich der Patient auf der Ebene von Assoziationen, Handlungen oder Symptomen, die psychisches Erleben symbolisieren und repräsentieren, können wir das klassische Deutungsrepertoire benutzen, das uns die geläufigen psychodynamischen Modelle und Theorien zur Verfügung stellen. Hier können wir mit und an der Abwehr arbeiten, Verdrängtes bewusst machen, helfen, Erinnerungsarbeit zu leisten, intrapsychische Konflikte zu formulieren oder abgewehrte, gegenbesetzte Wünsche zu deuten. Ist der Symbolisierungsprozess selbst allerdings beeinträchtigt oder gegenläufig, ist es ungleich wichtiger, auf der Ebene der Rezeption projektiver Identifizierungen zu arbeiten, die wir nun nicht als Abwehr verstehen, sondern als die einzige dem Patienten momentan zur Verfügung stehende Kommunikationsform grundlegender unsymbolisierter Affektzustände oder »Affektkategorien« (Modell 1995), die eben noch nicht fühlbar sind und noch keine psychischen Qualitäten gewonnen haben, sondern völlig automatisch ablaufen. Der Prozess der Symbolisierung erfordert nicht nur die Etablierung einer symbolisch-triangulären Struktur (Objekt – Zeichen – Interpretant), sondern zunächst ein »cracking up« (Bollas 1995), eine Art »Aufbrechens« der emotionalen Situation zwischen dem Therapeuten und dem Patienten. Diese emotionale Situation wird durch proto- bzw. vorsymbolische Strukturen oder Pseudosymbole verschleiert, wie sie sich im konkretistischen Denken, in paranoiden Projektionen, in analogen Gleichsetzungen, der Gleichsetzung psychischer mit materieller/ körperlicher Wirklichkeit, in bloßer Evakuation von Beta-Elementen oder bizarren Objekten, die sich dann zu »Diabolen« (Ogden 1999), zu Fehlkonzeptionen der »Tatsachen des Lebens« (Money-Kyrle 1968; 1971) oder zu überaus bösartigen Introjekten formieren, in primitiven imitatorischen oder adhäsiven Identifizierungen (Meltzer 1975; 1976), im Agieren, in Affektautomatismen oder eben unmittelbar im symptomatischen Körpererleben manifestieren können. Ogden 1995; 1999) hat Bions (1970) »No memory, no desire« mit Leben gefüllt, indem er zeigt, wie der Analytiker in Situationen therapeutischer Sackgassen sein eigenes Inneres erforschen kann. Auch zunächst völlig abwegig erscheinende Gedanken, Gefühle oder Handlungen des Therapeuten bekommen Sinn, wenn er ihnen nur Raum lässt. Es muss genügend Raum für Gefühle, Phantasien, träumerisches Nachdenken und Intuition bleiben, damit sich der therapeutische Prozess im Sinne einer emotionalen Erfahrung entfalten kann. Plassmann (1993) hat gezeigt, dass Deutungen des Inhaltes hier kontraproduktiv sind, zu Verwirrung oder bestenfalls zu intellektualisierender Übernahme impliziter theoretischer Vorstellungen führen, die nichts mit der inneren Situation des Patienten zu tun haben, also zu bloßer Anpassung oder Gleichschaltung mit dem Modell des Therapeuten von der psychischen Wirklichkeit der Patienten führen. Lecours und Bouchard (1997) schlagen im Kontext ihres Modells des Mentalisierungsprozesses verschiedene auf das jeweilige Symbolisierungsniveau von Trieb- bzw. Affektzuständen abgestimmte Interventionstechniken vor. So sei es z.B. therapeutisch sinnvoll, sich an Stelle sekundärprozesshafter verbal-abstrahierender Interpretationen auf der Ebene metaphorisch-imaginativer Repräsentationen zu bewegen, solange der Patient seine Affekte nur auf somatischen oder motorischen Kanälen ausdrücken könne. Fonagy (1991) schlägt vor, den Patienten in der Entwicklung seiner Fähigkeit zum »metapsychological monitoring« zu unterstützen. Es geht um die Fähigkeit zur metakognitiven (Fonagy 1998) Selbstreflexion und der Reflexion des Verhaltens anderer über die ausschließlich repräsentationale Beschaffenheit des eigenen Denkens hinaus. Auch das beinhaltet technisch die Etablierung einer selbstreflexiven triangulären Struktur.

Wenn wir mit dem Konzept der Alpha-Funktion arbeiten, bedeutet das, dass auch auf Seiten des Behandlers diese Funktion geschwächt oder gar außer Kraft gesetzt sein kann, nicht nur aufgrund massiver projektiver Identifizierungen von Seiten des Patienten, sondern auch aufgrund eigener Fixierungen auf bestimmte theoretische Modelle, ganz zu schweigen von eigenen narzisstischen oder neurotischen Problemen. Wird bei Patienten, die in bestimmten Bereichen ihrer Persönlichkeit keine Symbole bilden können, symbolisch gedeutet, findet kein adäquates Containing statt. Der Patient wird sich möglicherweise dem »Modell« des Therapeuten gehorsam unterwerfen, aber er wird sich nicht wirklich verstanden und erreicht fühlen. Insofern korrespondiert der zu Anfang erwähnten »Symbolisierungsachse« ein zwischen der Alphafunktion und seiner Umkehrung fluktuierender Prozess des Verstehens oder eben auch Nicht-Verstehens. Bion (1970) warnt in diesem Zusammenhang vor der Gefahr »frühreifer« (premature) Deutungen. Es geht um die »negative capability« des Therapeuten, seine Toleranz für »Nicht-Wissen« und den Unterschied zwischen »Wissen über« und »Werden«.

In den hier thematisierten Bereichen der menschlichen Persönlichkeit beschäftigen wir uns nicht nur mit der Analyse sehr früher Abwehren, sondern bemühen uns im Gegenteil oftmals erst um eine Etablierung der beschriebenen Cäsur zwischen den Systemen Ubw und Bw/Vbw und damit um den Aufbau eines grundlegenden symbolischen Repertoires oder Alphabets. Hierin liegt ein großes kreatives Potential des psychoanalytischen Prozesses, der, folgt man Bion, somit frei sein sollte von jeglichen theoretischen Präkonzeptionen, da diese den potentiellen Raum, den das Symbol zu seiner Manifestation benötigt, einengen würde.

LITERATUR

Atwood, G. E., Stolorow, R. D. (1980): Psychoanalytic phenomenology of the dream. In: Flanders, S. (ed.) (1993): The dream discourse today. London (Routledge), S. 213–228.

Bion, W. R. (1961): Experiences in groups and other papers. London (Tavistock). Dt.: Erfahrungen in Gruppen und andere Schriften. Stuttgart (Klett),1971.

- (1962): Learning from experience. Dt.: Lernen durch Erfahrung. Frankfurt a. M. (Suhrkamp),1990.

- (1963): Elements of psycho-analysis. London (Karnac).

- (1967): Angriffe auf Verbindungen. In: Bott Spillius, E. (Hg.): Melanie Klein Heute. Bd 1. München, Wien (Verl. Internat. Psychoanal), 1991.

- (1970): Attention and interpretation. London (Karnac).

- (1977): Two papers. The grid and caesura. London (Karnac), 1989.

- (1991): A memoir of the future. London (Karnac).

- (1992): Cogitations. London (Karnac).

Böhme-Bloem, C., Trempler, V. (1995): Soma und Psyche. Dreh- und Angelpunkte im Symbolisierungsprozess. Unveröffentlichtes Vortragsmanuskript.

Böhme-Bloem, C. (1999): Gleiches und Trennendes bei der Affektabstimmung als Vorbereitung auf die Symbolbildung. In: Schlösser, A., Höhfeld, K. (Hg.): Trennungen. Bibliothek der Psychoanalyse. Psychosozial-Verl. (Gießen).

Bollas, C. (1995): Cracking Up. New York (Hill & Wang).

Fenichel, O. (1931): Über respiratorische Introjektion. In: Fenichel, O.: Aufsätze. Bd. 1, Frankfurt a. M. (Ullstein).

Ferenczi, S. (1925): Zur Analyse von Sexualgewohnheiten. In: Schriften zur Psychoanalyse, Bd. 2. Frankfurt a. M.. (Fischer), S. 147–181.

Fonagy, P. (1991): Thinking about thinking: some clinical and theoretical considerations in the treatment of a borderline patient. In: Int. J. Psychoanal. 72, S. 639 – 656.

Fonagy, P. (1998): Metakognition und Bindungsfähigkeit des Kindes. In: Psyche 52, S. 349–368.

Freud, S. (1900a): Die Traumdeutung. GW II/ III.

- (1911b): Formulierungen über die zwei Prinzipien des psychischen Geschehens. GW VIII, S. 230–238.

- (1915e): Das Unbewusste. GW X, S. 263–304.

- (1916-1917): Vorlesungen zur Einführung in die Psychoanalyse. GW XI.

- (1920g): Jenseits des Lustprinzips. GW XIII.

- (1923b): Das Ich und das Es. GW XIII, S. 235–289.

Garland, C. (2000): Die traumatischen Vorläufer eines Gewaltaktes – eine psychoanalytische Annäherung. In: Zeitschr. psychoanalyt. Theorie Praxis 15, S. 152–171.

Green, A. (1983): Die tote Mutter. In: Psyche 47, S. 205–240, 1993

- (1998): The primordial mind and the work of the negative. In: Int. J. Psychoanal. 79, S. 649–666.

Heimann, P. (1955). A combination of defence mechanisms in paranoid states. In: M. Klein, P. Heimann, R. Money-Kyrle (eds.): New Directions in Psycho-Analysis London (Tavistock Publ.). Reprint: London (Karnac), 1977, S. 240–265.

Isaacs, S.(1948): The nature and function of phantasy. In: Int. J. Psycho-Anal. 29, S. 73–97.

Joseph, B. (1981): Towards the experiencing of psychic pain. In: Joseph, B.: Psychic equilibrium and psychic change: Selected papers of Betty Joseph. London (Routledge), S. 88–100.

Klein, M. (1935): Zur Psychogenese der manisch-depressiven Zustände. In: Das Seelenleben des Kleinkindes und andere Beiträge zur Psychoanalyse. Stuttgart (Klett-Cotta), 1983.

– (1958): On the development of mental functioning. In: Envy and Gratitude and other works (1946-1963). London (Hogarth), 1975.

Krause, R. (1988): Eine Taxonomie der Affekte und ihre Anwendung auf das Verständnis der »frühen« Störungen. In: Psychosom. Psychother. Med. Psychol. 38, S. 77–86.

Krause, R., Steimer-Krause, E., Ulrich, B. (1992): Anwendung der Affektforschung auf die psychoanalytisch-psychotherapeutische Praxis. In: Forum Psychoanal. 8, S. 238–253.

Küchenhoff, J. (1991): Eine Krypta im Ich. Zur Identifikation mit früh verstorbenen Angehörigen. In: Forum Psychoanal. 7, S. 31–46.

Laufer, M., Laufer, M. E. (1984): Adoleszenz und Entwicklungskrise. Stuttgart (Klett-Cotta), 1989.

Lecours, S., Bouchard, M.-A. (1997): Dimensions of mentalisation: outlining levels of psychic transformation. In: Int. J. Psycho-Anal. 78, S. 855–876.

Lorenzer, A. (1970): Symbol, Sprachverwirrung und Verstehen. In: Psyche 24, S. 895–920.

Matte-Blanco, I. (1976): Thinking, feeling and beeing. London, New York (Routledge).

Mason, A. (1981): The suffocating super-Ego: Psychotic break and claustrophobia. In: Grotstein, J. S. (Hg.): Do I dare disturb the universe? London (Karnac), 1988, S. 139–166.

Meltzer, D. (1975): Explorations in autism. London (Karnac).

– (1976): Adhesive identification. In: Meltzer, D. (1995): Sincerity and other works. London (Karnac), S. 335–350.

– (1984): Traumleben. München, Wien (Verl. Int. Psychoanalyse), 1988.

– (1986): Studies of extendended metapsychology. London (Karnac).

– (1988): Mindlessness: Failure and reversal of alpha-function as a model for relating psychosomatics, hyperactivity and hallucinosis. In: Meltzer, D., Harris Williams, M.: The apprehension of beauty. London (Karnac), S. 228–240.

– (1995): Der psychoanalytische Prozess. Stuttgart (Verl. Int. Psychoanal.).

Modell, A. (1995): Affect categories and the compulsion to repeat. In: Leuzinger-Bohleber, M., Schneider, H., Pfeifer, R. (eds.): Two butterflies on my head. Berlin (Springer), S. 97–105.

Money-Kyrle, R. (1963): A Note on Migraine. In: Collected papers of Roger Money-Kyrle. Perthshire (Clunie press), 1978, S. 361–365.

– (1968): Cognitive development. In: Collected papers of Roger Money-Kyrle. Perthshire (Clunie press,), 1978 S. 416–433.

– (1971): The aim of psychoanalysis. In: Collected papers of Roger Money-Kyrle. Perthshire (Clunie press), 1978, S. 442–449.

Ogden, T. (1989): The primitive edge of experience. Dt.: Frühe Formen des Erlebens. Wien (Springer), 1995.

– (1994): The analytic third – working with intersubjective clinical facts. In: Int. J. Psycho-Anal. 75, S. 3–20.

– (1995): Analysing forms of aliveness and deadness of the transference-countertransference. In: Int. J. Psycho-Anal. 76, S. 695–710.

– (1999): The music of what happens in poetry and psychoanalysis. In: Int. J. Psycho-Anal. 80, S. 979–994.

Peirce, C. S.(1932, 1934): Collected Papers, Bd. II u. V. Cambridge (Howard Univ. Press).

Plassmann, R. (1993): Organwelten: Grundriss einer analytischen Körperpsychologie. In: Psyche 47, S. 261–282.

– (1996): Körperpsychologie und Deutungstechnik. Unveröffentl. Vortragsmanuskript.

Rosenfeld, H. (1968): Some observations on the psychopathology of hypochondrical states. In: Int. J. Psycho-Anal. 39, S. 121–124.

– (1990): Sackgassen und Deutungen. München, Wien (Verl. Internat. Psychoanal.).

Rothhaupt, J. (1997): Beta-Elemente und körperliches Leiden. In: Kennel, R., Reerink, G. (Hg): Klein-Bion. Eine Einführung. Tübingen (Edition Diskord), S. 140–148.

Sandler, P. C. (1997): The apprehension of psychic reality: extensions of Bion's theory of alpha-function. In: Int. J. Psycho-Anal. 78, S. 43–52.

Schmid Noerr, G. (2000): Symbolik des latenten Sinns. Zur psychoanalytischen Symboltheorie nach Lorenzer. In: Psyche 54, 454–482.

Segal, H. (1957): Bemerkungen zur Symbolbildung. In: Bott Spillius, E.: Melanie Klein heute. Bd. 1. München, Wien (Verlag Internat. Psychoanal.), 1990.

– (1992): Die Funktion des Traums. In: Wahnvorstellungen und künstlerische Kreativität. Stuttgart (Klett-Cotta).

Silver, A. (1981): A psychosomatic model: an interdisciplinary search for a common structural basis for psychoanalysis. In: J. S. Grotstein (Hg.): Do I dare disturb the universe? Karnac (London), 1988, S. 269–316.

Stern, D. (1985): Die Lebenserfahrung des Säuglings. Stuttgart (Klett-Cotta), 1992

Trempler, V. (1998): Zur Wechselwirkung von Rahmen und Inhalt. Eine psychoanalytische Untersuchung gestörter Symbolbildungsprozesse. In: Prax. Kinderpsychol. Kinderpsychiat. 47, S. 387–405.

Trempler, V., Böhme-Bloem, C. (2001): Von Fülle und Leere – Psychoanalytische Behandlung einer Patientin mit Bulimie. In: Psychother. im Dialog 2, S. 154–162.

Uexküll, Th. v. et al. (Hg.) (1986): Psychosomatische Medizin. München (Urban & Schwarzenberg).

Uexküll, Th. v., W. Wesiack (1991): Theorie der Humanmedizin. München (Urban & Schwarzenberg).

Williams, G. (1997): Internal landscapes and foreign bodies: eating disorders and other pathologies. New York (Routledge).

Fernanda Pedrina

Körperliche Symptome in der frühen Kindheit: Zwischen elterlichen Phantasien und kindlicher Symbolisierungsfähigkeit

Vorbemerkung

In der Formulierung: »Der eigene Körper als Objekt« ist impliziert, dass ein Subjekt seinen Körper als etwas von sich Getrenntes, als Objekt eben, wenn auch nur vorbewusst, wahrnimmt (Hirsch 1989). Wenn man das Thema in Bezug auf die frühe Kindheit reflektiert, wird man gleich auf die Tatsache verwiesen, dass Subjekt und Objekt in den ersten Lebensmonaten und -jahren in Entwicklung begriffen sind. Man kann also nicht ohne weiteres mit den Konzepten operieren, die erst später ihre Gültigkeit erlangen. Doch gerade der Versuch, dieser Fragestellung mit den nötigen Präzisierungen nachzugehen, gibt Gelegenheit, das Verhältnis zwischen dem noch nicht fixierten psychosomatischen Symptom und den in Entstehung begriffenen symbolischen Bezügen zu erhellen. Dabei denke ich nicht, dass Selbst- und Objektwahrnehmungen nicht von Anfang an vorhanden sind – wie es die frühere psychoanalytische Lehre eines undifferenzierten Ursprungszustandes postulierte. Sie sind aber nicht so komplex und der Selbstreflexion zugänglich, wie wir es im gewöhnlichen fachlichen Gebrauch der Begriffe Selbst und Objekt verstehen. Ich gehe von einem psychoanalytischen Verständnis der frühen Entwicklung aus, wie es sich nach der Rezeption der Säuglingsforschung in den 80er Jahren entwickelt hat (Lichtenberg 1983; Stern 1985). Demnach wird die Mitte des zweiten Lebensjahres als Zeitpunkt angenommen, bei dem das kleine Kind fähig sein soll, stabile Repräsentanzen zu bilden und sie unabhängig von Wahrnehmungen der realen Welt und der eigenen Handlungen zu behalten. Von hier an ist symbolisches Denken, das mit inneren Vorstellungen operiert, möglich. Beziehungen zwischen dem Kind und seinen Betreuern bauen auf Interaktionen auf und finden ihren Niederschlag in Interaktionsrepräsentanzen wachsender Integriertheit und Komplexität. Diese inneren Bilder zwischenmenschlicher Erfahrungen sind Voraussetzungen für das intrapsychische Leben;

Phantasien, Konflikte und ihre psychodynamischen Entwicklungen können fortan stattfinden. Es ist hier anzumerken, dass der so wichtige Begriff des Symbols sowohl in der kognitiven wie in der psychoanalytischen Psychologie einen festen Platz hat und mit unterschiedlicher Bedeutung benutzt wird. Die neuere psychoanalytische Sicht nimmt an, dass die psychodynamische Verschiebung symbolischer Bedeutungen unter dem Einfluss emotionaler Erfahrungen, die Entstehung und der Wirkungsraum von Symbolen im psychoanalytischen Sinn, nach der Etablierung der kognitiven Symbolisierungsfähigkeit stattfindet und nicht vorher. Eine weitere wichtige Anpassung, die eine Folge der Auffassung einer von Anfang an angelegten, kontinuierlichen Entwicklung von getrennten Selbst- und Objektvorstellungen ist, betrifft die Ursprünge der klinisch wohlbekannten Phänomene von Spaltung sowie von Projektion und Introjektion von Selbstanteilen und Teilobjekten. In der heutigen Meinung sind diese Phänomene psychische Produktionen, die erst nach dem Erreichen einer gewissen kognitiven Reife möglich sind und die früher zu Unrecht als vorangehende normale Entwicklungsphase interpretiert wurden. In den ersten Lebensmonaten findet der Austausch zwischen Säugling und Betreuern vielmehr durch die Mittel der vorsymbolischen Kommunikation statt, bei dem wahrnehmbare Affektäußerungen und durch innere Prozesse mitgestaltete Verhaltensweisen maßgebend sind. Wenn man dem Säugling nicht mehr eine so hohe intrapsychische Strukturierung wie früher zuschreibt, so weiß man heute, dass er in anderen Bereichen ungeahnte Kompetenzen aufweist. Er kann mit allen Sinnen präzise wahrnehmen und intermodale Wahrnehmungen integrieren. Er kann früh differenzierte Affekte ausdrücken. Er kann aktiv den vorsprachlichen Dialog mit der Mutter und anderen Betreuern initiieren und mitgestalten sowie verschiedene Interaktionspartner unterscheiden. Er erbringt früh erstaunliche Gedächtnisleistungen, die sich zunächst an Wahrnehmungen knüpfen und den Ausgangspunkt für den Aufbau von Repräsentanzen wachsender Komplexität sind. Die gelebte Interaktion als privilegierter Moment der emotionalen und kognitiven Erfahrung ist die unverzichtbare Grundlage für die Entfaltung dieser Prozesse. Man spricht von Beziehung, sobald Zeichen der intersubjektiven Kommunikation, der gegenseitigen Mitteilung innerer Affektzustände, in der zweiten Hälfte des ersten Lebensjahres, erfassbar sind. In der skizzierten Beschreibung bekommt die Abhängigkeit des Säuglings von seiner Umgebung und der rege Austausch in den frühen Interaktionen und Beziehungen eine neue Charakterisierung. Die Frage nach der Bedeutung des Interaktionspartners – der Mutter und des Vaters – in der psychischen Entwicklung des Säuglings stellt sich neu. Anders als das Baby sind die Eltern Subjekte mit einem reichen intrapsychischen Hintergrund, den sie in die Beziehung zu ihrem Kind einbringen. Sie sind darüber hinaus durch die aktuelle Lebenssituation in neue reale und psychische Auseinandersetzungen einbezogen, die unter der Bezeichnung Elternschaftsentwicklung verschiedentlich untersucht wurden. Der Psychoanalyse kommt das Verdienst zu, trotz kognitivistischen Einwänden stets auf die Auswirkungen der durch die Schwangerschaft/Geburt aktualisierten elterlichen Phantasien auf die Entwicklung kleiner Kinder und auf die Entwicklung frühkindlicher Symptome insbesondere aufmerksam gemacht zu haben. B. Cramer und F. Palacio Espasa haben systematisch verschiedene Formen der projektiven Identifizierung der Mütter auf ihre Babys und als komplementärer Erscheinung die eigenen Identifikationen als Mutter ausgearbeitet. Diese Prozesse strukturieren die psychische Entwicklung des Kindes durch ihrem Ausdruck in der Interaktion; sie können empathischunterstützend oder aber einschränkend und deformierend wirken (Cramer u. Palacio-Espasa 1993; Palacio-Espasa 1996). In neueren Arbeiten wird im Zusammenhang mit der aktuellen Diskussion über Übertragung früher Beziehungsmuster die Frage nach den Fähigkeiten des Säuglings, vorsymbolische und vorsprachliche Repräsentanzen zu bilden, erneut aufgeworfen. Es geht mit anderen Worten um die Beschaffenheit eines vorreflexiven Unbewussten und dessen Bezug zu den klassischen psychoanalytischen Konzepten. Die weitestgehenden Vorstellungen hat D. Stern entwickelt, der Elemente einer frühen intrapsychischen Strukturierung in engem Bezug zur Interaktion konzeptualisiert. Als Ausgangspunkt betrachtet er die gegenseitige Regulation in ihren konkreten Aspekten – Wachheitszustand, Aktivität, Affektivität, physiologischen Bedürfnissen – in der Beitrag von Mutter und Säugling sowohl im wahrnehmbaren Austausch wie auch bezüglich ihrer jeweiligen Motivation sichtbar wird. In den Wiederholungen ähnlicher Sequenzen erkennt der Säugling invariante Elemente und konstruiert daraus erste Repräsentanzen. Diese spiegeln den dyadischen Prozess wider; sie sind Interaktionsrepräsentanzen, die verschiedene Elemente einer Interaktionssequenz zwischen dem Säugling und der Mutter enthalten: Was der Säugling mit ihr tut, was er von ihr erwarten darf, mit welchen Gefühlen und in welchem zeitlichen Bogen die Begegnung abläuft. Bei der nächsten ähnlichen interaktiven Episode sind sie wirksam und werden durch die neue Erfahrung modifiziert (Stern 1985). Stern sieht in ihren elementaren Formen, die er proto-narrative Hüllen (»pre-narrative envelopes«) nennt, eine konzeptuelle Alternative zu den früheren Auffassungen des Unbewussten; die Triebe äußern sich in den rhythmischen Mustern früher Erfahrungen, die einen wichtigen Teil dieser proto-narrativen Hüllen bilden

(Stern 1985). Die vorsprachliche Kommunikation zwischen Säugling und Betreuer ist am Anfang in der feinen Abstimmung des Verhaltens in Pflegesituationen sichtbar, sie enthält aber zunehmend Merkmale, die von der Entfaltung des subjektiven Innenlebens des Säuglings zeugen. In der zweiten Hälfte des ersten Lebensjahres sind Zeichen der gegenseitigen Mitteilung innerer Affektzustände klar erfassbar; von hier an spricht man von intersubjektiver Kommunikation und von Beziehung.

SOMATISCHES SYMPTOM UND ELTERN-KIND-BEZIEHUNG

Was bedeutet das alles in Bezug auf psychosomatische Störungen? Wie kann das somatische Symptom des Säuglings und des kleinen Kindes verstanden werden? Am Anfang ist es nicht losgelöst von der interaktiven Realität denkbar, in die es eingespannt ist. Dies gilt auch für die primär somatische Störung – z.B. ein angeborener genetischer Defekt oder eine chronische exogene Krankheit – deren Verlauf durch die affektiven Wechselwirkungen und die involvierten Phantasien mitgeprägt wird. Die folgenden Ausführungen sparen dieses Kapitel aus, da es nicht geeignet ist, die Frage der begleitenden Symbolisierung zu klären. Ich wende mich vielmehr dem auflösbaren psychosomatischen Symptom zu, da die vorkommenden Phantasien wahrscheinlich flexibler und im therapeutischen Prozess beeinflussbarer sind. Eine erste Befragung des Säuglingssymptoms führt zum Thema ihrer Korrespondenz mit elterlichen Phantasien. Das war der erste Aspekt, der im Rahmen der neueren Entwicklungstheorien unter psychoanalytischen Gesichtspunkten behandelt wurde. In den pionierhaften Beschreibungen von Eltern-Baby-Therapien von S. Fraiberg (Fraiberg 1980) geht es um gesamthaft pathologische Situationen, in denen das Symptom entsteht. Eine Mutter misshandelt ihr Kind, welches sie durch sein unmögliches Verhalten tyrannisiert. Die Therapeutin sieht neben dem Tyrannen auch das liebenswürdige Kind, und entdeckt bei der Mutter enttäuschte Erwartungen an Zuwendung, die sie an das Kind gerichtet hat. Mit diesem Hintergrund entsteht bei der Mutter die Phantasie des verfolgenden Kindes, die in Wirklichkeit eine Umkehrung der biographischen Erfahrung darstellt, dass diese Mutter von ihren eigenen Eltern tyrannisiert und misshandelt worden ist. Die Deutung dieser Zusammenhänge und die Zuwendung der Therapeutin befreien die Mutter-Kind-Beziehung von den unrealistischen, destruktiven Erwartungen, sodass Raum für andere Beziehungsmodalitäten entsteht. Fraiberg schlägt die Metapher des Kindes als Projektionswand für die elterlichen Phantasien vor, die das Kind wiederum in seinen persönlichen Entfaltungsmöglichkeiten einengen.

Einen engeren Bezug zum somatischen Symptom findet sich in einer weiteren klassischen Situation der Eltern-Baby-Therapie, die F. Palacio-Espasa und J. Manzano (Palacio-Espasa u. Manzano 1982) unter anderen beschrieben haben. Hier geht es um Depression und Trauer um eine verlorene Bezugsperson, die eine bestimmte Symptomatik, z.B. eine schwere Magen-Darmerkrankung, hervorriefen. Beim Kind wird ein Krankheitsbild mit verblüffenden Parallelen zum Krankheitsbild der verlorenen Person festgestellt, die den Eltern zunächst nicht auffallen und erst im therapeutischen Gespräch deutlich werden. Die einsetzende Trauerarbeit für den Gestorbenen bringt Entspannung in die Eltern-Kind-Beziehung sowie die Aufhebung des Symptoms. Das Kind scheint hier Ersatz für das verlorene Objekt zu sein, dessen Abgang geleugnet worden ist. In weiteren Arbeiten wurde mit Akribie nach den genaueren Modalitäten dieser frühen Formen der transgenerationalen Transmission gesucht. B. Cramer und F. Palacio-Espasa (Cramer u. Palacio-Espasa 1993) haben, immer im Rahmen von Eltern-Baby-Therapien, die »séquence interactive symptomatique« (symptomatische interaktive Sequenz) isoliert, bei der sich eine pathogene Phantasie der Mutter in einer umschriebenen Verhaltensepisode ausdrückt. Hier werden auch psychoanalytische Argumente relevant, nämlich dass die Transmission durch faktische, wahrnehmbare Interaktionsphänomene vermittelt wird, wie es in Bezug auf das Bindungsverhalten durch experimentelle Untersuchungen untermauert ist. Doch bleibt für die psychoanalytische Betrachtungsweise die transgenerationale Transmission eine vielschichtige Angelegenheit, die in der weiteren Beziehungsgeschichte eingebettet ist und in der spätere Identifikationen eine große Rolle spielen (Halfon, Ansermet et al. 2000).

Somatisches Symptom und Symbolisierung

Weniger untersucht ist bisher die Frage, was das somatische Symptom für das Kind selbst bedeutet. Was denkt es dazu, wie entstehen seine ersten Repräsentanzen und eigenen Phantasien in Zusammenhang damit? Für psychoanalytisch geschulte Therapeuten ist es relativ einfach, sich mit vertrauten Arbeitshypothesen in die Phantasiewelt von Eltern kranker Babys zu versetzen. Es ist hingegen eine neuartige Herausforderung, entwicklungspsychologisch plausible Vorstellungen zur frühesten kindlichen Psychopathologie zu entwerfen, die auf viele, lange Zeit geläufige, Konzeptualisierungen von Melanie Klein und anderen wichtigen Vordenkern verzichten, die dem Säugling eine komplexe Psychodynamik zuschreiben. Es ist schwierig sich im Rahmen der Klärung betreffend der kognitiven Entwicklung eigene Gegenübertragungsphantasien nicht zu verbieten, sondern sie neu zu bewerten und dafür eine adäquate Umsetzung in die therapeutische Haltung zu finden.

In einer früheren Arbeit habe ich versucht, die Bezüge zwischen alltäglichen psychosomatischen Symptomen und mütterlichen Phantasien bei depressiven Müttern im allerersten Lebensmonat zu erfassen, bei Krankheitsbildern und in einer Zeit also, in denen nicht von vornherein eine das Geschehen dominierende elterliche Projektion zu erwarten war (Pedrina 1998). Ich bin dabei zum ersten Mal zu dem Schluss gekommen, dass Symptome nicht unbedingt Phantasien repräsentieren, sondern Ausdruck von Spannung und Unruhe sein können, die weder beim Kind noch bei der Mutter auf Vorstellungen und Phantasien verweisen, vielmehr einen asymbolischen Charakter haben. In der neueren Affektforschung wird beschrieben, dass bei Säuglingen differenzierte Affekte mit spezifischen Gesichtsausdrücken erkennbar sind, die wahrscheinlich den vom Säugling wahrgenommenen Gefühlen entsprechen, und dass darüber hinaus eine Kohärenz verschiedener Modalitäten des Affektausdruckes besteht. Ein mimischer Ausdruck der Freude wird z.B. durch bestimmte Arten der Vokalisierung und Körperhaltung begleitet. Auf ähnliche Weise stelle ich mir vor, dass Schreien, Erbrechen oder Stuhlretention als Begleiterscheinungen eines extremen Affektes auftreten können und in ähnlichen affektiven Situationen wiederkehren können. Diese werden als eine umfassende Erfahrung erlebt, die als solche allenfalls memoriert wird und nicht in eine sich weiterentwickelnde Vorstellung einbezogen wird. Möglicherweise bleibt diese »asymbolische Insel« unverändert auch in einer späteren kindlichen Entwicklungsstufe erhalten, wie ich es bei einem autistischen Kind – dem allerdings sehr viele Bereiche der symbolischen Kommunikation entzogen blieben – in Bezug auf das Symptom der Stuhlretention erlebt habe. Yvettes Symptomatik begann im zweiten Lebensjahr, in einer Zeit, als ihre Familie in eine ganz unglückliche und belastete Phase geraten war und das Kind nicht gut genug betreuen konnte. Zuvor war ihre Entwicklung anscheinend ganz unauffällig verlaufen. Yvette wurde inappetent, weinerlich, passiv und wollte nicht mehr selbständig gehen. Ihre Körperhaltung wurde so verspannt, dass sie auf Zehenspitzen schritt. Ihr Hauptproblem schien damals die massive Stuhlretention zu sein, die viel Sorge und Pflege, und vor allem Kämpfe um die nötigen Einläufe auslöste. Später, als auch die Sprachentwicklungsstörung und weitere Kommunikationsprobleme deutlich wurden, wurde Yvette als autistisches Kind diagnostiziert. Ich sah das Mädchen, das inzwischen in einer Sonderschule gut gefördert wurde, aber immer noch kaum sprechen konnte, regelmäßig zwischen dem sechsten und neunten Lebensjahr und versuchte mit ihm die Kommunikation unter den Aspekten des Gefühlslebens, der Eigenmotivation und der Phantasien zu bereichern. Ich möchte hier die Beobachtung mitteilen, dass Yvette einige Male in ausgesprochen schwierigen Situationen das ausgeprägte Symptom der Stuhlretention reproduzierte, das sonst als Problem schon längst vom Tisch war. Stuhlgang fand inzwischen in einem relativ einfachen Ritual, in dem ein Elternteil einbezogen war, statt. Einmal ereignete sich ein solcher Rückfall in einer Ferienwoche, bei der Yvette zeitweise dem Treiben sehr lebendiger Kinder ausgesetzt war. In der Therapie erkannten wir, dass dies durch ihre panische Angst vor den unvorhersehbaren Kontakten mit diesen Kindern bedingt war. Ganz anders wirkt auf den Beobachter dasselbe Symptom, wenn es bei einem Kind vorkommt, das in der Trotzphase mit seinen Eltern um alles feilscht. Es kann oder will nicht und denkt sich etwas dabei; es hat dazu meist komplexe, nicht nur logische Vorstellungen. Die symbolische Dimension (im psychoanalytischen Sinne), wie ich sie in der therapeutischen Arbeit mit dem Kleinkind erlebe, markiert einen Quantensprung im Denken. Es ist nicht leicht zu erfassen, wie Phantasien, die sich auf ein umschriebenes Symptom beziehen, entstehen und sich entwickeln. Sobald eine Erfahrung symbolisierbar wird, werden psychodynamische Mechanismen wirksam; die zu untersuchenden Phantasieabkömmlinge – Spiele und andere Mitteilungen – können sich im Laufe weniger Therapiesitzungen weitgehend verändern. Doch, wenn auch flüchtig im Detail, fällt in einer allgemeinen Betrachtung die enge Interdependenz zwischen Somatisierung und Symbolisation ins Auge. In manchen Aspekten handelt es sich um ein reziprokes Verhältnis: Im Symptom drückt sich die Erfahrung aus, die nicht symbolisierbar war. In anderen Aspekten ist das Symptom in eine Abwehrphantasie einbezogen, die den ursprünglichen unerträglichen Affekt bindet. Bei den zwei folgenden Fallgeschichten ist Stuhlretention das Präsentiersymptom, beide Kinder weisen es in gravierender Ausprägung als subjektives Leiden auf, bei beiden ist eine begleitende Beziehungsproblematik vorhanden, die gleich Gegenstand der therapeutischen Arbeit wird. Relativ bald nach Therapiebeginn ist das Hauptsymptom entschärft. Doch Stuhlretention erscheint wiederholt im Laufe der Therapie, und deren symbolischer Verarbeitung wird nachgespürt.

FALLGESCHICHTE: LARA

Lara, dreieinhalb Jahre, wird mir durch eine Mitarbeiterin der Krippe, die das Kind schon seit einem Jahr betreut, wegen massivster Stuhlretention gemeldet. Die Vermittlung ist nötig, weil Laras Eltern, Herr und Frau A., als Immigranten die hiesigen Institutionen noch zu wenig kennen und auch mit der Vorstellung möglicher psychotherapeutischer Hilfe für das kleine Kind nicht vertraut sind. Laras Verhalten behindert sie sehr: Sie hält den Stuhl aktiv zurück, bleibt stundenlang ganz verspannt in einer Ecke und kann in dieser Zeit nichts anderes machen. Sie ist allgemein in der Kindergruppe isoliert und reagiert aggressiv, wenn jemand versucht, sie aus ihrer Reserve zu holen. Sie wirkt traurig und neigt zu Selbstverletzungen. Die Eltern, so wie ich es im Erstgespräch mitbekomme, haben eine unterschiedliche Wahrnehmung der Situation und setzen die Akzente etwas anders. Sie anerkennen zwar, dass Lara Integrationsschwierigkeiten in der Krippe hat, für sie stehen aber ihre eigenen Schwierigkeiten im Vordergrund, und sie bemühen sich sehr, ihr Kind vor ihren Unzulänglichkeiten zu schonen. Besonders die Mutter scheint bedrückt. Sie hat vor wenigen Jahren familiäre Verluste erlitten, die es ihr zusätzlich schwer machen, in unserer für sie fremden Umgebung eine Neuorientierung zu finden. Die Schwangerschaft und das erste Jahr mit Lara waren ausnahmsweise eine Periode der Erfüllung und des Glücks, die leider nicht angehalten hat. Danach begann für sie eine schwere Krisenzeit.

Lara selber stellt sich mir auf eindrucksvolle Weise vor. Sie klebt zunächst an der Mutter, versteckt sich hinter ihr, um bald forsch zum bereitstehenden Puppenhaus zu drängen, wo sie mit der Aufstellung einer anscheinend symbolischen Szene beginnt. Sobald ich mich für ihr Spiel interessiere und mich ihr nähere, weist sie mich weg. Bald gibt sie Zeichen, dass ich noch weiter weg sitzen und mit der Mutter reden soll. Nur so ist sie relativ ruhig und kann weiter spielen. Nach einiger Zeit kommt sie plötzlich auf mich zu und fordert mich auf, eine kleine Puppe ins Bett zu legen. Meine nachfolgende Involvierung aber blockt sie gleich wieder ab. Nachdem sie dieses Spielsetting auf sicherer Distanz und unter ihrer ausschließlichen Kontrolle eingerichtet hat, akzeptiert sie meinen Vorschlag, die Mutter ins Wartezimmer gehen zu lassen. Doch das Spiel versiegt. Lara fordert mich auf, sie auf die Toilette zu begleiten, die am anderen Ende des Wartezimmers ist. Sie sagt der Mutter im Vorbeigehen: »Kaki«. Die Mutter kommentiert, es sei Zeit, nachdem sie seit drei Tagen keinen Stuhlgang gehabt habe. Die Szene wiederholt sich zwei Mal erfolglos, was den Stuhlgang betrifft, und in steigender Spannung und Unruhe. Ich lasse die Mutter wieder zu uns stoßen, und Lara nimmt vorsichtig das Spiel wieder auf. Diesmal stellt sie sich selbst mit zwei weiteren Krippenkindern spielend/streitend dar, und schon wieder kommt Angst auf. Da weder meine Distanz noch die Präsenz der Mutter helfen, greife ich nun aktiv ins Spiel ein: Ich nenne die Puppen mit anderen Namen und übernehme die Rolle der bösen, streitsüchtigen Kinder. Lara findet erleichtert den Weg zu friedlichen kurzen Spielsequenzen, wie Tischdecken und Kochen. Die zweite und die dritte Sitzung gehören in ihrer Gegensätzlichkeit zur weiteren Exposition der Probleme, die in der ersten Stunde unter dem großen Druck fast überbordender Affekte eingeführt wurden. Einmal drängt Lara allein ins Spielzimmer, in dem ich warte, und macht die Türe hinter sich zu. Sie lässt die Mutter draußen und befiehlt mich auf Distanz. Sie spielt im Puppenhaus betont harmonische Szenen: Alle Puppen sind im Bett und schlafen, sie machen allenfalls etwas in der Küche. Als eine Puppe aufsteht, schlage ich vor, dies soll Papa sein, der zur Arbeit gehen soll. Lara nimmt die Idee auf, aber die Papa-Puppe schafft es nicht, sie muss wieder ins Bett.

Das andere Mal zeigt sich Lara ganz unselbständig. Die Mutter muss ins Spielzimmer mitkommen, und ich bin gezwungen, mit ihr zu reden. Frau A. sieht schlecht aus und berichtet, dass sie vor wenigen Tagen einen erneuten Rückschlag bei ihrer Arbeitssuche erlebt hat. Ich erfahre auch, dass Lara in dieser Zeit in der Krippe so aggressiv war, dass sie für andere Kinder gefährlich wurde. Während ich der Mutter zuhöre, sehe ich aus der Distanz, dass Lara eigentlich nicht spielen kann. Sie schichtet nur Gegenstände aufeinander oder leert Behälter. Ich merke mit Erstaunen, dass dies der Mutter völlig entgeht. Sie meint, meiner Meinung nach verharmlosend: »Zum Glück spielt Lara alleine, wenn es mir nicht gut geht.« Der bedrängten Lara versuche ich, eine tröstende Mitteilung zu machen, und sage, Mami sei nicht ihretwegen traurig, sondern weil etwas bei ihrer Arbeit schief gegangen ist. Lara antwortet bestimmt: »Mami ist nicht traurig.«

Was ist zum körperlichen Symptom nach diesen Anfangsszenen zu sagen? Lara hat mich mit ihrer außergewöhnlichen Strategie, mich auf Distanz zu halten, mir kaum Einblick in ihre innere Welt zu gewähren und sich der Beziehung über langen Strecken zu entziehen, an meine frühere autistische Patientin erinnert. In meiner Gegenübertragung war ich angeregt, an die Möglichkeit asymbolischer Zeichen und Symptome zu denken. Die Schilderungen zu Laras Stuhlretention geben ein komplexes und kohärentes Bild ab: Sie kauert in einer Ecke, ihr ganzer Körper ist verspannt. Sie schaut den Beobachter abweisend und etwas verängstigt an und strahlt affektiv ein Signal aus, das ihn ebenfalls immobilisiert – zwischen dem Wunsch, zu helfen und dem Gefühl, mit jeder seiner Gesten ihre Angst zu verstärken. Die Stuhlretention erscheint als eine Begleiterscheinung von einem gesamthaften körperlichen

Zustand, in dem sich nichts mehr bewegt, und von einer Beziehungs-konstellation, in der sich beide Partner auf Distanz einfrieren und zugleich auf der Lauer befinden. Ich erinnere an die Beschreibungen einfacherer Affektzu-stände bei Säuglingen, bei denen Gesichtsausdruck, stimmliche Äusserungen, Körperhaltung und Bewegungen ein kohärentes Bild abgeben. Diese werden in der Interaktion mit der erwachsenen Bezugsperson moduliert und als umfassende interaktive Erfahrung erlebt. Ähnlich schätze ich diese Stuhlre-tentionsszene ein, die eine entsprechende, umschriebene Interaktionsreprä-sentanz haben mag. Den besorgten Krippenbetreuern kommen in diesen Interaktionen mit Lara nicht bunte Phantasien in den Sinn; sie fragen sich nicht: »Was will das Kind?«; es ist kein Trotz, keine Erpressung, kein Handel. Sie leiden mit, weil sie Ohnmacht und Einsamkeit spüren. Die Szene wie-derholt sich seit Monaten und erfährt keine Entwicklung, es wird keine Geschichte. Sie kommt in schwierigen Zeiten häufiger, und in besseren Zeiten weniger häufig vor. Diese werden weitgehend durch äußere Umstände defi-niert (die wechselnde Verfassung ihrer Eltern, wechselnde Situationen in der Krippe) und scheinen nicht durch innere, entwicklungspsychologische Herausforderungen bedingt zu sein. Es ist, wie wenn unter Belastung ein Stück Erfahrung reaktualisiert wird, das sie als Reaktion in solchen Momen-ten kennt: Innehalten, den Körper still halten, keine Beziehung lebendig und gefährlich werden lassen. In Anbetracht der zuletzt geschilderten Spielsituation in Anwesenheit der Mutter, bei der die Spielfähigkeit Laras zerfällt, würde ich hinzufügen: nicht mehr denken, auch im intrapsychischen Leben nichts geschehen lassen. Bis hier lautet meine Hypothese, dass das somatische Symptom Teil einer Erfahrungsepisode ist, einer Episode vielfältiger Wahrnehmungen des eigenen Körpers, der interaktiven Situation und der involvierten Affekte. Die Episode ist nicht eine dem Denken zugängliche bildhafte Repräsentanz, die dem Diskurs des Körpers als Objekt den Weg bereiten würde.

Wir können nun den weiteren Therapiebericht hinsichtlich weiterer mit dem Symptom Stuhlretention verbundenen Vorstellungen befragen. Was wird Lara zu ihrem körperlichen Symptom sagen? Soviel wissen wir schon: Lara kann symbolisieren und kommunizieren. Sie hat sich zwar bisher sprachlich nicht viel geäußert, aber ich weiß, dass sich Lara zu Hause und in der Krippe mehr oder weniger gut verständigen kann. Im Puppenspiel hinge-gen macht sie deutliche symbolische Darstellungen. Mit Sprache und Spiel hat sie bisher zwei Konflikte angesprochen: ihre Mühe mit Aggressionen und die Verleugnung der mütterlichen Depression. Lara ist bald in der Lage, ohne Mutter in die Therapiesitzungen zu kommen. Zu ihrer Beruhigung braucht sie noch einige Male meine Zusicherung, dass ich nicht weinen werde. Sie vertagt fürs Erste das schwierige Thema der Traurigkeit und spielt viele

Kinder-Betreuer-Szenen, bei denen sie stets harmonische Verhältnisse her-beiführt. Viel Aufwand wird betrieben, um das bedrohliche Streiten im Puppenhausspiel zu verhindern. Symptomatisch, zu Hause und in der Krippe, werden Laras aggressive Ausbrüche immer wichtiger, die Stuhlretention geht aber zurück. Etwa zwei Monaten nach Therapiebeginn meldet Frau A., dass das Mädchen erstmals spontan und selbständig auf die Toilette gegangen ist und problemlos Stuhlgang gehabt hat. Im Spiel zeigt sich eine erste Auf-schlüsselung der Aggression, die mit ihren gierigen Wünschen zusammenhängt. Lara ist besorgt, dass ich ihr Sachen wegnehmen könnte. Sie möchte einige meiner Spielsachen nach Hause nehmen und beginnt mich zu fürchten, sie schickt mich wieder auf größere Distanz. Wenn alles still steht, schaut sie herum und sinniert über Gefahren vor möglichen Aktivitäten. Ich unterstütze sie aber in ihrer Absicht, auf den Tisch zu klettern. Lara lässt sich dabei von mir helfen; sie übt im motorischen Bereich in einem nicht destruktiven Ausmaß, aggressiv zu sein. Die Eltern berichten, dass Lara neuerdings manch-mal ein ausgeprägt babyhaftes Verhalten aufweist und wie die Kleinsten der Krippe versorgt werden will.

Laras Spiel bleibt vorsichtig. Sie hat sich auffallenderweise als besonders emotional besetztes Spielzeug eine hässliche Handmarionette mit Plastikkopf und ohne Beine ausgesucht – als ob sie damit unterstreichen möchte, dass es wenig lebendig sein soll. Nach längerer Zeit versuche ich das Puppenspiel dadurch zu beleben, dass ich ihr neues Babyzubehör und Babyspielsachen besorge. Lara gibt dem Baby die Milchflasche, wechselt Windeln, dann rennt sie einige Male zur Mutter ins Wartezimmer und geht mit ihr zur Toilette. Am Schluss muss das Baby ganz ruhig sein und wieder schlafen. Zum ersten Mal kommt das Stuhlthema – Windeln wechseln – im symbolischen Spiel vor, und Lara setzt es sofort in einer eigenen Inszenierung mit der Mutter fort. Diesmal geht es nicht um Retention und Rückzug, sondern um Stuhlgang in Zusammenhang mit Entspannung und Vertrauen in die Beziehung zur Betreuerin. Es ist das Gegenstück der pathologischen Szene und ihre Auflösung. Eine klarere Darstellung, eine komplexere Phantasie darüber werde ich von Lara auch in der Folge nicht erhalten, im Unterschied zum später aufgegriffenen Thema der sexuellen Identität. Stuhlretention in ihrem Alltag kam bis zu diesem Zeitpunkt ab und zu, später zunehmend seltener vor, nach meinem Eindruck als Begleiterscheinung der Entwicklung im Beziehungsverhalten. Das Zulassen regressiver Beziehungsmodalitäten – Babyverhalten zu Hause, sich Berühren lassen in der Therapie – steht in scharfem Kontrast zum bisher vorherrschenden Muster der Abkapselung. In meiner Beurteilung bleibe ich dabei, dass es sich um eine direkte psychobio-logische (und pathologische) Erscheinung asymbolischer Qualität handelt.

Lara experimentiert in der Therapie weiter, was geschieht, wenn man lebendige Szenen entstehen lässt. Sehr bald erkundet sie alle bislang zurückgestellten Fragen, die dieses Alter psychodynamisch so bewegt erscheinen lassen. Der Gang auf die Toilette mit mir ist fortan durch den Drang bestimmt, Pipi zu machen und von mir inständig zu verlangen, dass ich ihr einen Penis mache. Wut und Enttäuschung machen sie zunächst reglos; sie bemerkt bitter, dass nur Buben rennen können. Allmählich glaubt sie mir, dass auch Frauen sich bewegen dürfen, und macht Turnaktivitäten mit. In der Krippe, in der Lara ebenfalls zunehmend aktiv wird, werden plötzlich Schwierigkeiten in praktischen Handlungen und in der Sprachentwicklung deutlich, die zuvor nicht bemerkt wurden. Im Zeichnen fällt auf, dass sie kaum den Stift halten kann und nur kritzelt. Dieser kleine Rückstand wird in kurzer Zeit aufgeholt werden.

Die weitere Bearbeitung von Aggressionskonflikten erlaubt ihr, sich vermehrt in soziale Erfahrungen einzulassen. Wenn dabei zuviel Angst aufkommt, hat Lara – neben ihrer alten Reaktion des Sich-Abkapseln und des Einfrierens – auch eine zweite Möglichkeit, nämlich kreative Umsetzungen im Zeichnen, Basteln und Darstellungen. In diesen Tätigkeiten kommt die symbolische Dimension ins Spiel. Anstatt mich als ganze, mit projektiver Bosheit behaftete Person wegzuschicken, zeichnet sie eine »böse Pedrina« und macht sie mit mir kaputt. Das ist der Anfang einer projektiven und introjektiven Dynamik von Teilobjekten und deren Integration. Anstatt sich als unwerten Nicht-Buben kaltzustellen, erfindet sie zuerst einen Schnur-Penisersatz, den sie manchmal an ihrem Gurt befestigt, und macht zugleich mädchenhafte Ohrringe. Anstatt weiterhin Trauer zu negieren, verfolgt sie interessiert das Verschwinden und Wiederkommen der Sonne hinter einer Wolke und fühlt sich dementsprechend.

Diese letzte Sequenz der Falldarstellung illustriert die Entfaltung des symbolischen Spielens und Denkens, das sich in allgemeiner Weise auf den Umgang mit Menschen, auf die Entdeckung des Geschlechtsunterschieds und auf die Verarbeitung verschiedener Emotionen bezieht. Erst jetzt wird deutlich, dass diese Entwicklung aufgehalten und damit das Kind zurückgeblieben war. Gleichzeitig verschwindet die Stuhlretention. Dieser Verlauf untermauert eine alte und wiederkehrende These der psychosomatischen Literatur, nämlich, dass die Unfähigkeit zur Symbolisierung eine wichtige Wurzel und Komponente der psychosomatischen Erkrankung ist.

2. FALLGESCHICHTE: KARIN

Auch Karin habe ich im Alter von dreieinhalb Jahren kennengelernt. Diese Behandlung liegt schon 15 Jahre zurück, was Unterschiede in meiner Technik erklären mag. Ich war viel zaghafter im Umgang mit Ängsten und entschied mich sehr spät dazu, die Trennung von Mutter und Kind im Therapiesetting durchzusetzen. Karin ist mir wegen einer starken und unmissverständlichen Phantasie klar in Erinnerung geblieben: Sie wollte Obelix nachahmen, Obelix war ihr Held. Sie weigerte sich standhaft zu kacken, um einen großen Bauch zu haben, um dick und stark zu werden wie Obelix.

Die Ärztin, die mir Karin zuweist, schildert sie als extrem willensstarkes Mädchen, das ihren Stuhl zurückhält. Ein Jahr zuvor führte dies fast zu einer Krankenhauseinweisung: Der Darm war voll harter Kotballen und stand still. Die Darmtätigkeit konnte mit vielen Medikamenten und täglichen ärztlichen Maßnahmen über mehr als zwei Wochen wieder in Gang gebracht werden. Jetzt beginnt die Geschichte erneut: Karin sitzt in einer Ecke und weigert sich, den Darm zu entleeren.

Die Eltern beklagen, dass sich zur Zeit alles um Karins Stuhlgang dreht. Sie sind sehr verunsichert. Sie haben einerseits den Eindruck, Karin wolle sie erpressen, und andererseits, sie habe wirklich aus vergangener Erfahrung Angst vor Schmerzen. Das Mädchen zeigt sich auch in anderen Bereichen sehr trotzig: wenn sie nicht laufen will, wenn sie im Laden eine Süßigkeit will, alles kann große lärmige Trotzszenen auslösen. Karin war früh ein sehr selbständiges Kind. Sie entschied selber, dass sie keine Windeln mehr wollte, und benutzte für das Pipi-machen den Hafen. Für den Stuhlgang verlangte sie aber weiterhin jeweils Windeln. Die Eltern ließen sie gewähren, begannen erst später sich wegen der Stuhlretention Sorgen zu machen. Im Gegensatz zu Karins Selbständigkeit stand schon immer ihre große Schwierigkeit einzuschlafen. Auch jetzt verlangt sie abends viele Rituale und schläft meistens noch im Bett der Eltern. Um ihre Angst in Schach zu halten, hat sie sich eine imaginäre Freundin zugelegt, mit der sie in schwierigen Situationen spricht. Auch Obelix ist eine solche Figur. In Wirklichkeit hat Karin aber Mühe, den Anschluss an andere Kinder zu finden. In Karins Vorgeschichte wird eine Episode erwähnt, die offenbar traumatisch war. Karin musste im Alter von acht Monaten einige Tage im Krankenhaus verbringen, wo ihr eine angeborene Fehlbildung an einem Finger operativ korrigiert wurde. Nach der Operation begegnete sie den Eltern mit einem ganz »vorwurfsvollen Blick« – so eindrücklich hat es sich ihnen eingeprägt – und war lange Zeit danach sehr aggressiv.

Bevor ich Karin zum ersten Mal im Wartezimmer aufsuche, sehe ich flüchtig, wie sie neugierig um die Ecke nach mir Ausschau hält. Sobald ich zu ihr gehe, setzt sie sich – von mir abgewendet – an den Tisch und malt ein differenziertes Gesicht. Ich lade sie zu mir ein. Sie beginnt im Schwall und weiterhin von mir abgewendet zu erzählen, wie sie selbständig sei und keine Angst habe. Und doch gelingt es ihr kaum wegzukommen. Sie bespricht altklug mit der Mutter, wie es halt mit fremden Leuten anders sei. Im Therapieraum geht die Rastlosigkeit weiter. Karin beginnt am Puppenhaus zu spielen, steckt Puppen ins Bett, entdeckt die Toilette und lässt bald alles fallen. Sie kann meine Frage, ob die Puppen vielleicht Angst vor dem Einschlafen hätten, nicht aufnehmen; sie erklärt mir indessen erneut, dass sie selber keine Angst hat. Vor kurzem hat sie am Geburtstag ein Seil geschenkt bekommen, mit dem sie den Tiger fesseln könnte, falls er käme. Ob diesem Gedanken kriegt sie wirklich Angst und geht die Mutter holen, die ihr eine Geschichte vorlesen soll. In den folgenden Sitzungen und während längerer Zeit wird die Mutter im Therapieraum bleiben. Ich versuche im Spiel mit Karin, Angst beschränkt aufkommen zu lassen und zu verarbeiten. Zu Hause ist das Symptom der Stuhlretention bald entschärft, aber Karin trotzt zusehends und bindet die Mutter vermehrt an sich.

Das Symptom Stuhlretention beherrscht in diesem zweiten Fall die Leidensgeschichte für alle Beteiligten klar und wird von diesen zudem mit einem Machtkampf assoziiert. In der Tat stellt das Kind in der Erstbegegnung ihren Hauptkonflikt im Autonomie/Abhängigkeit-Register dar. Es weist große autonome Leistungen vor, worunter auch die gute kognitive Entwicklung und der reiche Umgang mit der symbolischen Ebene fallen. Demgegenüber fällt es während angsterfüllten Momenten in stark regressive Haltungen wie dem Anklammern an die Eltern und besonders an die Mutter zurück. Stuhlretention ist wie die anderen trotzigen Verhaltensweisen ein ambivalentes Symptom, das einerseits Autonomie markiert, gleichzeitig aber große Aufmerksamkeit und Zuwendung einfordert. In der Obelix-Phantasie kommt zum Ausdruck, dass das Symptom bereits symbolische Bedeutung trägt, etwa diejenige der eigenen Stärke. Die Phantasie enthält eine Logik, wonach mit Stuhlretention der Bauch groß wird und Menschen mit einem großen Bauch stark sind. Wenn sie auch so stark wie Obelix werden kann, ist sie gegen Angst und Ohnmachtsgefühle gut gewappnet. Die Behebung des Symptoms – so macht es hier den Anschein – könnte von der psychoanalytischen Arbeit an den vorhandenen Phantasien und von deren Umwandlung abhängen.

Nach etwa zwei Monaten der Therapie führt Karin im Puppenhausspiel eine realitätsnahe Szene auf. Ein Kind ist obstipiert, es kriegt Einläufe und schreit »au«. Gleich darauf sind wir Mami und Papi und wollen zusammen ins Bett, was nicht gelingen will, weil das Bett zu eng ist. Also sollen wir zuerst fernsehen, und zwar bis am nächsten Morgen, weil wir uns ja um das

Kind noch sorgen müssen, das nicht schlafen will. »Aber du musst schlafen«, schreit ihm Karin zu. Danach findet Karin einen Vorwand, um gegen mich zu trotzen, beruhigt sich wieder und beginnt mit Bauklötzen »etwas Großes« zu bauen. Sie erzählt derweil vom Wochenendausflug im Zoo. Sie war vor allem vom Elefanten beeindruckt, der einen wirklich großen Bauch hatte (wie sie selber zur Zeit). Sie singt zwischendurch selbstvergessen: »Ich bin sechzehn Jahre alt, sechzehn, sechzehn...« In der vorangehenden Sitzung hatte Karin, mit viel mehr Angst als jetzt, eine Doktorszene gespielt, in der der Doktor ein Baby operieren musste. Das Baby weinte. Ich erwähnte, dass sie selber – als sie klein war – operiert worden war und dass sie wohl Angst gehabt hatte, weil sie nicht wissen konnte, was geschehen würde. »Ich war schon damals groß«, bemerkte sie ganz überraschend.

Die Herausforderung für Karin scheint hier die Beziehung der Eltern untereinander (und vielleicht ihre ödipalen Wünsche) zu sein. Die Eltern an sich zu binden ist ein Weg, um diese Konfrontation zu verhindern; groß und stark zu sein – diesmal wie ein Elefant – hilft zusätzlich, die aufkommende Angst in Schach zu halten. Ganz erstaunlich ist ihre Erinnerung an die frühe Entstehung dieser Abwehrform, wenn sie behauptet, schon beim damaligen Krankenhausaufenthalt so reagiert zu haben. Jedenfalls entspricht diese Stellungnahme der Beobachtung der Umgebung, die bei ihr nach diesem Zwischenfall einen auffallenden Drang zur Selbständigkeit registrierte. Mir sind andere Beobachtungen und Literaturberichte (Gaensbauer 1995) bekannt, die eine forcierte Autonomieentwicklung oder allgemein verfrühte psychomotorische und kognitive Leistungen in extremen Belastungssituationen belegen. Die damaligen Einschlafstörungen erhalten damit rückblickend einen appellativen, reparativen Wert. Karin suchte in Momenten der Flucht nach vorne Versicherung und Trost und das Gefühl, nicht alleine zu sein. Warum es für eine spontane Erholung und Rekonvaleszenz nicht genügte, liegt vermutlich an einem weiteren Schicksalsschlag, der sich einige Zeit später ereignete und von dem ich beim nächsten Gespräch mit den Eltern erfuhr. Der Vater musste kurzfristig zu einer Operation ins Krankenhaus. Gleichzeitig wurde die Mutter wegen eines Todesfalles in ihrer Familie stark beansprucht und konnte sich nur noch minimal ihrer Tochter zuwenden. Diese Belastungssituation war der Hintergrund der großen Retentionssymptomatik mit dem drohenden Darmverschluss.

Doch die Anklammerung an die Eltern, wie sie in der geschilderten Spielszene mit dem schlaflosen Kind vorkommt, ist nunmehr entwicklungsbehindernd und kontraproduktiv, sie sabotiert nur die anstehende ödipale Triangulierung. Die Trennung von der Mutter wurde zum Ziel dieser Therapie und zu einem Kampf, den ich vermutlich allzu lange schwelen ließ, in der irrigen Meinung, er würde sich ohne Gewalt lösen. Der Teufelskreis von steigender Angst und Anklammerung bei jedem Versuch, Karin ohne Mutter in meinen Behandlungsraum einzuladen, war zu stark und führte zur Stagnation: Karin trotzte, wenn sie zu mir hätte kommen sollen, wollte dann wieder an anderen Tagen kommen, und machte schließlich die Mutter wütend. Zu Hause kam der Vater, wie ich, in die Rolle des Ausgeschlossenen, den Karin mit Ambivalenz bedachte. In einer absolut verfahrenen Szene zwischen Karin und Mutter vor meiner Praxistüre stellte ich Karin vor die Wahl: Entweder würde sie alleine zu mir kommen, oder ich würde sie beide nach Hause schicken. Schließlich kam sie alleine, und wir begannen eine Spielkultur aufzubauen, bei der ihr ein Rückzug zur Mutter nicht mehr möglich war.

Über mehrere Sitzungen entwickelt Karin nun ein Rollenspiel, in dem ich eine Mutter mit einem Baby bin und sie meine zehnjährige Tochter ist. Das Baby muss immer die Sachen der Schwester wünschen, wird enttäuscht und weint. Die große Tochter genießt Geschenke, Parties, ein selbständiges Leben, sie geht in die Schule und auch ins Krankenhaus, und reagiert ungehalten gegen das Kleinkind, das durch Weinen stört. Doch das Weinen des Kleinen ist die Bedingung dafür, dass Karin die Krankenhausszene ausbauen kann. Sie tut dies mit Details von verblüffender Präzision, die den Charakter realer Erinnerungen haben. Karin richtet ihr Krankenhausbett unter dem Tisch zwischen den Chromstahlbeinen meiner Stühle ein: so würden Krankenhausbettgestelle aussehen. Ich soll durch die (imaginäre) Scheibe hineinschauen und rufen. Das Kind kann selber über den Krankenhausaufenthalt entscheiden: Es wird bleiben, bis es fast – aber nicht ganz – tot sein wird, und dann nach Hause gehen. Ich erinnere Karin an ihre Geschichte; sie war im Krankenhaus anscheinend sehr traurig und wurde weggeholt, damit sie sich zu Hause von ihrer Traurigkeit erholen konnte. In einem zweiten Spiel wird Karin an der Hand operiert. Danach wagt sie nicht, die ganz weiß gewordene Hand (den Verband?) anzuschauen. Karin bekommt eine Spritze, dann steigt sie auf das Bett/Tisch, wo sie weiterum viele, aneinandergereihte weiße Tote sehen kann (dieses Bild wird nochmals vorkommen, mit weißen toten Knochen: ein erinnerter Angsttraum? Oder eine später entstandene Phantasie?). Das Baby muss wieder weinen und sich an sie klammern. Diesmal hat sie Mitleid mit ihm und möchte es trösten, ändert aber sogleich ihre Haltung und enthält ihm das Geschenk, das sie ihm versprochen hatte, vor. In einer weiteren Krankenhausszene wird ihr etwas weggeschnitten. Plötzlich geht es um Fleisch-Schneiden und Fleisch-Verkaufen. Sie müsse einkaufen, um an einem Picknick teilzunehmen. Sie will das Baby mitnehmen, quält es aber bei der Vorbereitung zum Ausflug. Ich kommentiere, dass es unheimlich sein muss, wenn man nicht genau weiß, was abgeschnitten werde. Geht es noch um ihre Hand? Oder spielt das Thema des Geschlechtsunterschieds – die Kastrationsangst – mit? Zu dieser Zeit sind schöne weibliche Kleider eine wichtige Angelegenheit für Karin, und auch das Baby soll sie nachahmen und »Röckli« tragen. Nochmals im Krankenhaus: Jetzt klagt Karin wegen ähnlicher Symptome wie der Vater vor seiner Hospitalisation. Das Baby wird weniger abgelehnt, nur belächelt, weil es nicht versteht, warum Karin nicht gesund werden will. Allmählich tritt ein Rollenwechsel auf: Das Baby soll alles machen wie das große Mädchen, soll frech und trotzig werden; Karin selber wird zur Mutter. Sie beginnen, über den »Stink« (den Kot) zu streiten. Das Baby will Schokolade; die Mutter verweigert sie, weil sie zur Verstopfung führt. Die Mutter will, dass das Baby »den Stink macht« und vernünftig sei; das Kind will ihn nur machen, wenn ihn die Mutter auch macht. Max und Moritz (die Busch-Streichbuben) bereichern die Szenen durch weitere Streitvorlagen. Wir suchen Wege zur Versöhnung. Karin geht es allmählich besser. Sie schläft gut und hat einen normalen Stuhlgang. Sie ist angstfrei im Umgang mit den Leuten, Kindern und Erwachsenen. Sie neigt noch zu Machtkämpfen zu Hause, wenn es nicht nach ihren Vorstellungen geht. Leider kommen Spannungen zwischen den Eltern auf, die mit ihrer neuen Rollensuche in Beruf und Familie zusammenhängen, nachdem beide lange Zeit durch die enormen Bedürfnisse des Kindes absorbiert waren. Karin scheint aber diesmal die Belastung ertragen zu können. Die Beendigung der Therapie und die Trennung von mir geschieht sehr adäquat, mit gegenseitiger Erkundung der Gefühle von Wut und Trauer. Die allerletzte Sitzung sagt Karin, sich selber treu, ab.

Im letzten Abschnitt des Behandlungsberichtes durchlief Karin wieder einmal einige Erinnerungen und Situationen, die bis anhin aus ihrer symbolischen Verarbeitung ausgeschlossen geblieben waren. Die traumatische Erfahrung war wie ein eingefrorenes Stück, ein Eisberg mit konservierten Eindrücken, mitten in ihrem sonst reichen und sich fortentwickelnden inneren Leben. Deren Verarbeitung in verschiedenen Schritten hat das abwehrbedingte Spannungsfeld zwischen forcierter Autonomie und starkem Abhängigkeitsbedürfnis entschärft, in dem sie lebte. Wesentlich bei dieser vertieften Rückschau war, dass Karin alleine mit mir sein konnte. Nur so konnte die Symbolisierungsarbeit, die sie sich früher durch die beruhigende Anklammerung an die Mutter ersparen konnte, vorangetrieben werden. Zuerst wurde die ursprüngliche Krankenhausszene fast roh aufgeführt: die Chromstahlgitter, die Trennscheibe, der weiße Verband, der sich im Traum zu einem Meer von unheimlichen weißen Toten und Knochen verwandelt. Karin schiebt dabei den verängstigten Ich-Anteil dem Baby, ihrem Alter-ego, zu, das ständig weinen muss. In einer weiteren Krankenhausszene erfährt das wegoperierte Stück Körper eine Bedeutungsverschiebung, es wird Fleisch und wird in Zusammenhang mit Mädchenidentität und der Identifikation mit dem Vater gesetzt. Es sind Elemente einer phallisch-ödipalen Phantasie. Zuletzt wird das Thema »Stink«, möglicherweise eine Weiterentwicklung des Stücks Fleisch, aufgegriffen und fast als Abbild ihrer jüngsten Geschichte in einer typisch analen Dimension behandelt. Das Baby wird in der Abfolge in Karins Phantasien aufgewertet und integriert. Es ist zuletzt unverhüllt der Vertreter ihrer selbst.

Auch diese Fallgeschichte scheint den Zusammenhang zwischen psychosomatischem Symptom und primär mangelnder Symbolisierung – diesmal in einem umschriebenen, fokalen Bereich, nämlich der traumatischen Episode um die frühe Hospitalisation – zu bestätigen. Beim zweiten Blick stellen wir aber den Einbezug des Symptoms Stuhlretention in phallisch-ödipalen und analen Phantasien fest. Diesen möchte ich als sekundäre Symbolisierung und als Überdeterminierung des Symptoms betrachten.

LITERATUR

Cramer, B. and Palacio-Espasa, F. (1993): La pratique des psychothérapies mères-bébés. Etudes cliniques et techniques. Paris (Presses Universitaires de France).

Fraiberg, S. (1980): Clinical studies in infant mental health. The first year of life. New York (Basic Books).

Gaensbauer, T. (1995): Trauma in the preverbal period. Symptoms, memories and developmental impact.In: Psychoanal. Study Child 50, S. 122–149.

Halfon, O., Ansermet, F. et al. (eds.) (2000): Filiations psychiques. Paris (Presses Universitaires de France).

Hirsch, M. (1989): Der eigene Körper als Objekt. In: Hirsch, M. (Hg.): Der eigene Körper als Objekt. Neuaufl. Gießen (Psychosozial-Verlag), 1998.

Lichtenberg, J. D. (1983): Psychoanalysis and infant research. In: Hillsdale NJ (The Analytic Press, Erlbaum).

Palacio-Espasa, F., Manzano, J. (1982): La consultation thérapeutique des très jeunes enfants et leur mère. In: La psychiatrie de l'enfant 25, S. 5–26.

Pedrina, F. (1994). Sexueller Missbrauch. Eine transgenerationale Betrachtung. In: Arbeitshefte Kinderpsychoanal. 19, S. 21–38.

– (1997): Intrapsychisches und interaktionelles Geschehen in Säuglings-Eltern-Therapien. In: Arbeitshefte Kinderpsychoanal. 24, S. 119–133.

– (1998): Mütterliche Phantasien und Symptome des Kindes in den ersten Lebensmonaten. In: Arbeitshefte Kinderpsychoanal. 26, S. 71–92.

Stern, D. N. (1985): The Interpersonal World of the Infant. A View from Psychoanalysis and developmental Psychology. New York (Basic Books)

Margarete Berger

Zu den Ohnmachten des *Prinz Friedrich von Homburg* und anderer Protagonisten in Heinrich von Kleists Dramen

NICHT JEDEN SCHLAG ERTRAGEN SOLL DER MENSCH,
UND WELCHEN GOTT FASST, DENK ICH, DER DARF SINKEN[1].

Wenn ein Mensch in Ohnmacht fällt, löst der plötzliche Bewusst-seinsschwund, das Erblassen der Gesichtszüge, das Niedersinken oder Hinstürzen des Körpers bei dem Zeugen dieses Vorfalls lebhafte Affekte aus und das implizite Wissen, dass die Geste eine, wenn auch nicht unmittelbar entzifferbare, stumme Botschaft enthält. Intuitiv geht der Zeuge/Beobachter davon aus, dass das, was augenscheinlich ist, nicht allein der visualisierten Situation zugehörig ist. Der aufgeschreckte Handlungseifer steht im Kontrast zu dem wie leblosen Körper des Ohnmächtigen, der den Augen der Umstehenden unkontrolliert und intim preisgegeben ist und grenzüber-schreitende Aktionen inszeniert, vom Öffnen der Bluse bis zum umarmenden Aufnehmen usw. Es scheint mir gleichwohl vorschnell, den kommunikativen Appell der Ohnmacht immer schon als einen verhüllten Wunsch nach sexu-eller Hingabe im Sinne einer konversionsneurotischen Synkope zu verstehen, während doch die Geste auch – und völlig unvorbereitet – wie blitzartig ein *memento mori*, die Assoziation der latenten Präsenz des Todes mitten im Leben auslöst. Das gilt auch dann, wenn die Ohnmacht durch Hyperventilation (*Pilotentest* Jugendlicher) mehr oder weniger absichtsvoll provoziert ist.

Bei dem aus der Ohnmacht wieder Erwachten hinterlässt der vorüberge-hende Bewusstseinsverlust das befremdende Gefühl einer körperlich-seeli-schen Grenzerfahrung mit der Erinnerung an plötzlich anflutende Todesängste. Manchmal überwiegt das euphorische Gefühl einer Art wunderbaren Auferstehung verbunden mit einem lustvoll getönten Scham-gefühl gegenüber dem »Lebensretter«. Während das Ohnmachtsereignis

---

[1] Heinrich v. Kleist (1803[1978a]), Die Familie Schroffenstein, 2. Aufzug, 2. Szene

retrospektiv oft bilderreich mystifiziert wird, bleibt demgegenüber ein möglicher Konfliktanlass eher unausgesprochen oder überhaupt dem bewussten Denken unzugänglich. Um so bemerkenswerter die Selbstdiagnose Sigmund Freuds zu seinen eigenen Ohnmachten in Bremen 1909 (vgl. Gay 1989, S. 239) kurz vor der Abreise nach den USA und später 1912 (ebd. S. 266) in München, jeweils im Beisein von C. G. Jung:»Zurückgehaltene Gefühle, diesmal gegen Jung wie früher gegen einen Vorgänger von ihm, spielen natürlich die Hauptrolle« (Brief an Binswanger, zit. nach Gay 1989, S. 313).

Wie auch dieses Beispiel zeigt, muss der psychogenen Synkope weder eine hysterische Persönlichkeitsstruktur noch eine generelle Somatisierungsneigung zu Grunde liegen. Es handelt sich vielmehr um eine Art psychosomatischen Coup, der sich dann ereignet,»wenn die Verhältnisse in unserem Inneren oder in der Außenwelt unsere gewohnte psychische Realitätsbewältigung außer Kraft setzen«, wie McDougall (1989, S. 3) formuliert ohne ausdrücklichen Bezug auf die Ohnmacht. So kann man annehmen, dass ein Individuum dann in Ohnmacht fällt, wenn Affekte angesichts einer inneren oder äußeren Situation, die mit Emotionen besetzte Vorstellungen hätten auslösen können, aus dem Bewusstsein getilgt werden müssen; also zumindest momentan weder mentalisierbar noch symbolisierbar sind. Der Körper selbst wird temporär zum Ausdrucksmittel des Unsäglichen, sei es im Sinne der symbolischen Konversion oder – entgegengesetzt dazu – im Sinne einer somatischen Erledigung, eines psychosomatischen acting-in, um die »Desintegration des Ichs als Folge einer für es selbst und das Objekt zerstörerischen Begegnung« (Green 1975, S. 513) zu vermeiden und/oder um einen anders nicht zu verarbeitenden seelischen Schmerz und/oder psychotische Ängste abzuwehren. McDougall charakterisiert diese asymbolische somatische Erledigung psychischer Inhalte als »mysteriöse Einbrüche der Psyche in den Körper« (1989, S. 3). Sie entziehen sich dem subjektiven Verständnis, weil sie dem Bewusstsein nicht verfügbar sind. Demzufolge kann der ohnmächtige Körper als Ersatzbildung nur für das beobachtende und in den Coup involvierte Objekt, nicht aber für das Subjekt eine symbolische Bedeutung annehmen. Der – wie leblose – Körper bringt sich pantomimisch dem Objekt in den Blick in einer *Sprache*, die sich einem Entzifferungsversuch widersetzt und zugleich dazu auffordert. Hierbei bleibt ungewiss, ob dieser auf das implizite Wissen des Objekts gerichtete, pantomimische Appell den real anwesenden Anderen überhaupt meint. Es hat aber den Anschein, als inszeniere das ohnmächtige Subjekt mit dem anwesenden, projektiv involvierten Objekt eine Art Spiel, in dem es nicht unbedingt um eine Lösung des Rätsels geht, aber um Aufmerksamkeit und Empathie. Der Vermeidung einer Lösung kann die Angst vor dem Erkennen und dem Verstehen zugrunde liegen, welche die Ohnmacht subjektiv erzwungen hat; d.h. die Angst vor einer Erkenntnis bewirkt temporär einen todesähnlichen Zustand.

Diese Stichworte sollen unterstreichen, dass die dem Ohnmachtsanfall unterstellbaren psychischen Vorgänge selbstverständlich von den individuellen Kontext- und Objektbeziehungsbedingungen des Subjekts abhängen. Man kann dem temporären psychosomatischen Phänomen sicher keine spezifische Psychodynamik und eine mit der Körpergeste verbundene, jeweils eindeutige psychische Botschaft unterstellen; abgesehen von der allgemeinen Hypothese, dass es sich bei der Ohnmacht um einen psychischen Kurzschlussmechanismus im Sinne einer regressiven Abwehr durch Somatisierung handelt. Das Subjekt macht sich/ist temporär blind, taub, gefühl- und bewusstlos gegenüber seiner psychischen und der äußeren Realität. Sein Denken, sein Gedächtnis, seine Symbolisierungsfähigkeit scheinen suspendiert, wenngleich wir neurobiologisch gesehen (noch) nicht wissen, welche Bedeutung bewusstseinsfernen Repräsentanzen des Erlebens zukommt (Henningsen 2000). Ich erinnere in diesem Zusammenhang an mystisch anmutende sensorische Wahrnehmungen bei und nach längerer Bewusstlosigkeit (z.B. Intensivstation).

Bezeichnend für den temporären psychogenen Ohnmachtsanfall im Unterschied zu jeder sonstigen psychosomatischen Auffälligkeit ist der Umstand, dass das Ereignis in aller Regel eine dyadische Konstellation inszeniert – ein wie lebloser Körper und ein aufgeschrecktes Objekt. Zwar inszeniert auch die anorektische Patientin eine ähnliche dyadische Konstellation, indem sie ihren Leidenszustand durch einen Blick auf ihren Körper zu erkennen gibt. Aber die Patientin tut zugleich alles, um sich und den anderen über diese Visualisierung hinwegzutäuschen. Demgegenüber findet sich der Zeuge einer Ohnmacht viel unmittelbarer verstrickt und zum agierenden Objekt gemacht, das auf die Ohnmachtsgeste auch mit einer mehr oder weniger intensiven Denk- und Deutungsanstrengung antwortet; vielleicht um der visuell dargebotenen Szenerie eines temporären seelischen Todes nicht selbst anheim zu fallen. Das Objekt versucht, das dem Subjekt Unsägliche zu denken. Es ist aber die Frage, ob dieses Unsägliche im Sinne einer »shared awareness« (Sander 1975), eines geteilten Gewahrseins oder Gewahrwerdens überhaupt gedacht und symbolisiert werden kann. Die Säuglingsforschung (Fonagy u. Target 1997; Stern 1985) geht davon aus, dass »shared awareness« ein essentieller Schritt in der Entwicklung des Bewusstseins für die Welt der Emotionen ist, dass aber nur diejenigen affektiven Erfahrungen des Säuglings psychische Realität gewinnen können, die im Kontext der Primärbeziehung mit dem Objekt teilbar waren. Anders gesagt:

Es ist die Frage, ob das Unsägliche der Ohnmacht überhaupt einen psychischen Ort, eine Repräsentanz hat oder Ausdruck für ein traumatisches Defizit ist.

Diese verschiedenen Überlegungen zum Coup der Ohnmacht im wirklichen Leben haben mich dazu verführt, mich mit der Bedeutung und Deutung der fiktiven Ohnmacht als einem Kunstwerk zu beschäftigen. Mein Unterfangen geht von dem Appell aus, den auch die Ohnmacht eines Protagonisten in einem poetischen Text beim Zuschauer bewirkt und auch bewirken soll. Denn weshalb sonst ließe der Künstler seinen Protagonisten in Ohnmacht fallen. Der Leser eines Textes wird unversehens auch zum Leser der Ohnmacht gemacht – und insbesondere der Zuschauer angesichts der visualisierten Konkretisierung eines ohnmächtig Hinstürzenden im Schauspiel. Die künstlerische Darstellung der fiktiven Ohnmacht evoziert Phantasien, die durch den sprachlichen Textkontext gebändigt bzw. in bestimmte Richtungen gelenkt werden (Holland 1979; 1993; Reed 1982). Dieser Phantasie-Dialog sowohl mit dem visualisierten Textteil wie mit dem sprachlichen Text macht den Leser/Zuschauer zum Objekt einer Leser-Text-Dyade, zu der die Bühne eine Art Rahmen im Sinne des Dritten abgibt. Es handelt sich um eine fiktive, spielerische Dyade, als ob der Text – und damit der implizite (nicht der historische) Autor (Raguse 1991) – auffordern würde: Spiel damit, es liegt an dir, daraus einen Sinn zu machen. Damit sind die Möglichkeiten der Rezeption eines Kunstwerks gewiss nicht erschöpft. Aber diese Vorgehensweise ist eine unter verschiedenen Annäherungsweisen. Letzteres dürfte für Kleist-Texte, die ich im Auge habe, besonders gelten, weil sie in ihrer sprachlichen Zwiespältigkeit Antworten und Erklärungen offen lassen und weil sie darüber hinaus durch Körpergesten und psychosomatische Phänomene wie die Ohnmacht visualisierte Appelle im Sinne einer (sensomotorischen) Stimulierung aussenden, die auf einen latenten Sinn hindeuten. Meine Annäherung an diese Phänomene beansprucht keine letztgültige Erklärung, sondern geht vielmehr auch davon aus, dass das erklärte Kunstwerk keines mehr ist. Soweit ich es überblicken kann, sind die Ohnmachten in den Kleist'schen Texten innerhalb der umfangreichen Sekundärliteratur nur ausnahmsweise explizit behandelt (Cohn 1975; Földényi 1999).

Die Verzückung der Heiligen Theresa
von Giovan Lorenzo Bernini (1598 - 1680)

Bevor ich näher auf die Ohnmachten im poetischen Text eingehe, möchte ich das Augenmerk auf eine berühmte Barock-Skulptur lenken, die man auch im genannten Sinn lesen kann.

In der Kirche Santa Maria della Vittoria in Rom befindet sich im linken schummerigen Seitenschiff Berninis Marmorskulptur »Die Verzückung« oder »Ekstase der Heiligen Theresa«. Sie ist in einen Altar der Familie Cornaro integriert, deren gleichfalls in Marmor gehauene Angehörige seit mehr als 350 Jahren stumme Zeugen dieser heiligen Verzückung sind. Der Körper der Theresa von Avila wird nur von einer Wolke gestützt. Ihr linker nackter Fuß ragt ins Bodenlose, ähnlich die linke, nach innen offene Hand. Ihr Kopf ist leicht zurückgeneigt und, wie noch von einem Rest eigener Körperkraft gehalten, einem vergleichsweise munter wirkenden, sanft lächelnden Engel an ihrer linken Seite zugewendet, der in seiner rechten Hand spielerisch einen vergoldeten Pfeil in Herzrichtung der Entrückten hält. Der Engel steht auf der gleichen Wolke, die die Heilige stützt, hält mit seiner linken Hand einen Zipfel ihres Gewands in der Höhe ihres Busens und betrachtet ihr Antlitz. Ihre Augen sind nahezu geschlossen, der Mund steht leicht offen, ohne Lächeln, eher wie stöhnend. Der Gesichtsausdruck wirkt fast wie der einer Toten – abwesend und zugleich wie einer einzigen, alles beherrschenden inneren Wahrnehmung hingegeben. Der Blick auf dieses schutzlos preisgegebene Antlitz macht den Schauenden zum unfreiwilligen Voyeur, der sich unversehens als indiskret empfindet, aber seine Augen auch nicht von diesem faszinierenden Ausdruck wenden kann, so als ob die Konzentration der Heiligen auf etwas Abwesendes ihn mit ergreife und in seinen Bann schlage. Ein anderer Zuschauer der Szenerie mag harrend vielleicht hoffen, dass sie ihre nicht ganz dicht geschlossenen Augen irgendwann aufschlägt. Ein Kind könnte behaupten, die Heilige blinzele.

Obwohl die wie ohnmächtig und zugleich schwerelos wirkende Figur der Heiligen dem lächelnden Engel zugewandt ist, und trotz der zarten körperlichen Berührung von seinem linken Arm über ihr Gewand ist keine innere Verbindung zwischen ihnen zu erkennen. Allenfalls kann man sich einbilden, dass der Engel mit seiner leichten Berührung die Heilige im Glanz der von oben kommenden Goldstrahlen, die sich über das Paar ergießen, wie in einer himmlischen Sphäre festhält. Gleichwohl wirkt der Engel doch mehr wie ein Zuschauer, wenn auch in einer der Heiligen gegenüber bevorzugten, himmlischen Position, nicht aber wie der Auslöser ihrer Entrücktheit. Wie dematerialisiert befindet sich die Heilige in einem autistisch wirkenden

Schwebezustand zwischen Tod und Leben. Sie will nichts wissen und erkennen. Die Blick- bzw. Augenrichtungen beider verfehlen sich.

Träumt die Heilige Theresa? Hallt ihr Traum in ihrem reglosen, mit einer faltenreichen Gewandung ganz bedeckten Körper wie ein wollüstiger Schmerz, in den sie ganz versunken ist, nach? Die ganze Szenerie ist wie ein »now-moment« (Stern 1998) arrangiert, der in seiner intensiven Ausstrahlung den Atem stocken lässt. Der Zuschauer ist Zeuge eines geheimnisvollen Ereignisses, dessen Nicht-Erklärbarkeit er mehr oder weniger lang auf sich wirken lässt, bis er sich fragt, wo ist die Heilige, was denkt sie – und mit dieser Frage auch schon den Moment der eigenen Verzückung abbricht, während ihn das Kunstwerk seit mehr als 350 Jahren festhält.

Die Verzückung der Heiligen Theresa, geschaffen von einem der berühmtesten Barockkünstler im Dienst mehrerer Päpste, galt und gilt als eher anstößig, weil der Gesichtsausdruck der Heiligen angeblich an den Moment einer ganz irdischen, in Marmor gemeißelten und zum Symbol erhobenen orgastischen Verzückung erinnert. Vielleicht deshalb auch der schummerige Unterbringungsort dieser Skulptur. Die Heilige Theresa soll in ihrer Anbetung des Herrn immer wieder von Ohnmachten und Visionen heimgesucht worden sein, in denen ihr ein Engel einen glühenden Pfeil dergestalt ins Herz gestoßen hat, dass sie ihn bis in ihren Schoß gespürt haben soll. Das Zurückziehen des Pfeils soll ihr Schreie entrissen haben. Sie soll gewünscht haben, dass dieses *überwältigende Weh* nie ende und Gott immer bei ihr sei. Aufgeschrieben hat sie: »Nicht der Person bewältigt sich dieses Leiden, sondern des Geistes, obschon auch der Leib nicht wenig daran teilhat« (Teresa von Avila, zit. nach Fagiolo 1981, S. 20).

Zwar stellt Bernini die Ohnmacht der Heiligen wie einen diskret in Marmor festgehaltenen »petit mort« dar und postiert wie zur Erklärung des Unerklärlichen für den Zuschauer den Engel mit dem Pfeil daneben. Trotz dieser erotisierenden Akzente hat der Künstler der Heiligen einen Ausdruck verliehen, der in nichts an einen Sündenfall erinnert, sondern die spirituelle Fusion mit einem imaginären abwesenden Objekt unterstreicht. Der Körper der Heiligen dient ihm wie eine vom Bewusstsein entleerte Staffage dazu, diesen Zustand der Selbstaufgabe und des Außer-Sich-Seins sichtbar zu machen. Was immer die Heilige Theresa damit gemeint haben könnte, dass der »Leib nicht wenig daran teilhat«, so weiß dieser marmorne Leib jedenfalls nichts von sich. Er ist nicht libidinös besetzt, er scheint wie aufgegeben und wird nur dazu gebraucht, die psychische Entrücktheit in eine intermediäre Situation von nicht mehr im Leben, aber auch noch nicht tot hervorzuheben. Diese Gebärde der Entrücktheit könnte beim Zuschauer auch die beängstigende Vorstellung auslösen, die Heilige sei dem puren Nichts

preisgegeben – wäre da nicht der Engel und der von oben auf beide herab-
strömende Glanz des Himmlischen.

In seinen Projektionen und Phantasien, stimuliert durch die Deutung des
Künstlers, kommt im Schauenden ein Prozess in Gang, das Unsägliche des
präsentierten geheimnisvollen Moments in Sprache fassen zu wollen,

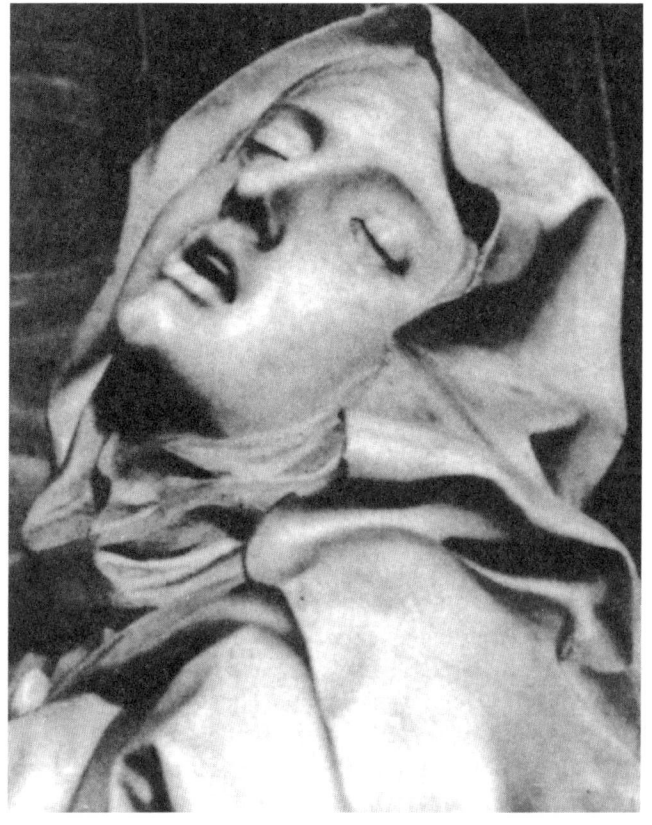

Die Verzückung der Heiligen Theresa (Ausschnitt).
Giovan Lorenzo Bernini (1598-1680)

während er zugleich erkennt, dass ihm mit dem Spracherwerb durchaus auch Grenzen der Mitteilbarkeit erwachsen sind; ein Verlust, den der Dichter Kleist in seinen Briefen immer wieder zum Ausdruck gebracht hat, weshalb er, was er über die »Dichtkunst« dachte, auf »Töne«, die Musik, beziehen wollte (v. Kleist 1978f., Brief an Marie von Kleist, Sommer 1811, S. 481). Ich habe das Beispiel der Skulptur Berninis zur Annäherung an die fiktiven Ohnmachten in Kleists Texten gewählt. Diesem Versuch will ich das Zitat aus einem Brief des Dichters, wiederum an seine Cousine Marie im Juni 1807, vorausschicken, weil aus ihm eine gewisse Verbindung zur Skulptur der Heiligen Theresa wie aber auch zur Intention des poetischen Gebrauchs der Ohnmachten in seinen Texten hervorgeht:

> »... In einer der hiesigen Kirchen ist ein Gemälde, schlecht gezeichnet zwar, doch von der schönsten Erfindung, die man sich denken kann, und Erfindung ist es überall, was ein Werk der Kunst ausmacht. Denn nicht das, was dem Sinn dargestellt ist, sondern das, was das Gemüt, durch diese Wahrnehmung erregt, sich denkt, ist das Kunstwerk. Es sind ein paar geflügelte Engel, die aus den Wohnungen himmlischer Freude niederschweben, um eine Seele zu empfangen. Sie liegt, mit Blässe des Todes übergossen, auf den Knien, der Leib sterbend in die Arme der Engel zurückgesunken. ... Und einen Blick aus sterbenden Augen wirft sie auf sie, als ob sie in Gefilde unendlicher Seligkeit hinaussähe: Ich habe nie etwas Rührenderes und Erhebenderes gesehen« (v. Kleist 1978f, S. 371).

Man könnte schlussfolgern, dass der Dichter hier Phantasien andeutet, die er mit der Geste der Ohnmacht seiner Protagonisten im Sinn hat: Anrühren, erheben, sichtbar machen. Diese Intention zielt nicht unbedingt auf Sinnstiftung und Symbolisierung ab, sondern vielmehr darauf, sich dem Moment einer präverbalen, asymbolischen Welt zu überlassen. Das heißt vorweg, dass der Versuch einer Betrachtung der Ohnmachtsgeste in den Texten aus psychoanalytischer Sicht durchaus als fragwürdig gelten muss, weil sich die Psychoanalyse nur mit dem »après-coup« (Stern 1998) befasst. Aus dem Briefzitat kann man weitergehend auf eine immanente Todessehnsucht schließen, die auf die »Seele«, deren »Leib« stirbt, projiziert ist. Anders und vorweg gesagt: Die Ohnmachten der Protagonisten appellieren nicht nur an eine sensomotorische, sondern auch an eine empathische, auf die Symbolisierung möglicher unbewusster Inhalte gerichtete Wahrnehmung.

DOCH FALL ICH LEICHT IN OHNMACHT.[2]
PROBEN DER OHNMACHT

In den Kleist-Texten gibt es kaum einen bedeutenden Protagonisten, der nicht – und wiederholt – in Ohnmacht fällt, sodass sich der Leser auch fragen könnte: »Warum der nicht?« Man nimmt an, dass Heinrich v. Kleist seine detaillierten Kenntnisse zum Somnambulismus, zur Trance und ähnlichen Phänomenen aus den Vorlesungen von Gotthilf Heinrich Schubert (1780–1860) in Dresden im Wintersemester 1807/1808 erworben hat, aber wahrscheinlich schon zuvor die Schrift von Eberhard Gmelin *Über thierischen Magnetismus* (1787) bekannt war. Er soll diesen Erscheinungen gegenüber skeptisch gewesen sein, obwohl er sie als künstlerisches Mittel eingesetzt hat (Streller 1978, S. 58; Zimmermann 1991, S. 253ff.) Schon in seinem dramatischen Erstlingswerk *Die Familie Schroffenstein* (v. Kleist 1803 [1978a]) beantwortet der implizite Autor diese Frage mit einem in anderen Texten wiederkehrenden Sprachbild: »Die kranke abgestorbne Eiche steht / Dem Sturm, doch die gesunde stürzt er nieder, / Weil er in ihre Krone greifen kann« (II, 2). Derjenige stürzt nieder, der sich dem »Sturm« widersetzt. Der Text lässt ohnmächtig dahinsinken: Graf Sylvester, das Käthchen von Heilbronn, Alkmene, Penthesilea, Thusnelda, Elvire, das Kind Nicolo und Piachi, Jeronimo und Josephe, Herrn Friedrich und Littegarde, den Kurfürsten von Sachsen, die Marquise von O… und die Obristin, den Prinz von Homburg und weitere. Von Penthesilea heißt es: »Da fällt sie leblos, / Wie ein Gewand / In unserer Hand zusammen« (v. Kleist 1992, Zeile 1390). Graf Rupert gibt vor, gern in Ohnmacht zu fallen. Gegenüber soviel psychosomatischem Agieren, wie dem ohnmächtigen Hinstürzen, den stummen Gebärden des Errötens, des Erblassens, des Sich-Leidenschaftlich-Erhebens, der Tränen und des Schweigens kann sich das Auge und die Phantasie des Rezipienten nicht verschließen. Man kann insbesondere die stummen Gesten der Ohnmacht, des temporären psychischen Todes, nicht als Unsitte der Romantik abtun, weil sie – paradoxerweise – den Text in besonderer Weise nicht nur beleben, sondern – diskret – dramatische Höhe- und Wendepunkte signalisieren. Die Texte manövrieren den Leser mit diesen Gesten unausweichlich in die Position eines auch voyeuristischen Objekts, das sich einen Sinn daraus machen soll. Einen Sinn, der vielleicht sogar verlässlicher ist, als die vielen als unzuverlässig demaskierten Sprachbilder, die sich in den Texten als »Versehen«, als angezetteltes Täuschungsmanöver, als Verbiegung der Wirklichkeit herausstellen. »Die Worte wollen, wie / Verschlag'ne Kinder,

---

[2] Heinrich von Kleist (1803[1978a]): Die Familie Schroffenstein, 3. Akt, 2. Szene

nicht ans Licht«, heißt es schon in *Die Familie Schroffenstein* (II, 1), während und weil, lässt sich ergänzen, demgegenüber die stummen, undurchschaubaren Gesten das Licht nicht scheuen müssen.

Die Protagonisten geben nur spärliche oder im Allgemeinen überhaupt keine Auskunft über ihre Ohnmacht. Nur in Kleists Jugendwerk *Die Familie Schroffenstein* äußert sich der ehrenwerte Graf Sylvester, der, nachdem man ihn des Kindesmords verdächtigt, in Ohnmacht fällt, währenddessen ein Herold in seinem Burghof gesteinigt wird, noch relativ beredt. Aus seiner Ohnmacht erwacht, sind seine ersten Worte: »Mir ist so wohl wie bei dem Eintritt in ein anderes Leben« (II, 2), und unmotiviert fragt er als erstes nach seiner Tochter Agnes, die er im 5. Akt »aus Versehen« töten wird: »Fehlt Agnes? Ist sie tot?« Anschließend zensiert er seine Ohnmacht mit einem mehrmaligen »Pfui«, beschuldigt erst seinen »Geist« als »ein elend Ding« und dann seinen »Leib«. Er lehnt die heilsamen Tropfen der Gemahlin ab, weil er allein sein »Bewusstsein« brauche, um wieder auf die Füße zu kommen. Ihn freut, »dass der Geist doch mehr ist, als ich glaubte,/ Denn flieht er gleich auf einen Augenblick,/ An seinen Urquell geht er nur, zu Gott,/ Und mit Heroenkraft kehrt er zurück« (II, 2), und weiter: »Nicht jeden Schlag ertragen soll der Mensch,/ Und welchen Gott fasst, denk ich, der darf sinken, – auch seufzen«(II, 2). Sein Kontrahent, Graf Rupert, spielt auf Sylvesters Ohnmacht an, indem er vorgibt, leicht in Ohnmacht zu fallen, währenddessen er vorsätzlich Sylvesters Herold ermorden lässt. Die Gebärde der Ohnmacht hat in diesem ersten Versuch des Dichters, sie auf die Bühne zu bringen, im Unterschied zu den späteren dramatischen Werken, eine noch offenkundig handlungsstrategische Bedeutung. Die Differenzierung zwischen »Leib« und »Geist« kommt in späteren Texten nicht mehr zur Sprache. Fragt man nach den Inhalten, die mit der Ohnmachtsgeste des Sylvester zur Symbolisierung gebracht sind, d.h. nach dem Inhalt des durch die Geste Bezeichneten, ergeben sich eine ganze Reihe von Verweisen: Die Ohnmacht ereignet sich im Moment einer äußeren und vor allem inneren Konfliktkonfrontation. Mit der Beschuldigung, ein Kindesmörder zu sein, scheint die unbewusste Antizipation des Mordes an der eigenen Tochter bereits verknüpft. Mit seiner Ohnmacht flieht Sylvester vor dieser äußeren und inneren Realität im Sinne einer Entleerung der beängstigenden Vorstellungen, in einen Zustand des Nicht-Wissens und der Aufhebung von reflexionsbedürftigen Widersprüchen. Die Ohnmacht signalisiert einen Moment des Stillstands, der Ruhe, vor dem Handlungssturm und vor den der Kontrolle dann entgleitenden, unbewusst destruktiven Anteilen des Protagonisten. Obgleich bereits unwillentlich in Schuld verstrickt, gewinnt Sylvester mit der Ohnmacht einen Moment der imaginierten Unschuld.

Doch die Berührung mit dem göttlichen Urquell in der Ohnmacht stärkt ihn nicht wirklich gegen seine in ihm hausende Mordlust. Aus der Nähe zu »Gott« als dem narzisstischen Selbstobjekt erwächst ihm kein potentieller (Übergangs-)Raum. Sylvester erwacht aus seiner Ohnmacht ohne eine neu gewonnene Fähigkeit zu Reflexion und Trauer. Er tritt nicht wirklich in ein »anderes Leben«, hat sich nicht durch die Ohnmacht neu erschaffen. Seine Flucht zum »göttlichen Urquell«, zu »Gott« erweist sich als ein frommer Trug und als eine unerfüllbare Sehnsucht, von diesem »Gott« gefasst und gehalten zu sein, wie das Kind von der Mutter.

Dagegen scheint Sylvester in der Ohnmacht mit einem unbewussten – und destruktiven – Bereich seiner selbst in Berührung gekommen zu sein. Denn seine erste Frage, wieder erwacht, gilt dem Leben seiner Tochter. Als ob er diese Berührung schnellstens verleugnen müsste, mystifiziert Sylvester sie als Erfahrung einer imaginierten Fusion mit Gott. Nach seiner Ohnmacht handelt der Protagonist wie ein Seelenblinder, ein psychisch Toter, ein von der Rache an seinem Widersacher gänzlich Überwältigter. Nachdem er – noch ohne es zu wissen – die Tochter umgebracht hat, erscheint der »Urquell« in einem neuen, nicht Gott, sondern der »Natur« innewohnenden Licht: »Es regt sich sehr gewaltig die Natur im Menschen, / Und will, dass man, gleich einem einz'gen Gotte, / Ihr einzig diene, wo sie uns erscheint«(V, 1).

Es ist, als sei Graf Sylvester – während dessen Ohnmacht in seinem Burghof der Herold seines Widersachers ermordet wird – nach seiner Ohnmacht, obwohl längst erwacht, immer noch wie ohnmächtig. So gesehen, akzentuiert diese erste poetische Konzeption einer Ohnmacht, was auch der Text vermittelt: Der Herrscher und Vater des Hauses Schroffenstein beherrscht und kontrolliert nicht die hinter seiner Ehrenwertigkeit lauernde Destruktivität, die das eigene psychische Selbst und das Leben des einzigen, vorgeblich so geliebten Kindes zerstört. Die Ohnmacht umschreibt und symbolisiert den Moment einer – vergeblichen – Sehnsucht nach Unschuld und Halt wie auch der Angst vor dem Lebendigsein, das schon immer, so der Text, mit Schuld verknüpft ist. Der »Schlag«, den der Mensch nicht »ertragen soll«, weshalb er »sinken darf«, erweist sich als die kaum verhüllte Abwesenheit einer guten, schützenden Instanz, auf die Sylvester, indem er sich in der Ohnmacht von Gott gefasst glaubt, gleichwohl baut. Anders gesagt: Die Sehnsucht nach der Verschmelzung mit dem übermächtigen narzisstischen Objekt bewahrt Sylvester und, wie noch zu zeigen ist, andere ohnmächtige Protagonisten des Dichters Kleist davor, dem Nichts preisgegeben zu sein; eine Unterstellung, die letztlich auch für die Verzückung der heiligen Theresa gilt.

Ähnlich wie später im Schauspiel *Der Prinz von Homburg* ist das Ritterspiel *Das Käthchen von Heilbronn oder die Feuerprobe* durch je eine Ohnmacht der Protagonistin im ersten und im letzten Akt gleichsam eingerahmt. Käthchens Ohnmachten, auch die erzählten im Handlungsverlauf, gehören wie ein Leitmotiv zu ihrer Erscheinung, obwohl sie alles andere ist als ein kränkliches, hinfälliges Wesen und dieses nicht zuletzt mit der *Feuerprobe* unter Beweis stellt. Zu Käthchens Erscheinung gehört eine für sie weitere charakteristische Körpergeste, so als ob sie gleich in Ohnmacht fallen würde: Wo immer der Ritter vom Strahl auftaucht, sei es im Traum oder im wirklichen Leben, fällt sie zu seinen Füßen »wie vor den Erlöser hingestreckt« (I, 2). Als sie seiner zum ersten Mal ansichtig wird, »stürzt sie vor ihm nieder, als ob sie ein Blitz niedergeschmettert hätte!«(I, 1) und schmeißt sich »in dem Augenblick, da er den Streithengst besteigt, dreißig Fuß hoch mit aufgehobenen Händen, auf das Pflaster der Straße nieder« (I, 1). Käthchen nennt den Ritter beharrlich ihren »hohen Herrn«, sie nimmt es hin, von ihm mit Worten, mit Fußtritten, mit der Peitsche gequält und verjagt zu werden, um immer wieder wie ein Bumerang in seinem Umkreis aufzutauchen. Sie ist in allen ihren Bewegungen von einer geheimnisvollen Gewissheit durchdrungen, die sie sich – zumindest im Wachzustand – nicht entreißen lässt. In der initialen Femgerichtsszene bietet sie dem Ritter, der sie ins Verhör nimmt, um ihre geheimsten Gedanken aus ihr herauszuzwingen, »das ganze Herz« an, »so bist du sicher dess', was darin wohnt«. Aber: »Und läg ich so, wie ich vor dir jetzt liege,/Vor meinem eigenen Bewusstsein da:... so spräche jeglicher Gedanke noch,/Auf das, was du gefragt: ich weiß es nicht« (I, 2).

Käthchen verständigt sich demgegenüber mühelos im Schlaf mit dem Ritter. Im 4. Akt, 2. Auftritt, entdeckt sie ihm, was er ebenso wie sie wissen müsste, ihn aber nicht mit der gleichen unwissenden Gewissheit geführt hat wie sie: Beide haben an verschiedenen Orten in der gleichen Silvesternacht einen verheißungsvollen Traum über ihre Bestimmtheit füreinander geträumt, der sich keine Standeshindernisse entgegenstellten. Denn das Muttermal am Nacken des Käthchens hat sie dem Ritter im Doppeltraum als eine Kaisertochter ausgewiesen. Käthchens Bewusstsein scheint davon nichts zu wissen, während der Traum dahingehend seine Wirkung entfaltet, dass sie, scheinbar »ihrer fünf Sinne beraubt«, dem Ritter vom Strahl auf »nackten Füßen« folgt, wohin er sich auch wendet.

Auch wenn es zwischen dem Käthchen und dem Prinzen von Homburg wenig innere Verwandtschaft zu geben scheint (die hingebungsvolle Figur des Käthchens wird generell als Antithese zur Amazonenkönigin Penthesilea gesehen), benutzt der Dichter zur Charakterisierung ihrer Person analoge poetische Mittel: die architektonische Anordnung der Ohnmachten, die

Somnambulie, die Vermittlung psychischer Befindenszustände durch averbale, körperbezogene Zeichen und eine alle Sinne erfassende Ausrichtung auf ein idealisiertes Selbstobjekt. Letzteres gilt für viele Kleist'sche Protagonisten, die in Ohnmacht fallen, darunter Penthesilea (Berger 2001) und Elvire. Beide, Käthchen wie der Prinz stellen außerdem mit ihren Ohnmachten zum Ende des 5. Aktes das scheinbar glückliche Ende des Dramas in Frage.

Käthchens erste Ohnmacht auf der Bühne wie auch die erzählte ereignen sich jeweils dann, wenn eine reale Trennung vom Ritter droht, so als fehle Käthchen, die dem Ritter ihr ganzes Herz geben will, um darin zu lesen, im Wachzustand die Fähigkeit zur Imagination. Oder anders gesagt: Sie kann die physische Abwesenheit des Objekts nicht ertragen und nicht denken, weshalb sich schließlich ihr vermeintlicher Vater, der Waffenschmied Theobald, sogar dazu bewegt fühlt, ihr beim Ritter ein Plätzchen unter dem Holunderbusch zu erbitten, von dem aus sie wenigstens dessen Burg sehen kann. Wenn sich ihr das reale, obgleich in seiner Realität von ihr nicht erkennbare idealisierte Ritter-Objekt zu entziehen droht oder sich unempathisch von ihr distanziert, dann stürzt Käthchen hin, als ob ihr die Welt und ihr eigenes Selbst immer wieder temporär unterginge. Eben weil sie den Ritter, ihren hohen Herrn, als reales Objekt nicht wahrnimmt, sondern als ein omnipotentes Selbstobjekt, kann man eine primär narzisstische Objektbeziehung zum Ritter unterstellen. Letzteres heißt auch, dass die physische wie psychische Trennung von diesem Objekt einer Trennung von einem eigenen Teil des Selbst gleichkommt, d.h. einer narzisstischen Katastrophe.

Ihre letzte Ohnmacht, nachdem der Ritter vom Strahl ausdrücklich beim Kaiser um ihre Hand angehalten hat, steht diesem Eindruck nicht unbedingt entgegen. Mit den Worten: »Schütze mich Gott und alle Heiligen!« sinkt Käthchen nicht dem Ritter zu Füßen, sondern in die Arme ihrer künftigen gräflichen Schwiegermutter. Der Kaiser höchstselbst übergibt die Ohnmächtige dem Ritter, um sie in die Kirche zu führen. Für Käthchen ist dieser zum Ehemann mutierte Ritter in diesem Moment nicht mehr das in seiner Realität nicht erkennbare, idealisierte und zugleich unerreichbare Objekt, nicht mehr der Traumritter, und deshalb bedeutet die bevorstehende Vermählung den drohenden Verlust des narzisstischen Objekts. Ihre im gemeinsamen Sylvesternachtstraum antizipierte Heirat mit dem Ritter entspricht eher nicht einem Selbstentwurf, der auf eine reale erotische Erfüllung drängt. Nur im schlafwandlerischen Zustand redet sie davon, ihn zu heiraten. Im Wachzustand sagt sie *schamrot* im zweitletzten Auftritt: »Ich versteh' dich nicht«, als der konfliktgebeutelte Ritter ihr seine wilde sinnliche Sehnsucht nach ihr eingesteht. Das ist nicht nur die abgewehrte Angst der

»Jungfer, jüngst der Nabelschnur entflohen« (I, 2) vor der Sexualität, wenngleich Käthchen an dieser Stelle den Ritter zum ersten und einzigen Mal bei seinem Vornamen nennt. Aber, selbst wenn man diesem letzten Ohnmachtsanfall des Käthchens ein gewisses hysterisches Agieren nicht ganz absprechen möchte, dergestalt, dass sie den Ohnmachtsanfall dem Sündenfall vorzieht, symbolisieren alle ihre Ohnmachten einen noch weiteren Bedeutungszusammenhang.

Das Geheimnis der unverletzlichen Anmut des Käthchens ist vor allem darin begründet, dass sie keinen weiteren Wunsch an die gebrechliche Welt zu haben scheint, als den nach der puren physischen Präsenz des Ritters, dem sie – vom Wissen und Gewissen suspendiert – in Unschuld folgt. Er ist ihr Gestalt gewordener »göttlicher« Urquell, der »Gott«, der sie gefasst hat, und es scheint durchaus auch der naiven Klugheit des Käthchens zu entsprechen, diesen Urquell nicht als reales Objekt erkennen zu wollen – auch im Sinne eines sexuellen Erkennens, dem biblischen Sündenfall. Im Traum, im Schlaf, im Wachen ist Käthchens ganzes Wesen so bezogen auf den Ritter, dass sie zwischen diesen Zuständen kaum unterscheidet und dem Ritter ernsthaft sagen kann, sie habe ihn – im Traum – mit großen Augen angesehen, »weil ich glaubt, es wär ein Traum« (IV, 2). Es scheint für Käthchen keine deutliche Abgrenzung zwischen der inneren und der äußeren Realität zu geben. Sie bewegt sich wie in einem frühkindlichen präverbalen Universum und macht im Schauspiel, trotz der Separation vom Vater weg zum Ritter hin, keinen Entwicklungsprozess vom Mädchenkind zur Ehefrau durch. Dem Käthchen fehlt dazu die Mutter. Dieses statisch Beharrende, Geschichtslose des Käthchens in ihrer Bezogenheit auf den Ritter – sie würde ihm in Eintracht mit sich selbst bis in alle Ewigkeit folgen – steht in geradezu paradoxem Kontrast zu ihrer äußeren Entwicklung im Ritterspiel von der Tochter des Waffenschmieds zur Kaisertochter.

An Käthchen geht diese für den Ritter so bedeutsame Identitätszuschreibung vorbei. Ihre Selbstaufgabe im Objekt erinnert an die Wiederauflage einer primär narzisstischen Union mit der Mutter, die Käthchen früh verloren hat. Von der Mutter ist nur das »Muttermal« an ihrem Körper geblieben, das das Käthchen vor allem als eine Muttertochter – und nur in den Augen des Ritters als eine Kaisertochter – ausweist. Der Text macht dieses Muttermal am Körper des Käthchens, auf das der Engel den Ritter im Doppeltraum hinweist, zur Quelle seines Begehrens nach ihr, während sie selbst von der ihm so wichtigen Bedeutung dieses Mals durch den ganzen Text nichts erfährt. Vergegenwärtigt man sich, dass Käthchen, »das Kindlein« (II, 9), eine Mutterwaise ist, deren adoleszente Sehnsucht nach einem Ritter als einem omnipotenten Objekt auch das Verlangen nach dem omnipotenten mütterlichen Primärobjekt wiederbelebt – tatsächlich ruft sie im Traum ja auch in dem Moment, als der Ritter ihr Kinn berührt, nach ihrer Magd Mariane –, kann man dem Mutter-Mal eine von der Wahrnehmung des Ritters sehr abweichende Bedeutung unterstellen; das Mutter-Mal signalisiert einen stummen Bezug zur verlorenen Mutter. In diesem Zusammenhang wäre auch zu fragen, weshalb zur Traumbegegnung des Liebespaares eigentlich ein Cherub vonnöten ist. Hat er – wie auch bei der »Feuerprobe« des Käthchens – die Funktion eines schützenden Mutter-Substituts?

Aus alledem ergibt sich ein möglicher weiterer Sinnzusammenhang dazu, weshalb Käthchen immer dann in Ohnmacht fällt – ungehalten wie der Körper eines kleinen Kindes, dem die Präsenz der haltenden Mutter fehlt – wenn sich ihr der Strahl, im Antlitz des Ritters, entzieht. Dieser Strahl, der sich, wie es heißt, »fünfdrähtig wie ein Tau um ihre Seele gelegt« (1,1) hat, erinnert an den spiegelnden Blick einer Mutter. Nichts fasziniert ein Baby mehr als das Antlitz seiner Mutter. Man kann daher die Ohnmachten des Käthchens – immer in Trennungssituationen – als symbolischen Ausdruck der Wiederholung einer traumatischen, nicht imaginierbaren Verlusterfahrung unterstellen, die sich mit dem momentanen Verlust des Ritter-Objekts verbindet. Diese Sichtweise gibt Käthchens Worten, dem Ritter konkretistisch ihr ganzes Herz geben zu wollen, damit er alles über sie weiß, einen neuen Sinn: Man sieht es dem Käthchen nicht an, aber in ihrem Inneren existiert eine frühe traumatische Verwundung, die es ihr unmöglich macht, das Objekt als getrennt und abwesend denken zu können (Grubrich-Simitis 1984). Die Ohnmachten stellen, so gesehen, immer wieder pantomimisch den physischen Nachvollzug dieser Verwundung dar – als Ausdruck eines Zusammenbruchs, der sich bereits ereignet hat (Winnicott 1974). Man kann diesen Ohnmachten – ähnlich wie bei Graf Sylvester – einen frustranen Selbstheilungsversuch durch Annullierung der psychischen Realität unterstellen im Sinne eines temporären Sich-Totmachens in der Illusion einer Vereinigung mit dem narzisstischen Objekt. Damit wird die Ohnmacht zur Ausweichung vor der narzisstischen Katastrophe und zu einer temporären suizidalen Geste.

Ein Reitergeneral, der schlafwandelt, träumt, in Ohnmacht fällt und zum Auftakt der Schlacht von seinem Pferd stürzt

Nach dieser Einführung in die Ohnmachten Kleist'scher Protagonisten gehe ich im Folgenden näher auf die Ohnmachten in Kleists Schauspiel *Prinz Friedrich von Homburg* ein: Sein letztes großes Werk, ein halbes Jahr vor seinem Tod (1811) vollendet, lässt der Dichter des Nachts auf der Bühne traumhaft beginnen, und es ist wiederum Nacht zum Ende des 5. Aktes. Auch der Ort der Handlung ist jeweils identisch. Der Eindruck, das Schauspiel ende scheinbar, wo und wie es begonnen hat, wird noch dadurch akzentuiert, dass der somnambule preußische Offizier Prinz von Homburg zu Beginn und im letzten Auftritt in Ohnmacht fällt. Soll das heißen, die Nacht, mit der das Stück beginnt, hat sich nur vorübergehend aufgehellt, um die Protagonisten in neuerliches traumhaftes Dunkel zu hüllen? Andererseits: Gibt es nicht auch ein Happyend? Der Lorbeerkranz, den sich der nacht-wandelnde Prinz im Vorgriff auf künftigen Ruhm im 1. Auftritt windet, wird ihm im letzten Auftritt aufs Haupt gesetzt, und während im ersten Auftritt das Kurfürstenpaar und die Prinzessin Nathalie sich den ausgestreckten Armen des somnambulen Prinzen entziehen, wird ihm im letzten Auftritt die Prinzessin zugeführt, die seine Hand an ihr Herz drückt, – als ob sich ein initiales Wunschbild des Prinzen jetzt erfülle. Doch dieser Anschein trügt.

Die Handlung des Schauspiels ist bekannt, deshalb fasse ich sie hier kurz zusammen, obwohl dies nur gewaltsam möglich ist: Es ist der Vorabend der Schlacht bei Fehrbellin (1775), in der das Heer des Kurfürsten von Brandenburg die Schweden entscheidend besiegen wird. Statt bei seinem Regiment zu sein, schlafwandelt der Prinz von Homburg im Schlossgarten, hierbei beobachtet vom Kurfürstenpaar und der Prinzessin Nathalie, die als Statisten an der flüchtigen Vision seiner Heldenkrönung beteiligt sind bzw. sie inszenieren. Aus dem Schlafwandeln erwacht, fällt der Prinz in Ohnmacht. Im Nachhall auf die somnambule Erfahrung nimmt der Prinz dann die Order des Schlachtplans nur zerstreut wahr, verstößt anschließend zum dritten Mal gegen sie, indem er sich verfrüht mit seiner Reiterei in die Schlacht wirft und unter dem vermeintlichen Eindruck, der Kurfürst sei gefallen, erbittert kämpft und siegt. Übereilt trägt er sich dann der Prinzessin und der vermeintlich verwitweten Kurfürstin als Nachfolger des Fürsten an und macht der Prinzessin einen Heiratsantrag. Der Kurfürst, wider Erwarten am Leben, stellt den Prinzen vor ein Kriegsgericht, weil er, obzwar in der Schlacht siegreich, gegen das Kriegsgesetz gehandelt habe. Der Prinz wird zum Tod durch Erschießen verurteilt, vertraut aber auf die

Begnadigung des Fürsten. Nachdem sie ausbleibt, wird er von Todesangst überwältigt und erfleht die Fürsprache der Kurfürstin. Um zu überleben, will er auf alles, was er ist und hat, einschließlich auf die Hand der Prinzessin, verzichten. Der Kurfürst ist zu einer Begnadigung unter der Voraussetzung bereit, dass der Prinz ihm seine Meinung, ihm sei Unrecht widerfahren, schriftlich begründet. Dieses Anerbieten bewirkt, dass der Prinz das Todesurteil annimmt und gegen die Fürsprache des gesamten Heeres auf dessen Vollzug besteht. Der Prinz richtet eine letzte Bitte an den Fürsten dahingehend, sich keinen Frieden mit den Schweden durch Vermählung der Prinzessin Nathalie zu erkaufen. Der Kurfürst gewährt ihm diese Bitte nicht nur, sondern sichert ihm zu, im Geist des Prinzen, so als ob er den Fahnen tot voranschreite, im Kampf zu siegen. Das dankt ihm der Prinz: »Nun sieh, jetzt schenktest du das Leben mir!/... Geh und bekrieg, o Herr, und überwinde den Weltkreis, der dir trotzt – denn du bist's wert!«(V, 8). Nunmehr begnadigt der Kurfürst den Prinzen doch noch. Der fällt erneut in Ohnmacht und es ertönt im antizipierenden Siegestaumel wie ein Schlussakkord der Schlachtruf: »In Staub mit allen Feinden Brandenburgs!«

Die Handlung ist jedoch nicht die eigentliche Essenz des Schauspiels, die sich vor allem aus der poetischen Verquickung von Sprache und visualisierter wie szenischer Darstellung ergibt und aus dem Ausdruck der Körpergebärden, die das Innere der Protagonisten ebenso verschleiern wie bloßlegen. Die Ohnmachten des Prinzen sind als ein wesentlicher, mit dem Körper geschriebener Textteil zu verstehen.

Ein auch nur kurzer Blick auf die Wirkungsgeschichte des Schauspiels, das zehn Jahre nach dem Tod des Dichters am Wiener Burgtheater uraufgeführt, unter Lachen und Zischen durchgefallen war und schließlich, wie später in Berlin (1828) durch eine Verfügung der Zensurbehörde abgesetzt wurde, unterstreicht – bis zur vielbeachteten Aufführung der Schaubühne am Halleschen Ufer 1972 – eine sehr differente Resonanz und Werkinterpretation. Sie soll hier nicht wiedergeben werden. Unter den gegenwärtigen Interpreten ist die Arbeit von Wolf Kittler (1987) hervorzuheben, der einerseits den aktuellen vaterländischen Bezug des Schauspiels (Niederlage Preußens bei Jena und Auerstädt am 14. Oktober 1806) detailliert darstellt, und andererseits erläutert, inwiefern der augenfällige Konflikt des Dramas – Subordination versus Spontaneität – auch die Reorganisation der traditionellen Kriegsführung in Preußen zu Beginn des 19. Jahrhunderts widerspiegelt. Hierzu gehört u.a. auch die Emotionalisierung und latente Erotisierung der Truppe durch die historisch erstmalige Benennung eines Regiments mit dem Namen einer – angebeteten – Frau, die die Verteidigung des Vaterlandes ebenso zu einer Disziplin- wie einer Herzensangelegenheit machen sollte.

1806 hat König Friedrich Wilhelm III. ein altgedientes Regiment nach dem Namen seiner Gemahlin, der Königin Luise, umbenannt; ein Faktum, das Kleist in seinem Schauspiel, in dem es nicht zuletzt auch um die Verbindung von militärischem Ehrgeiz und erotischem Begehren geht, mit dem weiblichen Chef eines Dragonerregimentes, der Prinzessin Nathalie, historisch vorverlegt. Zu den totalitären Aspekten, die im 5. Akt des Schauspiels zum Ausdruck kommen, bemerkt Kittler (1987, S. 266f.):

>»Die freiwillige Unterwerfung unter das Gesetz des Staates, die der Prinz von Homburg leistet, impliziert also zugleich die Aufhebung des klassischen Völkerrechts und setzt an die Stelle des Zusammenspiels von umhegten Kriegen und diplomatischen Demarchen den totalen Krieg…«

Die Verherrlichung des totalen Krieges wurde dem antinapoleonischen Dichter der *Hermannsschlacht* und des *Prinz Friedrich von Homburg* denn auch wiederholt vorgeworfen. Jeder Leser jedoch, der sich in Kleists Texte auch nur ein wenig vertieft, macht die Erfahrung, dass sie sich einer einseitigen, eindeutigen und widerspruchsfreien Deutung hartnäckig entziehen. Außerdem darf ein Text, der zur Analyse eines Phänomens beitragen kann, nicht mit der Ideologisierung dieses Phänomens verwechselt werden.

Ausgerechnet in Zeiten der schmählichen Niederlage Preußens gegen Napoleon führt der Dichter, selbst ein ehemaliger Militärangehöriger, einen preußischen Reitergeneral als einen Schlafwandler ein, einen Träumer, der in Ohnmacht fällt und zum Auftakt der Schlacht von seinem Pferd stürzt, und riskiert damit, seinen Text der Lächerlichkeit und dem Hohn seiner Zeitgenossen preiszugeben. Die Todesängste, in die der Text den Protagonisten dann später stürzt, haben dieses ablehnende Echo noch verstärkt. Der implizite Autor und sein Protagonist scheinen in einer gewissen »Zerstreutheit« dahingehend übereinzustimmen, dass Ersterer nicht zögerte, sein Werk – mit ähnlich sehnsüchtig ausgestreckten Armen wie der Protagonist im 1. Auftritt angesichts des Fürstenpaares und der Prinzessin – einer adeligen Dame zu widmen, die eine Verwandte des historischen Prinzen von Homburg war. Im Glauben, dass ihr Ahnherr im Schauspiel in einer unedlen Gestalt erscheine, soll sie ihr Teil zum Misserfolg des Schauspiels beigetragen haben (Brief Heinrich Heines, zit. nach Goldammer 1978, S. 711).

Versteht man die Ohnmachten des Prinzen zunächst einmal als Ausdruck einer den ganzen Körper durchdringenden Ohn-Macht und Niederlage Preußens angesichts der napoleonischen Siege, haben sie eine echte symbolische Funktion: Sie repräsentieren das Scheitern, den Stillstand, die Haltlosigkeit, die Selbstaufgabe des Individuums und einer ganzen Nation und sind Signal für die Gegenwart des Todes. Diesen Ohnmachten ist nicht mit den Mitteln der Krankheitsbewältigung, die die Frauen im Schauspiel assoziieren, beizukommen, sondern anscheinend nur mit militärischen Gegenschlägen. Die erste Ohnmacht des schlafwandelnden Prinzen, der, bei seinem Namen angerufen, aus seiner Trance aufwacht und wie erschossen hinstürzt, wird mit den Worten kommentiert: »Da liegt er, eine Kugel trifft nicht besser«(I, 4). Der Ohnmacht im letzten Auftritt folgt der Aufruf des Kurfürsten: »Lasst den Kanonendonner ihn erwecken!« (V, 11). Diese verkürzte Betrachtung der Ohnmachten des Prinzen lässt noch außer Acht, welcher Stellenwert ihnen als Ausdruck der Selbstentäußerung des Prinzen im gesamten Text- und Beziehungskontext zukommt. Im Schauspiel fällt übrigens auch noch die Kurfürstin in Ohnmacht auf die Nachricht hin, dass der Kurfürst in der Schlacht gefallen sei. Auf diese mehr konventionelle Geste, die die Flucht aus dem Bewusstsein im Moment eines plötzlichen, psychisch nicht integrierbaren Verlustschmerzes unterstreicht, werde ich nicht näher eingehen, weil sie im Text nicht mit so komplexen Determinierungen aufgeladen ist. Die folgenden Überlegungen sind interpretierende Annäherungsversuche an die Ohnmachten des Prinzen unter jeweils etwas verschiedenen Perspektiven. Wie sich ergibt, kehren bereits erörterte Aspekte zur Ohnmacht des Grafen Sylvester und zu den Ohnmachten des Käthchen von Heilbronn wieder.

ICH WILL DAS HEILIGE GESETZ DES KRIEGES, DAS ICH VERLETZT, IM ANGESICHT DES HEERS, DURCH EINEN FREIEN TOD VERHERRLICHEN![3]

Psychoanalytisch orientierte Interpreten, wie u.a. Dettmering (1975), Trimborn (1987), Politzer (1970), verstehen die hintergründige Psychodynamik des Schauspiels vor allem als Ausdruck der schließlichen Bewältigung eines Vater-Sohn-Konflikts zwischen dem Kurfürsten und seinem jugendlichen Reitergeneral. Ich stimme dieser Auffassung, die sich auf eine innere Wandlung des Prinzen im Sinne einer ödipalen Konfliktlösung beruft, d.h. auf die Anerkennung seiner Schuld, gegen das Gesetz verstoßen zu haben, derzufolge er dann auch das über ihn verhängte Todesurteil akzeptiert, nur bedingt zu. Ich möchte demgegenüber das Augenmerk darauf richten, dass der Prinz, nachdem er seine omnipotent anmutende Gewissheit, vom Fürsten begnadigt zu werden, als Illusion erkennen muss, zwar in eine desintegrierende narzisstische Krise stürzt, aber, wie Phoenix aus der Asche,

---

[3] Heinrich von Kleist (1811[1978c]): Prinz von Homburg, 5. Akt, 7. Auftritt

seine narzisstische Organisation restituiert, indem er das Gesetz – und damit sich selbst und den Kurfürsten – durch seinen »freien Tod« verherrlicht.

Ich möchte diese Sichtweise textorientiert detaillierter belegen: Nachdem der Prinz nicht nur gegen das Kriegsgesetz verstoßen hat und damit dem Fürsten den größtmöglichen Sieg, nämlich die Schweden nicht nur zu schlagen, sondern sie in den »Sümpfen aufzureiben« (I, 5), verpatzt hat, nachdem er darüber hinaus sich nach dem vermeintlichen Tod des Fürsten zum »Engel mit dem Flammenschwert« (II, 6) in dessen Nachfolge erhebt und sich übereilt der Nichte des Fürsten, der Prinzessin Nathalie anverlobt – entgegen seiner Rede, dass »diese Stunde« der »Trauer« geweiht sei (II, 6) – gelingt es ihm gleichwohl, als der Fürst ihm seinen Degen abnehmen und ihn gefangen setzen lässt, die damit verbundene Kastrationsdrohung des Vatersubstituts erfolgreich abzuwehren. Der Prinz fragt sich zwar: »Träum' ich? Wach' ich? Leb' ich? Bin ich bei Sinnen?« (II, 10) – so, wie er dann den Brief des Fürsten im Gefängnis mit der Bemerkung quittiert: »Es ist nicht möglich! Nein! Es ist ein Traum!« (IV, 4) und sich im letzten Auftritt noch einmal angesichts einer ihn überwältigenden Wirklichkeit die Frage stellt: »Ist es ein Traum?« Dergestalt rückt der Text das Lebensgefühl des Prinzen wiederholt in einen narzisstischen Schwebezustand zwischen Traum und Wirklichkeit, Schlafen und Wachen, Leben und Tod, akzentuiert durch sein wiederholtes ohnmächtiges Hinstürzen. Ähnlich wie das Käthchen von Heilbronn entzieht sich der Prinz fortgesetzt einer realistischen Wahrnehmung seiner selbst und der Wirklichkeit, insoweit diese ihn, wie noch zu zeigen ist, mit der Person des Kurfürsten konfrontiert. Die Ohnmachten akzentuieren jeweils die Höhepunkte seiner Strategie der Vermeidung, sich selbst und den Fürsten in einer der Idealisierung entzogenen Perspektive zu sehen und zu erkennen. Der Kurfürst repräsentiert für den Prinzen das omnipotente narzisstische Objekt, für das im *Käthchen von Heilbronn* der Ritter und in der *Familie Schroffenstein* der göttliche Urquell stehen.

Im Gefängnis wiegt sich der Prinz trotz des über ihn verhängten Todesurteils zunächst in der sicheren Erwartung auf den »heiteren Herrscherspruch« des Fürsten, der »als ein Gott« (III, 1) in den Kreis der Richter treten wird, um deren Urteil aufzuheben. Der Prinz nimmt das Gesetz nur formal ernst. Nichts erschüttert das narzisstische Gleichgewicht des Prinzen dann so, wie die Enttäuschung seiner Erwartung auf Begnadigung. Ihr Ausbleiben konfrontiert ihn mit der Realität des Todes und mobilisiert elementare Angst und Entsetzen: »Seit ich mein Grab sah, will ich nichts als leben,/Und frage nichts mehr, ob es rühmlich sei!« (III, 5). Die Verleugnung der Todesangst, die er auf dem Schlachtfeld im Eifer des Sieges und der heldischen Selbstidealisierung so selbstverständlich aufrecht erhalten hat, bricht zusammen – ein Paradox nur in den Augen einer Frau, der Prinzessin. Der Text lässt den Prinzen hier nicht in Ohnmacht fallen. Er unterstreicht vielmehr, dass der Träumer – zumindest momentan – ein Empfinden für den Wert des Lebendigseins hat, wodurch seine nachfolgende Entscheidung für einen »freien Tod« um so eindrucksvoller hervorgehoben ist. Der Träumer, so könnte man konstatieren, träumt einen Moment lang nicht mehr. Er fühlt sich von seinem »Gott« verlassen und scheint sich mit dem Versuch einer Wiedergutmachung – er will auf alles verzichten, worauf er seine Ziele gesetzt hat – innerlich einer depressiven Position anzunähern. Er wehrt dann aber, weil er sich mit seinem »Gott« nicht »streiten« kann und will, diese Annäherung an eine objektale Auseinandersetzung geradezu manisch ab.

Die desintegrierende Erkenntnis, dass ihn sein narzisstisches Objekt, sein Fürst, sein Vaterersatz, sein Gott, hat fallen lassen – in das schon aufgeworfene Grab der, wenn man so will, verschlingenden Mutter (Dettmering 1975) – löst nicht nur den Zusammenbruch und die Todesangst des Prinzen aus, sondern entfaltet ihre Wirkung auch dahingehend, dass der Prinz nach Empfang des Briefes vom Fürsten der Chance einer ödipalen Konfliktlösung ausweicht – zugunsten des Gewinns narzisstischer Grandiosität:

»Wie ich es wohl erkenne; kann er mir/ Vergeben nur, wenn ich mit ihm drum streite,/ So mag ich nichts von seiner Gnade wissen …, und weiter: Er handle, wie er darf;/ mir ziemt's hier zu verfahren wie ich soll! … Ich will ihm, der so würdig vor mir steht,/ nicht, ein Unwürd'ger, gegenüberstehn!« (IV, 4).

Das heißt auch: Besser tot, als aus dem narzisstischen Einklang mit dem grandiosen Selbstobjekt als ein selbst ebenso grandioses Subjekt ausgeschlossen zu sein. Für den Prinzen ist die Wahrnehmung des Gefühls der Abhängigkeit vom Objekt und einer damit verbundenen Wut und Scham unerträglicher und letztlich bedrohlicher als der Tod.

Zwar spricht der Prinz auch von »Schuld«, die auf seiner Brust ruhe, ohne dass er sich dazu näher erklärt, sodass offen bleibt, ob er an seine Missachtung des Gesetzes oder der väterlichen Autorität denkt, die er durch übereilte Anmaßung seiner Nachfolge und durch die ebenso übereilte Verlobung mit der Prinzessin Nathalie unterlaufen hat. Wesentlich aber ist, dass der Prinz die Möglichkeit der narzisstischen Restitution aufgreift, die sich ihm mit dem Brief des Fürsten anbietet. Er will sich seinem idealisierten Objekt als nicht minder würdig präsentieren. Als wär's ein Traum, verspielt er sein Leben, um das er eben noch gezittert hat, in nahezu suizidaler Absicht, trotz Fürsprache des gesamten Heeres. Er will sich sein grandioses Objekt, den Fürsten, »mit der Stirn des Zeus« (I, IV), dessen Gunst und Wertschätzung er verloren zu haben glaubt, zurückgewinnen, um in dessen Großartigkeit unsterblich aufzugehen. »Er wird auch noch im Tod zu siegen wissen!« (III, 5), konstatiert die Prinzessin Nathalie. Dass der Prinz sich in Bezug auf die Erwartung des Fürsten *richtig* entscheidet, erweist sich im 8. Auftritt des 5. Aktes, in dem der Fürst ihn zum einzigen Mal seinen »Sohn« nennt und dem zum Tod Entschlossenen die Stirn küsst. Nicht das Verlangen nach Authentizität im Rahmen einer ödipalen Vater-Sohn-Auseinandersetzung, die sich ansatzweise nach der Gefangennahme des Prinzen abzeichnet – »in mir nicht findet er den Sohn, / Der, unter'm Beil des Henkers, ihn bewund're« (II, 10) –, sondern die dergestalt erreichte narzisstische Restitution verhilft dem Prinzen zu einem Gefühl der wieder-gewonnenen subjektiven Ganzheit.

Es gibt im Text ein Vorbild für die suizidale Aufopferung des eigenen Lebens und des eigenen individuellen Selbst zugunsten der Verherrlichung des Herrschers wie – aus der Perspektive des Prinzen – der eigenen Person. Das ist der Opfertod des getreuen *Froben*, Stallmeister des Fürsten, der unter einem Vorwand während der Schlacht sein Pferd mit ihm tauscht und so das Leben des Fürsten um den Preis seines eigenen rettet. Der Prinz kom-mentiert den Vorfall mit den starken Worten: »Wenn ich zehn Leben hätte, / Könnt' ich sie besser brauchen nicht, als so!« (II, 8).

Mit seiner Entscheidung für einen »freien Tod« erfüllt sich der antizipie-rende Selbstentwurf des Prinzen, wie er sich bereits zu Beginn des Dramas als einer Schlüsselszene abzeichnet. Träumend, »seiner eigenen Nachwelt gleich«, windet er sich einen Lorbeerkranz, als ob er sich schon als – leblo-ses – Gemälde unter den Bildern der Helden, die im Rüstsaal zu Berlin auf-gehängt sind, sehe. In diesem auf den Ruhm der Nachwelt ausgerichteten Selbstentwurf des Prinzen ist schon die Verleugnung der eigenen Vergänglichkeit, der eigenen Sterblichkeit enthalten, die er dann so ein-drucksvoll in dem berühmten Monolog im 10. Auftritt des Schlussaktes zum Ausdruck bringt:

> »Nun, o Unsterblichkeit, bist du ganz mein! / Du strahlst mir, durch die Binde meiner Augen, / Mit Glanz der tausendfachen Sonne zu! / Es wachsen Flügel mir an beiden Schultern...« (V, 10).

Mit diesen grandiosen Sätzen wird nicht nur die Realität des Todes ver-leugnet, sondern der Tod in kaum verhüllter suizidaler Absicht verherrlicht. Es gibt keine Anzeichen der Trauer über den eigenen Tod und die eigene Vergänglichkeit angesichts der Euphorie unvergänglicher Unsterblichkeit und des Ruhms der Nachwelt. Auch keiner der Protagonisten außer der Prinzessin betrauert diesen destruktiven narzisstischen Triumph, den man als Durchsetzung des Todestriebes verstehen kann.

Im letzten Moment des 5. Aktes entscheidet sich der Kurfürst zur Begnadigung des Prinzen, unterbricht dadurch jäh dessen Höhenflug – und der Prinz fällt in Ohnmacht. Betrachtet man die Höhenflüge des Prinzen im Text insgesamt, fällt auf, dass sie regelmäßig durch die Einwirkung des Fürsten unterbrochen werden und der Prinz dann ohnmächtig hinstürzt: In der Eingangsszene schlafwandelt der Prinz bis an das Tor des Himmels, im Blick die Vision seiner Heldenkrönung. Das Tor verschließt sich ihm *rasselnd* (ein intertextueller Bezug auf Kleists Essay »Über das Marionettentheater«), weil die an dieser Vision real beteiligten Personen – Fürstenpaar und Prinzessin, wie ein gestelltes Bild – sich zurückziehen. Durch einen Anruf aus seinem Schlafwandeln erweckt, fällt der Prinz in Ohnmacht. Im Schlussauftritt lähmt die unerwartete Begnadigung des Fürsten und die Konfrontation mit der ebenso unerwarteten Realisierung seiner initialen Ruhmes- und Liebesvision dem Prinzen die »Flügel«, mit denen sein »Geist« schon »durch stille Ätherräume schwingt« (V, 10) – und er fällt ein zweites Mal in Ohnmacht. Kann der Prinz zwischen der Vision des blitzerhellten Spaltes, zu dem sich das Himmelstor ihm plötzlich öffnet, dem Glanz der Unsterblichkeit und dem Glanz der realen Fackeln, die die Nacht im Schlussauftritt erleuchten, nicht unterscheiden? Kann er auch nicht zwischen der visionären Erscheinung seiner Heldenkrönung und der offenkundigen Realisierung seiner Wünsche trennen – obwohl man ihm im Schlussauftritt doch ausdrücklich die Augenbinde abgenommen hat, dass er sehen kann?

Der Leser oder der Zuschauer fühlt sich angesichts der zweiten Ohnmacht des Prinzen, die die Mitspieler auf der Bühne kaum registrieren, außerdem mit einem Widerspruch konfrontiert – ganz ähnlich wie angesichts der Schluss-Ohnmacht im *Käthchen von Heilbronn:* Fällt der Prinz eingangs dem Anschein nach in Ohnmacht, weil er verliert, was ihm zum Greifen nah erschien, fällt er doch auch dann wieder in Ohnmacht, wenn die Prinzessin ihm den Lorbeerkranz aufsetzt und ganz wirklich seine Hand an ihr Herz drückt. Weiß denn dieser Prinz nie verlässlich, wo er ist und was er will? An der defizitären Fähigkeit des Prinzen, zwischen Wirklichkeit und Unwirklichkeit, zwischen Traum, Vision, Schlafwandeln, Lebendigsein und Totsein zuverlässig zu unterscheiden, lässt der Sprachtext keinen Zweifel. Der Leser oder der Zuschauer bemerkt bald, dass die Kriegs- und Vaterwelt des Dramas von der traumhaften Eingangs- und Schluss-Szenerie nicht nur eingerahmt ist, sondern diese latent den ganzen Text durchdringen und das Reale in dieser Weise unterminieren. Man könnte den dramatischen Text deshalb auch als Traumspiel bezeichnen, das in einer Apotheose des Vernichtungskrieges kulminiert. Insbesondere der poetisch einzigartige 5. Auftritt im 1. Akt, in dem es um die Strategie des Schlachtplanes und die Order an den Prinzen geht, unterstreicht die Unterminierung des Réalen durch die Nachwirkungen der traumhaften Eingangsvision des Prinzen.

Aber diese Konfusion und mangelnde Bodenhaftung des Prinzen reicht nicht aus, um die flüchtigen Ohnmachtsgesten, pantomimisch wie Äquivalente für die Unzulänglichkeit der Sprache eingesetzt, zureichend lesen zu können. Auch die Schlussfolgerung, dass das zweite ohnmächtige Zusammenstürzen dem ersten wie ein Echo folgt und dergestalt die Antizipation eines neuerlich drohenden Entzugs, wie er mit der ersten Ohnmacht verbunden war, zum Ausdruck bringt, ist nicht überzeugend. Deshalb bleibt es notwendig, die Behauptung, dass es die Einwirkung des Fürsten ist, die den narzisstischen Höhenflug des Prinzen jeweils unterbricht und die Ohnmacht nach sich zieht, noch einmal näher zu betrachten.

BLÜHT DOCH AUS JEDEM WORT, DAS DU GESPROCHEN, JETZT MIR EIN SIEG AUF[4]

Wie bei den Protagonisten Sylvester und Käthchen kann man den Ohnmachten des Prinzen unterstellen, dass sie eine Flucht des Selbst mit dem ganzen Körper vor der Wahrnehmung und vor der Verarbeitung der äußeren Wirklichkeit und der momentan als unerträglich empfundenen psychischen Wirklichkeit signalisieren. Das Subjekt überlässt sich temporär einem todesähnlichen Zustand oder stürzt sich in einen solchen, weil die Erhaltung des Bewusstseins mit unerträglicher Verlassenheit, Desintegration, Psychose und psychischem Tod konfrontiert. Man kann auch, um zu umschreiben, welcher Gefahr sich das Subjekt ausgesetzt fühlt und deshalb sein Bewusstsein ausschaltet, auf ein mythologisches Bild zurückgreifen: Der Seher Theiresias soll Narziss geweissagt haben, dass er nur solange leben werde, bis er sich selbst erkannt hat. So gesehen, sind die Ohnmachten des Prinzen, wie des Sylvester und des Käthchens, subjektive Restitutionsversuche, insofern sie Selbsterkenntnis aufhalten und verhindern. Denn Selbsterkenntnis bedeutet Verlassen der Verschmelzung mit dem narzisstischen Objekt; Selbsterkenntnis führte zur Vertreibung aus dem Paradies. Darüber hinaus gibt es zum Prinzen wie zum Käthchen im Text Hinweise dafür, dass die Ohnmacht pantomimisch einen seelischen Zusammenbruch,

---

[4] Heinrich von Kleist (1811[1978c]): Prinz von Homburg, 5. Akt, 7. Auftritt

eine traumatische Verwundung in den Blick bringt, die schon stattgefunden hat (Winnicott 1974).

Die Eingangsszenerie des Schauspiels führt einen somnambulen Reitergeneral im Zustand der vollkommenen narzisstischen Regression vor; nicht nur dem Leser oder dem Zuschauer, sondern auch dem Fürstenpaar mit Prinzessin. Er ruht im Schoß der Nacht »mit blondem Haar« (I, 4) wie in sich selbst – (später im Text identifiziert sich der Prinz als »blond gelockt« (V, 3), und die Prinzessin spricht von ihm als dem »Fehltritt, blond mit blauen Augen« (IV, 1), während er wie Narziss (Nacht-)träumend (analog zum Tag-Träumen) sich mit einem Trugbild seiner Selbst stimuliert. Wäre ein Spiegel in der Nähe, »er würd' ihm eitel, wie ein Mädchen nahn, / Und sich den Kranz bald so, und wieder so, / Wie eine florne Haube aufprobieren« (I, 1). Damit ist zugleich das vage geschlechtliche Identitätsgefühl des Prinzen umschrieben.

Der Prinz befindet sich in einer ähnlichen Gefahr wie Narziss, der sein Spiegelbild betrachtet. Es fehlt ihm allerdings – solange er das Fürstenpaar mit Prinzessin nicht sieht – ein Spiegel. Eine Anspielung auf Narziss, von dessen Existenz der Überlieferung nach nur eine Blume übrig bleibt, gibt der Text im 10. Auftritt, in dem der Prinz, bereits umfangen vom Nebel der Unsterblichkeit, sich eine »Nelke« reichen lässt, die er »zu Hause« ins Wasser setzen will. Geht man von Balints (1965) Auffassung aus, dass der Narzissmus nur ein Umweg ist, um von sich selbst das zu erhalten, was die Primärobjekte nicht gegeben haben, befinden sich Narziss wie der Lorbeerkranz windende Prinz von Homburg auf der – letztlich vergeblichen – Suche nach einer narzisstischen Wiederherstellung. Das Schlafwandeln hat für den Prinzen eine narzisstisch stabilisierende Funktion. Im Wachzustand ist der Wunsch nach Anerkennung und Liebe bedrängender und existenzieller, nicht zuletzt, weil der Prinz immerzu dem Trugbild seiner Vision folgt, bis er nach dem vermeintlichen Tod des Fürsten glaubt – mit der Aussicht, die Hand der Prinzessin zu gewinnen – Ebenbürtigkeit mit dem Fürsten erreicht zu haben: »O Caesar Divus! / Die Leiter setz ich an, / An deinen Stern!« (II, 9).

Der Text des Schauspiels deutet – möglicherweise traumatisch wirksame – Erfahrungen des jungen Reitergenerals an, die seine narzisstische Organisation nachvollziehbar machen: früher Mutterverlust, Vaterverlust, das ihm verwandte Fürstenpaar eine Art Ersatzelternpaar. Die Spuren der frühen Objektverluste scheinen in seinen Körper eingeschrieben – ein ungehaltener Schlafwandler, ein Reitergeneral, der in Ohnmacht fällt oder auch zum Auftakt der Schlacht von seinem Pferd stürzt. Um so bedeutungsreicher ist die Geste des Prinzen, der sich in der Eingangsszene traumverloren mit ausgestreckten Armen der Erscheinung des – zurückweichenden – Fürstenpaares mit Prinzessin nähert. Er nennt letztere flüsternd »meine Braut!«, das

Fürstenpaar »Vater« und »meine Mutter!« (I, 3). Zurück bleibt ihm nur ein Handschuh der Prinzessin. Die ganze Szenerie bringt einen somnambulen Restitutionsversuch der primären Objektverlusterfahrungen des traumverlorenen Prinzen in den Blick.

Winnicott (1971, S. 37) unterscheidet den echten Traum vom Tagtraum und dem damit verbundenen Phantasieren. Letzteres bezeichnet er als ein »isoliertes Phänomen«, das Energie abzieht, ohne dem Leben oder den echten Träumen zugeordnet zu sein. Während im Traum die Gefühle häufig der Verdrängung unterliegen, folgt das Tagtraumphantasieren dem Abwehrmechanismus der Spaltung und damit einer Dissoziation, die vor der Kontamination mit Aggression und Hass in Bezug auf die Selbst- und Objektvorstellungen schützt. Winnicotts Auffassung zur Funktion des Tag-Traums erhellt den unbewussten Sinn des somnambulen Träumens des Prinzen dahingehend, dass auf diese Weise Aggression, Wut und Hass auf die Enttäuschung und das Fallengelassenwerden durch das Objekt abgewehrt bleiben können.

Scheinbar deutet auch nichts darauf hin, dass der Prinz die unmissverständlich demütigenden, nahezu hasserfüllten Worte aufgenommen hat, mit denen sich der Kurfürst in der Eingangsszenerie zurückzieht:

> »Ins Nichts mit dir zurück, Herr Prinz von Homburg, / Ins Nichts, ins Nichts! In dem Gefild' der Schlacht, / sehn wir, wenn's dir gefällig ist, uns wieder! / Im Traum erringt man solche Dinge nicht!« (I, 3)

Dennoch aber fällt der Prinz, dem sich die Himmelspforte plötzlich rasselnd verschließt, unmittelbar nach diesen verächtlichen Worten des Kurfürsten, wie von einer »Kugel« getroffen, bewusstlos um. Ein Zusammenhang zwischen dieser ersten Ohnmacht und den ihn ins »Nichts« verstoßenden Worten des Fürsten ist unübersehbar gegeben. Nicht nur die Aggressivität des idealisierten Vater-Objekts droht, sich durch alle Schichten des eingeschränkten Bewusstseins der Somnambulie Bahn zu verschaffen und wahrgenommen zu werden, sondern auch ein streng abgespalten gehaltener eigener aggressiver Anteil bedroht die narzisstische Balance des Prinzen, der sich vor seiner Wahrnehmung in die Ohnmacht rettet. Seinem Bewusstsein übriggeblieben scheint ihm von den Worten des Fürsten die Devise: nichts wie siegen, auch um sich dem Fürsten als Sieger zu beweisen. Daran hält sich der Prinz dann auch mit allen gefährlichen und auch rücksichtslosen Übereiltheiten. Während der Schlacht nimmt er einem Offizier, der sich an die Order halten will, den Degen ab, wie ihm dieses dann selbst widerfährt. Nur ein diskretes Requisit, ein schwarzes Band an seiner linken

Hand, das der Prinz vor dem Beginn der Schlacht plötzlich trägt, nachdem er seinen Siegesfetisch, den Handschuh, der Prinzessin zurückgegeben hat, deutet eine latente Beeinträchtigung seiner Siegesgewissheit an; ein äußerliches Zeichen auch der Trauer, die nicht in sein Inneres dringen darf.

Auch die letzte Ohnmacht im Schlussauftritt akzentuiert und visualisiert eine tiefe Enttäuschung durch das narzisstische Objekt, die wiederum nicht in das Bewusstsein eindringen darf. Der Prinz hat sein Leben darangesetzt, sich seinem »Gott« als würdig und ebenbürtig zu erweisen. Er wird vom Fürsten zunächst damit belohnt, dass er ihn seinen »Sohn« nennt und ihn auf die Stirn küsst. Im übrigen aber setzt sich der Kurfürst mit einem willkürlich anmutenden Gnadenakt über die äußerste Entscheidung des Prinzen für einen »freien Tod« hinweg. Die Begnadigung fällt den Prinzen ein zweites Mal in eine Ohnmacht. Das ist nicht paradox. Ähnlich wie anlässlich der Vermählung des Käthchens verliert der Prinz sein narzisstisches Objekt, indem sich der Kurfürst als reales Objekt so unwiderruflich einbringt. Der Fürst hindert den Prinzen, im Glanz der Unsterblichkeit aufzugehen, und erschüttert dergestalt die narzisstische Abwehroperation des Prinzen. Der Prinz muss in Ohnmacht fallen, um nicht mit seinem Hass auf das Objekt, das er durch seinen freien Tod in der Idealisierung zu halten im Begriff war, konfrontiert zu werden. Aus der Perspektive des Prinzen lässt der Fürst ihn fallen, indem er dessen Entscheidung zu sterben nicht akzeptiert. Der Fürst entreißt dem Prinzen den Glanz der Grandiosität und der Unsterblichkeit wie weitergehend auch seinen Status als Subjekt. Denn unübersehbar instrumentalisiert der Fürst den Prinzen – tot oder lebendig – für seine eigenen narzisstischen Eroberungs- und Vernichtungspläne. Zwar ist die Präsentation der Prinzessin real. Sie bleibt aber auch jetzt nur ein eher visionäres Versprechen. Denn der Fürst hat entschieden, dass in drei Tagen der Krieg wieder beginnt. So scheint sich am Ende des Schauspiels der antizipierende Selbstentwurf des Prinzen – ein Gemälde seiner selbst im Rüstsaal zu Berlin – bereits zu dessen Lebzeiten zu erfüllen. Als Marionette des Fürsten ist er zum Denkmal seiner selbst geworden.

Ich habe zu zeigen versucht, dass die Eingangs- wie die Schluss-Ohnmacht für den Moment des Fallengelassenwerdens durch das Objekt steht oder genauer für das Unvermögen des Prinzen, die Spaltung aufrechtzuerhalten, die es ihm im Sprachtextverlauf ermöglicht, den Fürsten zu idealisieren und alle aggressiven und destruktiven Aspekte der Beziehung projektiv abzuwehren auf den gemeinsamen äußeren Feind. Wenn es nicht mehr gelingt, diese Spaltung aufrechtzuerhalten, oder anders gesagt, wenn der Fürst im Empfinden des Prinzen die gottähnlichen Züge eines idealisierten Selbstobjekts verliert, fällt der Prinz wie tot um. Er kann die idealen und die destruktiven Aspekte in der Beziehung zum Fürsten nicht integrieren, den Vater und Herrscher nicht als ein ganzes Objekt erkennen. Dieses Unvermögen, das Objekt zu entidealisieren und als ein ganzes Objekt wahrnehmen zu können, deutet – ähnlich wie bei der Figur des Käthchen von Heilbronn – auf eine frühe psychische Traumatisierung durch Objekt-verlust hin, einer präverbalen Erfahrung, die sich als unbewältigbare psychische Realität mit der Bedrohung des Fallengelassenwerdens durch seinen Gott-Vater immer wieder zu verbinden scheint. Die Ohnmachten sind extreme gestische Ausdrucksmittel für das Unsägliche – Fallengelassen-werden und Hinfallen – in der Beziehung des Prinzen zum Fürsten.

Es gibt im Text dezentere Körpergesten im gleichen Zusammenhang, die ich wegen ihrer Gegensinnigkeit wie auch ihrer Verwandtschaft zur Ohnmacht nicht unerwähnt lassen möchte. Immer wenn der Fürst real oder in den Gedanken des Prinzen auftaucht, ändert der Prinz seine Körper-haltung: In der Eingangsszene heißt es in der Regieanweisung, nachdem der Prinz den Kurfürsten erblickt: »Steht lebhaft auf«. Im Gefängnis setzt und erhebt sich der Prinz zweimal im Dialog mit dem Grafen Hohenzollern (III, 1), und als er die Antwort auf den Brief des Fürsten bedenkt, ist ihm vom Text vorgegeben, sich ständig zu erheben und zu setzen, einschließlich der Anweisung: »Erhebt sich leidenschaftlich vom Stuhl« (IV, 4). Im letzten Auftritt endlich fordert Rittmeister Stranz den Prinzen ausdrücklich auf, sich »gefällig« zu erheben. Unmittelbar darauf fällt der Prinz um.

Der Versuch, die Ohnmachten des Prinzen im Kontext seiner Beziehung zum Fürsten zu verstehen, bliebe unvollständig ohne einen abschließenden Blick auf die zwiespältig gezeichnete Textfigur dieses Kurfürsten, deren Einheitlichkeit von seinem absoluten Ziel, die Feinde Brandenburgs zu besiegen, bestimmt ist. »Auf einem Schimmel herrlich saß er da, / Im Sonnenstrahl die Bahn des Siegs erleuchtend« (II, 5). Tatsächlich ist dieses glanzvolle Textbild eine Täuschung. Denn der Fürst reitet längst den weni-ger auffälligen Fuchs seines ihm bis in den Tod ergebenen Stallmeisters. Es ist nicht die Sonne, die die Bahn seines Sieges erleuchtet, sondern die Gefolgschaftstreue seiner Soldaten, und deshalb glaubt der Fürst auch, auf der absoluten Gültigkeit des Kriegsgesetzes, das er »die Mutter meiner Krone« (V, 5) nennt, gegenüber dem Prinzen bestehen und sich dergestalt ausdrücklich von einem Tyrannen absetzen zu müssen, der Gnade vor Recht ergehen ließe. Selbst die einleuchtende Argumentation des getreuen Obristen Kottwitz gegen die absolute Gültigkeit des Gesetzes tut der Fürst als »spitzfind'gen Lehrbegriff der Freiheit« und als »knabenhaft« (V, 5) ab.

Es wirkt scheinbar inkonsequent, wenn der Fürst, indem er die Meinung des Prinzen einholt, ob ihm Unrecht widerfahren sei, dieses Gesetz in seiner

Absolutheit relativiert, also genau das tut, wofür der Prinz zum Tod verurteilt ist. Aber der Fürst kennt den Prinzen und dessen Allmachtsphantasien, deren Quelle der Fürst selbst ist, besser als der sich selbst. Nur die Todesängste des Prinzen überraschen ihn:»Unmöglich, in der Tat?! – er fleht um Gnade?« (IV, 1). Wenn der Fürst aber gleichwohl die Antwort des Prinzen auf sein Schreiben bereits kennt, weshalb dann überhaupt dieser Brief? Gewiss nicht, um eine Auseinandersetzung zu provozieren, sondern um den Prinzen – tot oder lebendig – auf seine eigenen, kurfürstlichen Größenphantasien einzuschwören und jede Eigenwilligkeit und Individualität des Prinzen auszumerzen. Der Text unterstreicht mit der kompletten Funktionalisierung des Prinzen auch dessen Parentifizierung zu einem Wunschprinz-Sohn, der dem väterlichen Sieges-phantasma ganz und gar entsprechen soll. Mit seiner Entscheidung für den Tod rehabilitiert der Wunschprinz-Sohn auch das Ansehen des Fürsten in Bezug auf die absolute Gültigkeit des Kriegsgesetzes. »Ach welch ein Helden-herz hast du geknickt« (IV, 1), sagt die Prinzessin dem Fürsten, als sie ihn um das Leben des Prinzen bittet. Obrist Kottwitz formuliert endlich – im Unterton der Bewunderung gegenüber dem Kurfürsten – präziser die Zerstörung des Prinzen vom Individuum zum willen- und gedankenlosen Objekt des Fürsten: »Du könntest an Verderbens Abgrund stehen, / Dass er, um dir zu helfen, dich zu retten, / Auch nicht das Schwert mehr zückte, ungerufen!« (V, 9). Es ist diese Zerstörung des Prinzen, seine Ohn-Macht, sich dem Narzissmus seines idealisierten Selbstobjekts entziehen zu können, die den gesamten Sprachtext von Anfang bis Ende – akzentuiert durch die Ohnmachten – wie eine Sprache hinter dem Gesprochenen durchdringt.

DIE MARIONETTE UND IHR MASCHINIST

Insbesondere Interpreten der Figur des Käthchens (u.a. Dettmering 1975; Streller 1978; Weigand 1967) haben im Zusammenhang mit der nahezu schwerelosen Anmut und der unerschütterbaren Bezogenheit dieser Protagonistin auf den Strahl, den das Antlitz des Ritters auf sie ausübt, auf den Begriff der »Grazie« verwiesen, den der Dichter Kleist in seinem Essay »Über das Marionettentheater« behandelt. Diese Assoziation liegt nahe, weil man diesem Aufsatz das Modell eines Beziehungskonstrukts – der mechani-schen Verkoppelung des Subjekts, der Marionette, mit seinem Objekt, dem Maschinisten – entnehmen kann, das für die Selbstobjektbeziehungen der hier erörterten Protagonisten Kleists so bezeichnend ist. Die »natürliche Grazie« der Marionette verdankt sich dem Umstand, dass ihre Bewegungen allein vom Weg der Seele des Maschinisten, der sich in ihren Schwerpunkt versetzt, gesteuert sind. Demgegenüber richtet das Bewusstsein des Menschen »Unordnung« an. Er verliert durch Reflexion seine Grazie, seine Unschuld und den Schwerpunkt seiner Seele. »Solche Missgriffe ... sind unvermeidlich, seit wir vom Baum der Erkenntnis gegessen haben.« Demzufolge müsste der Mensch »wieder von dem Baum der Erkenntnis essen, um in den Stand der Unschuld zurückzufallen« (v. Kleist 1978e, S. 476), mit der vagen Aussicht, so der Text, das verriegelte Paradies nach einer Reise um die Welt »von hinten irgendwo offen zu finden«. Der Vorteil der Marionette gegenüber dem lebendigen Menschen ergibt sich daraus, dass der Maschinist ihren Schwerpunkt in seiner Gewalt hat, sodass alle ihre übrigen Glieder »tot« sind, d.h. allein dem Gesetz der Schwerkraft folgen, unbehindert von der Materie.

In dieser Verkürzung betrachtet, scheint der Text des Essays die Sehnsucht nach einem von der Materie des Körpers, vom Bewusstsein, von der Erkenntnis und der Reflexion und damit von der Subjektivität befreiten und allein von einem gottähnlichen Maschinisten gelenkten Seinszustand auszudrücken, der vollkommene Grazie, Unschuld und die mögliche Rückkehr in das verriegelte Paradies gewährleistet. Man kann dieses Phantasma mit Kohut (1973) als Ausdruck der Angst vor dem Lebendigsein von Selbst und Körper verstehen bei gleichzeitiger Zurückweisung dieser Angst unter Hervorhebung der Grazie, der Unschuld und der Vollkommenheit des mechanischen, nicht-lebendigen Wesens, der Marionette, die mit ihrem Maschinisten wie in einer Dualunion quasi verschmolzen ist. Es handelt sich zugleich um ein Phantasma, das die Verbindung von Lebendigsein und Erkennen annulliert; ein sehr aktueller Traum vom künstlichen Robotermenschen.

Ich meine, dass zumindest den Momenten der Ohnmachten der genannten Protagonisten – wie auch der Skulptur der Heiligen Theresa – eine derartige Seins-Qualität, die zugleich ein Nicht-Sein ist, mehr oder weniger zugrunde liegt: Der lebendige Körper gilt denen, die in Ohnmacht fallen, wenig oder nichts, vergegenwärtigt man sich die Rücksichtslosigkeit, mit der beispielsweise das Käthchen wie auch der Prinz von Homburg mit ihm verfahren. Man kann schlussfolgern, dass der Körper dieser Protagonisten nur schwankend oder gar nicht libidinös besetzt ist – ähnlich wie bei der Marionette. Ähnlich auch wie bei der Marionette existiert für das Subjekt, zumindest im Zustand der Ohnmacht, keine Differenz zwischen äußerer und psychischer Realität, bzw. beide sind annulliert; die Reflexion und die Möglichkeit der Selbsterkenntnis sind aufgehoben. Damit ist ein Moment der »Unschuld« erreicht – der Geist kann »nicht irren, da wo keiner vorhanden ist«, heißt es im Essay lakonisch (S. 477). Mit der Ohnmacht der Protagonisten scheint die zwischen der Marionette und dem Maschinisten gegebene vollkommene Fusion und Harmonie mit dem Selbstobjekt erreicht: Graf Sylvester bzw. sein »Geist« kehrt zu seinem »göttlichen Urquell«, Käthchen gibt sich ganz dem Strahl im Angesicht des Ritters hin, der Prinz von Homburg dem Glanz des Caesar Divus, dem göttlichen Fürsten mit der Stirn des Zeus, die Marquise von O... dem Engel, als der der Graf F. ... ihr primär erscheint usw. Allen leuchtet die Pforte des Paradieses blitzartig auf und verschließt sich rasselnd ebenso blitzartig wieder. So äußern sich die Protagonisten zumindest.

Doch diese Äußerungen der Protagonisten sind bereits eine idealisierte Version ihrer Erfahrung. Denn dieses Aufleuchten der Paradiespforte gelingt nur dann, wenn das Objekt in der Idealisierung gehalten werden kann, also um den Preis der Abspaltung aller negativen Gefühle zum narzisstischen Objekt. Die Kehrseite dessen ist der temporäre psychische Tod, das Nichts. »Diese Versuchung des Nichts ist – viel mehr als die Aggressivität, die lediglich eine Konsequenz davon ist – die wirkliche Bedeutung des Todestriebes«, schreibt Green (1975, S. 532). So gesehen, erweisen sich die Ohnmachten der Protagonisten als ein auch tödliches Spiel. Der Maschinist der Marionetten – der Autor der Texte – lässt im Marionettentheater durchblicken, dass die Marionette vielleicht am ehesten die verriegelte Pforte des Paradieses erreicht. So wäre denn in der Idee, wir müssten »wieder von dem Baum der Erkenntnis essen, um in den Stand der Unschuld zurückzufallen«, die im Marionettentheater zuletzt geäußert wird (S. 480), das Bestreben untergebracht, das in der psychoanalytischen Theorie dem Wirken des Todestriebs beigemessen wird als dem psychischen Äquivalent einer unbewussten Phantasie, die auf die Vernichtung des Selbst gerichtet ist. Diese Hypothese zu den fiktiven Ohnmachten Kleist'scher Protagonisten, die nur denkbar ist, weil die Körpergeste in den Sprachtext integriert ist und kein vom Textkontext abstrahierbarer pantomimischer Akt ist, übergeht allerdings die je individuelle, facettenreiche poetische Konzeption der Ohnmacht in den Texten und ihre damit verknüpfte Bedeutung als einem poetischen Symbol (Grotjahn 1977).

Es gibt ein Kleist'sches Textbeispiel, das der Hypothese der Wirksamkeit des Todestriebes in der Ohnmacht deutlich widerspricht. Ich möchte zum Abschluss daran erinnern: Es handelt sich um die erste Ohnmacht der Marquise von O... in der gleichnamigen Erzählung. Es ist der einzige Text Kleists, in dem die Liebenden nach einer durch eine Ohnmacht verdeckten sexuellen Umarmung in einem komplizierten Prozess von Separation, Individuation, Entidealisierung und Neubeginn schließlich zu einem glücklichen Paar werden – auch dank der Existenz eines Dritten. Mit dem Dritten meine ich nicht nur das Kind, das aus dieser Umarmung entstanden ist und dem weitere *junge Russen* folgen. Der Text führt den Dritten gleich eingangs mit der Zeitungsanzeige der Marquise ein, »dass der Vater zu dem Kinde, das sie gebären würde, sich melden solle …«. Auf diese Anzeige antwortet der Gesuchte – wiederum durch die Zeitung, dass er sich »am 3ten« im Haus ihres Vaters »ihr daselbst zu Füßen werfen« wird (v. Kleist 1978d, S. 144). Zwar umgibt die Marquise ihre erste Ohnmacht durchaus mit dem engelhaften Glanz der Idealisierung des Objekts. Aber es gelingt ihr, wozu noch eine weitere Ohnmacht notwendig ist, allmählich, die teuflischen Seiten dieses Objekts zu integrieren. Dass der Marquise dieses gelingt, dürfte auch damit zusammenhängen, dass sie im Unterschied zu den meisten Protagonisten Kleists, die in Ohnmacht fallen, nicht in traumatische Erfahrungen involviert ist. Die Marquise findet in ihrer ersten Ohnmacht zu einem unbewussten Bereich ihrer selbst und nicht in einen Zustand des Nicht-Bewussten, des Nichts und der latenten Selbstvernichtung. Die Marquise, so kann man behaupten, fällt, um zu sein.

Insgesamt gesehen, oszilliert die Geste der Ohnmacht als Ausdrucksträger innerhalb der Textgefüge zwischen einer Konkretisierung bzw. Somatisierung des Imaginären und einer Symbolisierung von sprachlich nur *zerstreut*, latent und indirekt Bezeichnetem; vom Bild des leblosen Körpers zu dessen Sinnbild. In dieses Oszillieren ist der Leser oder der Zuschauer durch sprachliche und visualisierende Stimulation wie ein Container einbezogen, und wird sowohl in seiner sensomotorischen wie symbolisierenden Wahrnehmungsfähigkeit aktiviert. Die Ohnmacht ist eine Erfahrung, die jedem Menschen möglich ist. Die Phantasie des Dichters macht daraus ein einmaliges Kunstwerk.

LITERATUR

Balint, M. (1965): Die Urformen der Liebe und die Technik der Psychoanalyse. Bern, Stuttgart (Huber/Klett), 1966.

Berger, M. (2001): Zum Mord und Selbstmord der Penthesilea in Heinrich von Kleists Trauerspiel. In: Z. Psychoanal. Theorie Praxis 16, S. 319–346

Cohn, D. (1975): Kleist's Marquise von O... A problem of knowledge. In: Monatshefte 67, S. 129 – 144.

Dettmering, P. (1975): Heinrich von Kleist. Zur Psychodynamik in seiner Dichtung. München (Nymphenburger Verlagshandlung).

Fagiolo, M. (1981): Bernini. Mailand (Scala).

Földényi, L. F. (1999): Heinrich von Kleist. Im Netz der Wörter. München (Matthes & Seitz).

Fonagy, B., Target, M. (1997): Attachment and reflective function: Their role in self-organization. In: Development and psychopathology 9, S. 679–700.

Gay, P. (1989): Freud. Eine Biografie für unsere Zeit. Frankfurt (Fischer).

Goldammer, P. (1978): Anmerkungen zu Prinz Friedrich von Homburg. In: Heinrich von Kleist. Werke und Briefe, Bd. 2. Berlin, Weimar (Aufbau-Verlag), S. 699–725.

Green, A. (1975): Analytiker, Symbolisierung und Abwesenheit im Rahmen der psychoanalytischen Situation. In: Psyche 29, S. 503–541.

Grotjahn, M. (1977): Die Sprache des Symbols. Der Zugang zum Unbewussten. München (Kindler).

Grubrich-Simitis, E. (1984): Vom Konkretismus zur Metaphorik. In: Psyche 38, S. 2–28.

Henningsen, P. (2000): Vom Gehirn lernen? Zur Neurobiologie von psychischer Struktur und innerer Repräsentanz. In: Forum Psychoanal. 16, S. 99–115.

Holland, N. N. (1979): Einheit Identität Text Selbst. In: Psyche 33, S. 1127–1148.

– (1993): Psychoanalysis and literature. In: Contemporary Psychoanal. 29, S. 5–27.

Kittler, W. (1987): Die Geburt des Partisanen aus dem Geist der Poesie. Heinrich von Kleist und die Strategie der Befreiungskriege. Freiburg (Rombach-Wissenschaft).

Kleist, H. v. (1978a[1803]): Die Familie Schroffenstein. Ein Trauerspiel. In: Heinrich von Kleist. Werke und Briefe, Bd. 1. Berlin, Weimar (Aufbau-Verlag), S. 98 – 209.

– (1978b): Das Käthchen von Heilbronn oder die Feuerprobe. Ein großes historisches Ritterschauspiel. In: Heinrich von Kleist. Werke und Briefe, Bd. 2. Berlin, Weimar (Aufbau-Verlag), S. 121–237.

– (1978c[1811]): Prinz Friedrich von Homburg. Ein Schauspiel. In: Heinrich von Kleist. Werke und Briefe, Bd. 2. Berlin, Weimar (Aufbau-Verlag), S. 351 – 441.

– (1978d): Die Marquise von O... In: Heinrich von Kleist. Werke und Briefe, Bd. 3. Berlin, Weimar (Aufbau-Verlag), S. 113–157.

– (1978e): Über das Marionettentheater. In: Heinrich von Kleist. Werke und Briefe, Bd. 3. Berlin, Weimar (Aufbau-Verlag), S. 473–480.

- (1978f): Briefe. In: Heinrich von Kleist. Werke und Briefe, Bd. 4. Berlin, Weimar (Aufbau-Verlag).
- (1992): Penthesilea. Ein Trauerspiel. Bd. I/5, R. Reuss mit P. Staengle (Hg.), Frankfurt/Main, Stroemfeld/Roter Stern, S. 7–191.

Kohut, H. (1973): Überlegungen zum Narzissmus und zur narzisstischen Wut. In: Psyche 27, S. 513–583.

McDougall, J. (1989): Theater des Körpers. Weinheim (Vlg. Internationale Psychoanalyse), 1991.

Politzer, H. (1970): Kleists Trauerspiel vom Traum: »Prinz Friedrich von Homburg«. In: Ders. (1974): Hatte Ödipus einen Ödipuskomplex? Versuche zum Thema Psychoanalyse und Literatur. München (Kindler), S. 156–181.

Raguse, H. (1991) Leserlenkung und Übertragungsentwicklung – hermeneutische Erwägungen zur psychoanalytischen Interpretation von Texten. In: Z. Psychoanal. Theorie Praxis 6, S. 106–120.

Reed, G. S. (1982): Toward a methodology for applying psychoanalysis to literature. In: Psychoanal. Quart. 51, S. 19–41.

Sander, L. W. (1975): Infant and care taking environment: Investigation and conzeptualisation of adaptive behaviour in a system of increasing complexity. In: E. J. Anthony (ed.) Explorations in child psychiatry. New York (Plenum Press), S. 158–182.

Stern, D. (1985): Die Lebenserfahrung des Säuglings. Stuttgart (Klett-Cotta), 1992.
- (1998): »Now-moments«, implizites Wissen und Vitalitätskonturen als neue Basis für psychotherapeutische Modellbildungen. In: S. Trautmann-Voigt, B. Voigt (Hg.): Bewegung ins Unbewusste. Beiträge zur Säuglingsforschung und analytischen Körper-Psychotherapie. Frankfurt (Brandes & Apsel), S. 82–96.

Streller, S. (1978) Einleitung zu Heinrich von Kleist. In: Heinrich von Kleist, Werke und Briefe, Bd. 1. Berlin, Weimar (Aufbau-Verlag), S. 5–96.

Trimborn, W. (1987): Der Analytiker, der Rahmen und die Öffentlichkeit. Der »Vater« in Kleists »Prinz Friedrich von Homburg«. In: Jahrbuch Psychoanal. 21, S. 85–131.

Weigand, H. J. (1967): Zu Kleists Käthchen von Heilbronn. In: W. Müller-Seidel (Hg.): Heinrich von Kleist. Aufsätze und Essays. Darmstadt (Wissenschaftliche Buchgesellschaft), S. 326–350.

Winnicott, D. W. (1971): Träumen, Phantasieren und Leben. Eine Krankengeschichte als Beispiel für primäre Spaltung. In: Ders. (1971) : Vom Spiel zur Kreativität. Stuttgart (Klett), 1973, S. 37–48.
- (1974): Die Angst vor dem Zusammenbruch. In: Psyche 45, S. 1116–1126 (1991).

Zimmermann, H. D. (1991): Heinrich von Kleist. Eine Biographie. Reinbek (Rowohlt).

Mathias Hirsch

Trauma und Körper – Die Verwendung des eigenen Körpers im autobiographischen Werk Georges-Arthur Goldschmidts

Am Beispiel zweier autobiographisch bestimmter, gleichwohl fiktionaler (vgl. dazu Neukom 2001, S. 349) Erzählungen (*Die Absonderung*, 1991, und *Die Aussetzung*, 1996) von Georges-Arthur Goldschmidt möchte ich illustrieren, wie der eigene Körper mit Hilfe des Bewältigungsmechanismus der Dissoziation zur Bewältigung von extremen traumatischen Erfahrungen und den mit ihnen verbundenen unerträglichen Affekten eingesetzt werden kann. Die Dissoziation von Affekten und des Körper-Selbst vom Gesamtselbst führt zu Gefühlen der Entfremdung, zu einem Depersonalisationserleben des eigenen Körpers, so kann der Körper durch die erreichte Getrenntheit wie ein beruhigendes (Selbst-)Objekt fungieren, so dass er mit seiner mütterlichen Anwesenheit auch als Identitäts-Surrogat herhalten kann. Wie das Ich »vor allem« ein Körper-Ich ist, Freud (1923b) meint es zeitlich, am Anfang des Lebens also, kann der Körper später das bedrohte Selbst stützen, können die – dann oft artifiziell spürbar gemachten – Körpergrenzen die zu schwachen Ich-Grenzen ersetzen (vgl. Hirsch 1989b).

Die Untersuchung der Werke Goldschmidts kann im Hinblick auf ihre Körperrelevanz als eine Bestätigung und als Einführung bzw. Rekapitulation vieler Aspekte dienen, die in »Der eigene Körper als Objekt« (Hirsch 1989a) ausführlich erarbeitet worden sind. Dazu gehören der Objektaspekt des Körpers (Hirsch 1989b), seine Verwendung als Übergangsobjekt (Hirsch 1989c), Depersonalisation (Neun u. Dümpelmann 1989), Selbstbeschädigung (Sachsse 1989), Autoerotismus (Hirsch 1989d) und die Objektfunktion des Schmerzes (Hirsch 1989e). Im Falle Goldschmidts ist der Schmerz – auch fortgesetzte folterähnliche Prügel, denen er ausgesetzt war – auch stark sexualisiert worden (vgl. Frost 2001); sowohl durch die simultan mit der Züchtigung einsetzende Sexualentwicklung (s. Frankfurter

Rundschau 2001), als auch durch vielfältigen sexuellen Missbrauch durch die gleichaltrigen oder etwas älteren Heim-Mitbewohner.

Georges-Arthur Goldschmidt wurde 1928 in Hamburg geboren, die Eltern gehörten als assimilierte Juden zum hanseatischen Großbürgertum, der Vater war vor der Zeit des Nationalsozialismus ein hoher Beamter. Die Familie war seit Generationen protestantisch, der Knabe wusste nicht, was Juden sind, die er nur aus der Bibel kannte:

> »Das hängt mit meiner verbotenen Herkunft zusammen. Ich bin kein Jude. Ich komme aus einer alten protestantischen Familie. Aber wir waren Juden im Sinne der Nürnberger Gesetze. Ich wusste gar nicht, was das hieß. Und plötzlich musste ich weg. Ich hatte immer den Eindruck, dass ich etwas verbrochen hätte. Ich schämte mich und natürlich verband ich das mit der Sexualität« (Frankfurter Rundschau 2001).

Goldschmidt (1991, S. 14f.) berichtet über das Kind in seiner Erzählung:

> »Er war schuldig, von ihm hatte man etwas gewusst, was er selber noch nicht wusste: eine Lähmung von innen her, alle Bewegungen wie in Gips gegossen; von nun an hatte er sich immer wieder beim Er-selbst-Sein überrascht. Schuldig war er, erwiesen schuldig. Er gehörte weggeschafft, das hatte er immer schon gewusst ... Juden kannte er keine, das Wort aber gehörte mit Totschlag zusammen, man holte mit dem Arm aus und konnte zuschlagen: etwas Unheimliches gehörte dazu, eine Schuld ...«

Den zehnjährigen schickten die Eltern zusammen mit seinem Bruder zu Verwandten nach Florenz, wo er wegen der einsetzenden Verfolgung durch die italienischen Faschisten nicht bleiben konnte. Er kam in ein Internat in den französischen Alpen, wo er jahrelang extremen psychischen, physischen (härtesten Prügel-»Strafen«) und sexuellen Traumata ausgesetzt war, sowohl von den Erziehern, besonders der Anstaltsleiterin, als auch von Gleichaltrigen, obendrein verbunden mit völlig unzureichender Ernährung. Nach der Befreiung Frankreichs von den Deutschen und seiner Befreiung aus der Anstalt ging er nach Paris, studierte, heiratete und arbeitete als Deutschlehrer. Goldschmidt ist der Übersetzer aller Werke Peter Handkes und hat mehrere, meist autobiographisch bestimmte, literarische Bücher veröffentlicht. Die gemeinsam mit mehreren Analytikern erarbeitete Übersetzung von einigen Werken Freuds führte zu der Beschäftigung mit dem

Einfluss der deutschen Sprache auf Freud und die Psychoanalyse sowie mit der Verschiedenheit der deutschen und der französischen Sprache überhaupt: *Als Freud das Meer sah* (1988), und *Quand Freud attend le verbe*, noch nicht ins Deutsche übersetzt (vgl. Frankfurter Rundschau 2001).

DIE TRAUMATA

Ein Basistrauma, über das Goldschmidt berichtet, verbunden mit einem Basisschuldgefühl aufgrund der bloßen Existenz, seines So-Seins (Hirsch 1997), sehe ich in der das Kind überwältigenden »Beschuldigung«, ein Jude zu sein. »Dabei wurde er wieder einmal von sich selbst überfallen, ... als lähme ihn der Ekel, er selbst zu sein, so grotesk exponiert und gezeichnet von schändlicher, schamloser Geburt« (Goldschmidt 1996). Diese Beschuldigung trifft ihn völlig unvorbereitet, ist mit existenzvernichtender Strafe verknüpft und verwirrt ihn, der nicht einmal weiß, dass er ein Jude ist, und was es bedeutet, ein Jude zu sein. In seiner Verwirrung schafft er sich eine Erklärung, in dem er die sehr schuld- und schambesetzte Masturbation mit dem Jude-Sein in Verbindung brachte: »Im Zug... hatte er auf einmal gewusst: Wäre er wirklich ein Jude gewesen, er hätte es nie sagen dürfen, wie er auch das *andere* nie sagen durfte« (Goldschmidt 1991, S. 16f.). Angesichts zweier Soldaten im Stahlhelm und riesigen Fahnen mit »übergroßen Hakenkreuzen« vor der Münchener Feldherrnhalle überkam ihn Angst,

> »man würde ihn erkennen, ... totwalzen. Er war schuldig, man hatte ihn *dabei gesehen* und es der Mutter erzählt... In ihm schrie es aber überdeutlich mit dem Klang der eigenen Stimme ...: ›Ich bin ...‹ und abscheulich deutlicher noch: ›Ich habe an mir selber herumgefummelt‹«(Goldschmidt 1991, S. 19).

Und ganz deutlich: »Und [er] hatte sofort verstanden, es war das, was er abends im Bett machte, das war es, das Jude-Sein: das Schlimme« (Goldschmidt 1996, S. 14). Liest man den Text genau, fällt auf, dass das Kind die unverstehbare, unkorrigierbare Schuld am *Sein* durch eine am *Tun* ersetzen möchte, »ich *habe* an mir herumgefummelt«, statt »ich *bin*...« (Hervorhebung M. H.). Dieses Schuldgefühl ist leichter zu ertragen, denn hat man etwas getan, hätte man es auch anders tun oder unterlassen können, so dass man wenigstens die Macht besaß, überhaupt etwas zu bewirken (vgl. Hirsch 1997, S. 64, S. 218). Dass er etwas *getan* hat, soll also die Verwirrung beenden über seine Identität, und da er etwas Sexuelles *tut*, werden bereits Trauma, Angst und Schuldgefühl sexualisiert.

Das zweite Trauma hängt eng mit dem ersten zusammen: Der Verlust der Eltern und der Heimat, der auch bereits als Strafe erlebt wird. Das Kind nimmt sie an, macht sich die Meinung der Verfolger und der Täter durch Identifikation mit dem Aggressor zu eigen:

»Wenn jemand, ein Spaziergänger etwa, vorbeikäme, würde er nicht wissen können, dass der hochgeschossene, magere Knabe, der da saß und so tat, als wäre er nicht er selber, mit seinem blond-lockigen Haar und den blauen Augen, abgeholt, abgeschafft gehörte, dass er Ekel erregte und beseitigt gehörte« (Goldschmidt 1996, S. 31).

Schließlich erleidet er über mehrere Jahre während der Adoleszenz in einer furchtbaren Anstalt ritualisierte Prügel wegen nichtiger Vergehen, die er begangen hat, solchen, die er nicht begangen hat und sogar solchen, die von eben der Anstaltsleiterin inszeniert und ihm zugeschoben wurden, die sich ihn anschließend unausweichlich, nachdem eine Wartezeit bis zur Züchtigung ertragen werden musste, die mit Bedacht eingerichtet worden war, in der die Angst größer und größer wurde, mit sadistischem Genuss vornahm. Auch hier entsteht eine Verknüpfung von physischer Misshandlung und Sexualität einmal durch den offenbar erotisierten Sadismus – die Strafen erfolgten bei völliger Nacktheit – zum anderen aber auch durch die sich an die Züchtigung anschließende Vergewaltigung durch die kräftigeren Mitinsassen. So fallen Schuld, Schuldgefühl, Bestrafung, Erniedrigung und Vergewaltigung zusammen, auch mit einer gewissen identifikatorischen Akzeptanz: »Er war nun einmal Diener und hatte sich ihrem Willen zu fügen, sie nahmen ihm den Kopf zwischen die Beine, saßen auf ihm und ließen sich von ihm mit dem Munde erregen« (Goldschmidt 1991, S. 94). Goldschmidt unterscheidet interessanterweise zwischen »französischen« und »deutschen« bzw. »preußischen« Prügeln; die Preußen hätten mit Prügeln Untertanen des Obrigkeitsstaates »züchten« wollen (züchten und Züchtigung), während die Prügel der Franzosen, auch die von ihm selbst erlittenen, ausschließlich der Lust dienten, also de Sade folgten, so dass sie als gegen den Staat gerichtet verstanden werden müssten. Eine solch saubere Trennung zwischen autoritärer Aggression und sadistischer Lust würde ich kritisch sehen, vielmehr in jedem Falle eine Mischung beider Anteile vermuten, wenn auch der jeweils überwiegende das Wesen bestimmen wird.

Die Traumata müssen mit den verschiedensten Mitteln abgewehrt, jedenfalls bewältigt werden, von denen uns die besonders interessieren, die auf den eigenen Körper zurückgreifen.

AFFEKT-DISSOZIATION – DEPERSONALISATION

Neben der Körper-Dissoziation können Affektbereiche dissoziiert und damit sozusagen unschädlich gemacht werden, indem die traumatischen Inhalte von den überwältigenden Gefühlen von übergroßer Angst und Hass abgetrennt werden. »Bis dahin hatte er kaum an die Eltern gedacht und das Heimweh überspielt, als ließe es sich mit der ausgestreckten Hand wie ein Möbelstück wegschieben« (Goldschmidt 1991, S. 22). Goldschmidt beschreibt in eindringlichen Bildern das Abtöten des Gefühls als fast willentlichen Akt: »Das Heimweh brauchte man nur am Rand von sich selber flachdrücken, es einfach nicht in den Innenraum des Selbst hineinlassen, die Wände dichthalten, das Weinen abstemmen, den Mund weit aufsperren, die Luft einziehen« (Goldschmidt 1991, S. 80). Und: »Er hatte sich in ein Innengebäude in ihm selbst eingezimmert, das er zylinderartig bewohnte« (ebd. S. 94). Auch die Angst vor Verfolgung durch die Deutschen wird durch depersonalisierende Phantasien abgewehrt: Die Anstaltsleiterin hatte öfters die Bemerkung fallen lassen, er sei »doch ein kleiner Deutscher, und die Deutschen halten Frankreich besetzt«, so dass sie sich eigentlich nicht um ihn kümmern sollte.

> »Es war, als wäre es ein Vorwurf gegen ihn gewesen, als erwarte man von ihm, er solle dafür die Verantwortung tragen, es war eine dumpfe, schwere Scham, die in ihm lastete … Seitdem hatte er mit sich selber Angst gespielt, das machte ihn wieder interessant, und sich vorgestellt, sie würden ihn vor die Tür setzen, er würde in der Kälte umherirren, im Schnee ertrinken … « (Goldschmidt 1996, S. 94f.).

Sicher ist daran eine Wendung von der Passivität zur Aktivität enthalten, wenn auch nur in der Phantasie. Angesichts patrouillierender deutscher Soldaten, denen er nicht auffallen darf, reagiert er mit Depersonalisationsgefühlen: »In ihm selber wurde es langsamer, er sah sich die einfachsten Bewegungen ausführen und wunderte sich, es war, als hätte er einen eigenen Schauspieler für sich selber, er war auf Widerruf sein eigener Beiwohner geworden« (Goldschmidt 1991, S. 165).

Wie die Gedanken an die Heimat aus übergroßem Heimweh einerseits abgewehrt werden müssen, dienen sie andererseits auch als Abwehr der Wirkung übermäßiger, folterartiger Misshandlung:

> »Aber jedes Mal kamen ihm die Heimatbilder dazwischen, die Laternen am Weg … mit dem zuerst länglichen Schatten …, der dann

aufdunkelte zu einem tiefen Schwarz ... Man konnte in den großen Schatten des Vaters hineintrampeln, konnte ihm auf das Gesicht treten. Man fühlte nicht die Körperschatten, die über einem selber dahinzogen« (Goldschmidt 1991, S. 102).

Oder:

»Man musste sich auf einen Sehpunkt konzentrieren, auf ein entferntes Haus, eine Wegkurve, einen Baum mit starrem Blick, und so lernte man, wie man das Weinen nach und nach abdrängen konnte und wie man dann ein Geräusch, ein Rasenstück des Heimatgartens an sich heranlassen konnte« (Goldschmidt 1996, S. 106).

Überhaupt werden sehr häufig Gedanken an ruhige Berglandschaften, Nebel und Bäche, an den Himmel, die Witterung in den Jahreszeiten etc. benutzt, um vom traumatischen Geschehen abzulenken oder die quälende Einsamkeit zu mildern. »Es kamen dann auf einmal kalte Herbsttage, alles schien sich zusammenzuziehen in Erwartung des Schneefalls. Die Straße führte an hohen, zugesperrten Hotels vorbei ...« (Goldschmidt 1991, S. 79). Oder: »Aus Südosten kam der hier so oft wehende Föhn, wimmerte durch das Dachgerüst auf, trug ferne Landschaften heran und ließ wieder ab. Man sah weite Wälder unter dem Mondschein ...« (ebd. S. 70). Und:

»Am Ende des Winters war das Gras plötzlich wieder zum Vorschein gekommen, wie eine Behaarung ... Unter der trockenen Oberfläche fühlte man das gurgelnde Tauwasser ... Felsbrocken ... Baumstämme ... der Sturzbach, der den Abhang durchschnitt, ... überflutete das eigene Bett ... abends im dunklen Schlafsaal fing dann die große Reise des Föhns an: Er heulte durch das ganze Haus wie eine Stimme, in der ferne Landschaften sprachen« (ebd. S. 58).

Auch für den Leser wirken diese Landschaftsbilder wie Inseln der Erholung von den erschütternden Schilderungen der täglichen Grausamkeiten.

Andere Phantasien vermeiden die Angst vor neuen Attentaten, indem der Jugendliche sich selbst wegphantasiert. Als er sich einmal verspätete, was eine empfindliche Strafe zur Folge haben würde, dachte er: »Er brauchte nur weiterzuspielen, dass es ihn gar nicht gab, dass er nicht gemeint war, dass er sich diesen verspäteten Knaben nur mitansah« (Goldschmidt 1991, S. 81). Angesichts der Verfolgung träumt er:

»Vielleicht war er gar nicht er selber, er war einem nur begegnet, der behauptete, man setze ihm nach. Dabei hatte er nur gelogen, rings herum lag doch alles in der Mittagsstille, das Tal, die Hänge … Er fühlte sich da stehen, warum war er denn nicht ein anderer, ein beliebiger? Warum war er gerade er? Am liebsten hätte er sich… geschlagen, schallende Selbstohrfeigen. Er hätte mitgeholfen, sich abzuschaffen, und doch hatte er sich nicht bei den Deutschen im Vorbeigehen gemeldet … Er wusste nicht einmal richtig, wer da mitgenommen werden sollte« (Goldschmidt 1996, S. 208f.).

Oder es erfolgt eine Verdoppelung seiner Person in der Identifikation mit dem Aggressor: »Die Stimme der Anstaltsleiterin ließ es in ihm wieder klobig werden, als trüge er jemanden in sich mit« (Goldschmidt 1996, S. 157). »Davor der Windfang, ein kleines Häuschen für sich, wo er sich so oft hatte warten lassen, wenn er sich im Sommer zum Bestraftwerden die von ihm selbst gepflügten Ruten entgegentrug. So wünschte er sich immer im Winter die Sommerstrafen herbei und im Sommer umgekehrt« (ebd. S. 117). »Er stand jetzt im winzigen Tunnel des Windfangs wie damals und WIE DAMALS LIESS ER SICH WARTEN, wie ihn auch die Direktorin vorher und dazwischen immer hatte warten lassen« (ebd. S. 141). »Er hatte sich selber in der Hand wie damals, wie vor kaum einem Jahr, als er sich draußen vor der Tür warten ließ. Damals aber war es eine beflügelnde Bangigkeit, ein fast befreiende Beklommenheit gewesen« (ebd. S. 194).

Fremdheitsgefühle, die zum Teil den Körper betreffen, tauchen auch auf, wenn er sich die Rute, mit der er geschlagen werden soll, selber brechen muss.

»Er ging, als zöge es ihn nach vorne. Er drehte die schräg gemusterte Tür um ihre Angel, ließ sich heraus, ging wieder hinein, und, als wäre er ein anderer, begleitete er sich selber wieder hinaus: Einen Augenblick blieb er im Türrahmen stehen, als wäre er selber ein Stück senkrechter Mauer: Über ihn, genau über seinem Kopf, wuchsen die Steinmassen empor. Eine kaum merkbare Bewegung genügte, und schon war man draußen… und schon war man nicht mehr im Haus … als stünde er in einem ihn von Kopf bis Fuß einfassenden Gummianzug, bewegte er sich in sich selber und vollführte seine Bewegungen, als schöbe er sich durch dichte Pappschichten …« (Goldschmidt 1991, S. 124f.).

Und:

»Es war ihm beim Abbrechen, als gäbe es ihn selber doppelt. Er fühlte sich durch sich hindurch stehen: Stehen, das war er. Die wippende Gerte hielt er nun in der Hand, ihr leichtes Wiegen, so leicht zu handhaben! Um ihn herum – noch nie hatte er es mit solcher Schärfe wahrgenommen – die Weite des Tals. ... Erschrocken drehte er sich um, als habe ihn jemand bei sich selber ertappt... Als er dann wieder... hinaufkletterte, war es, als führe er sich selbst am Arm, aus ihm wuchs die Rute hinaus ... von selber kam er immer näher heran, begab sich von selber zur Strafe, als erwarte er sich selbst dort oben« (ebd. S. 126ff.).

Ist aber doch einmal jemand freundlich zum ihm, kommt es ihm vor, »als wäre er gar nicht er selber, als hätten sie ihn mit einem anderen verwechselt« (Goldschmidt 1996, S. 114).

VERWENDUNG DES KÖRPERS ZUR AFFEKTBEWÄLTIGUNG

Die Bedrohung durch überwältigende Affekte kann gemildert werden durch ihre Verschiebung ins Körperliche, durch eine Verkörperlichung in der Phantasie, d.h. die Affekte werden erst einmal als etwas Körperliches phantasiert. »Seitdem war die Angst in ihm noch tiefer, fester hinter der Bauchwand gelegen, er konnte sie aus sich heraus fühlen, fast wie von innen berühren, eine langsam schwärende Geschwulst, die sich in ihn hineinfraß« (Goldschmidt 1996, S. 13). Oder: »Die Enge stieg ihn von unten wieder an, zerrte ihm den Körper zusammen, es war ihm, als enthielte er einen zugedrückten senkrechten Schlauch, aus dem er nach oben heraus gedrückt wurde, es war, als blättere er ab« (ebd. 98). – »Es war ihm, als spüre er vor Angst seine in ihm selber senkrecht stehende innere Körperform ... « (ebd. S. 226). – »Im Brustkorb wieder die Angst, um die man herum ruderte, es war, als hätte man Gips in sich hineingegossen bekommen« (ebd. S. 165). – »Die Angst ... befiel ihn wieder, sank in ihn hinein, von oben herunter, als friere ihm der Körper nach unten hin ein« (ebd. S. 107). Mehr oder weniger stark sind die Körperphantasien mit Depersonalisationsgefühlen verbunden: »Es lief ihm kalt den Rücken herunter, wieder stand die Angst in ihm mit seinem eigenen Körper herum« (ebd. S. 200). Dabei gibt es durchaus verschiedene Qualitäten von Angst; die Angst vor dem Abgeholtwerden ist ungleich größer als die vor der zu erwartenden Strafe oder Misshandlung. »Es war immer eine schüttere, leichte Angst gewesen: Nach der Strafe würde alles wieder einsetzen, nur in der Erinnerung war etwas dazugekommen. Die andere Angst aber vor dem Abgeholtwerden war schwer, sie lag im ganzen Körper, engte ihn ein: Dunkles, Niedriges würde ihn erdrücken, von innen fraß sie ihm den Leib auf« (Goldschmidt 1996, S. 131). In einem Interview (mit Ina Hartwig, Frankfurter Rundschau 2001) differenziert Goldschmidt die beiden Formen des Entsetzens; die Angst vor der Strafe »war ein Warteabenteuer, von dem ich wusste, dass es gut ausgehen würde – dass ich nicht sterben würde«.

Auch der Affekt der Scham kann im Körper lokalisiert werden: »Und er hatte sich in Magenhöhe derart geschämt, dass er sich davon gekrümmt hatte« (Goldschmidt 1996, S. 94). Vielleicht lässt sich auch der Hunger leichter ertragen, wenn er so »verkörpert« wird: »Der Hunger zog den Gaumen nach hinten, reichte tief in den Körper herunter: eine seltsame Wachheit, man trug eine senkrechte Wand in sich, von oben bis unten, und es drehte sich leise etwas im Kopfe, der Mund stand einem leise geöffnet und dabei wurden die Bilder von Nudeln, Brot oder Linsen... immer schwächer und blasser« (Goldschmidt 1996, S. 35). Die Abwehrfunktion der Verkörperung findet sich auch an folgender Stelle: Es geht um den steten Hunger, an sich schon ein Körpergefühl, »der den Mund aushöhlt, den Körper luftig und schwindelig werden lässt, den man nicht mehr fühlt, der nur noch zieht« (ebd. S. 114).

Körper-Dissoziation

Wie das Gefühl des Heimwehs, als »Möbelstück« (s.o.) empfunden, sich besser herumschieben, also handhaben lässt, phantasiert der Gequälte die Körper der allerdings glücklicheren Kameraden, die in den Ferien nach Hause fahren dürfen, als Koffer: »Man sah sie in den ... Bus klettern, wo man sie dann, als halbe Körper, wiedererkannte, die sich ungeschickt durchzuklemmen versuchten, sich, wie ihr eigener Koffer geworden, hinter sich herschleppten ...« (Goldschmidt 1996, S. 189). Traumatisierte haben beschrieben, dass sie sich emotional von ihren Körpern trennen, vor oder während des traumatischen Angriffs, etwa bei Wassmo (1981, S. 152), in deren Erzählung das Inzestopfer »ihren Körper verlassen und die Gedanken frei ... davonlaufen lassen« möchte.

Das Kind Goldschmidt macht sich Gedanken über die Identität, das Wesen eines Waisenkindes, das er zu diesem Zeitpunkt vielleicht bereits war, und stellt es sich als entpersönlichtes Objekt vor: »Waisen waren wie Sklaven, man riss sie an den Haaren hoch, er war einer von ihnen: Waisenkinder, wie Sklaven, zog man nackt aus. Sichtbar von allen Seiten

war man dann ein Ding« (Goldschmidt 1991, S. 109). Angesichts der sich
nähernden deutschen Soldaten ersetzt das Depersonalisierungsgefühl die
Angst: »Angst hatte er keine; die Beine waren ihm zu kurz geworden, als
ging er auf Stümpfen, er fühlte genau den Umriss seines Körpers, wie er in
der Luft ausgeschnitten sich nach vorne schob; er wurde gegangen, wie
wenn ein anderer es ihm besorge« (Goldschmidt 1991, S. 172). – »Er war
wie körperlos geblieben. Er hatte seinen eigenen Körper vergessen«
(Goldschmidt 1996, S. 138).

Gefühle von Fremdheit des Körpers schildert Goldschmidt (1991, S. 68)
auch als Reaktion auf die Vergewaltigungen. »Jemand nahm ihn in den
Schwitzkasten, und während man ihm die Hose und die Unterhose herun-
terzog, fühlte er sich hinter sich selber weiterreichen, immer noch
Körpermasse. Die Kälte sparte ihn aus der eigenen Form aus.« Der Körper
wird gesehen, wo er doch verborgen bleiben müsste: »Er stand da mit diesem Körper, der zu ihm gehörte und der den ganzen Weg lang mitkommen
würde, den er den ganzen Weg mitgehen lassen müsste« (Goldschmidt
1996, S. 168). Aber der Jugendliche, aus der Anstaltswelt entlassen und bei
einer Bauernfamilie untergekommen, sieht auch Körper, die ihm fremd vorkommen:

> »Schon immer hatte es ihn gewundert, dass so ganz im Unterschied zu
> den Kindern die Erwachsenen soviel Körper brauchten und dass sie
> redeten, während das Ganze so unter ihnen mitstand oder mitsaß. Die
> Leute trugen sich selber herum, ohne davon zu wissen zu scheinen.
> Beim Bauern hatte es ihn auch gewundert, dass er soviel Brust, soviel
> Körper an sich hatte und ganz oben darauf auf sich selber saß« (ebd.
> S. 99).

Und in dieser Außenwelt, in der er endlich genug zu essen hat,

> »fühlte er sich auf einmal, als brauche er sich nicht mehr anzustren-
> gen, um weiterzuleben. Er brauchte sich nicht mehr in sich selber
> hochzustemmen. Die Freude, die ganz hinten immer hinter der
> Traurigkeit und dem Heimweh gestanden hatte, lockerte ihm auf ein-
> mal den Körper: Er konnte so tun, als sei er nicht er selber. Als er fer-
> tig war, wurde ihm der Teller nachgefüllt« (ebd. S. 23).

Nicht er selber: Kein Opfer, kein Verfolgter, kein Ausgestoßener mehr.

DIE PATHOLOGISCHE KÖRPERGRENZE ALS STELLVERTRETER
DER BEDROHTEN ICH-GRENZE

Pathologische Erscheinungen können eine positive, stabilisierende Funktion haben, z.b. kann eine begrenzte Phobie schwere Existenz- und Identitätsängste verbergen, hypochondrische Angst Schlimmeres wie einen psychotischen Zusammenbruch verhindern. Pathologische Körper-Aktivitäten haben oft die Aufgabe, eine besondere, fühlbare Körpergrenze zu errichten, die die fragile Ich-Grenze ersetzen soll. Die Patienten fühlen *sich* wieder, wenn sie ihren Körper spüren, auch (und gerade) wenn er schmerzt. Diese Ich-Surrogat-Grenze hat aber nicht nur eine Grenz-, sondern auch eine Kontakt-Funktion im Sinne der Objektbeziehungstheorie. Sie stellt nämlich eine Beziehung zum eigenen Körper her, der so eine Ersatzobjekt-Funktion bekommt. Die Körpergrenze ist also eine Doppelmembran, Grenze und Kontaktstelle zugleich (Anzieu 1985). Der schmerzende, blutende Körper gewährt die Illusion der Anwesenheit eines mütterlichen Objekts, das überdies selbst, aus eigener Kraft, »hergestellt« worden ist (Hirsch 1989c) und dadurch die Ohnmacht, das Ausgeliefert-Sein beseitigt. Diese zentrale Dynamik findet sich besonders bei den Selbstbeschädigungssyndromen, den Ess-Störungen vom Anorexie-Typ und Formen des Autoerotismus (Hirsch 1998). Sadomasochismus und andere Formen der sexuellen Perversion verwenden nicht den Körper zur Ich-Stabilisierung, sondern die sexuelle Praktik; das Ritual beherrscht das phantasierte oder das beteiligte reale Objekt, das so anwesend, aber unter Kontrolle ist, so dass es sich nicht bedrohlich, verschlingend, nähern kann. Bei masochistischen Beziehungen im weiteren Sinne spielt oft die Phantasie eine Rolle, den sadistischen Partner zu ergänzen, der den masochistischen unbedingt braucht, daraus entstehen masochistischer Stolz, Triumph und Omnipotenzphantasien.

KÖRPERGRENZEN

Goldschmidt beschreibt eine Szene, in der das Kind von den Gleichaltrigen mit harten Schneebällen malträtiert wird: »›Warum soll es denn immer ich sein?‹, heulte er die anderen an, sie wussten darauf keine Antwort, er war nun einmal er. Langsam taute ihm der Schnee im Kragen auf und sich zwischen Kleidern und Haut in Rinnsale aufteilend, lief er Brust und Rücken herunter, ihn selber nachzeichnend« (Goldschmidt 1991, S. 53). Als ob der Jugendliche mit dem Nachempfinden der Körperoberfläche, der Körpergrenzen, sich wappnen wollte: »Er wurde dann abgestraft: War er doch der einzige – wie immer – der nass nach Hause kam« (ebd.). Die größere Gefahr:

»Vier deutsche, feldgrau uniformierte Soldaten, die ihm entgegenkamen auf der ganzen Straßenbreite. Alles war sichtbar, wie eingerahmt. Vier! Angst empfand er keine. Er lächelte vor sich hin, trällerte und fühlte beim Gehen genau den Umfang seines Körpers nach, von unten herauf, wie im Leerraum ausgespart, die Knöchel, die Waden, die Schenkel, Lenden, bis in die Schulterhöhe hinein, er empfand, wo er aufhörte, wie hoch und breit er war« (Goldschmidt 1996, S. 204).

Freud (1923b, S. 253) hatte bereits darauf aufmerksam gemacht, dass nicht nur die äußere Oberfläche des Körpers Ich-konstituierend ist, sondern auch durch die Erfahrung der inneren Organe, durch Schmerz und andere Sensationen eine innere Körper- und damit Ich-Grenze gebildet wird; also eine Repräsentanz des Körpers, wie wir heute sagen würden. Hoffer (1950) hat diesen Gedanken weitergeführt und die Entdeckung der Mundhöhle durch den Säugling in seiner Ich-bildenden Funktion beschrieben. Bei Goldschmidt (1991) findet man diesen Vorstellungen völlig entsprechend folgende Stellen: Der Jugendliche greift wegen des großen Hungers regressiv auf das Daumenlutschen zurück, was von den anderen sofort benutzt wird, ihn zu quälen:

»Gegen den Hunger konnte er nur mit dem Daumenlutschen ankommen: Die anderen hatten es sich gemerkt. Die Arme wurden ihm festgehalten, und man stopfte ihm den Mund mit Papier oder Gras voll, bis er dem Ersticken nahe vorn übergeneigt an ihrem Lachen vorbeitaumelte … Man konnte noch so stoßen, den Grasknäuel bekam man doch nicht aus sich selber heraus, man musste, während unter einem die eigenen Beine strampelten, die Grasfasern nacheinander hinausziehen; mit dem Finger bohrte man in sich hinein, als wäre man zugewachsen. So schwitzte er aus Todesangst, an sich selber zu ersticken. Befreit, kaute er dann vor Müdigkeit nach; es war seltsam, mit leeren Mund auf sich selber zu stehen. So lernte er sich allmählich von innen kennen. Im Winter wurde ihm der Mund mit Schnee gestopft, an dem die Zähne vor Kälte zu zerspringen schienen und der den Mund ganz anders als das Gras zufüllte. Jeder Zahn tat getrennt weh, am blitzartigen Schmerz erkannte man sie der Reihe nach« (Goldschmidt 1991, S. 56f.).

Genau das meinte Freud: Durch Schmerz den Innenraum kennenlernen.

Selbstbeschädigung

Wie erwähnt, sind es zwei Momente, die selbstdestruktives Agieren Ich-stützend werden lassen: Das Errichten einer Körpergrenze und das Gefühl, das Zerstörende selbst, aus eigener Kraft und Entscheidung zu tun. Schwere Selbstbeschädigungshandlungen musste das Kind bei Goldschmidt nicht ausführen – die fast täglichen Prügel erfüllten den Zweck zur Genüge, wie wir sehen werden. Aber wenigstens in Gedanken vollzieht er eine Wendung vom Passiven ins Aktive; wenn schon Prügel, dann will er sie vor sich selbst als selbst gewollt, selbst gesteuert erscheinen lassen – eine Wurzel des Masochismus, wie mir scheint.

Einmal sagt Goldschmidt (1991, S. 126): »Er war doch frei, konnte mit seinem Körper machen, was er wollte, man überwachte ihn nicht ...«Das sind genau die Worte der jugendlichen Selbstbeschädigungspatientinnen: »Das sind *meine* Arme, und ich kann mit ihnen machen, was *ich* will!« (vgl. Hirsch 1989c, S. 12; 1998). Selbstdestruktive Gedanken sollen auch gefürchtete Affekte bekämpfen:»Bloß nicht das Weinen, das einen wie von unten anfiel, an sich heranlassen, es abschütteln, laut schreien, sich den Kopf gegen Stühle schlagen« (Goldschmidt 1991, S. 97). Besonders zu große Angst muss abgewehrt werden:

»Am liebsten – wie er es doch früher so oft getan hatte – hätte er sich geschlagen, schallende Selbstohrfeigen ... am liebsten hätte er sich mit der Selbst-Haubitze in die Luft geschossen, zugleich Geschütz und Geschoss ... oder er wäre selbst sein eigener Presslufthammer gewesen, wie er sich selbst an den beiden runden Griffen gehalten hätte und ... über den Dorfplatz gehopst wäre, ... pflasterklatschend unerkannt!« (Goldschmidt 1996, S. 209ff.).

Der Jugendliche stellt sich vor, er würde an den Händen gefesselt abgeführt, und um die Angst zu mildern, träumt er von Körperkontakt mit sich selbst:»Und er legte die Handgelenke aneinander, um die warm sanfte eigene Berührung zu spüren« (Goldschmidt 1996, S. 90). Selbstbeschädigungs- und Selbsterforschungsmomente erscheinen, wenn er sich bis in den Sommer hinein die Frostbeulen aufkratzte:»Von Tag zu Tag erschienen neue Schichten, in die man hineinblicken konnte, winzige Landschaften, die man an sich selber mittrug...« (Goldschmidt 1996, S. 35f). Tatsächlich wurden ihm dann die Hände gefesselt, damit er sich die Frostbeulen nicht mehr aufkratze.

Die unterwerfende Identifikation mit dem Aggressor (Hirsch 1997, S. 109f.) führt zur Selbstbestrafung:»Warum war er bloß er und nicht ein anderer? Im Abstellraum hätte er sich weiter ohrfeigen können oder sich den Kopf in eines der viereckigen Schuhfächer stecken und ihn gegen die Wände hin- und herschlagen können« (Goldschmidt 1991, S. 144). Die Strafe ist leichter zu ertragen, wenn er sich vorstellt, sie freudig-selbstgewollt mitzuvollziehen:

>»Schon selber kam er immer näher heran, begab sich von selber zur Strafe, als erwarte er sich selbst dort oben ... Er stand da, ließ die Gerten durch die Luft zirren: Für ihn waren sie bestimmt, und er war es, der sie sich entgegentrug ... Er verfügte über sich selbst, er war immer mit dabei und nahm sich immer mit herein und hinaus« (Goldschmidt 1991, S. 128, S. 131).

Sogar die Vergewaltigungen meint er unterstützen zu müssen: »Er müsse sich auch selber an den Hinterkopf fassen, wie es die Hand getan hatte, die ihn herandrückte« (Goldschmidt 1991, S. 135). Manchmal richtet er die Aggression aber doch wieder nach außen, wenn er einen Schwächeren findet, einen, der ihn gerade *nicht* malträtierte; so wird er vom Opfer zum Täter und wieder zum Opfer.

>»Weinend ging der Junge auf ihn zu: ›Wie böse Du doch bist, das hätte ich von dir nicht gedacht, ich habe dich doch nie geärgert.‹ Und von ihm hatte der Junge ausgerechnet das Böse erfahren müssen. Er war ein Böser. Die anderen hatten Recht, ihn unentwegt zu ärgern; sie hatten an ihm das Böse erraten. Sie hatten es immer schon gewusst, der Böse war er« (Goldschmidt 1991, S. 87).

BETTNÄSSEN

Nach der Nachricht vom Tod der Mutter entstand eine erneute Steigerung des Unglücks des Jugendlichen: Das nächtliche Bettnässen begann und führte zu unglaublich brutalen körperlichen Strafen, besonders aber zu extremer Erniedrigung und Beschämung. Ich stelle mir drei Komponenten vor, die dem Bettnässen hier einen Sinn geben können: Die dem Tod der Mutter folgende Regression ebnete einen Weg, symbolisch *und* konkret einen Körperkontakt mit einer Körperflüssigkeit (bei den sich selbst beschädigenden Patientinnen ist es das Blut) zu sich selbst wie zwischen Mutter und Kleinkind herzustellen. »Dem Bettnässen würde ich z.T. ähnliche Qualitäten wie die des warmen Blutes zumessen, wenn manch einer während des Einnässens wohligste Gefühle körperlicher Geborgenheit träumt, die ein wahrlich schreckliches Aufwachen zunichte macht« (Hirsch 1989c, S. 16). Für die mütterliche

Qualität des Symptoms spricht auch, dass der Jugendliche mit Erstaunen das Sistieren des Symptoms feststellt, als er, aus der Anstalt entlassen, zu einer Bauernfamilie kam, in der er *selbstverständlich* menschlich behandelt wurde:

> »Als er nach tiefstem Schlaf am hellichten Tag bei schon hoher Sonne aufwachte, wuchtete die Angst ihn quer durch, zweiteilte ihn, er wagte kaum, um sich herum zu tasten oder seinen eigenen Körper zu fühlen, an sich selber nachzuprüfen: Es war trocken, er hatte zum ersten Mal nach langer Zeit nicht ins Bett gemacht ... Und jetzt, am Tag nach der äußersten Gefahr, hatte er sich nicht nass gemacht. Verwundert ging er aus dem Haus und setzte sich auf die Bank ... Die Bäuerin brachte ihm den Milchkaffee und die Butterbrote vor das Haus, als wäre es selbstverständlich, er schämte sich ... Dennoch ließ er sich vom Morgenbereich wollüstig umgeben« (Goldschmidt 1996, S. 26f.).

Der zweite psychodynamische Bereich ist die Aggression, die eigentlich gegen die Mutter gerichtet ist, die ihn schon damals weggeschickt und nun vollends verlassen hat. Gegen die Mutter kann er sie nicht richten, also trifft er sich selbst, und wie sehr muss er unter der psychischen und körperlichen Folter leiden, die mit der »Untat« des Bettnässens begründet wird. Das Symptom macht den Körper zu einem Container, wenn mit ihm agiert wird, was in der Beziehung nicht enthalten sein kann, wodurch die Beziehung geschont wird. Die dritte Komponente: Das Symptom gibt ihm eine Identität, die allerdings den vorigen, Jude und Onanist zu sein, in nichts nachsteht, was Schuld und Beseitigt-Werden-Müssen betrifft: »›Bettnässer, Bettnässer‹, schrien sie, und steif vor Scham musste er mit den anderen an den Passanten vorbei« (Goldschmidt 1991, S. 117). Der Junge wurde mit dem von Urin durchtränkten, wie ein Zelt über seinen Kopf gestülpten Betttuch auf den Balkon gesetzt, der zur Straße hin gerichtet war. Die grausamen Mitinsassen zeigten ihn den Passanten:

> »›Sie können nachsehen‹, wurde ihnen gesagt, ›schauen Sie die Kopfform [!] an, meine Damen und Herren, das ist wirklich ein Junge, er trocknet die eigene Pisse, Pisse-au-lit, Pisse-au-lit, Bettnässer, Bettnässer.‹ Als wäre er unter dem Betttuch erkennbar, schlug er nach ihnen, aber sie zeigten mit Fingern nach ihm und schrien: ›Sag es doch, dass Du es bist...‹« (ebd. S. 119).

Bettnässer, der er ist; aber das ist noch besser, als von Gott und der Welt – und der Mutter – verlassen zu sein.

Körperliche Strafe als Selbsterhaltung

Die Strafe, die Züchtigung, beherrscht die autobiographischen Erzählungen Goldschmidts, als wäre sie an die Stelle der viel größeren Bedrohung getreten, die von den Deutschen ausging. »Er hatte dann nur noch von Strafe zu Strafe gelebt. In Sachen Strafe kannte er sich aus, da wusste er Bescheid« (Goldschmidt 1996, S. 26). – »So wurde die Strafe zu seiner Welt, eine Welt, in der er sich endlich zurechtfinden konnte« (Goldschmidt 1991, S. 114). Die Strafe war wie eine Versicherung, dass ihn überhaupt jemand kannte, sich »kümmerte«, da war: »Solange man ihn strafte, behielt man ihn« (Goldschmidt 1996, S. 95). Die Strafe wurde so ein begleitendes Objektsurrogat, wie wir es von manchen Angstsymptomen und besonders vom selbstdestruktiven Körperagieren kennen, auch etwa von sado-masochistischen Partnerbeziehungen. Bei dem Jugendlichen, von dem Goldschmidt berichtet, und der er selbst war, war sie auch das kleinere Übel angesichts des drohenden »Abgeholt-Werdens«; er besucht die Anstalt und sehnt sich nach den Zeiten der Strafe: »Er wünschte sich wieder die Direktorin neben sich ..., wie er sich dann über den Hocker zu legen hatte ... es hob sich ihm die Brust, ... es wäre die Erlösung gewesen, Zeichen, dass die Gefahr des Abgeholt-Werdens vorüber war« (Goldschmidt 1996, S. 153). – Und: »Solche Strafen wünschte er sich jetzt wieder herbei; sie hätten ihn geschützt« (ebd.).

Die Strafe diente dem Jungen auch als Schutz gegen unerträgliche Erinnerungen: »Zum Glück aber gab es die Strafen, allein mit ihrer Hilfe konnte er die Eltern vergessen, um nur noch an seine eigenen Schmerzen zu denken« (ebd. S. 148). – Und: »Er ging schneller, erhoffte sich fast eine Strafe, irgendetwas, das ihn von der Erinnerung befreien würde« (ebd. S. 122). Und sie dient als Schutz vor übermäßigen Affekten: »Er wünschte sich die Strafe herbei, mit der Haselgerte gezüchtigt zu werden, sich unter der Rute zu winden, zu brüllen, zu flehen« (Goldschmidt 1991, S. 97).

Interessant erscheint mir die Selbstverständlichkeit, mit der Goldschmidt die züchtigende Strafe als Mittel der Selbsterhaltung, als Schutz vor der Psychose, vor der Desintegration sieht. Aber er unterscheidet, wie oben erwähnt, eben zwischen einer »preußischen«, das Selbst zerstörenden, und einer »französischen«, unter Umständen das Selbst erhaltenden und identitätsstiftenden Strafe. Nach einer heftigsten, schmerzhaften Züchtigung:

> »Der Schmerz war derart rasend, dass er in sich einknickte und in die Knie fiel, aber auf halber Höhe an sich selber hängen blieb. Der Schmerz stieß stangenartig in die Knochen hinein: Keiner konnte sich

ihn vorstellen, sonst würde man nicht schlagen ... Nach einiger Zeit blieb nur noch ein Wissen vom Schmerz übrig, keine Erinnerung« (Goldschmidt 1991, S. 82f.).

Nach der Überwindung einigen »Selbstmitleids« (ebd. S. 83) aber sagte er:

»Es war eine plötzliche, unverständliche Freude in ihm, so deutlich, als habe der Schädel Innenseiten, ein Selbstgefühl, wie er es noch nicht gehabt hatte. Und jenes Gefühl würde sich bis an sein Lebensende nicht mehr verlieren. So wie gerade jetzt würde er für immer in sich selbst stehen« (ebd. S. 83).

Im Gespräch sagt Goldschmidt (Frankfurter Rundschau 2001): »Ja, das Geschlagenwerden hat mir das Leben gerettet, es hat mich davon abgehalten, verrückt zu werden. Das Verrücktwerden hat mich immer bedroht.« Nachdem die Gefahr des »Abgeholtwerdens« vorüber ist, sieht der nun einsame Jugendliche in *Die Aussetzung* (Goldschmidt 1996) alles neu, die Straßen des Ortes, die Häuser, die Berge, »er war voll vom Dasein, vom Gefühl, dass er da war« (ebd. S. 234). Aber er spielt mit den alten Identitäten, denkt an die Masturbation: »Jetzt würde er spielen können, die Spielerwartung füllte ihm den Körper, eine kompakte Lust, er ... ließ in sich die Gesten wieder entstehen, mit denen er spielen würde, und fühlte sie schon in den Handgelenken vor« (ebd. S. 234). Und schließlich

»wünschte er sich selber wieder unter der Strafe, den Blicken der Mitschüler ausgesetzt, strampelnd, ausschlagend und trotz seines Alters, als 16-jähriger, wieder vorgenommen ... Er ließe sich dann mitnehmen, zu allem bereit, hatte er denn nicht überlebt? Der Schmerz, die kaum zu ertragende Schande, sein Strampeln, seine Infamie und Lächerlichkeit, ... das würden nur Beweise sein, Lebenszeichen, die er an sich selber nachschmecken würde. Sollte sie [die Anstaltsleiterin] ihn ... strafen, wie vorher, es wäre doch triumphal, er würde dabei das Leben in ihm vorbeidauern fühlen, als tägliche Gnade« (ebd. S. 235f.).

»Für Kinder kann das Geschlagenwerden eine schreckliche Rettung der eigenen Identität sein, eine Selbstbegrenzung, aus der ich den Beweis beziehe, dass ich existiere,« äußert Goldschmidt (Frankfurter Rundschau 2001) im Gespräch. Hat nicht auch Kafka (1919) in der *Strafkolonie* dem Delinquenten das Gebot, das er übertreten hatte, auf die Haut schreiben lassen, ihm gewissermaßen durch die Strafe eine Identität »schriftlich« gegeben?

Dieselbe Funktion der Selbstbegrenzung hat das Selbstbeschädigungsagieren, beide werden dadurch identitätsstiftend und geben Sicherheit,
wenn es auch eine Pseudo-Identität durch Pseudo-Autonomie im einen Fall
und durch eine sozusagen geborgte Sicherheit durch die Bindung an das
sadistische Objekt im anderen Fall ist. Dass es sich um ein
Objektbeziehungsgeschehen handelt, geht auch daraus hervor, dass das
Bedürfnis, gestraft zu werden, abnimmt bzw. überflüssig wird, als der
Jugendliche in der Anstalt einen Freund gewinnt:

>>Die Rettung kam ihm von einem zwölfjährigen Jungen... Er war
Bettnässer. Man ließ sie ... nebeneinander schlafen, da ihrer nun zwei
waren, konnte man ihn weniger strafen... Jetzt brauchte er die anderen nicht mehr zu beneiden, dass sie jemand anderer als er selbst
waren, er hatte diesen Freund... Er hatte sich höher über dem
Fußboden stehen gefühlt als sonst, er hatte eine noch nie erlebte
Begeisterung, ein Hochgefühl des Selbstseins empfunden, dass er so
noch nicht kannte<< (Goldschmidt 1991, S. 120, S. 122).

Wie beim Bettnässen, das sistierte, als ein neues, gutes Objekt zur
Verfügung stand, macht auch hier das gewonnene Objekt den Selbstschutz
durch das Strafen (relativ) überflüssig.

MASOCHISMUS

Goldschmidt (Frankfurter Rundschau 2001) ist überzeugt, Freud (1919e)
habe in seinem Aufsatz: >>Ein Kind wird geschlagen<< die Funktion des
Schlagens genauso verstanden: >>Er meint in seinem kühnen Text, dass das
Geschlagenwerden erotische Gefühle weckt, und zwar beim Geschlagenen,
nicht beim Schlagenden. Es ist genau die Zone, wo Masochismus aufhört
und Sadismus anfängt. Aber wenn man diese Grenze nicht überschreitet, ist
es tatsächlich – und das meinte Freud – ein selbstkonstituierendes Erlebnis.<<
Kommt zur Objektfunktion des Schlagens (das sadistische Objekt
ist *da*) noch die Sexualisierung hinzu, entsteht eine masochistische
Beziehungsqualität im engeren Sinne. Die Sexualisierung des Leidens entsteht in Goldschmidts Erzählungen auf zwei Wegen: Zum einen findet das
Strafritual, selbst bereits mit einer erotischen Tendenz versehen, Eingang in
die Masturbationsphantasien des Opfers. Zum anderen erfolgt die
Sexualisierung durch den sexuellen Missbrauch.

»Die Rute ›auf den Blanken‹ stand ihm noch bevor, jahrelang sollte er sie aber zu kosten bekommen; sich unter ihr winden und betteln, aber sie sich dennoch verwirrt inbrünstig wieder herbeiwünschen. Ja, die Rute erst sollte ihn mit sich selbst bekannt machen, ihn beschwingen und beflügeln, denn nach der Züchtigung im Dunkeln gelegen, lernte er die große Freude kennen, die Erlösung, das immer länger währende Spiel mit sich selbst; nackt wand er sich wieder in der Vorstellung, unter den Birkenzweigen, den Blicken der anderen ausgesetzt, die ihn sich auch vor dem Schlafengehen noch vornahmen und auf dem Dachboden bezwangen, 18-jährig, ! Unter der eigenen Hand konnte er den Aufschrei so wenig zurückhalten wie nach ein Dutzend Rutenhieben« (Goldschmidt 1991, S. 33f.).

Der Vergewaltigung gewinnt der Jugendliche sogar ein Gefühl der Wärme und Geborgenheit ab: »Unter dem Arm gegen die Hüfte des anderen war er wie geborgen: Als wäre er nur noch der gehende Hinterteil des anderen Jungen« (Goldschmidt 1991, S. 45). – »Der Traum überkam ihn immer, wenn ein Größerer ihn zu sich nieder zwang und ihm den Kopf zwischen die Schenkel nahm: im Hautdunkel wurde er dann zum Däumling, wärmegeborgen« (ebd. S. 70). Die Masturbationsphantasie gibt ihm eine – wenn auch prekäre – Identität, sei es, dass er sich als Diener phantasiert, oder als Märtyrer. »Er wäre gerne Diener geworden, er hätte sich nicht zu fürchten brauchen, es hätte ihn gar nicht gegeben, er wäre nur eine Verrichtung gewesen, man hätte seine Arbeit eingeschätzt, ihn selber hätte man nicht einmal gemerkt« (Goldschmidt 1996, S. 113). Hier ist wieder der Schutz, der ersehnt wird; die Identität, jemandem zu dienen, lässt ihn selbst verborgen bleiben; gleichzeitig *ist* er jemand.

Märtyrerphantasien finden sich an mehreren Stellen der autobiographischen Erzählungen; auch in ihnen ist die Identität eines herausragenden, edlen, aber dennoch Verfolgten dargestellt, der post mortem erkannt, geliebt und verehrt werden wird: Er stellt sich vor als

»Missionar kurz vor der Abreise nach Afrika, der nicht wusste, dass er einige Monate später am Marterpfahl stehen würde... Er würde sich unter den Augen der lachenden Kinder und Frauen unter den Peitschenhieben krümmen: Wonne, Tränen kamen ihn in die Augen: Später gäbe es von ihm geweihte ... Andachtsbilder ... verwirrte Jünglinge würden ... sich sein Gesicht anschauen, sie würden sich seine Marter vorstellen, bei der es erlaubt war, ganz nackt zu sein« (Goldschmidt 1991, S. 80f.).

Allzuoft werden diese Phantasien aber mit der anhaltenden Verfolgung durch die Deutschen verknüpft und noch immer nicht mit der jüdischen Abstammung, sondern mit der Masturbation begründet:

»Jetzt, da er sich in Sicherheit wähnte, ereilten ihn wieder ab und zu solche Bilder, die in ihm aufblitzten. Immer stand er in ihnen nackt am Marterpfahl. Aber sofort, wenn sie ihn überkamen, stieß er sie von sich weg, damit die Deutschen ihn nicht finden könnten. Man suchte doch nach ihm, weil er immer wieder an sich unsauber gewesen war« (Goldschmidt 1996, S. 28).– Oder: »Schwarz gekleidet mit langen weißen Händen würde er sich den Henkern opfern und doch erschauerte er jedesmal, wenn er sich nackt zur Hinrichtung abgeführt vorstellte. Deshalb doch waren die Deutschen gekommen, ihn mitzunehmen. Was er an sich begangen hatte, wussten sie« (ebd. S. 91).– »Er wand sich vor Scham, dass ihn doch noch solche Bilder überkamen; ja, es war ganz recht, dass man ihn mitnehmen wollte« (ebd. S. 169f.).

Der andere Weg: Goldschmidt beschreibt mehrfach, wie die Vergewaltigungen im direkten zeitlichen Anschluss an die Züchtigung stattfinden, d.h. er will meines Erachtens mitteilen, dass auch durch den Missbrauch, der von außen mit ihm geschieht, die Verbindung von Schmerz und Sexualität hergestellt wird. Wie das Opfer sich der »Strafe« unterwirft, lässt er auch die Vergewaltigung geschehen.

»Am selben Abend hatten sie ihn bezwungen. Sie hatten mit ihm gespielt. Dunkle, sanfte Wärme hatte sich um sein Gesicht geschlossen... Und nur noch jener Gedanke: Er müsse sich auch selbst an den Hinterkopf fassen, wie es die Hand getan hatte, die ihn herandrückte« (Goldschmidt 1991, S. 135).

Masochistischer Stolz

Über das Geschehen-Lassen hinaus aber gibt es eine Wendung, die das Opfer zu jemandem macht, der das Schicksal fortan in die eigene Hand nimmt und daraus einen narzisstischen Gewinn zieht, ein Hochgefühl seiner selbst gerade durch die Erniedrigung durch die Täter. Nachdem das Bettnässen angefangen hatte, gab es eine Nacht, in der es nicht geschehen war, und zwar nachdem der Jugendliche sowohl schrecklich verprügelt als auch vergewaltigt worden war. »Man hatte es sich gemerkt, die Rute wirkte also bei ihm« (Goldschmidt 1991, S. 135), dann kam das Hochgefühl:

> »Er wusste von nun an, dass er stumm, inhaltslos hinter sich selber stehen würde, dass er sich *sein* fühlte. Das würde ihm nun lebenslang bleiben, und daran würde er sich immer erkennen, ein Hochgefühl, ein triumphales Wissen, das ihn nicht mehr verlassen würde. Nun wurde er jede Woche gezüchtigt ... Er fieberte der Strafe entgegen, er erkannte sich in ihr: Er war stolz, der Gestrafte zu sein, dem man nachher jedesmal auf dem Dachboden den schlierigen, warmen Seegeschmack in den Mund stieß« (ebd. S. 135f.).

Das Bettnässen hörte allerdings nicht auf, aber das Hochgefühl scheint aus der Akzeptanz entstanden zu sein, dass die Mutter, repräsentiert durch das Bettnässen, nun von neuen Objekten, Strafe und Vergewaltigung, ersetzt worden ist, die wenigstens da sind, so dass er sich *sein* fühlen kann.

Das paradox erscheinende Phänomen des masochistischen Triumphs oder Stolzes findet eine Erklärung in einer phantasierten Umkehr des Täter-Opfer-Verhältnisses: Noch mächtiger als der Täter ist man, wenn dieser einen so lebensnotwendig braucht. Ein Anteil liegt sicher auch in der phantasierten Wendung von Passivität von der Aktivität (Freud 1920g), um das Gefühl der Ohnmacht zu mindern, als machte man aus der Not eine Tugend. Der Stolz entsteht auch im Hinblick auf die anderen, auch wenn sie die Peiniger sind: »Er war fast stolz gewesen, dass an ihm so viel Kraft verbraucht wurde« – Er war stolz, »dass sie sich an ihm erregten« (Goldschmidt 1996, S. 127, S. 137). Es ist auch ein Stolz, von den anderen gesehen zu werden: »Seltsam, aber zugleich dieser Stolz in ihm, dass er es war, den man da züchtigte, dass er es war, der sich wand und er heulte, dass ihn alle anderen dabei sehen konnten« (Goldschmidt 1991, S. 69). Der Erzähler triumphiert auch über den Leser: Neukom (2001) hat darauf hingewiesen, dass Goldschmidt (1991) in *Die Absonderung* durch »Erzählstrategien« (S. 348) den Leser involviert, »indem er ihn selbst dem

Trauma aussetzt und damit betroffen macht« (S. 360). Der Leser also nicht nur als Zeuge, sondern als Opfer; das

> »hängt mit der Erzählsituation zusammen und trägt manipulative, eigentlich sogar sadomasochistische Züge. Der Leser wird von irgend jemandem vereinnahmt, der auf seine Gefühle, seine Person, Zugriff nimmt ... Der Erzähler bemächtigt sich seiner Leser ... und bleibt dabei völlig unschuldig. Das ist sein souveräner Triumph« (S. 359).

Als Verfolgter, als Jude und Onanist, musste er sich verstecken, als Gepeinigter zeigt er sich. Stolz bricht er die Gerte, die ihn züchtigen wird, selbst:

> »Er stand da, ließ die Gerten durch die Luft zirren: Für ihn waren sie bestimmt, und er war es, der sie sich entgegentrug ... Er verfügte über sich selbst, er war immer mit dabei und nahm sich immer mit herein und hinaus« (ebd. S. 131).

Frost (2001, S. 263) sieht das Zentrum der Dynamik in der Aktivität des Jugendlichen, sein traumatisches Erleben so zu *verdrehen* (»Perversion«), »dass daraus fast nur noch Erregung wurde«, die die Angst binden soll. Die Autorin (Frost 2001) zitiert Goldschmidt (1990) aus *Der bestrafte Narziss*: »Was ihn einst zum Verlierer machte..., sei zu seiner Rettung geworden, was ihm dadurch gelang, dass er die Zeichen gegen sich umdrehte. Was wie eine schwere Bestrafung aussah, wurde gerade die Bedingung sexuellen Genusses.« Berliner (1947) zufolge ist die Grundbedingung des Masochismus, dass man einmal von jemandem, den man liebte, Leid erfahren hat; dem ist natürlich zuzustimmen, wenn man den Wiederholungszwang aus der Hoffnung gespeist versteht, der einst geliebte Täter würde sich wie durch ein Wunder in einen liebenden Vater verwandeln (für den sexuellen Missbrauch vgl. Hirsch 1987). Aber sieht man sich das anonyme, außerhalb jeder konkreten Beziehung drohende Verfolgungstrauma und das perverse Strafritual an, die Goldschmidts Existenz bedrohten, kann man sich noch einen anderen Weg vorstellen: Das unbenennbare Trauma durch das konkrete Leid zu ersetzen, würde bedeuten, dass das Opfer die Anwesenheit des sadistischen Objekts der Leere und der unfassbaren Angst vorzieht. Ferenczi (1985, S. 64) betrachtete bereits den »Schmerz zur Linderung anderer, größerer Schmerzen« als »eine bedeutsame Quelle des Masochismus«.

Kaum je hat ein Opfer von Vertreibung, schweren Verlusten und sadistischen Strafritualen so schonungslos wie Goldschmidt nicht etwa nur das beschrieben, was ihm angetan wurde, sondern auch das, was er als Reaktion auf die Traumata an innerem Horror, an sexuellen Phantasien, an rettender Unterwerfung und nicht zuletzt an Körperreaktionen geschaffen hat. Er überzeugt uns, dass »das Geschlagenwerden [ihm] das Leben gerettet hat«, ein Paradox, das wir auf den ersten Blick schwer annehmen können, obwohl wir es von dem ähnlichen Paradox, dass sich jemand selbst schädigt, seinen Körper attackiert, um sein ganzes Selbst zu retten, gut kennen. Und Goldschmidt lehrt uns, dass sich im Falle des Masochismus nicht unbedingt der Trieb des Leidens bemächtigt haben muss, sondern dass umkehrt die sado-masochistische *Beziehung* die Rettung aus Vernichtungsbedrohung und extremer traumatischer Leere darstellen kann.

LITERATUR

Anzieu, D. (1985): Das Haut-Ich. Frankfurt a. M. (Suhrkamp), 1991.

Berliner, B. (1947): On some psychodynamics of masochism. In: Psychoanal. Q. 16, S. 459–471.

Ferenczi, S. (1985): Ohne Sympathie keine Heilung. Das klinische Tagebuch von 1932. Frankfurt a. M. (Fischer), 1988.

Frankfurter Rundschau (2001): Direkt in die Talschlucht hinein. Georges-Arthur Goldschmidt im Gespräch: Lebensrettung durch Prügelstrafen und durch die französische Sprache. 3. 2. 2001, S. 21.

Freud, S. (1919e): Ein Kind wird geschlagen. GW XII.

– (1920g): Jenseits des Lustprinzips. GW XIII.

– (1923b): Das Ich und das Es. GW XIII.

Frost, E. (2001): Ich bin. Zur Perversion im Werk von Georges-Arthur Goldschmidt. In: Schlösser, A.-M., Gerlach, A. (2001): Kreativität und Scheitern. Gießen (Psychosozial-Verlag).

Goldschmidt, G.-A. (1988): Als Freud das Meer sah. Zürich (Amman), 1999.

– (1990): Der bestrafte Narziss. Zürich (Ammann), 1994.

– G.-A. (1991): Die Absonderung. Zürich (Ammann).

– (1996): Die Aussetzung. Frankfurt a. M. (Fischer Taschenbuch-Verlag), 1998.

Hirsch, M. (1987): Realer Inzest. Psychodynamik des sexuellen Missbrauchs in der Familie. 3., überarbeitete Auflage 1994. Gießen (Psychosozial-Verlag), Unveränd. Neuaufl. 1999.

– (1989a) (Hg.): Der eigene Körper als Objekt. Zur Psychodynamik selbstdestruktiven Körperagierens. Gießen (Psychosozial-Verlag), Neuaufl. 1998.

– (1989b): Der eigene Körper als Objekt. In: Hirsch, M. (Hg.): Der eigene Körper als Objekt. Zur Psychodynamik selbstdestruktiven Körperagierens. Gießen (Psychosozial-Verlag), Neuaufl. 1998.

– (1989c): Der eigene Körper als Übergangsobjekt. In: Hirsch, M. (Hg.) Der eigene Körper als Objekt. Zur Psychodynamik selbstdestruktiven Körperagierens. Gießen (Psychosozial-Verlag), Neuaufl. 1998.

- (1989d): Der Objektaspekt des Autoerotismus. In: Hirsch, M. (Hg.) Der eigene Körper als Objekt. Zur Psychodynamik selbstdestruktiven Körperagierens. Gießen (Psychosozial-Verlag), Neuaufl. 1998.
- (1989e): Psychogener Schmerz In: Hirsch, M. (Hg.) Der eigene Körper als Objekt. Zur Psychodynamik selbstdestruktiven Körperagierens. Gießen (Psychosozial-Verlag), Neuaufl. 1998.
- (1997): Schuld und Schuldgefühl – Zur Psychoanalyse von Trauma und Introjekt. Göttingen (Vandenhoeck & Ruprecht).
- (1998): Zur Objektverwendung des eigenen Körpers bei Selbstbeschädigung, Autoerotismus und Ess-Störungen. In: Analyt. Kinder- Jugendlichen Psychother. 29, S. 387–403.

Hoffer, W. (1950): Die Entwicklung des Körper-Ichs. In: Grunert, J. (1977): Körperbild und Selbstverständnis. München (Kindler).

Kafka, F. (1919): In der Strafkolonie. In: Erzählungen. Frankfurt a. M. (Fischer Taschenbuch-Verlag), 1976.

Neukom, M. (2001): Die Rhetorik des Traumas in Georges-Arthur Goldschmidts Erzählung »Die Absonderung«. In: Z. Psychoanal. Praxis 16, S. 347–364.

Neun, H., Dümpelmann, M. (1989): Depersonalisation. In: Hirsch, M. (Hg.) Der eigene Körper als Objekt. Zur Psychodynamik selbstdestruktiven Körperagierens. Gießen (Psychosozial-Verlag), Neuaufl. 1998.

Sachsse, U. (1989): »Blut tut gut.« Genese, Psychodynamik und Psychotherapie offener Selbstbeschädigung der Haut. In: Hirsch, M. (Hg.) Der eigene Körper als Objekt. Zur Psychodynamik selbstdestruktiven Körperagierens. Gießen (Psychosozial-Verlag), Neuaufl. 1998.

Wassmo, H. (1981): Das Haus mit der blinden Glasveranda. München (Droemer).

Körpermagie, Körpernarzissmus und der Wunsch, Zeichen zu setzen: Eine Psychologie von Tattoo und Piercing[1]

EINLEITUNG

Seit einigen Jahren bemerkt man in den Medien, wie auch im Straßenbild deutscher Groß- und Kleinstädte, ein ansteigendes Auftreten tätowierter und gepiercter Menschen. Als Piercings bezeichnet man Einstiche in Körperteile, die anschließend mit Schmucksteckern versehen werden – multipel an Ohrläppchen, Nase, Augenbrauen, Zunge, Nabel, aber auch an Brustwarzen und Geschlechtsteilen, mitunter durch Einfügung von Ringen oder Pflöcken stark geweitet. In Deutschland gibt es bislang noch keine gesicherten Statistiken darüber, wie viele Menschen tätowiert oder gepierct sind. Bild der Wissenschaft (2/2001: 13) wie auch Tattoo-Websites-Betreiber (www.tattoo-convention.de, 15.4.00) geben für Deutschland einhellig die Zahl von etwa 2 Millionen tätowierter bzw. gepiercter Menschen an. Die noch bis in die jüngste Zeit allgemeiner gesellschaftlicher Meinung nach als deviant geltenden Praktiken des Tätowierens und des Piercings haben also in einem beträchtlichen Teil der deutschen Gesellschaft eine Wertungsveränderung erfahren. Auch ist die heutige Klientel, die die permanent körperverändernden Praktiken des Tätowierens und Piercings an sich durchführen lässt, nicht mehr auf die sozialen Gruppen von einst (wie etwa Seeleute, Gefängnisinsassen, Soldaten oder Homosexuelle) allein beschränkt. Tätowierungen scheinen heutzutage ihre Schichtspezifität verloren zu haben.

Nun steht in Deutschland die gegenwärtige Tattoo-/Piercingwelle sicherlich in Zusammenhang mit anderen aus Nordamerika durch die Medien etc. importierten Moderichtungen. Dennoch stellt sich die Frage, warum diese mit z.T. starken Schmerzen verbundenen Formen der Körpermodifikation

---

[1] Für seine wertvolle Unterstützung bei der Abfassung dieser Arbeit danke ich meinem Mann, Peter van Ham, ganz herzlich.

immer größeren Zulauf erhalten. Dieser Beitrag versucht vorsichtig, eine Psychologie für die vielen verschiedenen Motivationen, sich tätowieren bzw. piercen zu lassen, zu entwerfen.

ZUR BEDEUTUNG 1: TATTOO IN STAMMESGESELLSCHAFTEN

Die Praxis des Tätowierens hat nicht nur in Asien, Amerika oder Afrika, sondern auch in Europa eine jahrtausendealte Tradition. Mit der Christianisierung wurden Tätowierungen jedoch gesellschaftlich geächtet, waren aber nie verschwunden, und ihre Zeugnisse in Europa sind durchgehend seit dem Neolithikum belegt (ausführlich siehe: Oettermann 1994; Sanders 1989). Um ein Verständnis für die Motivation westlicher Menschen, sich tätowieren zu lassen, entwickeln zu können, ist der Blick auf die Kulturen von Stammesgesellschaften, die diese Praxis heute noch ausüben, hilfreich und aufschlussreich.

Viele der in diesen Gesellschaften herrschenden Beweggründe haben zweifelsohne ihre bewusste oder unbewusste Bedeutung für das »moderne Tattoo«. Verallgemeinernd lässt sich sagen, dass in den Stammesgesellschaften der Erde Tätowierungen wie auch nicht-permanente Formen der Körperkunst Ausdruck magischer Denkgebäude sind, die dem Körper eine spirituelle Bedeutung beimessen. Ein bemalter Körper, eine Maske oder ein Kostüm erlauben eine verstärkte Fähigkeit in dem Bestreben, in direkten Kontakt mit der spirituellen Welt zu gelangen, sei es mit den Ahnen, den Totemtieren oder Geistern. Der rituelle Körperschmuck transformiert nicht nur den Körper, sondern verstärkt zudem die Fähigkeit des Geschmückten, in andere Bewusstseinssphären zu gelangen und Botschaften aus jener Welt zu empfangen. Die Körperdekoration ist dabei für den Geschmückten wie auch für die Zuschauer von Bedeutung. Indem der Körper bunt, seltsam oder vielleicht weniger menschlich wirkend verändert wird, wird Verwirrung im Betrachter erzeugt, die unangenehm oder angenehm oder auch beides gleichzeitig sein kann. Die zu einer religiösen Zeremonie speziell bemalte / geschmückte / maskierte Person ist nicht mehr als Individuum wahrnehmbar, sondern wird als Person außerhalb des normalen Weltgefüges verstanden. Dies induziert in den Zuschauern ein Gefühl des gegenwärtigen »Heiligen«, mit dem nun kommuniziert werden kann und dem Träume, Ängste, Wünsche und Krankheiten dargelegt werden können. Die maskierte oder bemalte Person kann von einem Ahn oder Geist besessen werden oder einen veränderten Bewusstseinszustand erreichen und gleichzeitig in der ganzen Gemeinschaft einen veränderten Bewusstseinszustand induzieren. Das

Bemalen, Tätowieren und Schmücken des Körpers kann zudem dazu dienen, böse Mächte abzuschrecken und den Bemalten vor gefährlichen Kräften schützen. Im 19. Jh. z.b. fügten sich einige Stämme Alaskas Tätowierungen und Rußmarkierungen zu, um sich vor den Geistern der Menschen und Tiere zu schützen, die sie getötet hatten (Gritton 1988).

Spezifische Körperveränderungen bedeuten oft spirituellen wie auch sozialen Status. Neben der »Verkleidung« werden gleichzeitig auch innere Qualitäten und mystische Wahrheiten durch die Körperveränderung »verraten«, preisgegeben. Wie die meisten Tattoo-Zeremonien war z.b. auch das *moko* der Maori Neuseelands eine extrem schmerzhafte Prozedur, die bei der Initiation ins Erwachsenenalter begonnen und einige Jahre später beendet wurde. Der Jugendliche wurde als erwachsen erachtet, da er mit der Zeremonie bewiesen hatte, Schmerzen ertragen zu können. Davon wiederum zeugte nach außen für den Betrachter und den Träger unwiderlegbar die Tätowierung (Paine 1979, S. 42). Dem Prestige und Ansehen, das man sich durch gewisse Handlungsweisen erworben hat, wird durch eine Tätowierung gedacht. Bei den Naga in Nordost-Indien z.b. war es nur erfolgreichen Kopfjägern erlaubt, anhand von Körper- und Gesichtstätowierungen ihren Status zu dokumentieren (Stirn u. van Ham 2000, S. 142–143). In Stammesgesellschaften in Klimata, in denen nur geringfügige Bekleidung benötigt wird, ist permanenter Körperschmuck wie Tätowierung besonders häufig und wird als künstlerisch und sozial wertvoll erachtet. Bei den Wancho im nordostindischen Arunachal Pradesh gibt es noch Clans, die jegliche Form der Bekleidung für Jugendliche ablehnen. Erst mit der ersten Tätowierung, die das heiratsfähige Alter markiert, wird dem Jungen ein Lendenschurz überreicht (Stirn u. van Ham 2000, S. 142). Die Tätowierung kultiviert und sozialisiert bzw. differenziert das Individuum, lässt ihn sich vom »Nackten Affen« – von der Bedeutungslosigkeit – unterscheiden und initiiert ihn in die symbolische Ordnung (Thevoz 1984, S. 34). Manche Formen der Körperveränderungen deuten nicht nur auf den Wunsch, über die Welt des Tieres hinauszuwachsen, sondern auch darauf, die Welt des Menschen zu überwinden, dazu gehören extreme Formen des Fastens, aber auch die Praktiken indischer Saddhus, sich die Zunge oder den Mund mit Spießen zu durchbohren, um so die Überwindung der Notwendigkeit, Nahrung aufzunehmen, zu dokumentieren, oder auch die extreme Praxis des temporären Abbindens von Körperteilen.

In Fiji und Borneo wurden Tätowierungen auch als Identifizierungsvehikel in der Nachwelt betrachtet. Mit ihnen sicherte man sich einen guten Platz im Leben nach dem Tod (Hambly 1974/1925), S. 55; Paine 1979, S. 42). Doch Tätowierungen werden auch »einfach nur« als Glücksbringer erachtet: als anziehend für das andere Geschlecht, als Schutz vor Unfällen, zur Erhaltung der Jugend und um eine gute Gesundheit zu erreichen. Die Frauen gewisser Nomadenstämme des Jemen und des Maghreb praktizieren heute noch Gesichts- und Handtattoos aus prophylaktischen und therapeutischen Gründen: Sie sollen vor Augenleiden schützen, Fruchtbarkeit sicherstellen und Glück bringen (Thevoz 1984, S. 69ff.).

In den Stammesgesellschaften wird der Körper über seine mechanistische Fähigkeit zu funktionieren hinaus als bedeutsam erachtet. Er ist Ort sozialer und spiritueller Bedeutung (Hewitt 1997).

ZUR BEDEUTUNG 2: DER MAGISCHE KÖRPER

In *Totem und Tabu* setzt sich Freud (1912-13, S. 96) mit alten magischen Bräuchen auseinander und beschreibt sie als Manifestation eines animistischen »Denksystems«, das es dem Menschen erlaubt, »das Ganze der Welt als einen einzigen Zusammenhang, aus einem Punkte, zu begreifen«. Freud pathologisiert jedoch dieses Gedankengebäude. Animisten weisen Allem eine spirituelle Eigenschaft zu: Menschen, Pflanzen, Tieren wie auch unbelebten Objekten, und anerkennen ein Netz vielfältiger materieller wie unsichtbarer (psychischer) Verbindungen zwischen allem Existierenden. Freud legt dar, dass die im Animismus bestehenden und vom Gläubigen angewandten magischen Praktiken Versuche sind, Herrschaft über »Mensch, Tier und Dinge zu erlangen«. Jedoch beschreibt er diese magischen Denkformen als pathologisch-narzisstisch. Seine Beschreibung basiert auf der Interpretation, dass dieses Denken von einem Glauben an die »Omnipotenz der Gedanken« herrührt, in der der Mensch glaubt, seine Gedanken könnten die Welt kontrollieren und befehligen. Freud entgeht jedoch, dass die animistische Weltsicht einem kulturellen System angehört, das das Individuum nicht in Geist im Gegensatz zu Körper oder natürliche im Gegensatz zu übernatürlichen Erfahrungen einteilt. Animismus basiert nicht auf der Vorstellung der Kraft der Gedanken, sondern auf der Kraft einer Welt, in der das Individuum nicht in geistige, seelische und körperliche Existenz aufgeteilt ist und jederzeit an der simultan bestehenden Welt der kosmischen Kräfte partizipieren kann. Indem Freud die so holistische Dimension magischer Praktiken ausschließt, verneint er die für dieses Weltbild realen Konsequenzen. Folgerichtig sind für ihn die physischen Auswirkungen einer magischen oder religiösen Handlung ohne Bedeutung – was jedoch eindeutig zu kurz greift. Zudem geht Freud nicht auf die kulturelle Bedeutung der oftmals ritualisierten magischen Praktiken ein. Ein deutliches Beispiel ist die permanente physische Veränderung, die mit einem Initiationsritus erreicht wird, bei dem der Initiand tätowiert, narbengezeichnet oder beschnitten wird. Die physischen Veränderungen des Körpers des Initianden erschaffen diesen neu und sind hochbedeutsam für das Ergebnis und die Wirksamkeit der rituellen Handlung auf gesellschaftlicher Ebene. Dieser rituelle Akt der Körpermagie (und nichts anderes ist die Tätowierung, die Narbenzeichnung oder die Beschneidung) ist nicht nur für die permanente Transformation der Psyche und Weltsicht des Initianden wichtig (und damit seiner Spiritualität), sondern vor allem auch deshalb, weil sie eingebettet ist in ein Umfeld kultureller Vorstellungen. Die Wertmaßstäbe des kulturellen Umfeldes des Initianden beeinflussen seine Werte und umgekehrt. Das Ritual und seine mit ihm einhergehenden Körperzeichen sozialisieren den Initianden physisch und weisen ihm so einen zukünftig anderen sozialen Status zu. Tätowierung kann also die Dokumentation innerer Qualitäten sowie äußerer Leistungen (letztere bedingt durch den Besitz ersterer) bedeuten, wie auch die »spirituelle Neugeburt« eines Menschen.

ZUR BEDEUTUNG 3: DIE GRENZEN DES KÖRPERS ÜBERSCHREITEN – DIE GRENZEN DER GESELLSCHAFT VERLETZEN, BRECHEN ...

Als die sogenannten Primitivkulturen die Körper von erschlagenen Feinden oder von in religiösen Riten als Opfer dargebrachten Menschen aßen, vollzogen sie spirituelle Rituale. Aggressive Formen von Kannibalismus basierten auf der Vorstellung, dass mittels des Fleischverzehrs der Mut und die spirituelle Kraft des Opfers auf den Essenden übergehen würden. »Liebeskannibalismus« basierte auf der gleichen Vorstellung von Körpermagie – falls man ein Körperteil eines verstorbenen Liebsten äße, würde diese Person zu einem Teil von einem selbst werden. Die meisten Gesellschaften, die einst kannibalistisch lebten, haben diesen Brauch transformiert zu Praktiken intensiven Klagens und Trauerns. Zahlreiche körperorientierte Trauerpraktiken sind natürlich auch aus Kulturen, für die sich ein kannibalistischer Hintergrund nicht ohne weiteres feststellen lässt, bekannt (z.B. die Geißelungen islamischer Schiiten, die Aschenkreuze an Aschermittwoch, das Tragen spezieller Trauerfarben etc.). Das Einverleiben, die Internalisierung des an sich als extern erlebten Körpers bewirkt im Falle des Kannibalismus für den Gläubigen die Körpermagie. Doch viele auch heute noch im Westen praktizierte Bräuche wie etwa das Empfangen der heiligen Kommunion, des symbolischen Leibs Christi, können als Formen von Körpermagie interpretiert werden.

Aber auch die Externalisierung einer an sich internen Substanz kann als von magischer Potenz gezeichnet empfunden werden. Es sind wohl gerade die Überschreitungen der definierten Körpergrenzen, die die magische Potenz ausmachen: Körperflüssigkeiten, die Körpergrenzen überschreiten, wie Blut, aber auch Speichel (z.b. in schamanistischen Ritualen, Voodoo, aber auch der Geistheilung) werden als Medien zwischen Individuum und Kosmos betrachtet. Der Akt des Blutvergießens ist wahrscheinlich generell das machtvollste Beispiel der Überwindung der Grenze zwischen internem und externem Körper. Alle menschlichen Kulturen erkennen den Vorgang des Blutens als Austritt einer wertvollen Körperflüssigkeit an. Wenn es den individuellen Körper verlässt, verliert es seine Individualität und wird »universelles Gut« (Hewitt 1997, S. 16).

»Blut hat stets die Essenz des Lebens verkörpert, es wird als ›Sitz der Seele‹ verstanden, als Göttliche Flüssigkeit, die das Leben aufrechterhält, versorgt und reinigt. Es versorgt die Zellen, indem es Nährstoffe und Sauerstoff in jeden Winkel unseres materiellen Selbst bringt. Blut ist der Träger materialisierter Energie« (Agosin 1992, S. 61).

Blut ist aufs Engste mit den Praktiken der Körperveränderung verbunden und wird als heilige Substanz häufig in religiösen Zusammenhängen gebraucht. Das Blutopfer, das über die Erde verstreut wird und damit die Erde tränkt, erzeugt in dieser erneute Fruchtbarkeit. Die Menstruation wird von den meisten Kulturen als kritische, magische und kraftvolle Periode anerkannt. Zahlreich und vielgestaltig sind die Tabus, die dieser Zeit zugeordnet werden. Die christliche Religion heiligt das Blut Christi als »erlösende Flüssigkeit, die den Menschen mit Gott, das Ego mit dem Selbst wiedervereinigt« (Agosin 1992, S. 61). Blut wird in Verbindung gebracht mit Schmerz, Verletzung und dem Mysterium des Todes sowie dem Enigma der Kindesgeburt. Die Angst vor AIDS hat gerade in jüngster Zeit wieder dazu geführt, dass Blut und andere Körperflüssigkeiten als Quellen möglicherweise fataler Kontaminationsherde angesehen werden. Diese naturwissenschaftlich begründbare bzw. auch begründete Angst vor den potentiellen Gefahren von Körperflüssigkeiten steht für die rationale Vorsicht im Umgang mit Speichel, Schleim, Blut und anderen Körperliquiden. Doch kann diese nicht allein die mitunter irrationale Abscheu gegenüber diesen Substanzen in westlichen Gesellschaften erklären. Wir wenden uns ab vor dem Anblick von Blut, Nasenschleim oder Erbrochenem. Wir ekeln uns vor jemandem, der lauthals ausspuckt. Doch betrachten wir jemanden, der diese Körperinhalte als über ihren bakteriologischen Gehalt hinaus als bedeutungsvoll ansieht, als exzentrisch. Wir würden jemanden als paranoid bezeichnen, der abgeschnittene Fingernägel aufbewahrt aus Angst davor, dass diese vielleicht in die Hände eines Zauberers gelangten, oder jemanden als obsessiv, wenn nicht gar psychotisch, der die Haare seiner Geliebten sammelt, um mit ihnen einen Bann über diese aussprechen zu können.

Unsere viszeralen Reaktionen auf Körperflüssigkeiten können als Äquivalente für unsere Angst vor der Zerstörung der Einheit des menschlichen Körpers verstanden werden. Doch es ist gerade dieser gesellschaftlich nonkonforme Umgang mit dem Körper, den Körperflüssigkeiten und den Körpergrenzen, der im Zusammenhang mit den verschiedenen Formen von selbst herbeigeführter Körperveränderung, zu denen auch die Praxis des Tätowierens zählt, psychologisch von hoher Bedeutung und damit gesellschaftlich hochprovokant ist: Anorektikerinnen weigern sich, körperfremde Substanzen die Schwelle ihres Körpers passieren zu lassen. Bulimikerinnen nehmen erst körperfremde Substanzen auf und entledigen sich ihrer dann gewaltsam (Stirn 1996). Tätowierer stechen sich mit Nadeln in die Haut und hinterlassen bleibende Pigmentationen in den untersten Schichten ihrer Epidermis. Piercer durchstechen sich Ohren, Nase, Augenbrauen, Kehle, Brustwarzen, Nabel und Genitalien und befestigen daran Schmuckstecker. Selbstmanipulierer (Schneidende, Autoaggressive, Selbstzerstörer) schneiden sich so lange in Handgelenke, Schenkel, Bauch, Brüste und manchmal Genitalien, bis Blut austritt. Die Praktiken zeigen Parallelen auf in Bezug auf das ihnen zugrunde liegende psychologisch-soziologische Muster, womit natürlich nicht gemeint ist, dass diese Formen der Körperveränderung gleichsam alle als pathologisch zu verstehen sind.

Tätowierung und Piercing sind keine Körperdekorationen, die einfach an der Körperoberfläche angebracht werden – beide penetrieren das Fleisch. Piercing ist ein schneller Vorgang, dem wochenlange Pflege während der Wundheilung folgen muss, umso mehr bei extremeren Formen der Körpermutilation wie Brand- oder Narbenzeichen. Tätowieren hingegen ist in seiner Entstehung bereits ein langwieriger, schmerzhafter Prozess, dem eine Periode der Transformation folgt, in der die Wunden heilen und der neu gestaltete Körper entsteht. Bei beiden Vorgängen ist das Individuum über eine relativ lange Zeit mit seinem Körper beschäftigt. Wie Selbstschneiden oder Hunger erhalten diese Formen des Körperschmucks ihre Signifikanz aus dem Prozess wie auch dem Ergebnis. Man hat festgestellt, dass gerade Frauen für ihre Piercings – gerade im genitalen Bereich – oft die Motivation angeben, heilen zu wollen, den eigenen Körper zurückzuerhalten, wieder ihr Eigen nennen zu können. Vor allem für Opfer von sexuellem Missbrauch scheinen Scheidenpiercings Wege zu sein, ein neues Verhältnis zur verletzten

Stelle aufbauen zu können (Hewitt 1997, S. 88); wenn auch an der traumatisierten Körperstelle eine neue Läsion gesetzt wird, ist sie doch im
Gegensatz zum ursprünglichen Trauma selbst gewollt und gemacht und enthält die Intention der Reparation.

ZUR BEDEUTUNG 4: KÖRPERNARZISSMUS

In der Identitätsbildung nimmt die Körperwahrnehmung einen großen Raum
ein. Viele Faktoren beeinflussen die Wahrnehmung des eigenen Körpers.
Medienübersättigt von Bildern jugendlicher, perfekt erscheinender professio-
neller Models, deren maskulines oder androgynes, gar nahezu geschlechtsloses
westliches Ideal der Jahrtausendwende durchaus als aussagekräftig für eine
Pathologie dieser Gesellschaft gesehen werden kann, und ihrer idealisierten
»Federgewichte«, verspüren die meisten Individuen, vor allem Frauen, an dem
einen oder anderen Punkt ihres Lebens eine deutliche Unzufriedenheit mit
ihrem eigenen Körper. Ein nur kurzer Abriss der Geschichte der Mode zeigt auf
der ganzen Welt in den unterschiedlichsten Kulturen eine lange Tradition der
Veränderung des menschlichen Körpers in Richtung kulturell sanktionierter
Schönheitsstandards. Die Maßnamen, die Menschen bereit waren und sind zu
ertragen, um in Bezug auf diesen Standard akzeptabler und »begehrenswerter«
zu erscheinen, reichen von einfachen und temporären bis zu umfangreichen,
schmerzhaften, risikoreichen und permanent verändernden und mitunter
deformierenden Eingriffen: Haare werden rasiert, ausgezupft, ausgerissen,
gebleicht, gefärbt, dauergewellt oder entlockt, man trägt falsche Wimpern,
falsche Zähne, feilt diese an (Indonesien), schwärzt sie mit Ruß (Nordost-
Indien), man trägt hohe Absätze, presst den Leib in Korsetts und feste Mieder,
die Haut wird mit permanenten Make-up-Einlagen versehen, narbengezeichnet, tätowiert, durchstochen, Ohrlöcher werden erweitert, Schädel deformiert
(Afrika), Hälse verlängert (Burma), Unterlippen erweitert (Afrika, Südamerika)
und die Füße abgebunden (Japan, Burma, China), ganz zu schweigen von den
chirurgischen Maßnahmen zur Neuerschaffung eines »idealeren« Körpers:
5% der nordamerikanischen Bevölkerung (ca. 200.000 Individuen) unterzogen
sich jährlich in den 80er Jahren kosmetischen Operationen, um Altersspuren
zu entfernen, Körperfett abzusaugen, Brustgrößen zu erweitern bzw. zu ver-
kleinern sowie um auf andere Weisen dem gesellschaftlich festgelegten
Schönheitsideal eher zu entsprechen (Sanders 1989, S. 7). Mittlerweile werden
es wohl deutlich mehr sein. Die Menschheit ist die einzige Spezies, die den
Drang verspürt, ihren Körper zu verändern, zu transzendieren, in dem Wunsch
und der Vorstellung, damit die Natur vervollkommnen zu wollen bzw. zu

können. Nach Rudolfsky (1974) braucht der Mensch eine Ikone, ein heiliges Bild seines inneren Selbst. Der Autor geht so weit zu sagen, dass nur eine makellos konstruierte Maske diesem Anspruch gerecht werden und seine Zustimmung finden wird (Rudolfsky 1974, S. 35). Der Drang, die Natur zu verbessern und zu verschönern, steht für den Menschen in direktem Zusammenhang mit seinem Selbstverständnis als in kreativer und spiritueller Weise der Tierwelt überlegen zu sein. Die Religion dient demselben Zweck. Dies erklärt auch, warum so viele Körperveränderungen magische und spirituelle Konnotationen aufweisen. Mode, auch permanentere Formen der Körperveränderung wie die Praxis der Tätowierung, sind Formen der Selbstberührung, des Selbstfühlens. Die physischen und emotionalen Befriedigungen des Schmückens des eigenen Körpers können als »narzisstische und exhibitionistische Befriedigungen« (Rudolfsky 1974, S. 212) verstanden werden. Die pathologische Form des Narzissmus wird als Persönlichkeitsstörung definiert, da narzisstische Individuen große Schwierigkeiten haben, die Grenzen zwischen sich selbst und der äußeren Welt zu finden, so dass es ihnen sehr schwer fällt, eine feste Identität auszubilden. Sie versuchen diese in Selbstobjekten zu finden, die sie widerspiegeln und ihr Selbstwertgefühl bestärken. Diese Selbstobjekte können entweder andere Menschen, häufiger aber physische Objekte sein, die vom Narzissten so besetzt werden, dass sie für ihn die psychologische und physische Bestätigung seiner Existenz sichern. Narzissten lieben ihren Körper und lehnen ihn gleichzeitig ab. So kann körperliche Wahrnehmung für einen Narzissten einen ungewöhnlich hohen Stellenwert einnehmen und sich in einer akuten Empfänglichkeit für Hauterotizismus manifestieren, die lustvolle wie schmerzvolle Gefühle einschließt.

»Für ein Individuum ohne festes Körperbild oder mit einer regressiven Fragmentierung des Selbst kann Schmerz eine Möglichkeit bedeuten, ein Gefühl von Lebendigkeit und Wahrhaftigkeit zu erzeugen. Das Erfahren von Schmerz setzt eine Grenze fest bzw. zieht sie erneut – eine Erfahrung der Existenz als begrenzter, integrierter Einheit« (Krueger 1989, S. 58).

Die Möglichkeiten, zu diesen Erfahrungen zu gelangen, sind vielfältig und die Grenzen zum Pathologischen fließend. Zu ihnen zählen das obsessive Tragen von gewissen Kleidungsstücken um das Anschmiegen, Reiben oder Einschneiden ihrer Materialien (z.B. Samt, Seide, Leder, Gummi, Lack, Latex) zu spüren, obsessive Sexfrequenz und -praktiken, das Vollstopfen des Körpers mit Nahrung, das eigens herbeigeführte Erbrechen, der Abusus von Laxantien oder Diuretika, aber auch die frenetische Form, in der in den westlichen Gesellschaften mitunter die verschiedenen Formen von Fitness-training praktiziert werden (Bodybuilding, Fitnessstudios, »work-out«). Krueger (1989, S. 79) nennt dies alles »verzweifelte Versuche, die Realität des eigenen Körpers zu erleben, für die die Menschen keine akkurate oder ausgeprägte mentale Repräsentanz besitzen. Es sind (wie überkontrolliertes Essen oder bulimisches Erbrechen) Versuche, dem Horror innerer Leere, Langeweile und Unlebendigkeit zu begegnen.« Wenn, wie Cushman (1990) behauptet, Individuen in der gegenwärtigen Gesellschaft eine verminderte Kapazität verspüren, sich kompetent und zugehörig zu fühlen, so ist es nicht verwunderlich, dass sich mehr und mehr Menschen ihrem Körper als zu expandierendem Gut zuwenden, um einen Sinn von spiritueller und sozialer Identität zu entwickeln. Zwar geht Douglas (1966) davon aus, dass je stärker eine Gesellschaft ein Individuum kontrolliert, umso mehr Kontrolle dieses über sein Verhalten und über seinen Körper ausüben wird. Jedoch scheint der gegenwärtige Trend der Körperveränderung, wie sie mit der Praxis des Tätowierens in den westlichen Gesellschaften praktiziert wird, ein rebellischer Kampf um ein gefestigtes Selbstgefühl zu sein, das das narzisstische Paradox der Individuation ausgleicht und sich gleichzeitig in ein spirituell-subkulturelles Ambiente integriert und so ein Gefühl sozialer und spiritueller Identität aufbaut (Hewitt 1997, S. 25).

ZUR BEDEUTUNG 5: EIN ZEICHEN SETZEN ...

Der Körper ist ein Vehikel für die Interaktion zwischen Menschen. Daher dient er nicht selten genug als Symbol einer Gesellschaft. Seine Grenzen können als die gesellschaftlichen Grenzen verstanden werden, seine Verletzung oder Veränderung als ein Akt (mutwilliger) Provokation oder Opposition. Der Körper und die Art seiner Behandlung oder gar Veränderung kann kulturelle Konflikte, Verwirrungen, religiöse Auffassungen oder soziale Interaktionen symbolisieren oder direkt ausdrücken. Eine augenscheinlich künstliche Erscheinung zu kreieren, z.b. mit Körperbemalung, Masken oder Tätowierungen, kann somit als Unterminierung der Integrität und Einheit des »Klassischen Körpers« verstanden werden (Thevoz 1984, S. 25). Dies mag einerseits dem Versuch der Vervollkommnung des als unzureichend empfundenen Körpers dienen, andererseits aber auch, falls die Körper-veränderungen konträr zu den sozialen Normen erfolgen, als Akt der Rebellion gegen kulturelle Schönheitsauffassungen verstanden werden.
    Wie gesellschaftlich hochprovokant ein veränderter Umgang mit dem Körper wirken kann, ist in unserem Kulturkreis immer wieder zu beobachten;

Ende der 70er/Anfang der 80er Jahre schockierte die Punk-Bewegung, in der auch das Piercing, wie wir es heute als Modetrend sehen, »entwickelt« wurde. Zunächst durchstach man sich mit einfachen Sicherheitsnadeln, dann – wohl aus Gründen allergischer Reaktionen – mit zunehmend verfeinerten, edleren Legierungen aus Silber oder Titanium, die bis heute kalt und glatt – ganz anders als sonst getragener Schmuck – wirken. Dieses selbstverletzende Schmücken bedeutete gleichzeitig auch eine Verstümmelung und damit gesellschaftliche Stigmatisierung. Hierdurch, wie auch mit ihrem sonstigen Outfit und ihrer Musik, machten die Punks ihre Körper zur Demonstration einer Gegenkultur, die schockte und, wie Lotz (1997, S. 234–235) treffend schreibt,

»Ausdruck der Ohnmacht in einer Wettbewerbsgesellschaft war, die Menschen nach ›Anforderungsprofilen‹ katalogisiert und jeden durch dieses Raster fallen lässt, der den Normen nicht entspricht. Das Grelle und Schrille des Punk-Outfits hatte substantiell nichts mit Lifestyle zu tun, sondern ist als eine Reaktion zu verstehen, die gesellschaftliche Ausgrenzung mit bewusster Abgrenzung beantwortete (fast sieht man Parallelen zu den Frühchristen ...). In der Punk-Bewegung wurde keine Existenzform erkennbar, sondern ein Zustand der Ausweglosigkeit – angereichert mit Zynismus und Hohn, Provokation und Aggression, um die Verzweiflung zu unterdrücken.«

Viele dieser psychologischen Muster sind bis heute sublimiert in der Tattoo-Bewegung spürbar.

ZUR BEDEUTUNG 6: SCHMERZ, IDENTITÄT, EWIGKEIT

Im Allgemeinen gilt in der Tattoo-Community nach wie vor die Leistung, den Schmerz ertragen zu können, als ein verbindendes Element unter den Tätowierten, mitunter auch wie in Stammesgesellschaften als »Eintrittskarte« in eine gewisse soziale Gruppe der Tattoo-Community. Gleichzeitig dient der Schmerz, genauso wie das Endprodukt, auch der Separierung von der etablierten Gesellschaft und ihrer »schmerzfreien«, tattoofreien Lebensart – man hat den Mut bewiesen, sich dem Schmerz auszusetzen, und verfügt damit über eine »wesentliche« Erfahrung, die über die normale Erlebniswelt der Mainstream-Gesellschaft hinausgeht. Der zum Zeichenprozess gemachte Schmerz wird zum Träger von Kognitionen und Affekten, die nach außen kommuniziert werden sollen.

Damit erhält der Schmerz auch für die Individuen, die Schwierigkeiten haben, sich in der Gesellschaft kompetent und zugehörig zu fühlen, eine neue Dimension. Er kann »eine Möglichkeit bedeuten, ein Gefühl von Lebendigkeit und Wahrhaftigkeit zu erzeugen. Das Erfahren von Schmerz setzt eine Grenze fest bzw. zieht sie erneut – eine Erfahrung der Existenz als begrenzter, integrierter Einheit« (Krueger 1989, S. 58). Die Möglichkeiten, zu diesen Erfahrungen zu gelangen, sind vielfältig und die Grenzen zum Pathologischen fließend.

In seiner naturgegebenen Permanenz kann ein Tattoo auch für den Versuch stehen, der Kurzlebigkeit der heutigen Gesellschaft entgegenzuwirken. Ein Tattoo bleibt – ein Leben lang, egal ob man zu- oder abnimmt, die Haut altert oder sich Einstellungen oder der Lebenspartner ändern. Selbst mit Lasertechnik sind die Möglichkeiten, ein Tattoo wieder entfernen zu lassen, bisher unvollkommen. So vermittelt das Tattoo etwas Untrennbares. Der Tätowierte geht eine Abhängigkeit ein, von der er überzeugt ist, dass diese für ihn ein Leben lang Bedeutung haben wird. Diese Bedeutung kommuniziert er für sich selbst, für seinen Partner wie auch gegenüber der Gesellschaft – einer Gesellschaft, die durchaus in ihrer modernen Single-Form verstanden werden kann eine als gerade diese Abhängigkeiten nicht eingehen wollend und den jugendlichen, reinen, unverletzten Körper favorisierend.

Das Tattoo übernimmt zudem die Funktionen eines Übergangsobjektes oder eher noch eines verbindenden, eines »linking objects« (Volkan 1972), und dient dem Festhalten eines persönlichen Objekts, das nicht verloren gehen soll (der Seefahrer nimmt im tätowierten Namenszug die Geliebte mit auf Reisen, Pärchen verbinden sich durch ein gleiches Tattoo dauerhafter als durch einen abstreifbaren Ehering etc.). Und ebenfalls kann das Tattoo identitätsstiftend wirken: In der Rückbesinnung z.B. auf jahrtausendealte Symbole (z.B. Spirale, ägyptisches Ankh, tribals) scheint der Tätowierte etwas zu finden, von dem er glaubt, dass es seine Persönlichkeit widerspiegelt und – wie eine Art Totem – seiner Existenz Fortbestand sichern kann, indem es den eigenen Körper und die über diesen ausgedrückte Persönlichkeit in die jahrtausendealte Bedeutung des eintätowierten Symbols einreiht. Das Tattoo übernimmt hier die Funktionen des Selbstobjekts und kann nach außen bedeuten, dass der Tätowierte für den ebenfalls in die Symbolwelt »Eingeweihten« *lesbar* wird, was wiederum gemeinschaftsstiftend wirkt: Das Tattoo in seiner Ingroup / Outgroup-Symbolik wird Gesprächsstoff, überwindet Isolation und ermöglicht Kommunikation innerer Werte und Bedeutung.

So kann der Tattoo-Boom in den westlichen Gesellschaften also auch als Versuch gesehen werden, zumindest die negativsten Aspekte der heutigen Gesellschaft zu transzendieren und über seine (diversen) Zeichen, die genügend Raum für Individualität geben, eine Art Rückbesinnung auf eine »modern-primitive« Gesellschaft herbeizuführen, in der Gemeinschaftsgefühl, Solidarität und Spiritualität – vermittelt nach außen, auch gegenüber der als kritikwürdig empfundenen Mainstream-Gesellschaft über die offen zur Schau gestellten Tattoos – noch bzw. wieder eine Rolle spielen.

Jedoch sollten die beschriebenen »tiefen« Muster und Beweggründe für das Anbringen eines Tattoos oder eines Piercings auch in Relation zur Tattoo-Bewegung als Moderichtung überprüft werden. Hier können viele Deutungsansätze gelten. Zum einen könnte vertreten werden, dass in der Modeerscheinung das Tattoo auf das bloß Ästhetische reduziert worden ist, dass in ihr das Gesellschaftskritische, -verändernde und Bedeutungsheischende etc. verlorengeht bzw. bereits verlorengegangen ist – ein Standpunkt, der von vielen Tattoo-Künstlern und Avantgardisten vertreten wird. Jedoch kann auch gefragt werden, warum gerade eine Mode entsteht. Lässt sich wirklich sagen, dass derjenige, der ein Tattoo an einem Model in einer Modezeitschrift entdeckt und bewundert und für sich ebenfalls den Wunsch verspürt, sich einen derartigen Körperschmuck anbringen zu lassen, *nur* einem Modetrend folgt und mit dem mainstream »mitschwimmt«? Oder ist nicht vielmehr gerade der Wunsch, sich dem Schmerz, der zur Schönheit führt, auszusetzen, von derselben Motivation getragen, die auch schon der Avantgardist empfand, als er zum ersten Mal eine motorbetriebene Nadel an seinen Körper ansetzen ließ. Gerade das beginnende Jahrtausend stellt für dieses Spannungsfeld eine interessante Übergangszeit dar.

LITERATUR

Agosin, T. (1992): Psychosis, dreams and mysticism in the clinical domain. In: Halligan, F., Shea , J. J. (Hg.): The fires of desire: Erotic energies and the spiritual quest. New York (Crossroad Publishing).

Bild der Wissenschaft (2001): Piercing: Teurer Knopf im Bauch. 2, S. 13.

Cushman, P. (1990): Why the self is empty: Toward a historically situated psychology. In: American Psychologist 45.5, S. 599–611.

Douglas, M. (1966): Purity and danger. An analysis of concepts of pollution and taboo. London (Routledge Kegan Paul).

Freud, S. (1912-13): Animismus, Magie und Allmacht der Gedanken. In: Totem und Tabu. Einige Übereinstimmungen im Seelenleben der Wilden und der Neurotiker. GW IX.

Gritton, J. (1988): Labrets and tattooing in native Alaska. In: Rubin, A. (Hg.): Marks of civilisation. Los Angeles (Museum of Cultural History, University of California) S. 181–190.

Hambly, W. D. (1974/1925): The history of tattooing and its significance. Detroit (Gale Research).

Hewitt, K. (1997): Mutilating the body. Identity in blood and ink. Bowling Green (Bowling Green State University Popular Press).

Krueger, D. W. (1989): Body self and psychological self: A developmental and clinical integration of disorders of the self. New York (Brunner & Mazel).

Lotz, J. (1997): Punks – Das bunte Elend. In: Groening, K.: Geschmückte Haut. Eine Kulturgeschichte der Körperkunst. München (Frederking & Thaler) S. 234–235.

Oettermann, S. (1994): Zeichen auf der Haut. Die Geschichte der Tätowierung in Europa. Hamburg (Europäische Verlagsanstalt).

Paine, J. (1979): Skin deep. A Short History of Tattooing. In: Mankind 6, S. 18ff.

Rudolfsky, B. (1974): The unfashionable human body. Garden City (Anchor Press).

Sanders, C. R. (1989): Customizing the body. The art and culture of tattooing. Philadelphia (Temple University Press).

Stirn, A. (1996): Ohnmacht, Annäherung, Abgrenzung. Eine sprachinhaltsanalytische Untersuchung mit der Methode des Zentralen Beziehungskonfliktthemas nach Luborsky an drei essgestörten Patientinnen. Frankfurt a. M (Verl. Akadem. Schriften).

Stirn, A., van Ham, P. (2000): The seven sisters of india. Tribal worlds between Tibet and Burma. München, London, New York (Prestel).

Thevoz, M. (1984): The painted body: Illusions of Reality. New York (Rizzoli).

Volkan, V. (1972): The linking objects of pathological mourners. In: Arch. Gen. Psychiat. 27, S. 215–221.

Wie der Körper spricht –
Zur Kommunikationsfunktion des Körpers
in der analytischen Psychotherapie[1]

Nicht der Körper ist Gegenstand der Psychoanalyse, sondern – unter vielen anderen Bereichen – die *Bedeutung* des Körpers, die er annehmen kann. Die Psychoanalyse hat sich von einer Triebpsychologie zu einer Beziehungspsychologie entwickelt, und so kann heute auch der Körper in seinen Erscheinungs- und Ausdrucksformen als Funktion in Beziehungen bzw. Körpersymptome und -reaktionen als Niederschläge von Beziehungserfahrungen gesehen werden. Die Psychoanalyse nahm ihren Anfang mit der Entschlüsselung der hysterischen Körpersymptome als symbolische Darstellung sexueller Traumatisierung, also als Körperinszenierung eines Beziehungsgeschehens. Auch wenn das hysterische Symptom später eher als Ausdruck eines verpönten, verdrängten sexuellen *Wunsches* gesehen wurde, enthielt es doch immer noch Beziehungsqualitäten, wie es auch in Freuds (1905e) »Bruchstück einer Hysterieanalyse« deutlich wird (vgl. Hirsch 1989d, S. 292). Ferenczi (1919, S. 138) geht noch weiter zurück in die frühe Entwicklung und versteht Hysterie als genitalisierte Regression in das »Protoselbst«, den ungetrennt körperlich-seelischen Zustand, den er annimmt, in dem Affekt und Körperreaktion noch völlig eins sind. Bion (1961, zit. bei Gutwinski-Jeggle 1997, S. 142) nimmt diesen Gedanken (ohne Ferenczi zu berücksichtigen) wieder auf:

> »Das protomentale System stelle ich mir so vor, dass darin Somatisches und Psychologisches oder Mentales undifferenziert sind ... Da auf dieser Ebene das Somatische und das Mentale

---

[1] Erheblich veränderte und erweiterte Fassung einer früheren Veröffentlichung (Hirsch 1994) unter dem Titel: »Der Körper des Patienten in der analytischen Psychotherapie« (Psychotherapeut 39, S. 153–157).

WIE DER KÖRPER SPRICHT

undifferenziert sind, leuchtet es ein, dass Störungen aus dieser Quelle sich ebenso gut in somatischen wie in psychischen Formen manifestieren können« (Bion 1961, S. 74).

Eine Entwicklung daraus zeigt sich Ferenczi zufolge in der vorsprachlichen Phase der »Gebärdenmagie« (Ferenczi 1913, S. 72), bis dann die Sprache das weit überwiegende, aber keineswegs ausschließliche Kommunikationsmittel wird.

In seinem berühmt gewordenen Beispiel hat Freud (1905e) in den Körper-Bewegungen seiner Patientin Dora eine Bedeutung sehen wollen (durch Interpretation), die diese nicht sagen wollte, wie Freud glaubte (vgl. Streeck 1999):

> »Wer Augen hat zu sehen und Ohren zu hören, der überzeugt sich, dass die Sterblichen kein Geheimnis verbergen können. Wessen Lippen schweigen, der schwätzt mit den Fingerspitzen; aus allen Poren dringt ihm der Verrat. Und darum ist die Aufgabe, das verborgenste Seelische bewusst zu machen, sehr wohl lösbar« (Freud 1905e, S. 240).

Freud versuchte nämlich, Dora zu überzeugen, dass ihr gedankenloses Fingerspiel, einen Finger während der Analysenstunde immer wieder in ein Täschchen zu stecken, auch indem er ihr erklärte, was eine Symptomhandlung sei (vgl. Streeck 1999), das Äquivalent einer Masturbationshandlung sei, in der Kindheit vollzogen und verdrängt.

In Freuds »Psychopathologie des Alltagslebens« (1901b) ist eine Fülle von verschiedenen Bedeutungen von Körperbewegungen enthalten, wie es Deutsch (1947, S. 195) referiert. Freud verstand muskuläre Bewegungen des Körpers, des Gesichts, der Finger, der Hände und Arme als motorische Entladungen von psychischen Spannungen. Er erklärte diese Bewegungen als begleitende Manifestationen emotionaler Prozesse und als Reaktionen auf frühere Erfahrungen, die assoziativ angeregt worden waren. Sie würden auch lustvolle Befriedigungen repräsentieren und eine empfindliche Methode darstellen, bewusste und unbewusste psychische Prozesse aufzudecken. Sie enthielten Veränderungen von Affekten, Lustempfindungen, Ambivalenz oder die Wiedererscheinung von verdrängten Phantasien und Erinnerungen im Bewussten. Körperliche Unruhe sei ein Versuch, psychische Spannungen zu beseitigen und Angst zu überwinden. Ferenczi (1912) beschäftigte sich früh mit »passagèren Symptombildungen während der Analyse«, eine hysterische Lähmung eines Beines verstand er als

Erektionssymbol (S. 15), Harndrang entstände durch Kränkung ehrgeiziger Patienten (S. 20); er entdeckte auch das Phänomen der »Ausdrucksverschiebung«: Gähnen statt Seufzen, Husten, wenn etwas verschwiegen wurde: So käme es doch noch heraus (S. 22).

Felix Deutsch (1947; 1952) hat sich besonders für die Mitteilungsfunktion des Körpers interessiert und Ende der 40er Jahre ein Forschungsprojekt durchgeführt, in dem die systematische Beobachtung und Dokumentierung von Haltungen und Bewegungen von Patienten in über 30 Analysen meist über mehrere Jahre durchgeführt wurde. In seiner ersten Veröffentlichung dazu (1947) wird die Achtung deutlich, mit der er vermeidet, sich der Körperäußerungen der Patienten zu bemächtigen und ihnen eine Bedeutung überzustülpen, wie es Freud mit Doras Äußerung getan hatte: Motorisches Verhalten sei *immer* überdeterminiert, seine Bedeutung nur zu entdecken, zu interpretieren und zu verstehen, wenn gleichzeitig eine verbale Bearbeitung stattfände (S. 210). Felix Deutsch interessierten mehr die *Veränderungen* von Körperhaltungen, und er respektierte die Grundhaltungen seiner Patienten: »Jeder Patient hat seine charakteristischen Haltungsmuster als Ausdruck der integrierten Antworten auf unbewusste psychologische Komplexe« (S. 209). Vorsichtig formulierte er, dass abgewehrte und unterdrückte Emotionen im Körperverhalten enthalten seien. Körperhaltungen reflektierten, ersetzten, begleiteten unbewusstes Material oder gingen ihrem verbalen Ausdruck voran (S. 211). Interessant ist die allgemeine Aussage, dass Bewegungen oft in Bezug zu (phantasierten) Objekten gemacht werden, andererseits sind die willkürlichen Bewegungen während der Analyse gewöhnlich *keine* Form des Ausagierens, haben also keine Symbolqualität, sollen vielmehr unspezifisch von Spannungen entlasten. Haltungen sind oft Ausdruck von (verdrängter) Angst. Neuerdings ist Streeck (1999, S. 97) noch einen Schritt weitergegangen, wenn er meint, körperlich-gestisches Verhalten habe »die Funktion, Interaktion zu regulieren und Kontexte sozialen Handelns herzustellen«, und zwar im Gegensatz zu »Emblemen« (vgl. auch Pulver 1992) mit bestimmten, allgemein bekannten Bedeutungen versehenen Körpergesten, die leicht auch sprachlich ausgedrückt werden könnten.

Felix Deutsch (1952) verlässt in seiner zweiten Publikation die Vorsicht, als ob er inzwischen doch überzeugt sei, dass es eine »Körpersprache« mit einem bestimmten Vokabular gäbe: Den Kopf hin und her bewegen würde Kastrationsangst ausdrücken, verstärkt durch auf- und abgehende Fußbewegungen. Kopfbewegungen deuteten auf eine Abwehr von Gefahr, der Kopf würde als Waffe gedacht werden. Geöffnete Beine, bei denen ein Bein rechtwinkelig gebeugt sei, würden *immer* orale Wünsche ausdrücken.

Die Aktivität willkürlicher Muskulatur sei *immer* objektbezogen, wie Deutsch, nun etwas autoritär geworden, behauptet. Bewegungen seien als solche zum Objekt hin zu interpretieren, um Trennungen rückgängig zu machen, oder als von ihm weggerichtet, um Autonomiebestrebungen zu markieren. Ähnlich wie Ferenczi (»Gebärdenmagie«) stellt auch Deutsch eine Reihe auf, die er mit dem Greifreflex beginnen läßt, dann folgen Bewegungen, das Schreien, schließlich die Sprache.

Beim deutenden Umgang mit Körperaktivitäten des Patienten in der Therapie ist Felix Deutsch – zu Recht – vorsichtig. Meist sei keine Interpretation notwendig; wenn eine Bedeutung verborgen sei, kämen die Patienten meist selbst darauf. Zu frühes (d.h. wohl überhaupt inadäquates) Ansprechen der unbewussten oder vorbewussten Bewegungen führe zu ihrer bloßen Unterdrückung. Manchmal würde aber ein Fortschritt eintreten, wenn man auf (besonders auf fixierte) Haltungen aufmerksam mache (S. 152, S. 208). Neuerdings sind Deutschs Ergebnisse wieder aufgegriffen worden; McLaughlin (1992) stellt einen Patienten vor, der ein unglaubliches Spektrum an gestischen Bewegungen der Hände zur Verfügung hatte, aggressive, auch destruktive (»cutical picking«, d.h. die Nagelhaut auf-reißen; vgl. Hirsch 1991), Gesten, die mit dem gesprochenen Wort *korre-lierten* und frühe Mangelerfahrungen sowie den Kampf mit der Mutter aus-drückten. Pulver (1992) gibt ein Beispiel, wie sie ihre heftig gestikulierende Patientin, die das inadäquate Verhalten ihrer Mutter schilderte, ähnlich ina-däquat fragte, wie sie denn meine, dass sich ihre Mutter damals (überfor-dert z.B.) gefühlt habe. Die Patientin erstarrte körperlich, verstummte und reagierte genauso, wie sie es auch als Kind der Mutter gegenüber getan hatte.

Die Beschäftigung mit dem Körper des Patienten scheint die Gefahr zu enthalten, gerade in die Leib-Seele-Spaltung auf der Kommunikations-Ebene (Streeck 1999) zu verfallen, die man mit der Beachtung des Körpers, damit er nicht ausgeklammert bleibe, vermeiden möchte. Man könnte mei-nen, dass in der immer wieder beschworenen und konzeptuell geforderten Leib-Seele-Einheit der Körper im Gleichklang mit der Psyche gleichberech-tigter Gegenstand der Therapie sei, und deshalb Körper und Psyche nicht zu trennen seien (Groddeck und auch Felix Deutsch, 1924, S. 389, vgl. meinen Beitrag über Deutsch in diesem Buch). Tatsächlich ist es in mancher Beziehung schwer, den Körper zu isolieren. Liebt man z.B. den Körper eines Menschen allein oder nicht vielmehr ein psycho-physisches Gesamt-Selbst, dessen Komponenten sich gegenseitig bedingen und ergänzen? Und ist nicht die Abneigung gegen einen z.B. unförmigen, fettleibigen, deformier-ten oder auch ungepflegten Körper auch immer gegen den ganzen

Menschen gerichtet? Schilder (1935, S. 201) drückt diese integrative Gleichzeitigkeit folgendermaßen aus:

»In jeder Aktion handeln wir nicht nur als Personen, sondern handeln auch mit unseren Körpern. Wir leben ständig mit der Kenntnis unseres Körpers. Das Körperbild ist eine der Grunderfahrungen im Leben eines jeden Menschen ... Was wir auch tun, entweder wollen wir die räumliche Relation des Haltungsmodells des Körpers verändern oder wir streben einen Wechsel im Schema des Körpers selbst an. Kaum sehen wir etwas, beginnen sofort Muskelaktionen und führen zu einer Veränderung unserer Körperwahrnehmung. Jedes Bestreben und jeder Wunsch verändern die Substanz des Körpers, seine Schwere und seine Masse.«

Die beiden »Gefahren«, die sich abzeichnen – entweder »vernachlässigt« die Psychoanalyse den Körper (Bittner 1986) oder sie könnte jede Körperregung im Sinne einer feststehenden Körpersprache autoritär interpretieren – lassen sich meines Erachtens vermeiden, indem man ein Spektrum von zunehmender symbolischer Bedeutung, die in Körperaktivitäten und -zuständen enthalten sein können, annimmt:

1. Der Körper kann so das gesprochene Wort und die entsprechenden Affekte nur gestisch begleiten, ohne weitere Bedeutung.

2. Streeck (1999, S. 97) folgend dienen die subtilsten Körperäußerungen meist dazu, »Interaktion zu regulieren und Kontexte sozialen Handelns herzustellen«. Als ein Beispiel dafür stelle ich mir vor, wie die minimale Verzögerung der Geh-Geschwindigkeit der einen von zwei auf eine Tür zugehenden Personen der anderen »ohne große Worte« signalisiert, dass sie doch zuerst durch die Tür gehen solle.

3. Die Körperäußerung stellt nicht symbolisch, sondern konkret einen psychischen Inhalt dar, z.B. der saugende Blick oder der verlängerte Händedruck, die Bedürftigkeit unverschlüsselt mitteilen.

4. Die symbolische Darstellung durch den Körper, als Konkretisierungen von Phantasien analog den Traumbildern (Ferenczi 1919), auch als Darstellung von Beziehungsaspekten, nimmt m.E. nach einen beträchtlichen Raum ein. Die gebeugte Haltung eines Menschen kann nicht nur mit seiner (passageren) Depression korrelieren, sie kann auch den von einem autoritären Vater unterdrückten Sohn, also eine Beziehungsqualität, symbolisch darstellen.

So wie die Körper und ihre nicht verbalen Mitteilungen bei der Begegnung zweier Individuen als ständige »Hintergrundmusik« (Streeck

1999, S. 95) mitspielen, ist für das Individuum der eigene Körper eine Selbstverständlichkeit, seine Anwesenheit wird kaum bewusst wahrgenommen, »in einer Art stiller Präsenz ist er wie ein unauffälliger Begleiter« (Hirsch 1989b, S. 1). Der Körper wird nur vorbewusst wahrgenommen (Fliess 1961), erst in Zuständen von Schmerz oder Hautjucken zieht er größere Aufmerksamkeit auf sich (Szasz 1955) und wird gerade dann als etwas vom Ich Getrenntes, als Objekt des Ich, wahrgenommen. In pathologischen Zuständen einer Dissoziation von Körper-Selbst und Gesamt- bzw. psychischem Selbst ist der Objektcharakter des eigenen Körpers besonders deutlich und übernimmt die Qualitäten sonst zu bedrohlicher internalisierter Objektaspekte und ihrer affektiven Korrelate. Die Einheit von Körper und Psyche wird verlassen. Auch die »Hintergrundmusik« verwandelt sich unter Umständen in schrille Töne, so dass das Gegenüber, der Analytiker, gezwungen wird, sich mit dem Körper z.B. des selbstschädigenden Patienten emotional auseinanderzusetzen (Küchenhoff 1999). Derartige Dissoziationen finden sich z.B. bei der Hypochondrie, dem Selbstbeschädigungsagieren, artifiziellen Krankheiten oder den Ess-Störungen (vgl. Hirsch 1989a), aber auch bei den psychosomatischen Erkrankungen im engeren Sinne. Die Dissoziation macht aus dem Körper also etwas Besonderes, das in der Therapie zu verstehen und zu integrieren ist. Ebenso würde ich den Körper des Patienten als Objekt der Therapie nicht so sehr in Bereichen integrativer Leib-Seele-Übereinstimmung für besonders bedeutsam halten, sondern gerade in denen der Dissoziation oder Spaltung.

Wenn der z.B. übermäßig fette Körper Gier, Bedürftigkeit und Wut enthält, die der Patient *selbst* gar nicht empfinden, geschweige denn mitteilen kann, wird er zum Objekt der Diagnose, der Interpretation, des Verstehens, auch besonders in der Gegenübertragung, also des therapeutischen Arbeitens. Das betrifft ebenso vorübergehende, flüchtige Körperaktionen, wie Gestik, Mimik, Haltung, Bewegung, sogar Unwägbarkeiten wie Ausstrahlung, Geruch, Geräusche und Stimmfärbung, auch Kleidung und Körperpflege, wenn diese Erscheinungen von dem Zustand des Gesamtselbst dissoziiert, abgespalten sind. Deshalb meine ich, dass der Körper gerade dann zum Objekt der therapeutischen Bemühungen wird, wenn er etwas Besonderes mitzuteilen hat und eben *nicht* der stumme, unauffällige Begleiter der therapeutischen Sitzung ist. Das betrifft auch besonders die sprachlich nicht repräsentierten frühen Traumatisierungen, die aus dem »Erlebnisbereich des Unaussprechlichen … über Körpersignale, Affektzustände, Stimmungen und Handlungsimpulse« mitgeteilt werden (Volz-Boers 1999, S. 1138).

Einige solcher Körpermitteilungen und ihre Bedeutung für ein Verständnis der Dynamik des Patienten möchte ich hier aufzeigen, ohne auch nur annähernd Vollständigkeit zu beanspruchen. Der Versuch einer Systematisierung könnte so aussehen:
1. Körper-Engramme
2. Ausdruck besonderer Konflikte
3. Reaktionen des Vegetativum.
Andere Einteilungen richten sich eher nach dem Symbolisierungsgrad (wie wir gesehen haben); Küchenhoff (1999) nahm eine Klassifikation nach Ebenen der Persönlichkeitsstruktur vor.

1. KÖRPERENGRAMME

Körperhaltung, Gestik, Mimik und Bewegung oder auch Stimmfärbung können oft chronisch erstarrte Ausdrucksformen für Affekte sein, die nicht *er*lebt und *ge*lebt werden können. Eine gebeugte Körperhaltung z.B. wird leicht als Zeichen der Depression und aggressiven Gehemmtheit, auch als Unterwerfung unter ein unerbittliches Über-Ich aufgrund von introjizierten Beziehungserfahrungen zu deuten sein. Manche Patienten gehen derart niedergedrückt ins Behandlungszimmer, als wäre es der Gang zum Schafott. Ein anderes Beispiel: Eine junge, jahrelang von ihrem Vater missbrauchte Patientin, beklagte sich einmal, dass die Bauarbeiter ständig hinter ihr herpfiffen, sie wisse gar nicht, warum. Nach zwei Jahren Psychotherapie sagte sie einmal, sie hätte daran gedacht, dass die Bauarbeiter überhaupt nicht mehr hinter ihr herpfiffen, auch dafür habe sie keine Erklärung. Es wird eine Veränderung der Wirkung ihres Körpers auf die Männer eingetreten sein, eine Veränderung ihres Gangs, ihrer Kleidung, ihrer Ausstrahlung. Sehr häufig wird die Kleidung und auch entsprechendes Make-up oft vollständig unbewusst eingesetzt, um sexuelle Signale auszusenden, sehr häufig bei jugendlichen Opfern inzestuöser Gewalt, die als »kleine Lolitas« wahrlich keine Wiederholung sexueller Traumata provozieren, sondern vielmehr den männlichen Therapeuten testen wollen, ob er einer gewissen Provokation standhalten und sich als den Bedürfnissen des Kindes adäquate Elternfigur erweisen kann. Besonders tragisch ist es dann, wenn derartiges Agieren als Auffoderung zu sexueller Annäherung missverstanden und das Trauma in der Therapie exakt wiederholt wird.
In diesem Bereich kann die Körpermitteilung besonders häufig geradezu das Gegenteil des bewusst Intendierten ausdrücken, gerade enthüllen, was verborgen bleiben soll. Eine Patientin wollte durch das Anziehen der Knie

auf der Couch ganz offenbar die Genitalgegend schützend verbergen; dadurch aber, dass der Rock dabei nach unten rutschte und die Oberschenkel entblößte, zog sie erst recht meine Aufmerksamkeit auf ihre sexuelle Körperlichkeit. Eine andere Patientin hatte die Angewohnheit, in der Gruppe, mit untergeschlagenen Beinen im Sessel sitzend, eine Art embryonale Stellung einzunehmen, wodurch der Blick auf die Genitalgegend gelenkt wurde, obwohl die Patientin bewusst gerade vermeiden wollte, dass ihre frühe Bedürftigkeit mit sexuellen Wünschen vermengt würde.

Lichtenberg (1983, S. 181) beschreibt ein eindrucksvolles Symptom einer Patientin: Ein Öffnen des Mundes wie beim Gähnen, aber ohne Einatmung, als Äquivalent von Angst. Als die Patientin ein Baby hatte, das zu Füttern sie einmal der älteren Tochter erlaubte, geriet sie in kaum kontrollierte Panik, als sie sah, dass die ältere Tochter den Sauger der Flasche zu tief in den Mund des Säuglings eingeführt hatte, so dass dieser weder saugen noch den Sauger von sich stoßen konnte. Das »Gähnen« der Patientin konnte nun als körperliches Engramm verstanden werden, das nicht-sprachlich codiert worden war. Es konnte rekonstruiert werden, dass die Patientin als Frühgeborenes von einer ängstlichen, körperlich geschwächten Mutter inadäquat versorgt worden war, so dass ähnliche Störungen der Nahrungsaufnahme und der Atmung angenommen wurden, wie sie die Patientin beim eigenen Kind sah. Ganz ähnlich berichtet Elsa Osório (2000) von der Panik einer jungen Mutter angesichts einer Säuglingsflasche mit einem Sauger, mit der die Schwiegermutter ihr erstes Kind füttern wollte. Die junge Mutter schrie und tobte, bekam einen »hysterischen Anfall«, weil sie eine extreme körperliche Aversion gegen den Sauger entwickelte. Sie selbst war früh abrupt abgestillt worden, weil man sie ihrer Mutter, die während der argentinischen Militärdiktatur in Folterhaft gehalten wurde, weggenommen hatte. Lichtenberg zitiert auch ein Beispiel von Keiser (1977), der beim Anblick der starren Unterarmhaltung einer Patientin den Gedanken hatte, sie sei als Säugling ans Bett gefesselt worden, was als Faktum dann von der Patientin erfragt und von der Mutter bestätigt werden konnte.

Es handelt sich hier um Gedächtnisspuren im Körper, die vorsprachliche Inhalte enthalten. Sie entsprechen den »bodily memory traces«, die Engel (1959) für den psychogenen Schmerz formulierte, welcher sozusagen die vom Körper erinnerten traumatischen Verletzungen des Körpers der Kindheit darstellt. Auch hier ist Ferenczi (1932, S. 271) wieder ein Vordenker, der »zweierlei Erinnerungssysteme« postuliert, von dem das subjektive System (»Körper-Gedächtnis«) Emotionen und körperliche Sensationen, das »objektive« (»Sach-Gedächtnis«) »äußere Ereignisse« speichert. Solche Körpererinnerungen sind vom Patienten sprachlich nicht ausdrückbar, können aber durch empathisches Einfühlen, auch durch entsprechende Körpererfahrungen und -reaktionen des Analytikers in der Gegenübertragung (Containerfunktion), von ihm verbalisiert und mit Affekten verknüpft werden.

Ein weiteres Beispiel für Körper-Engramme: Die Stimme kann passager natürlich von verschiedenen Einflüssen verändert werden, Angst, Aufregung, Scham, unterdrückte Wut, um nur einige zu nennen, auch liebevolles Kümmern oder schneidende Ablehnung enthalten (vgl. Krautschick 1994). Einem Körper-Engramm dürften aber die verschiedenen Stimmarten entsprechen, die von den Patienten ihren manchmal derart scharf abgespaltenen Persönlichkeitsteilen zugeordnet werden, dass man an ein Syndrom der »multiplen Persönlichkeit« denken möchte. Einer Patientin, die endlos mit schwacher, kindlicher Stimme klagte, so dass in der Gegenübertragung sowohl mütterlich positive Gefühle, helfen zu wollen, als auch zunehmend hilflos-ärgerliche entstanden, sagte ich, ich könnte mir vorstellen, dass sie von mir Zuwendung und Fürsorge haben wollte wie ein vielleicht dreijähriges Kind voller Kummer. Da kam es zu einer Art »Stimmbruch«, und die Patientin sagte mit fester, tiefer Stimme empört: »Ich will von Ihnen aber als erwachsene Frau geliebt werden!« – Bei einer anderen Patientin, die ihre Bedürftigkeit in den besonderen Händedruck abgespalten hatte (s.u.), kam es mehrfach zu ähnlichen Brüchen, wenn sie auf eine verständnisvolle Interpretation, wie ich dachte, abrupt mit veränderter Stimme sagte: »Wie wollen Sie das wissen!« – Die Stimme einer wiederum anderen Patientin klang bei Begrüßung und Abschied wie die einer Fernseh-Moderatorin: laut, fröhlich, strahlend wie auch ihr Lächeln, in der Sitzung dagegen sprach sie ihrer pathologischen Trauerreaktion entsprechend mit Grabesstimme, verlangsamt und leise.

2. BESONDERE KONFLIKTE

Oft wird ein *besonderer* Konflikt mit dem Körper mitgeteilt, z.B. verbergen junge Frauen häufig durch habituell vorgezogene Schultern und entprechende Kleidung die Brüste, als schämten sie sich ihres weiblichen Körpers. – Eine Patientin, offenbar voller Angst, ich könnte über sie herfallen, wenn ich vom Wartezimmer in den Behandlungsraum hinter ihr her ginge, vergewisserte sich meiner Ungefährlichkeit, indem sie nach jedem Schritt nach vorn eine 90-Grad-Wendung zur Seite machte, um mich kontrollierend anzusehen, so dass daraus ein slapstick-artiger Gang resultierte. Eine andere sexuell missbrauchte Patientin blickte regelmäßig über lange Jahre der

Therapie vor jeder Stunde auf meine Genitalgegend, sich offenbar vergewissernd, dass dort alles ruhig sei und keine Gefahr drohe.

Ein anderes Beispiel: Ein junger Mann hatte mehrmals hintereinander seine Stelle verloren. Ein Freund hatte ihm gesagt, es läge an seiner Stimme, er könne sich nicht durchsetzen, weil er so leise spreche. Daraufhin ging der Patient zum Hals-Nasen-Ohren-Arzt, der keinen Befund erheben konnte und ihn zur Logopädin schickte. Die bestätigte das körperliche Konzept seiner Störung; er habe keine Rufstimme, sie sei auch zu hoch, allerdings habe sie keinen Behandlungsplatz frei, er solle Psychotherapie machen. Es erschien ein körperlich gebeugter, wie gebrochen wirkender junger Mann, der über seine Stimmprobleme sprach wie eine Mutter über ihr krankes Kind, das sie zum Arzt bringt, als gehöre die Stimme nicht zu ihm (Dissoziation; so sagte auch eine Sängerin, die wieder Unterricht genommen hatte: »Meine Stimme hat sich prächtig entwickelt, sie läuft mir davon, ist mir weit voraus, ich komme mit meiner Konzentration und Kondition gar nicht nach!«). Nach seinen Lebensumständen befragt, schilderte er die Fehler aller seiner Chefs, mit denen er nicht ausgekommen sei und die ihm gekündigt hatten. Der eine Chef sei zu pingelig gewesen, der andere autoritär, die neue Chefin sei ihm viel zu hektisch. – Die Lebensgeschichte war bestimmt von einem autoritären Vater, der Lehrer in einer Dorfschule gewesen war und seinen Sohn, den Patienten, als seinen Schüler ständig vor den anderen bloßstellte, erniedrigte, körperlich züchtigte, wenn er den viel höheren Anforderungen, als der Vater sie an die anderen Schüler stellte, nicht gerecht wurde. Ein Versprecher des Patienten zeigte, wie sehr der Vater noch immer sein Leben bestimmte: »Die ersten 40 (statt vier!) Jahre war mein Vater mein Lehrer.« Auffallend war die Spaltung zwischen bewusster Ich-syntoner, allerdings übertriebener und offenbar unrealistischer Kritik an den Chefs als Nachfolger seines Vaters und seinem absoluten Unterwerfen unter die väterliche Autorität, das er ausschließlich mit dem Körper ausdrückte: Ein gebrochener Mann, dessen Stimme sich nicht erhebt, sondern vielmehr kläglich versagt. In der Gegenübertragung reagierte ich sofort stark auf den letzten Aspekt seiner Persönlichkeit, ich hatte aversive, fast verächtliche Gefühle zu seiner demonstrierten Schwäche, konnte ihn kaum als das geprügelte Kind empfinden, d.h. ich war gleich in der Position des »Chefs«, des Vaters.

Der Körper-Ausdruck ist also nicht nur als Kommunikation zu verstehen, sondern gestaltet durch Übertragungs- und Gegenübertragungsprozesse, die er in Gang setzt, die Beziehung zu anderen Menschen, eben auch zum Therapeuten (vgl. Streeck 1999; Küchenhoff 1999; Hess-Liebers 1999). Gerade durch die frühen, im Körper niedergelegten Inhalte können Dimensionen in der Gegenübertragung, d.h. in der Beziehung, ans Licht kommen, die dem sprachlich-symbolischen Denken des Patienten fremd sind. Man kann sich folgende Sequenz vorstellen: Die mütterliche Bezugsperson versagt in ihrer Container-Funktion, empfängt und hält nicht die für den Säugling unverdaulichen Elemente, so dass sie sein Körper als »Not-Container« aufnehmen muss (Gutwinski-Jeggle 1995, S. 62), gemäß Bions Vorstellung vom »Körperdenken«, nämlich »dass der Verwirrungs-zustand in den Körper geht und sich als Störung körperlicher Funktionen manifestiert« (Meltzer 1984, S. 79), wenn kein Container zur Verfügung steht. Allerdings »Container« nicht in dem Sinne, dass er die unerträglichen Elemente tatsächlich »verdauen«, modifizieren könnte (Gutwinski-Jeggle, persönliche Mitteilung). Man stellt sich wohl besser vor, der Körper über-nimmt die Elemente und drückt sie aus: »Misslingt dieser Prozess, so wird der ungehörte – unerhörte – Schrei u.U. später seine zeichenhafte Äußerungs-form in der Krankheit finden.« (Gutwinski-Jeggle 1995, S. 62). In der the-rapeutischen Situation (und anderen Beziehungssituationen) werden die Körpermanifestationen des »Unsagbaren«, also nicht Symbolisierten, des Patienten vom Therapeuten empfangen, der sie empfinden, erkennen soll, mit adäquaten Affekten (die er, der Therapeut, auch tatsächlich spürt) ver-bunden und sie dem Patienten zum für ihn erträglichen Zeitpunkt (contai-ning = Halten) und in modifizierter Form (»verdauen, entgiften«) zurückge-ben soll. Bevor das »Unsagbare« im Bewusstsein des Therapeuten erscheint, wird es allzu oft zuerst in *seinem* Körper sein Unwesen treiben in Form einer Körper-Gegenübertragung, auf die zu achten hilft, das Verborgene im Patienten aufzuspüren. Körperempfindungen sowohl des Patienten als auch des Therapeuten versteht Volz-Boers (2001, S. 386) als »Boten, als Informanten für arretierte, dissoziierte, bis dahin nicht seelisch empfun-dene ... und somit nicht symbolisierte Erfahrung«, darüber hinaus werden »durch die wortsprachliche Benennung von Körperempfindungen... neue Repräsentanzen des Körperselbst, der Beziehungsrealität sowie der Repräsentanz eines empathischen Objekts gebildet« (ebd. S. 387). Hess-Liebers (1999, S. 316f.) hat einen ganzen Katalog von Körperreaktionen in der Gegenübertragung aufgestellt. Neben der Körperhaltung des Therapeuten, seiner Gestik, auch neben Bewegungsimpulsen entstehen Körpergefühle von Steifheit oder Eingezwängt-Sein, Kältegefühle, Hautüberempfindlichkeiten, es gibt Veränderungen der Atmung, Druck in der Herzgegend, Schmerzen des Verdauungstraktes und andere vegetative Zeichen. Die Autorin bezieht sich besonders auf Jacobs (1973), der von »body-empathy« spricht, und auf Speziale-Bagliacca (1991), der auch die Vorstellung des Containing durch den Körper des Therapeuten in diesem Zusammenhang verwendet. Besonders Ogden (1989) ist ihr ein Vorbild, bei dem sie »eine Fülle dieser Vorgänge beschrieben fand als Gegenübertragungs-Antworten beim Arbeiten in der autistisch-berührenden Position« (Hess-Liebers 1999, S. 317).

Nicht jeder Therapeut wird gleichermaßen sensibel mit Hilfe seiner Körperempathie und Körper-Gegenübertragungsreaktion auf das Verborgene des Patienten reagieren, statt dessen eher mit Vorstellungen und Bildern, die es zu verbalisieren gilt, um den Zustand des Patienten zu erfassen und zu kommentieren. Jeder aber wird Erscheinungen wie Anspannung und Entspannung, Müdigkeit, Erschöpfung oder Verkrampfungen an sich kennengelernt haben. Auch vegetative Symptome wie Herzschmerzen angesichts eines Therapieabschlusses (z.B. Hirsch 1997) werden überall vorkommen, auf den eigenen Körper gerichtete Phantasien in der Gegenübertragung sind ebenso denkbar: Haas (1994) entwickelte einmal ziehende Schmerzen, die er »wie ein Karzinophober« interpretierte, d.h. er reagierte mit Krebsängsten auf die Unfähigkeit der Patientin, auf den Tod des Großvaters angemessen trauernd zu reagieren, der an Speiseröhrenkrebs verstorben war.

Fast körperliche Gefühle des Hingezogenseins zu regredierten Patienten, als wolle man einen hungernden oder frierenden Säugling in den Arm nehmen und körperlich schützen oder ein drohendes Auseinanderfallen durch körperliches Halten verhindern, verbinde ich mit dem Konzept der Maternal Erotic Countertransference (MECT) von Wrye und Welles (1994) (erotisch hier im weitesten Sinne verstanden).

Ein Vorschlag von Fromm-Reichmann (1950, S. 99) gibt eine Möglichkeit, körpersprachliche Mitteilungen zu entschlüsseln, wenn ihr Sinn sich nicht spontan erschließt. Der Therapeut soll das Körpererleben des Patienten durch Nachspielen mit dem eigenen Körper nacherleben. Ein Patient Fromm-Reichmanns hatte die Angewohnheit, die Lungen soweit wie möglich zu füllen und den Atem anzuhalten, und hatte dabei das Gefühl, etwas zu seinem Körper Gehörendes loszuwerden. Das berichtete der Patient, als seine Frau zum dritten Mal schwanger war. Um sich einzufühlen, atmete die Therapeutin tief ein, hielt den Atem an und versuchte, sich vorzustellen, einen Teil ihres Körpers loszuwerden. Auf diese Weise kam sie auf die vom Patienten sofort akzeptierte Interpretation, dass er durch die Füllung einer Körperhöhle eine Schwangerschaft darstellte als Ausdruck seines Neides auf das Privileg seiner Frau, wieder schwanger geworden zu sein.

Aus meiner Praxis stammt ein Beispiel für Bewegungen, die eine 50-jährige, viel jünger erscheinende Patientin immer dann auf dem Weg vom Wartezimmer zur Couch ausführte, wenn ein für sie bedrohliches Thema,

z.B. Wut auf die Mutter zusammen mit Schuldgefühlen, auch in der Über-
tragung auf mich, bearbeitet werden wollte. Sie kam dann dynamisch
beschwingt auf mich zu, streckte mir forsch mit langgestrecktem Arm, die
Handfläche nach oben gerichtet, die Hand zum Gruß entgegen. Mit
Schwung warf sie dann die Handtasche auf den Boden, wie wohl eine
Jugendliche die Schultasche in die Ecke fliegen lässt, und ließ sich auf die
Couch fallen. Das Thema der Sitzung war dann z.b. die Opferhaltung der
Mutter, mit der sie zeitlebens durch Erzeugen von Schuldgefühl Macht aus-
geübt hatte. Die Patientin hatte als Jugendliche der Mutter schwere
Vorwürfe gemacht, worauf die Mutter ausrief: »Das werd' ich bis zu meinem Sterbebett nicht vergessen!« In der Sitzung fiel dann alle Lebendigkeit
von der Patientin ab, als sie sagte: »Wie ich hier so liege, als ob ich ein bewe-
gungsloses Baby bin oder eine Leiche.« Sie wisse nicht, ob sie authentisch
sei oder Theater mache; das Wort der Mutter klinge ihr in den Ohren:
»Stell' dich nicht so an!« Sie verspürt eine Spannung in der Schulter, denkt
an die nach vorn gekrümmten Schultern ihrer Mutter, die gebückt ihre Last
demonstrierte und den Kindern vorzuhalten pflegte: »Ihr wißt ja nicht, wie
schwer ich es hatte!« Es wurde klar, dass die Patientin sich einerseits durch
Identifikation mit der Mutter von dem schweren Schuldgefühl befreien
wollte, indem sie es ihr gleichtut. Ihr Körper wurde so steif wie der der
Mutter auf dem angekündigten Sterbebett, die gekrümmten Schultern
spürte sie auf der Couch liegend, als ob sie das Leid der Mutter übernehmen
wollte. Das übertrieben forsche Auftreten vor Beginn der Sitzung wurde als
Protest, als Aufbäumen gegen das, was da kommen würde und gegen das
sie sich nie hatte wehren können, verstanden. Es machte den Eindruck
des Unechten, Aufgesetzten, so dass ich konfrontierend vom »falschen
Körperselbst« sprach, das als Abwehr nötig war, während die Zustände der
Lähmung und Spannung auf der Couch eher dem Abgewehrten entsprachen. In der Übertragung war ich die »Stell-dich-nicht-so-an«-Mutter, der
sie mit dem forschen Auftreten entgegentreten wollte, damit aber gerade
erreichte, was sie vermeiden wollte: Ich begegnete ihr skeptisch, nun aber,
weil sie nicht »authentisch« sei.

3. VEGETATIVUM

Neben der Willkürmotorik spricht auch das Vegetativum eine eigene
Sprache, der m.E. durchaus symbolische Bedeutung zukommen kann. In
vielen Therapiesitzungen kann man das Auftreten von Darmgeräuschen
beobachten, oft gerade in Momenten des Schweigens; vielen Patienten ist

es peinlich, und etwas verschämt sagen sie etwa: »Ich hab' noch nicht gefrühstückt«, womit sie die orale Bedeutung schon benannt haben. Freud (1918b) hatte in der »Geschichte einer infantilen Neurose« den Darm, der sich so in die Unterhaltung einschaltet, als hysterisch affiziertes Organ bezeichnet. Ferenczi (1912, S. 24) beschrieb in seiner Arbeit »Über passagère Symptombildungen« ein »Gurren im Magen«, das aufträte, wenn der Patient etwas verschwiegen habe, so dass der Magen wie ein »Bauchredner« fungiere. Wie sollte sich Simmel (1924, S. 219), der sich so eingehend mit der »Intestinal-Libido« beschäftigt hat, nicht Gedanken über das »Darmgurren« gemacht haben. Simmel zufolge ist das Darmgurren eine »unartikulierte Organsprache« oder »archaische Übergangssprache«, es »wird immer hörbar, wenn an die Schwelle des Bewusstseins gelangtes Vorstellungsmaterial erneut verdrängt wird oder nie bewusst Gewesenes sich seiner ersten Wortbesetzung [d.h. Symbolisierung, M. H.] widersetzt«. Simmel ist überzeugt: »Der Darm spricht in allen psychoanalytischen Behandlungen mit« (ebd.). Da Silva (1990) hat eine umfangreiche Arbeit über Darmgeräusche geschrieben, in deren Zentrum die These steht, dass diese Körpersymptome Zeichen der Verdauung von emotionaler Erfahrung sind, sie sind an der Grenze von psychischer und physischer Bedürfnis-befriedigung angesiedelt, sie zeigen die Halluzination einer Fütterung, also auch einer emotionalen Versorgung an. Und tatsächlich treten Darm-geräusche eher in Phasen der Entspannung auf, als Bedürfnis nach oder als Zeichen des Wunsches, vom Analytiker in der Übertragung gefüttert zu werden. Assoziationen zum Bauchknurren sind da Silva zufolge oft ein Schlüssel zum Verständnis einer Sitzung.

Ein Beispiel aus meiner Praxis kommt dieser Deutung entgegen: Eine Patientin kam eine Zeit lang aus einem durchschnittlich unbelasteten Alltagsleben zur Sitzung, legte sich auf die Couch, schwieg und meinte, überlaute Darmgeräusche zu produzieren, und zwar nur hier; sie habe es getestet und sich zu Hause auf das Sofa gelegt, dort sei der Darm still. »Es« sei unerträglich; ob ich denn nichts höre; ich *müsste* es hören. Ich hörte nichts. Am meisten war die Patientin darüber beunruhigt, dass sie keine Kontrolle über ihren Darm hatte. Sie bedrängte mich weiter, ich *müsse* es doch hören! Ich entwickelte in der Gegenübertragung den ärger-lichen Gedanken, sie wolle, dass ich *in ihrem Bauch* sei, dort würde ich es dann endlich hören. Der Ärgeraffekt konnte als der ihrer Mutter identifi-ziert werden, die den Bedürfnissen des Kindes damals oft nicht gerecht werden konnte. Die Vorstellung, ich sollte in ihrem Bauch sein, warf ein Licht auf die Bedeutung der Darmgeräusche als Ausdruck einer Schwangerschaftsphantasie, verbunden mit der Ambivalenz einem möglichen

Kind gegenüber, das von ihr »endlos« fordern würde, während sie sich andererseits von einem Kind endlich eine verlässliche mütterliche Zuwendung erhoffte.

Manchmal ist es auch der Darm des Analytikers, der kommuniziert, vielleicht kommt so auch ein Dialog zustande. Anzieu (1985, S. 289) teilt einen solchen Dialog mit: Er interpretiert das Glucksen im Bauch des Patienten als Ausdruck von Aggression, da beginnt es in seinem eigenen Bauch zu glucksen. »Sie haben mir Ihre Aggression übergeben, um sie nicht mehr tragen zu müssen«; darauf der Patient: »Ich nehme sie wieder zurück«; nun gluckste es wieder im Bauch des Patienten.

Eher als ein Zeichen der Anspannung würde ich Harndrang in der Sitzung sehen, der oft unwiderstehlich eine Möglichkeit gibt, sich allein, in Abwesenheit des Therapeuten zu entspannen, und so auch als Zeichen von Unabhängigkeitswünschen zu sehen ist. Ferenczi (1912, S. 20) sah Harndrang bei »eitlen« männlichen Patienten, die durch die Analyse in ihrem Stolz und ihrem Ehrgeiz gekränkt waren und so einen »Entleerungskrampf« entwickelten. – In einem Fall in meiner Praxis hatte er auch ödipale Relevanz. Immer wenn in der Gruppentherapie ödipale Themen anklangen, verließ ein junger Mann die Gruppe, um auf die Toilette zu gehen. Dazu musste er – mit hochrotem Kopf – die ganze Gruppe durchqueren, wodurch bei aller Scham sein Selbstbehauptungswillen deutlich wurde: Ich habe *auch* einen Penis!, das sollten alle sehen. – Harndrang kann natürlich auch ganz unspezifisch ein Korrelat allgemeiner Aufregung ohne weitere Bedeutung sein. Hess-Liebers (1999, S. 320) berichtet von einer Patientin mit Harn- und Stuhldrang in der Analysensitzung, was in diesem Fall Ausdruck einer Grenzschwäche der Patientin war, die angesichts ihrer eigenen Körperreaktion ihre Angst vor dem Leerlaufen, d.h. Selbstverlust, verbalisieren konnte. – Begebenheiten, die mit Ausscheidung zu tun haben, können auch heiteren Charakter annehmen. Ein großer, dicker, parzival-ähnlich, naiver Mann mittleren Alters, ein »Riesenbaby«, gleichwohl ein sehr erfolgreicher Geschäftsmann, ging regelmäßig, wenn er die Spannung nicht mehr ertragen konnte, auf die Toilette, um seinen Darm zu entleeren, bis er nach geraumer Zeit wieder die Stunde fortsetzen konnte. Ein anderer Patient setzte seinen Stuhl ab nach der letzten Sitzung vor dem Wochenende, ohne die Wasserspülung zu betätigen, was einen großen, aber in der Gegenübertragung belustigenden Gestank verursachte. Die Wut auf das Verlassen-Sein des Patienten paarte sich hier mit dem Wunsch, etwas Verbindendes zu hinterlassen, wahrlich ein Brückenobjekt (Buxbaum 1960), also ein Körperteil, insbesondere eine Ausscheidung, das die Verbindung zur Pflegeperson repräsentiert.

Auch andere vegetative Zeichen geben oft Hinweise über die vom Patienten selbst nicht wahrgenommene oder verborgene Aufregung oder Erregung. Es entstehen rote Flecken am Hals, die Ohren glühen, sogar die erhöhte Herzfrequenz kann man manchmal an pulsierenden Gefäßen oder am wippenden Unterschenkel bei übereinandergeschlagenen Beinen feststellen. Einmal bekam eine Patientin, die eine erste Phase heftigsten Widerstands gegen die Analyse entwickelt hatte, buchstäblich »kalte Füße«, die sie mit dicken Socken zu bekämpfen suchte, die sie in die Sitzung mitbrachte. Ungeduldige, rivalisierende Patienten machen im Wartezimmer durch lautes Räuspern, Husten und Schneuzen auf ihre Ansprüche aufmerksam, nun endlich den Platz ihres Vorgängers einnehmen zu können.

Eine weitere Form der Körpermitteilung sei noch angeführt, der Geruch eines Menschen. Hier findet sich ein Spektrum, das vom Hundekot an der Schuhsohle über verschieden starke Schweißgerüche bis hin zur mehr oder weniger dezenten Parfümierung reicht. Besonders eindringliche Parfums werden auch gern als Duftmarke eingesetzt, um den beanspruchten Therapieplatz zu markieren, auch in Richtung der rivalisierenden Analyse-Geschwister, um die Anwesenheit im Therapiezimmer durch den zurückbleibenden Duft sozusagen zu verlängern. Eine Patientin begann die Sitzung: »Ich kämpfe gegen das Parfum meiner Vorgängerin; manche Frauen verwenden es ja jetzt (bei sommerlichen Temperaturen) wie Keulen! Das hat ja fast was Körperliches; ich will niemanden riechen müssen, den ich gar nicht kenne!« Ferenczi (1985, S. 135) berichtet von einer Patientin, die sich beklagte, dass man ihr gesagt habe, sie rieche streng:

> »Mit großer Wahrscheinlichkeit kann behauptet werden, dass die Intensität dieser Ausdünstungen etwas zu tun hat mit verdrängtem Hass und Wut. Als ob sie nach Art gewisser Tiere, in Ermangelung anderer Waffen, durch solche abschreckende Hassausdünstungen sich Menschen vom Leibe halten würde. (Bewussterweise und in ihrem manifesten Benehmen ist die Patientin mehr weichlich zu blindem Gehorsam und klagloser Unterwerfung geneigt.)«

Schilder (1935) zählte auch die Kleidung ohne weiteres zum erweiterten Körperbild, und auch die Kleidung kann eine unendliche Vielfalt von Mitteilungen enthalten. Sie kann verhüllen, entblößen, hässlich machen und verschönern, aber auch frühe Bedürfnisse anzeigen. Eine Patientin erschien monatelang in langen, pluderartig weiten, offenbar selbstgenähten Baumwollhosen, deren unförmige Ausbuchtung ich mir nur mit Windeln gefüllt als sinnvoll erklären konnte.

DER BESCHÄDIGTE KÖRPER
IN DER THERAPEUTISCHEN BEZIEHUNG

Das bisher beschriebene Körper-Agieren in seinem Kommunikations- und Übertragungsaspekt wird noch übertroffen, wenn der Körper krank oder beschädigt ist, jedenfalls ist die Wirkung auf das Gegenüber, in unserem Zusammenhang den Therapeuten also, sehr stark im Sinne von Betroffenheit, Helfen-Wollen, vor Schaden Bewahren-Wollen einerseits und Aversion, Empörung, Wut, Kränkung und auch dem Impuls, die Therapie beenden zu wollen, andererseits. Die Beschädigung des Körpers macht ihn zum Objekt des Patienten selbst (Hirsch 1989b), aber auch in starkem Ausmaß zum Objekt des Therapeuten, ganz wie er auch sonst Objekt ärztlichen Handelns ist. Sachsse (1987, S. 64) bezeichnet Selbstbeschädigung als präverbalen Appell, der nach König (1982) eine »immense interaktionelle Potenz« besitze. Das Symptom rufe im Therapeuten widersprüchliche Gefühle zwischen »intensiver Hilfszuwendung und sadistischer Gegenwehr« (S. 64) hervor, und zwar über den Mechanismus der projektiven Identifikation, die der Patient selbst nicht spüren kann (vgl. auch Plassmann et al. 1986; Paar 1987). Das entspricht Küchenhoffs (1999) Typ 3 der Körperaktivitäten, bei dem der Patient das Gegenüber mit seinem (selbst-)beschädigten Körper zwingen will, doch noch Container seiner traumatischen Erfahrungen zu sein.

Sachsse (1989, S. 107f.) beschreibt die im Laufe des therapeutischen Prozesses im Patienten dadurch entstehenden Gefühle, dass der Therapeut Grenzen (in Bezug auf die Selbstbeschädigungshandlung) setzt: »Enttäuschung, Wut, Verbitterung und Ablehnung«, eben die Gefühle, die zuerst im Therapeuten entstanden waren und die jetzt der Patient erleben kann. Bei der offenen Selbstbeschädigung steht anfangs eher der narzisstische Rückzug auf die Objektfunktion des Körpers im Vordergrund. Allmählich bekommt aber das Agieren interpersonelle Bedeutung auch für den Patienten, besonders in Situationen der Grenzsetzung, wie erwähnt, und solchen der Trennung, z.B. durch den Urlaub des Therapeuten. Hier wird das Symptom dann auch als Demonstration manischer Pseudo-Autarkie (vgl. Kernberg 1975, S. 149) verwendet, es ist ein »Akt masochistischen Triumphes« (Sachsse 1987, S. 65) über das böse Objekt in der Übertragung.

In der Dynamik der artifiziellen Erkrankung, der heimlichen Selbstbeschädigung, wie Plassmann (1987; 1989) sie bezeichnet, ist die Beziehung zum (zuerst organmedizinischen) Arzt notwendig enthalten. Es liegt hier ein Triangulierungsversuch vor; es wird mit dem Selbst, dem abgespaltenen Körper und dem Arzt eine Dreieckskonstellation hergestellt, die

die simultane Bedrohung, aber auch Bedürftigkeit der dyadischen, symbiotischen verinnerlichten Beziehung mildern soll. In einer anfangs hochidealsierten Arzt-Patienten-Beziehung (Plassmann 1987) bringt der Patient seinen Körper wie eine Mutter ihr krankes Kind dem Arzt (beim Munchhausen-by-proxy-Syndrom ist es tatsächlich die Mutter, die das kranke, allerdings von ihr selbst artifiziell krank gemachte Kind zum Arzt bringt). Der Arzt übernimmt die Rolle des Dritten, des Triangulierungsvaters. Im gemeinsamen Bemühen um das »kranke Kind«, den kranken Körper nämlich, ist eine gute Beziehung möglich, die jedoch ins Gegenteil umkippt, sobald der Arzt Verdacht schöpft, dass Manipulation im Spiel ist. Der Arzt wird dann zum bösen, verfolgenden Mutter-Objekt und muss verlassen, ein neuer Arzt aufgesucht werden. Das ist das »Wandern« des Mimikry-Patienten (vgl. Plassmann 1987). Ähnlich reagiert der Hypochonder scheinbar paradox, wenn der Arzt ihm sagt, er habe nichts, er sei kerngesund, nämlich mit wütender Empörung und Beziehungsabbruch: Denn der krankgewähnte Körper ist ein unbedingt benötigter Selbstobjekt-Partner, die Projektion einer allerdings »schlechten« Selbst- wie auch Mutter-Repräsentanz. Und der Arzt soll mitspielen, nicht etwa durch eine richtige Diagnose dem Patienten das benötigte Objekt wegnehmen (Hirsch 1989c). Die Aufgabe des Therapeuten wäre, die im krank gewähnten oder beschädigten Körper gebundenen negativen Affekte in die Beziehung hineinzubringen, sie in sich selbst spüren und im Sinne eines Container auszuhalten und schließlich »verdaut« dem Patienten zurück zu geben (vgl. Bion, referiert in Meltzer 1984, S. 46, S. 78). Es ist nicht immer einfach bzw. meist unmöglich, dass die extreme Spaltung zwischen erst idealisiertem nur guten Objekt und dann völlig entwertetem von einer Beziehung allein toleriert werden kann. Plassmann (1989) hält deshalb bei diesen Patienten simultane Beziehungen zu mehreren Therapeuten deshalb für günstig, wie ich es für die ambulante Therapie von Bulimiepatienten ähnlich vorgeschlagen habe (Hirsch 1990). In den Selbstbeschädigungssyndromen ist also eine doppelte Bindungsqualität enthalten, einmal Idealisierung bzw. Wunsch nach einer guten mütterlichen Beziehung, auch der Appell nach Schutz, Rettung, Heilung, andererseits ihre Abwehr, ein kaltes, plötzliches Entwerten und Zerstören der Beziehung.

Auch bei psychosomatisch Kranken kann das Symptom die ambivalente (Mutter-)Beziehung reflektieren. Ein Fallbeispiel: Eine 25-jährige Patientin, die seit 17 Jahren ununterbrochen an einem Ekzem beider Oberschenkel gelitten hatte, wollte mir nach ca. einem halben Jahr Gruppentherapie, nachdem sie durch einen zähen Bericht ihrer Beziehungsprobleme eine lähmende symbiotische Stimmung erzeugt hatte und das Ende der Sitzung bereits weit überschritten war, in der Gruppe ihr Hautsymptom zeigen und machte bereits Anstalten, die Hose zu öffnen. Als ich dieses sicher kindlich-primärprozesshaft gemeinte Beziehungsangebot ablehnte und die Sitzung nun etwas übereilt beendete, entwickelte die Patientin eine ungeheure Wut auf mich und wollte sich auf dem Heimweg vor den Zug werfen. Sie konnte mir in der nächsten Sitzung all ihre Gefühle des Missachtet-Seins, der Vernachlässigung und des Verlassen-Fühlens ins Gesicht schreien. Es stellte sich heraus, dass das Ekzem doppelt zu verstehen war, nämlich einmal als Appell, durch Körper-Kontakt versorgt zu werden, als Ausdruck einer Mangelversorgung. (Eine andere Ekzempatientin sagte mir einmal: »Die Haut schreit nach der Mutter!« Eine Patientin McDougalls 1989, S. 153, sagte:»Solange meine Haut schrie... wusste ich, dass ich am Leben war.«) Andererseits aber war die kranke Haut auch ein Schutz gegen eine zu bedrohliche, verfolgende Mutterrepräsentanz, eine Art Schutzpanzer der Haut. Die realen mütterlichen Objekte der Kindheit der Patientin waren genau entsprechend aufgeteilt: Die Mutter ekelte sich vor dem Symptom und konnte mit seinem Beginn, die Patientin war acht Jahre alt, den Körper des Kindes nicht mehr berühren, aber eine Tante, die im Hause wohnte, nahm sich der Pflege der erkrankten Haut an. Das Symptom stellte also eine Barriere gegen die eine Mutterfigur und ein Mittel des Kontakts zur anderen dar. Dadurch, dass diese Spaltung in mir als Therapeuten aufgehoben wurde, weil ich mich weigerte, die »gute« Mutter zu sein, konnte die bisher abgewehrte Wut in der therapeutischen Beziehung erstmalig herausgelassen werden. Das Symptom verschwand übrigens vollständig nach kurzer Zeit und kehrte nicht wieder zurück, wenigstens nicht, solange die Patientin durch die Therapie Kontakt zu mir hatte.

Bei den Ess-Störungen ist die Dissoziation von negativen Affekten und ihre Verschiebung ins Körperliche oft besonders starr. Extrem fettsüchtige Patienten können über ihre oberflächliche psychische und Beziehungs-symptomatik lange sprechen, ohne die Fettsucht mit einem Wort zu erwähnen. Anorektische Patienten sind häufig gänzlich unfähig, an ihrem fast lebensgefährlich desolaten Körperzustand etwas Pathologisches zu finden, während doch das körperliche Symptom unübersehbar das Ausmaß der Destruktion dem Gegenüber drastisch vor Augen führt. So ist es von prognostischer Relevanz, ob der Patient in der Lage ist, die Körperpathologie wenigstens als solche anzusprechen, oder ob er sie völlig zu verleugnen gezwungen ist und damit den die Therapiefähigkeit beurteilenden Therapeuten mit der Spaltung in Psyche und Körper ganz allein lässt, d.h. allein dem Therapeuten die Aufgabe überlässt, die Körperstörung wahrzu-nehmen und mit »Gedanken zu verbinden«. Natürlich kann man, besonders am Anfang der Therapie, wie Bittner (1986) in einem Fallbeispiel, die Körperpathologie der Fettsüchtigen wenn nicht übersehen, so doch völlig hintanstellen, vorerst ausschließlich den Hunger nach Anerkennung, nach positiver Beziehung sehen. Aber m.E. kann es dabei nicht bleiben. Um einen fundierten Fortschritt zu erzielen, muss das im Körper abgespaltene Destruktive, die negative Objekt- und Selbstrepräsentanz, die in den Körper projiziert ist und die er gebunden hält, nicht nur bei einer Ess-Störung wie der Fettsucht in die therapeutische Beziehung hinein. Das Destruktive zeigt sich dann im Erleben des Therapeuten oft zuerst als wiederum geradezu körperliches Empfinden der Aversion, des Abstand-halten-Müssens zum Körper des Anderen mit dem eigenen Körper.

Um die negativen Anteile zu integrieren, sind über kurz oder lang Konfrontation und Begrenzung des Symptomagierens unumgänglich, damit die Aggression interpersonell gemacht wird. Und wenn man absehen kann, dass die Beziehung eines Tages droht, daran zu zerbrechen (in Form eines Therapieabbruchs), ist es günstig, mehrere therapeutische Beziehungen zu installieren – ein Verfahren, das der Klinikbehandlung ja immanent ist –, um Übertragungsspaltungen zu ermöglichen. Wie bei der Selbstbeschädigung erscheinen mir die negativen Beziehungsanteile, die in der Gegenübertragung auftreten, besonders durch das Ausmaß der Kontakt-Gier bei gleichzeitiger Verweigerung einer näheren Beziehung bestimmt zu sein, entsprechend dem Bedürfnis des Patienten nach Nähe bei gleichzeitiger Panik vor Nähe. Die aversive Haltung in der Gegenübertragung besteht aus einer Mischung von Wut, Kränkung und Hilflosigkeit.

KÖRPERKONTAKT

Eine eingehende Diskussion, wieweit Körper-Kontakt in der analytischen Therapie möglich und legitim ist, soll hier nicht geführt werden (vgl. dazu z.B. Heisterkamp 1996; Bauriedl 1998; auch Hirsch 1994). Zur Diskussion um die Problematik des Körperkontakts in der Therapie hat Fromm-Reichmann (1950, S. 27) eine Bemerkung gemacht, der ich mich anschließen möchte:

»Das Bedürfnis nach physischer Nähe kann natürlich nicht in der therapeutischen Situation gesucht werden. Dies soll nicht heißen, dass der Psychotherapeut sich zwanghaft an die Sitte unseres Kulturkreises hält, wonach die Berührung eines anderen Menschen oder das Berührtwerden tabu ist, falls nicht eine intime Beziehung besteht. Im

Gegenteil: Es kann zuzeiten richtig und wichtig sein, die Hand des Patienten zu nehmen, sie im Falle sehr gestörter Menschen auch beruhigend zu streicheln und nach Herzlichkeit und Nähe verlangende Gesten nicht zurückzuweisen. Immerhin empfiehlt es sich aber, mit allem körperlichen Kontakt sparsam zu sein.«

In dieser Bemerkung ist das Abstinenzgebot implizit enthalten, das seit Freud unverändert notwendig ist, um die vielleicht menschlich verständlichen allfälligen Bestrebungen des Therapeuten, von Patienten Befriedigung *seiner* Bedürfnisse zu bekommen, streng zu begrenzen.

Anzieu (1985) hat das Berührungsverbot unserer Kultur, das im Abstinenzgebot der Psychoanalyse eine Ausformung findet, einer eingehenden Analyse unterzogen. Er beschreibt den Weg, den Freud nahm, von einer ärztlichen Haltung ausgehend, die ihm noch gestattete, die Schenkel und Eierstöcke seiner hysterischen Patientinnen abzutasten. Durch die Entdeckung der Übertragung sexueller und erotischer Bedürfnisse kam es zu einer Verschiebung des Körperkontakts nach oben, zu Schläfe und Stirn nämlich, wo die Finger des Analytikers mit suggestiver Kraft Druck auf den Assoziationsfluss ausübten. Aber auch das war noch immer zuviel Angebot an erotisierendem Kontakt von seiten des Analytikers. Emmy v. N., eine Patientin aus den »Studien zur Hysterie« (Freud 1895d) zeigt Freud selbst die Grenzen, die er später allgemein fordern sollte: »Seien Sie still! Reden Sie nichts! Rühren Sie mich nicht an!« Als weiteren Markstein auf dem Wege zum Abstinenzgebot sieht Anzieu (1985, S. 183) Freuds berühmten Traum von Irmas Injektion, in dem er Hals, Brust und Vagina der Patientin abtastet und feststellt, dass die Symptome durch eine leichtsinnig gemachte schädliche Injektion, deren Bestandteile sich auf sexuelle Chemie beziehen, aktualisiert worden waren. Von da an kann Berührung in der Psychoanalyse nur noch durch das gesprochene Wort symbolisch erfolgen (vgl. Volz-Boers 1999; Hess-Liebers 1999). Anzieu sieht das Berührungsverbot als Vorläufer des Inzestverbots und hebt beider strukturierende Kraft hervor. D.h. die Abstinenzregel schützt den Patienten nicht etwa nur vor der Ausbeutung durch einen Mächtigen, sondern stellt eine Grenze dar, an der sich Struktur bildet. Diese Grenze kann natürlich nicht absolut jede Befriedigung innerhalb der therapeutischen Beziehung ausgrenzen, und auch gelegentlicher Körperkontakt, der den Bedürfnissen des Patienten und gewissermaßen seinem Angebot entspricht, muss nicht vollständig unterlassen werden.

Eine Form des Körperkontakts aber ist in unserer Gesellschaft erlaubt und gefordert, das Handgeben, Händeschütteln; und wie die Körperhaltung und Mimik ist der Händedruck oft ein treffender Hinweis für den inneren

Zustand eines Menschen. Er kann von weich, gummiartig, schlaff und kraftlos bis hin zu forsch, kräftig und schmerzhaft aggressiv reichen. Hände können auch kalt oder heiß, trocken oder feucht, hart oder weich sein. Auch der Analytiker verrät unter Umständen von seinem Anteil an der Beziehung etwas durch »leise, kaum merkbare Differenzen des Händedrucks...«, wie es Ferenczi (1985, S. 77) bereits bemerkte. In der Regel finden sich die Hände leicht, nachdem ein kurzer Blick die Position der Hand des Gegenübers kontrolliert hat. Das fehlende Zueinanderfinden zweier Menschen kann durch das Verfehlen der beiden aufeinanderzustrebenden Hände ausgedrückt werden, wie es auch Haynal (2001, S. 69) aufgefallen ist: »Ein Analysand streckt nach der Sitzung die Hand aus, aber unsere Hände treffen sich nicht in einer harmonischen Weise. Auf seinem Gesicht sieht man, dass er darüber erschrocken ist.« Im Handgeben können auch wieder aversive Tendenzen erscheinen, man denke an extreme Schweißhände oder ekzematöse Hände, die vielleicht mit leichten Baumwollhandschuhen bekleidet sind, so dass die Berührung auch von daher einen gewissen Vorbehalt, eine Abgrenzung enthält. Ganz deutlich werden Aggressionen und Machtanspruch, wenn die Hand derart kräftig gedrückt wird, dass man meint, sie würde zerdrückt.

Ambivalenzen entstehen auch, wenn einer der sich Begrüßenden an einem Infekt leidet, den zu übernehmen der andere durch das Handgeben fürchten muss. Einmal war ich erkältet und sagte zu einer Patientin, aus Sorge, ich könnte sie mit meinen Grippeviren infizieren: »Ich gebe Ihnen lieber nicht die Hand, weil ...« Darauf sagte die Patientin: »Meinen Sie wirklich, dass das nötig ist?« – Andere Entgegnungen in derselben Situation waren: »Ich will aber Ihre Hand!« oder: »Gerade heute hätte ich Ihren Händedruck gebraucht ...« Nach einer solchen Sitzung kommen schon einmal bissige Bemerkungen wie: »Sie dürfen mir sicher heute wieder nicht die Hand geben!« oder, ein paar Wochen später: »Heute kann ich Ihnen nicht die Hand geben!« Darin liegt Enttäuschung und die Reaktion darauf; andererseits kann es als Aggression empfunden werden, wenn der Patient dem Therapeuten freudig die Hand gibt, um dann zu sagen: »Ich bin fürchterlich erkältet!«

Auf eine besondere Eigenart mancher Menschen, und eben auch mancher Patienten bin ich nicht zuletzt durch meine ärgerlichen Gegenübertragungs-Reaktionen aufmerksam geworden. Ich meine das eigenmächtige Intensivieren und Verlängern des doch meist harmonischen, selbstverständlichen Kontakts im Händedruck, der in der Regel in gegenseitiger stillschweigender Übereinstimmung und mit einer adäquaten Zeitdauer gestaltet wird. In solchen Fällen wird die Hand des anderen deutlich länger festgehalten, teilweise geradezu zwischen Daumen und Finger geklemmt, die Handinnenfläche des »Opfers« geradezu ausgewischt, als ob es da noch etwas zu holen gäbe. Sicher handelt es sich bei diesem Phänomen um ein Zeichen von Bedürftigkeit und ist dem »Täter« auch nicht bewusst, vielleicht vorbewusst, aber die ärgerliche Reaktion gibt doch den Charakter der Grenzüberschreitung exakt wieder. Im Prinzip ist es dieselbe freche Unverschämtheit (im wahren Sinne des Wortes) wie die des Exhibitionisten dem Mädchen im Park gegenüber oder des Klavierlehrers, der seine Hand auf dem Knie der jungen Schülerin ruhen lässt. Dieses Symptom kann im Laufe der Therapie auftreten und wieder verschwinden, immer zeigt es wohl Phasen der erhöhten Bedürftigkeit an.

Ein junger Mann, der wegen sexuellem Missbrauchs von Kindern angezeigt worden war und erstmals existentielle Angst entwickelt hatte, die ihn in die Therapie geführt hatte, hielt im beschriebenen Sinne meine Hand bei der Begrüßung und Verabschiedung allzu lange fest. Mein Ärger wuchs im Laufe der Zeit, zumal das Symptom nicht schwächer, sondern eher stärker wurde, während das Thema in dieser Zeit die Dynamik pervers-sexueller Machtausübung war, deren Opfer er selbst übrigens ursprünglich durch ritualisierte Waschungen durch die Mutter in einem Bidet nach jedem Stuhlgang gewesen war. Schließlich hielt ich die Spannung nicht mehr aus, die dadurch entstand, dass ich mit ihm über unpersönliche Machtausübung sprechen sollte, als deren Opfer ich mich doch gleichzeitig fühlte. Ich sprach den Patienten auf den ausbeuterischen Händedruck an, er wurde kreidebleich, stotterte und versuchte, gegen die Realität des von mir Wahrgenommenen zu argumentieren. Ich beharrte auf meinem Eindruck und bezog es auf das Thema sexuell-perverse Macht. In der folgenden Sitzung äußerte er heftige Wut darüber, dass ich ihn derart beschämt habe, konnte dann aber über längere Zeit das Mutterthema, die Macht seiner Mutter über seinen sexuellen Kleinkindkörper, thematisieren. – Eine andere Patientin hatte ihre emotionale Bedürftigkeit völlig abgespalten und sie u.a. in den ausbeuterischen Händedruck gelegt, unter dem ich zunehmend zu leiden hatte. Und das besonders, als sie mir immer mehr unterstellte, *ich* wollte aus ihr als einer erwachsenen, tüchtigen Frau mit einem Beruf und zwei Kindern ein wimmerndes Kleinkind machen. Das sei die Phantasie des Analytikers, es käme ihr dagegen darauf an, möglichst schnell und effektiv ihr Symptom loszuwerden. Wieder wurde die Spannung zwischen meinem »Wissen« und ihrem »Nicht-Wissen« über ihr Bedürftigkeit so groß, dass ich sie konfrontierte: Wieder eine Mischung aus Scham und Wut, bis sie über den Umweg der Schilderung der Bedürfnisse ihrer eigenen Kinder nach und nach sich mit dem Kleinkind in ihr selbst beschäftigen konnte.

Auch das Gegenteil kann man finden, dass nämlich im Händedruck eine Kontaktverweigerung ausgedrückt wird, indem er flüchtig gestaltet oder abgebrochen wird. Eine Patientin, ein Opfer jahrelanger inzestuöser Gewalt, deren Therapie bereits fast drei Jahre gedauert hatte, die stets höchst sensibel auf Überschreitungen von körperlichen, sexuellen und anderen Grenzen in Beziehungen reagierte, war vor einer Sitzung wieder mit heftigen Rückenschmerzen aufgewacht. Sie ist in der Sitzung übelgelaunt, sie versucht, die Hintergründe der Schmerzen herauszubekommen. Der Postbote stört die Sitzung und lässt sich nicht abweisen. Die Patientin: »Wie soll ich so meine Rückenschmerzen loswerden?!« Ich gebe ihr zwar Recht, aber trotzdem interpretiere ich an der Realität der Störung etwas vorbei: »Sie wollen mich für sich allein haben, ich soll ganz für Sie da sein, wahrscheinlich soll ich Ihnen den Rücken massieren!«, rutscht es mir heraus. – »Nein, ganz bestimmt nicht!« antwortet die Patientin und ist sehr wortkarg bis zum Ende der Sitzung. Beim Handgeben zieht sie ihre Hand sofort abrupt zurück, als hätte sie sich verbrannt, als wollte sie mir aber auch zeigen, dass die verbale Grenzüberschreitung meinerseits, auf ihren Körper bezogen, eine Verweigerung auch des kleinsten Körperkontaks zur Folge haben müsse.

SCHLUSSBEMERKUNG

Die Frage, ob die Psychoanalyse den Körper vernachlässige, was Bittner (1986) strikt verneint, oder sich von ihm entfernt habe, was Müller-Braunschweig (1992) annimmt, ist nicht so eindeutig zu beantworten, denn »der Körper« ist nie isoliert vom ganzen Menschen und seiner Geschichte zu betrachten, und darüber hinaus kann man von ganz verschiedenen Ebenen aus auf ihn zugehen. Die Psychoanalyse nahm ihren Anfang mit der Behandlung körperlicher Manifestationen psychischer Prozesse, sie hat immer mehr oder weniger spekulativ eine biologische Triebgrundlage psychischer Entwicklung angenommen, hat aber dem Körper selbst weder in der Metapsychologie noch in der Praxis der Therapie einen Platz eingeräumt. Allerdings ist inzwischen auf der theoretischen Ebene durch den Rückgriff der Ich-Psychologie auf Freuds Formulierung, das Ich sei vor allem ein Körper-Ich, eine Integration von Psyche, Affekt und Körper erfolgt. In der Praxis ist der Körper gerade nicht Gegenstand der analytischen Therapie insofern, als die Grenze zur Körper-Berührung genau wie das Inzestverbot als strukturbildend angesehen wird. Die Psychoanalyse will nicht direkt bedürfnisbefriedigend arbeiten, es ist nicht das Ziel des Analytikers, »als empathische Mutter zu handeln« (Lichtenberg 1983,

S. 205), sondern zu erklären und umzuwandeln (Green 1975, S. 535). Die Körpersprache jedoch ist ein wichtiger Bereich der Mitteilung psychischer Inhalte, die der Analytiker durch empathisches Hineinversetzen in den Körper des Patienten entschlüsseln – insbesondere wenn es sich um vorsprachliche Inhalte handelt – und dem Patienten sprachlich symbolisch zurückgeben soll (Fromm-Reichmann 1950; Lichtenberg 1983, S. 182; Jacobs 1973; Hess-Liebers 1999; Volz-Boers 1999). Es gehört seit langem zur psychoanalytischen Praxis, den Körper als Kommunikationsorgan und Teil der therapeutischen Beziehung zu betrachten; bei jedem Patienten arbeiten wir alle in diesem Sinne mehr oder weniger bewusst und systematisch mit dem Körper, vielleicht zu wenig reflektiert; und wenn man erst einmal seine Aufmerksamkeit auf die Körper (den des Patienten und den eigenen) lenkt, staunt man, welche eine Fülle von Gedanken und Erinnerung zum Thema Körper und Therapie zum Vorschein kommt.

LITERATUR

Anzieu, D. (1985): Das Haut-Ich. Frankfurt a. M. (Suhrkamp), 1991.

Bauriedl, T. (1998): Ohne Abstinenz stirbt die Psychoanalyse. Über die Unvereinbarkeit von Psychoanalyse und Körpertherapie. In: Forum Psychoanal. 14, S. 342–363.

Bion, W. (1961): Erfahrungen in Gruppen. Stuttgart (Klett), 1971.

Bittner, G. (1986): Vernachlässigt die Psychoanalyse den Körper? In: Psyche 40, S. 709–734.

Buxbaum, E. (1960): Hairpulling and fetishism. In: Psychoanal. Study Child 15, S. 243–260.

da Silva, G. (1990): Borborygmi as markers of psychic work during the analytic session. In: Int. J. Psycho.-Anal. 71, S. 641–659.

Deutsch, F. (1947): Analysis of postural behavior. In: Psychoanal. Quart. 16, S. 195–213.

– (1952): Analytic posturology. In: Psychoanal. Quart. 21, S. 196–214.

Engel, G. L. (1959): Psychogenic pain and the pain prone patient. In: Am. J. Med. 26, S. 899–918.

Ferenczi, S. (1912): Über passagère Symptombildungen während der Analyse. Passagère Konversion, Substitution, Illusion, Halluzination. »Charakter-regression« und »Ausdrucksverschiebung«. In: Bausteine zur Psychoanalyse II. Bern (Huber), 2. Aufl. 1964.

– (1913): Entwicklungsstufen des Wirklichkeitssinnes. In: Bausteine zur Psychoanalyse I. Bern (Huber), 2. Aufl. 1964.

– (1919) Hysterische Materilisationsphänomene – Gedanken zur Auffassung der hysterischen Konversion und Symbolik. In: Bausteine zur Psychoanalyse III. Bern (Huber), 2. Aufl. 1964.

– (1932): Psychischer Infantilismus = Hysterie. In: Fragmente und Notizen IV. Bausteine zur Psychoanalyse IV. Huber, Bern, 2. Aufl. 1964.

– (1985): Ohne Sympathie keine Heilung. Das klinische Tagebuch von 1932. Frankfurt a. M. (Fischer), 1988.

Fliess, R. (1961): Ego and body ego. New York (Intern. Univ. Press).

Freud, S. (1895d): Studien über Hysterie. GW I.

– (1901b): Zur Psychopathologie des Alltagslebens. GW Bd. IV.

– (1905e): Bruchstück einer Hysterieanalyse. GW Bd. V.

– (1918b): Aus der Geschichte einer infantilen Neurose. GW XII.

Fromm-Reichmann, F. (1950): Intensive Psychotherapie. Stuttgart (Hippokrates), 1959.

Green, A. (1975): Analytiker, Symbolisierung und Abwesenheit im Rahmen der psychoanalytischen Situation. In: Psyche, 29, S. 503–541.

Gutwinski-Jeggle, J. (1995): Das Körper-Ich als Kommunikationsmittel. Psychoanalytische Entzifferungsversuche archaischer Wahrnehmungs- und Denkweisen. In: Vom Gebrauch der Psychoanalyse heute und morgen. Frühjahrstagung der DPV, Heidelberg, Mai 1995.

- (1997): Wenn der Körper – nicht – spricht. In: Herold, R., Keim, J., König, H., Walker, C. (Hg.): Ich bin doch krank und nicht verrückt. Moderne Leiden – das verleugnete und unbewusste Subjekt in der Medizin. Tübingen (Attempto-Verlag).

Haas, E. (1994): Gedenken und Erinnern. In: Jahrbuch Psychoanal. 33, S. 155–173.

Haynal, A. (2001): Deutungs-Kunst und Neubeginn. Der Analytiker bei seiner Arbeit. In: Jahrbuch Psychoanal. 43, S. 63–79.

Heisterkamp, G. (1996): Die leibliche Dimension im psychoanalytischen Dialog. In: Heigl-Evers, A., Heigl, F., Ott, J., Rüger, U. (Hg.): Lehrbuch der Psychotherapie. Stuttgart, Jena (G. Fischer), 3. Aufl.

Hess-Liebers, W. (1999): Erfahrungen mit Körper-Empathie. Ein Bericht aus der psychoanalytischen Praxis. In: Forum Psychoanal. 15, S. 312 – 326.

Hirsch, M. (Hg.) (1989a): Der eigene Körper als Objekt. Zur Psychodynamik selbstdestruktiven Körperagierens. Gießen (Psychosozial-Verlag), 1998.

- (1989b): Der eigene Körper als Objekt. In: Hirsch, M. (1989a)(Hg.): a. a. O.

- (1989c): Hypochondrie und Dysmorphophobie. In: Hirsch, M. (1989a)(Hg.): a.a.O.

- (1989d): Psychogener Schmerz. In: Hirsch, M. (1989a)(Hg.): a.a.O.

- (1990): Kombinierte Einzel- und Gruppenpsychotherapie der Bulimie. In: Praxis Psychother. Psychosom. 35, S. 315–322.

- (1991): Perionychomanie und Perionychophagie oder »habituelles Nagelbettreißen« – zur Psychodynamik eines häufigen Selbstbeschädigungsverhaltens. In: Forum Psychoanal. 7, S. 127–135.

- (1994): Der Körper des Patienten in der analytischen Psychotherapie. In: Psychotherapeut 39, S. 153 – 157.

- (1997): Über Gegenübertragungsliebe. In: Höhfeld, K., Schlösser, A.-M. (Hg.): Psychoanalyse der Liebe. Gießen (Psychosozial-Verlag).

Jacobs, T. J. (1973): Posture, gesture and movement in the analyst: Cues to interpretation and counter-transference. In: J. Am. Psychoanal. Assoc. 21, S. 77 – 92.

Keiser, S. (1977): Discussion Group. Reconstruction and unconscious fantasy in psychoanalytic treatment. Zit. in: Lichtenberg 1983, a.a.O.

Kernberg, O. F. (1975): Borderline-Störungen und pathologischer Narzissmus. Frankfurt (Suhrkamp), 1978.

König, K. (1982): Der interaktionelle Anteil der Übertragung in Einzelanalyse und analytischer Gruppenpsychotherapie. Gruppenpsychother. Gruppendynamik 18, S. 76–83.

Krautschick, A. (1994): Die Stimme in der Arzt-Patienten-Beziehung. In: Musik-, Tanz- und Kunsttherapie 5, S. 91–93.

Küchenhoff, J. (1999): Der Körper als Ort der Beziehungsinszenierung. In: Streeck, U. (Hg.): Erinnern, Agieren und Inszenieren. Göttingen (Vandenhoeck & Ruprecht).

Lichtenberg, J. D. (1983): Psychoanalyse und Säuglingsforschung. Berlin, Heidelberg (Springer), 1991.

McDougall, J. (1989): Theatres of the body. Free Associations, London.

McLaughlin, J. T. (1992): Nonverbal behaviors in the analytic situation: The search for meaning in nonverbal cues. In: Kramer, S., Akhtar, S. (eds.): When the body speaks. Psychological meanings in kinetic cues. Northvale NJ (Jason Aronson).

Meltzer, D. (1984): Traumleben. Eine Überprüfung der psychoanalytischen Theorie und Technik. München, Wien (Verlag Internat. Psychoanalyse), 1988.

Müller-Braunschweig, H. (1992): Der unheimliche Körper. In: Psychother. Psychosom. med. Psychol. 42, S. 16–23.

Ogden, T. (1989): Frühe Formen der Erfahrung. Wien (Springer), 1995.

Osório, E. (2000): Mein Name ist Luz. Frankfurt a. M. (Insel).

Paar, G. H. (1987): Selbstzerstörung als Selbsterhaltung. In: Mat. Psychoanal. 13, S. 1–55.

Plassmann, R. (1987): Der Arzt, der Artefakt-Patient und der Körper. Eine psychoanalytische Untersuchung des Mimikry-Phänomens. In: Psyche. 41, S. 883–899.

– (1989): Artifizielle Krankheiten und Münchhausen-Syndrome. In: Hirsch, M. (Hg.) (1989a).

Plassmann, R., Wolff, B., Freyberger, H. (1986): Die heimliche Selbstmisshandlung, eine psychosomatische Krankheit. In: Z. Psychosomat. Med. Psychoanal. 32, S. 316 – 336.

Pulver, S. E. (1992): Gestures, emblems, and body language: What does it all mean? In: Kramer, S., Akhtar, S. (eds.): When the body speaks. Psychological meanings in kinetic cues. Northvale NJ (Jason Aronson).

Sachsse, U. (1987): Selbstbeschädigung als Selbstfürsorge. Zur intrapersonalen und interpersonellen Psychodynamik schwerer Selbstbeschädigung der Haut. In: Forum Psychoanal. 3, S. 51–70.

– (1989): »Blut tut gut.« Genese, Psychodynamik und Psychotherapie offener Selbstbeschädigung der Haut. In: Hirsch, M. (Hg.): a.a.O.

Schilder, P. (1935): The image and appearance of the human body. London (Kegan Paul).

Simmel, E. (1924): Die psychologische Bedeutsamkeit des Intestinalorgans für die Urverdrängung. In: Int. Z. Psychoanal. 10, S. 218–221.

Speziale-Bagliacca, R. (1991): The capacity to contain: Notes on its function and psychic change. In: Int. J. Psycho-Anal. 72, S. 27–32. Deutsch in: Z. psychoanal. Theor. Praxis (1991), Sonderheft, S. 22–31.

Streeck, U. (1999): Nichts anderes als ein »Austausch von Worten«? Interaktion und Inszenierungen im therapeutischen Dialog. In: Forum Psychoanal. 15, S. 91–100.

Szasz, T. S. (1955): The ego, the body and pain. In: J. Am. Psychoanal. Assoc. 3, S. 177–200.

Volz-Boers, U. (1999): »Ich bin wieder ein Mensch.« Transformation des frühen psychischen Traumas durch Neubildung von Repräsentanzen. In: Psyche 53, S. 1137–1159.

– (2001): Mit Leib und Seele: Körpererfahrungen und subsymbolische Kommunikation in der Gegenübertragung. In: Schlösser, A.-M., Gerlach, A. (Hg.): Kreativität und Scheitern. Gießen (Psychosozial-Verlag).

Wrye, H. K., Welles, J. K. (1994): The narration of desire. Erotic transferences and countertransferences. Hillsdale, In: NJ (The Analytic Press).

Die Autoren

Margarete Berger
Prof. Dr. med., Fachärztin für Pädiatrie, für Kinder- und Jugend-
psychiatrie/Psychotherapie und für Psychotherapeutische Medizin;
Psychoanalyse (DPV). Direktorin der Psychosomatischen Abteilung
an der Kinderklinik Universitätskrankenhaus Hamburg-Eppendorf.
Anschrift:
Psychosomatische Abteilung an der Kinderklinik
Universitätskrankenhaus Hamburg-Eppendorf
Martinistr. 52
20246 Hamburg
Tel.: 040-4 28 03-37 00 - Fax: 040-4 28 03
E-Mail: mberger@uke.uni-hamburg.de

Christel Böhme-Bloem
Dr. med., Nervenärztin und Fachärztin für Psychotherapeutische
Medizin; Psychoanalytikerin (DPV), Lehr- und Kontrollanalytikerin der
DGPT, Dozentin am John-Rittmeister-Institut Kiel und am Michael-
Balint-Institut Hamburg, Oberärztin der Klinik für Psychotherapie und
Psychosomatik der Universität Kiel.
Anschrift:
Klinik für Psychotherapie und Psychosomatik der Universität
Niemannsweg 147
24105 Kiel
E-Mail: christel.boehme-bloem@dpv-mail.de

Mathias Hirsch
* 1942, Dr. med., Facharzt für Psychiatrie und für Psychotherapeutische
Medizin; Psychoanalyse (DGPT, affiliiertes Mitglied DPV),
Gruppenanalyse (DAGG). In psychoanalytischer Praxis niedergelassen.
Affiliiertes Mitglied der Arbeitsgemeinschaft Köln-Düsseldorf der DPV,
Leiter des Instituts für Analytische Gruppenpsychotherapie und
Gruppendynamik Düsseldorf (IAGD).
Anschrift:
Simrockstr. 22
40235 Düsseldorf
Tel.: 0211-6 79 06 46 - Fax: 02 11-6 91 22 82
E-Mail: mathias.hirsch@t-online.de

Gerhard H. Paar
Dr. med., Facharzt für Psychotherapeutische Medizin und für Innere
Medizin; Psychoanalyse, Rehabilitationswesen.
Chefarzt der Gelderland-Klinik.
Anschrift:
Gelderland-Klinik
Clemensstr. 1
47608 Geldern
Tel.: 0 28 31-13 73 01 - Fax: 0 28 31-13 73 02
E-Mail: dr.paar@gelderlandklinik.de

Fernanda Pedrina
Dr. med., Spezialärztin für Kinder- und Jugendmedizin FMH, Kinder-
und Jugendpsychiaterin und Psychoanalytikerin, Kinderanalytikerin
ACP (Association for Child Psychoanalysis). In psychoanalytischer
Praxis niedergelassen. Schweizer Vorsitzende der GAIMH (Gesellschaft
für die seelische Gesundheit in der frühen Kindheit).
Anschrift:
Limmatstr. 65
CH-8005 Zürich
Fax 0041-1-271 12 72
E-Mail: pedrina@smile.ch

Reinhard Plassmann
Prof. Dr. med. habil, Facharzt für Neurologie und Psychiatrie, und für Psychotherapeutische Medizin. Lehranalytiker der DPV. Ärztlicher Direktor des Psychotherapeutischen Zentrums Kitzberg-Klinik Bad Mergentheim.
Anschrift:
Kitzberg-Klinik
Erlenbachweg 24
97980 Bad Mergentheim
Tel: 0 79 31-53 16-0 - Fax: 0 79 31-53 16-300

Aglaja Stirn
* 1962, Dr. med., Fachärztin für Psychosomatische Medizin und Psychotherapie, Psychoanalytikerin, Gruppenanalytikerin. Oberärztin an der Klinik für Psychosomatische Medizin und Psychotherapie im Klinikum der Johann-Wolfgang-Goethe-Universität, Frankfurt am Main.
Anschrift:
Klinik für Psychosomatische Medizin und Psychotherapie
der Johann-Wolfgang-Goethe-Universität
– Psychotherapeutische Ambulanz (Hs. 93)
Heinrich Hoffmann Str. 10
50528 Frankfurt am Main
E-Mail: stirn@em.uni-frankfurt.de

Volker Trempler
Dipl.-Psych., Psychoanalytiker (DPV, DGPT), in psychoanalytischer Praxis niedergelassen. Lehr- und Kontrollanalytiker der DGPT, Dozent am John-Rittmeister-Institut Kiel und am Michael-Balint-Institut Hamburg.
Anschrift:
Rönner Weg 6
24146 Kiel
Tel. 04 31/78 55 48
E-Mail: vtrempler@t-online.de

Sachverzeichnis

1999 · 275 Seiten
EUR (D) 34,90 · SFr 62,–
ISBN 3-932133-84-6

Dieses Buch behandelt den inzestuösen Mißbrauch von Kindern, bei dem ein Erwachsener ein ihn liebendes, von ihm abhängiges Kind für seine sexuellen Bedürfnisse ausbeutet.

Das Hauptgewicht liegt in der Herausarbeitung der Psychodynamik, der Analyse der Beziehungsstrukturen und der Familiendynamik. Der Autor verknüpft seine eigenen therapeutischen Erfahrungen mit der aktuellen wissenschaftlichen Literatur.

„Sein Buch gehört zu den besten deutschsprachigen Darstellungen der Forschungslage zum Inzestproblem. (...) Allein deshalb ist es wärmstens zu empfehlen."

Tom Levold, in „Familiendynamik"

P☒V
Psychosozial-Verlag

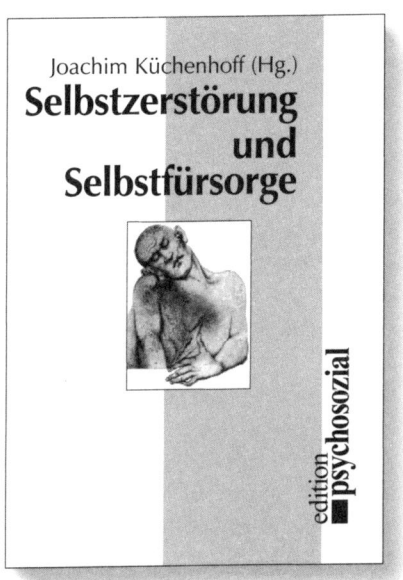

Joachim Küchenhoff (Hg.)
Selbstzerstörung und Selbstfürsorge

edition psychosozial

1999 · 321 Seiten
EUR (D) 34,90 · SFr 62,–
ISBN 3-932133-87-0

In Psychiatrie und Psychotherapie werden Selbstverletzungen immer wichtiger. Sie sind aber nicht nur Selbstzerstörungen, sondern auch Akte der Selbstfürsorge. Zwischen Selbstzerstörung und Selbstfürsorge besteht ein Spannungsverhältnis. Um es verstehen zu lernen, müssen gesellschaftliche Faktoren, Rechtsnormen, historische, theologische und philosophische Analysen, ja auch die Literaturwissenschaft herangezogen werden. Das Buch vermittelt einen interdisziplinären Zugang zum Thema.

P🌀V
Psychosozial-Verlag

juni 2001 · ca. 220 Seiten
Broschur
EUR 20,50 (D) · SFr 37,–
ISBN 3-89806-044-6

Die Möglichkeit, politische oder ökonomische Macht auszuüben, nährt Größen- und Allmachtsphantasien. Umgekehrt bahnen Karrierestreben und Rücksichtslosigkeit den Weg zu den Schaltzentralen der Macht. In detaillierten Fallstudien – u. a. über den Skinhead Max, den Pädophilen Ivo, Ministerpräsident Uwe Barschel, Ex-Bundeskanzler Helmut Kohl und Serbenführer Slobodan Milosevic – analysiert der Autor die Verflechtungen zwischen der individuellen Psychopathologie und den ethnischen, religiösen und kulturellen Identitätskonflikten der Gruppe.

Gewaltherrschaft und Krieg bedeuten immer tiefgreifende individuelle und gesellschaftliche Traumatisierungen, die transgenerational weitergegeben werden. Am Beispiel der Auseinandersetzung mit dem Nationalsozialismus, die in den beiden deutschen Staaten recht unterschiedlich verlief, demonstriert der Autor einerseits, wie prägend die Schatten einer traumatischen Vergangenheit sein können. Er zeigt andererseits aber auch Möglichkeiten auf, sich mit der eigenen unheilvollen Vergangenheit konstruktiv auseinanderzusetzen.

P🔲V
Psychosozial-Verlag

März 2002 · ca. 260 Seiten
Broschur
EUR (D) 29,90 · SFr 53,–
ISBN 3-89806-096-9

Fremdes wird auf individueller und gesellschaftlicher Ebene immer weniger akzeptiert. Im Dienste eines Harmonie-Ideals steigt die Tendenz, alles Störende zu eliminieren. Diese Tendenz wird von den Autorinnen und Autoren des Buches als Hauptmerkmal des »destruktiven Narzissmus« verstanden. Auch wenn in ihren Untersuchungen zu diesem Thema eine klinische Orientierung vorherrschend ist, versuchen die Autorinnen und Autoren daraus Aussagen zum Verständnis von zunehmender Intoleranz und Gewaltbereitschaft gegenüber Fremdem im gesellschaftlichen Raum zu entwickeln.

P🔲V
Psychosozial-Verlag

P❖V
Psychosozial-Verlag

»BIBLIOTHEK DER PSYCHOANALYSE«
im Psychosozial-Verlag
herausgegeben von Hans-Jürgen Wirth

Elisabeth Anna Landis: Logik der Krankheitsbilder.
Marina Leitner: Ein gut gehütetes Geheimnis.
Marianne Leuzinger-Bohleber (Hg.): Psychoanalysen im Rückblick.
E. James Lieberman: Otto Rank – Leben und Werk.
Hans-Martin Lohmann (Hg.): Das Unbehagen in der Psychoanalyse.
Christiane Ludwig-Körner: Wiederentdeckt – Psychoanalytikerinnen in Berlin.
Esther Menaker: Schwierige Loyalitäten.
Wolfgang E. Milch u. a. (Hg.): Die Deutung im therapeutischen Prozeß.
Emilio Modena (Hg.): Das Faschismus-Syndrom.
Angela Moré: Psyche zwischen Chaos und Kosmos.
Ludwig Nagl u. a. (Hg.): Philosophie und Psychoanalyse.
Anna und Paul H. Ornstein: Empathie und therapeutischer Dialog.
Otto Rank: Das Trauma der Geburt.
Otto Rank: Kunst und Künstler.
Reimut Reiche: Geschlechterspannung.
Paul Roazen: Sigmund Freud und sein Kreis.
Paul Roazen: Wie Freud arbeitete. Berichte von Patienten aus erster Hand.
Paul Roazen: Brudertier.
Christa Rohde-Dachser: Expedition in den dunklen Kontinent.
Herbert A. Rosenfeld: Zur Psychoanalyse psychotischer Zustände.
Anne-Marie Schlösser, Kurt Höhfeld (Hg.): Trauma und Konflikt.
Anne-Marie Schlösser, Kurt Höhfeld (Hg.): Trennungen.
Anne-Marie Schlösser, Kurt Höhfeld (Hg.): Psychoanalyse als Beruf.
Anne-Marie Schlösser, Alf Gerlach (Hg.): Kreativität und Scheitern.
Johann August Schülein: Die Logik der Psychoanalyse.
Günther Seidler (Hg.): Hysterie heute.
Robert J. Stoller: Perversion. Die erotische Form von Haß.
Ulrich Streeck (Hg.): Das Fremde in der Psychoanalyse.
Ulrich Streeck, Karin Bell (Hg.): Die Psychoanalyse schwerer psychischer Erkrankungen.
Neville Symington: Narzißmus.
Vamik D. Volkan: Das Versagen der Diplomatie.
D. W. Winnicott: Reifungsprozeß und fördernde Umwelt.
Siegfried Zepf: Allgemeine psychoanalytische Neurosenlehre.

P🔲V
Psychosozial-Verlag

CHRISTINA DETIG-KOHLER

HAUTNAH

Im psychoanalytischen
Dialog mit Hautkranken

BIBLIOTHEK
DER PSYCHOANALYSE
PSYCHOSOZIAL-
VERLAG

Februar 2002 · 237 Seiten
Broschur
EUR (D) 24,90 · SFr 44,50
ISBN 3-89806-100-0

Im Vordergrund dieses Buches steht der Gebrauchswert für Psychoanalytiker, Psychotherapeuten, Dermatologen und psychosomatisch interessierte Ärzte sowie Menschen mit Hautkrankheiten. Es werden Fallbeispiele in unterschiedlichen psychoanalytischen Behandlungsansätzen dargestellt und dis-kutiert, die die widersprüchlichen, aber gleichzeitig auftretenden Bedürfnisse von Nähe und Distanz im Kontext der psychodynamischen Austauschprozesse widerspiegeln. Dieses Buch geht »unter die Haut«; es erfasst eine Lücke zwischen Dermatologie und Psychoanalyse und ist jedem zu empfehlen, der bereit ist, sich »berühren« zu lassen.

P🔲V
Psychosozial-Verlag

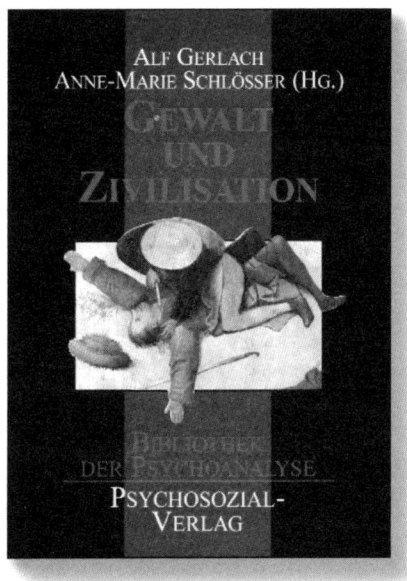

April 2002 · ca. 350 Seiten
Broschur
EUR (D) 36,– · SFr 63,–
ISBN 3-89806-155-8

Der Band enthält Beiträge zum Phänomen der Gewalt aus psychoanalytischer Sicht: Es geht einmal um die »alte« Gewalt, die schon immer Gegenstand der psychoanalytischen Betrachtung war, nämlich um Gewalt als konstitutivem Be-standteil menschlicher Zivilisation, um offene und verborgene Gewaltaspekte der psychotherapeutischen Beziehung sowie um die sublimierende Verarbeitung von Gewaltimpulsen in der darstellenden Kunst. Die Erfahrung der »neuen« Gewalt im Gewand des Terrors in der jüngsten Vergangenheit wird einer differenzierten Analyse unterzogen.

P☒V
Psychosozial-Verlag

Januar 2002 · ca 180 Seiten
Broschur
EUR (D) 15,–
ISBN 3-89806-156-6

Die Zeitschrift Psychologie & Gesellschaftskritik erscheint jetzt im Psycho-sozial-Verlag und setzt damit die Tradition, kritisches Forum in und an den Rändern der Psychologie zu sein fort. Alternativen und kritischen Stimmen in der konzeptionellen und institutionellen Auseinandersetzung um die Psychologie bleibt damit ein etabliertes Organ erhalten, um sich auch jenseits der Dämme des mainstream artikulieren zu können.

Die Zeitschrift öffnet sich bereits existierenden Veränderungspotenzialen, die einer an den Universitäten und Fachhochschulen stattfindenden Standardisierung des Wissens in der ›Wissenschaft Psychologie‹ und somit einer Blockierung entgegenwirken können. Es gibt diese Potenziale: Critical Psychology, Diskurstheorie und -analyse, Narrative und (De-)Konstrukti-onistische Ansätze, die Science and Technology Studies, Geschlechterproblematiken jenseits der domestizierten Genderdebatten sowie eine Psychoanalyse jenseits der Couch. Und es gibt Bedürfnisse, sich in Ausbildung, Studium und Berufspraxis jenseits der gebahnten, ›anerkannten‹ Pfade bewegen zu können. Dem will Psychologie und Gesellschaftskritik ein Veröffentlichungs- und Diskussionsforum bieten.

P☒V
Psychosozial-Verlag